本书受国家自然科学基金项目（批准号：71563059）经费资助出版

FDI与中国汽车产业发展

FDI AND THE DEVELOPMENT OF
CHINA'S AUTO INDUSTRY

赵果庆 ◎ 著

中国社会科学出版社

图书在版编目(CIP)数据

FDI与中国汽车产业发展 / 赵果庆著 . —北京：中国社会科学出版社，2017.12
(2019.8 重印)

ISBN 978-7-5203-1809-9

Ⅰ.①F… Ⅱ.①赵… Ⅲ.①外商直接投资-影响-汽车工业-经济发展-研究-中国 Ⅳ.①F426.471

中国版本图书馆CIP数据核字(2017)第314959号

出 版 人	赵剑英
责任编辑	任　明
责任校对	冯英爽
责任印制	李寡寡

出　　版	中国社会科学出版社
社　　址	北京鼓楼西大街甲158号
邮　　编	100720
网　　址	http://www.csspw.cn
发 行 部	010-84083685
门 市 部	010-84029450
经　　销	新华书店及其他书店

印刷装订	北京君升印刷有限公司
版　　次	2017年12月第1版
印　　次	2019年8月第2次印刷

开　　本	710×1000　1/16
印　　张	19
插　　页	2
字　　数	315千字
定　　价	98.00元

凡购买中国社会科学出版社图书，如有质量问题请与本社营销中心联系调换
电话：010-84083683
版权所有　侵权必究

目　录

第一章　导论 …………………………………………………………（1）
　第一节　选题背景与问题提出 ……………………………………（1）
　　一　跨国公司、全球化与中国汽车产业发展 …………………（1）
　　二　FDI影响中国汽车产业的几个重要方面 …………………（4）
　　三　FDI参与及局部控制下中国汽车产业发展问题 …………（8）
　　四　研究意义 ……………………………………………………（10）
　第二节　研究对象 …………………………………………………（12）
　第三节　研究方法 …………………………………………………（13）
　　一　实证分析与规范分析相结合的方法 ………………………（13）
　　二　静态分析与动态分析相结合的方法 ………………………（13）
　　三　统计分析与比较分析相结合的方法 ………………………（13）
　　四　历史分析和逻辑分析相结合的方法 ………………………（14）
　第四节　结构框架 …………………………………………………（14）
　　一　理论框架 ……………………………………………………（14）
　　二　结构框架 ……………………………………………………（16）
第二章　中国汽车产业发展与利用外资的历史与现状 ……………（20）
　第一节　中国汽车工业发展阶段与现状 …………………………（20）
　　一　中国汽车工业的发展历程 …………………………………（20）
　　二　中国汽车工业的发展现状 …………………………………（22）
　第二节　FDI在中国汽车产业：历程、特点及发展趋势 ………（25）
　　一　FDI进入中国汽车产业历程 ………………………………（25）
　　二　FDI进入中国汽车产业规模 ………………………………（29）
　　三　跨国公司进入中国汽车产业的特点 ………………………（30）
　　四　跨国汽车公司在华发展的新趋势 …………………………（31）
　　五　跨国公司在中国汽车产业的直接投资方式 ………………（33）

六　跨国公司在中国汽车产业直接投资的趋势 …………… (34)
　第三节　FDI进入中国轿车业的历史与现状 ………………… (36)
　　一　FDI进入前后中国轿车业概况 ……………………… (36)
　　二　FDI进入方式 …………………………………………… (39)
　第四节　跨国公司中国汽车产业的战略布局 ………………… (44)
　　一　跨国公司在华合资企业的进展 ……………………… (44)
　　二　大型跨国公司分布战略 ……………………………… (47)
　第五节　FDI对中国汽车产业的影响 ………………………… (49)
　　一　FDI提升了汽车产业在国民经济中的地位 ………… (49)
　　二　FDI增强了产业关联效应 …………………………… (51)
　　三　丰富了汽车工业的产品结构 ………………………… (53)
　　四　FDI对中国汽车产业影响的初步分析 ……………… (54)

第三章　FDI对汽车产业技术进步与创新能力的影响 ………… (57)
　第一节　FDI对产业技术进步及溢出效应 …………………… (57)
　　一　FDI对技术进步的影响 ……………………………… (57)
　　二　一般技术进步测定基础方法 ………………………… (60)
　　三　FDI技术进步及溢出效应的综合分析 ……………… (61)
　第二节　FDI对中国汽车产业技术进步及溢出效应
　　　　　——基于时间序列的实证分析 ……………………… (64)
　　一　数据与单整检验 ……………………………………… (64)
　　二　实证 …………………………………………………… (67)
　　三　结论分析 ……………………………………………… (72)
　第三节　FDI对中国汽车产业技术进步及溢出效应
　　　　　——基于横截面及面板数据分析 …………………… (73)
　　一　技术水平与技术差距测定 …………………………… (73)
　　二　FDI企业对内资企业的溢出效应 …………………… (78)
　　三　实证检验 ……………………………………………… (82)
　　四　两点解释 ……………………………………………… (85)
　第四节　FDI技术溢出对技术创新能力的影响 ……………… (87)
　　一　中国汽车技术创新系统的投入产出分析 …………… (87)
　　二　实证分析 ……………………………………………… (92)
　第五节　FDI对汽车产业技术进步与创新溢出效应分析 …… (98)

目录

- 一 基本结论 …………………………………………… (98)
- 二 因素分析 …………………………………………… (100)
- 三 几点启示 …………………………………………… (103)

第四章 FDI对中国汽车产业市场结构的影响 ……………… (105)

第一节 跨国公司进入对市场结构的影响 …………………… (105)
- 一 市场结构理论回顾 ………………………………… (105)
- 二 FDI对市场集中度的影响 ………………………… (106)
- 三 跨国公司的差异化战略对市场结构的影响 ……… (107)
- 四 FDI对中国汽车市场结构可能发生的影响 ……… (108)

第二节 研究现状 ……………………………………………… (109)
- 一 国际研究概况 ……………………………………… (109)
- 二 国内研究概况 ……………………………………… (111)
- 三 国内对FDI引起中国汽车市场结构研究 ………… (112)

第三节 集中度与市场结构类型 ……………………………… (113)
- 一 集中度的概念和含义 ……………………………… (113)
- 二 市场集中度的测定方法 …………………………… (113)
- 三 市场结构 …………………………………………… (114)
- 四 产业集中度与市场结构分类 ……………………… (115)

第四节 中国汽车市场集中度演变进程与市场类型 ………… (117)
- 一 中国汽车市场集中度演变进程 …………………… (117)
- 二 轿车市场集中度 …………………………………… (121)
- 三 中国汽车产业市场结构类型 ……………………… (125)
- 四 中国汽车产业集中度特点 ………………………… (132)

第五节 FDI对中国汽车产业集中度的影响及相关性检验 … (136)
- 一 FDI对中国汽车集中度影响 ……………………… (136)
- 二 FDI与中国汽车集中度的相关性 ………………… (137)
- 三 小样本因果检验方法 ……………………………… (139)
- 四 小样本因果检验结果 ……………………………… (140)

第六节 FDI对中国汽车产业市场结构影响 ………………… (146)
- 一 FDI对中国汽车产业市场结构的积极影响 ……… (146)
- 二 对汽车产业的不利影响 …………………………… (149)

第五章　FDI对中国汽车产业空间集聚的影响 ……………… （152）
第一节　产业集聚与汽车产业空间集聚 …………………… （152）
　　一　产业集聚概念 ……………………………………… （152）
　　二　汽车产业集聚 ……………………………………… （154）
第二节　中国汽车产业集聚与区域分布特点 ……………… （156）
　　一　中国汽车制造分布总体特征 ……………………… （156）
　　二　中国汽车制造区域分布与特点 …………………… （158）
　　三　汽车产业区域结构及演化 ………………………… （164）
　　四　FDI对汽车产业区域分布结构的影响 …………… （168）
第三节　汽车产业空间集中度 ……………………………… （172）
　　一　时序集中度 ………………………………………… （172）
　　二　小类产业集中度 …………………………………… （175）
　　三　所有制汽车制造集中度 …………………………… （176）
第四节　中国汽车产业空间集聚强度 ……………………… （179）
　　一　分形分布与自相似 ………………………………… （179）
　　二　汽车产业分布 ……………………………………… （182）
　　三　集聚强度检测与检验 ……………………………… （186）
第五节　FDI对汽车集聚强影响与实证 …………………… （189）
　　一　FDI对汽车产业区域分布影响 …………………… （189）
　　二　FDI企业对中国汽车产业集中度影响 …………… （191）
　　三　FDI对汽车制造集聚度影响 ……………………… （193）
　　四　FDI对空间集聚的影响实证分析 ………………… （194）
第六节　FDI汽车制造业对中国汽车制造空间集聚的影响实证
　　　　——基于2003—2008年空间面板数据 ………… （198）
　　一　文献综述 …………………………………………… （198）
　　二　中国汽车制造业：数据与FDI企业贡献 ………… （200）
　　三　中国汽车制造业：空间集中、集聚与自相关 …… （203）
　　四　中国汽车制造业的空间集群 ……………………… （208）
　　五　计量实证模型 ……………………………………… （212）
　　六　模型估计结果 ……………………………………… （213）
第七节　FDI对中国汽车产业空间集聚的影响评价 ……… （219）

第六章　世界汽车工业发展模式与中国借鉴 (221)

第一节　世界主要国家汽车产业发展模式 (221)
一　发展模式 (221)
二　不同汽车产业发展模式比较 (223)
三　FDI、技术选择与汽车产业发展模式 (224)

第二节　日韩汽车产业发展模式 (225)
一　日本 (225)
二　韩国 (230)
三　日韩模式的共同特点 (234)

第三节　巴西汽车产业发展模式 (237)
一　巴西汽车工业的发展历程 (237)
二　巴西汽车产业利用外资模式 (239)
三　巴西汽车工业"完全开放模式"的特点 (239)

第四节　后发国家汽车产业典型发展模式的中国借鉴 (241)
一　韩国、日本、巴西汽车产业利用外资模式的比较分析 (241)
二　韩国汽车产业的发展对中国的借鉴意义 (242)
三　日本汽车工业发展中可借鉴之处 (244)
四　巴西模式对中国汽车工业发展的借鉴 (245)
五　中国汽车发展的关键因素 (246)

第五节　中国汽车产业发展模式探索 (247)
一　中国汽车产业可走的模式 (247)
二　中国汽车产业不能模仿某一种模式 (248)
三　中国汽车产业发展的模式 (250)
四　自主品牌——中国中间模式并轨因素 (253)

第六节　中国汽车产业自主创新的两个成功典范 (255)
一　奇瑞汽车 (255)
二　吉利汽车 (261)
三　吉利与奇瑞自主创新比较 (264)
四　吉利和奇瑞对自主创新的验证 (267)

第七章　结论及政策含义 (270)

第一节　结论 (270)
一　在FDI影响下中国汽车工业在未来难以获取规模经济 (270)

二 在FDI参与下中国汽车工业国际竞争力在逐步提升 …… (271)
三 在FDI参与下中国汽车产业可能直接影响国家国际竞争力安全 ……………………………………………………… (271)
四 "以市场换技术"战略并未完全失败 ……………… (272)
五 FDI参与度严重影响中国汽车产业发展道路 ……… (274)

第二节 政策含义 ………………………………………… (276)
一 提高产业集中度和企业规模经济水平 …………… (276)
二 加大汽车工业科技开发投资力度 ………………… (277)
三 发展关键的核心技术 ……………………………… (277)
四 培育持续扩大的汽车市场 ………………………… (279)
五 中国汽车工业的产业政策要以自主开发为基本出发点 …… (280)
六 实施民营化战略 …………………………………… (281)
七 促进空间集聚 ……………………………………… (283)

参考文献 ……………………………………………………… (286)
后记 …………………………………………………………… (297)

第一章 导论

第一节 选题背景与问题提出

一 跨国公司、全球化与中国汽车产业发展

在过去一百多年间,没有任何一项发明比得上汽车对于改变人类生活的作用。汽车工业是一种在技术上具有高度连续性的工业,在汽车产品上集成了自第二次工业革命以来的大量技术和现代高新技术。

汽车是重要的运输工具,是科学技术发展水平高低的标志。作为资金密集、技术密集、人才密集、综合性强、经济效益高的产业,世界各个工业发达国家无一例外地把汽车工业作为国民经济的支柱产业。汽车产业关联度很强,它不但和钢铁、冶金、橡胶、石化、塑料、玻璃、机械、电子、纺织等产业密切相关,而且延伸到商业、维修服务业、保险业、运输业、环保业和公路建筑等行业,同时又是衡量一个国家经济、技术发展水平的重要指示器。彼得·德鲁克把汽车工业称为"工业中的工业"。

中国汽车工业真正开始生产是 1956 年。1955 年,全国汽车产量是 61 辆,1956 年一汽投产的时候,全年汽车产量才 1000 多辆。经过计划经济 20 多年的时间,一直到 20 世纪 80 年代,随着国际直接投资(FDI)进入,中国汽车产业发展才掀开了新的篇章。尤其世界大型汽车跨国公司纷纷带着它们雄厚的资本和知名品牌向中国汽车市场进军,世界轿车工业的"6+3"全部进入中国汽车产业,有力地促进了中国汽车产业的发展。2006 年,中国汽车产量达到了 720 万辆,超过德国成为全球第三大汽车生产国,同时超过日本,成为全球第二大新车消费市场;2009 年中国的汽车产量已突破 1000 万辆大关,达到 1379 万辆,超过日本位居世界第一,占世界汽车产量的比重由 2000 年的 3.6% 上升到 22.6%。据中国汽车

工业协会统计，2015年汽车产销量超过2450万辆，创全球历史新高，连续七年蝉联全球第一。

随着中国改革开放进程的不断深入，FDI从无到有逐步深入中国经济中来，对中国经济的影响也越来越明显。过去20多年中，中国经济高速增长很大程度上得益于引进FDI。FDI的重要作用，体现在提供资金、改善投资效益、扩大出口、增加利税、引进先进技术、提升人力资源等许多方面。但随着FDI总额和单项投资额的急剧增加以及大型跨国公司系统地进入中国，在一些重要行业跨国公司击败了一些主要中国竞争对手，甚至占领了市场。

通过FDI引进技术是发展中国家发展产业的普遍愿望。通过合资企业技术引进、消化和吸收，从联合开发到自主开发获得技术提升。希望通过合资企业能学习到外方的先进技术，并且为我所用，最终形成自己的核心技术开发能力。实际上，这也是发展国家利用FDI的初衷。20世纪80年代初我国实行开放政策，吸引外商来华投资，其目标之一是为引进外国先进技术，被形象地称为"市场换技术"。自20世纪90年代后期以来，微电子、移动通信设备、轿车、制药、工程机械等行业中排名前10位的大企业，跨国公司投资企业（FDI企业）都占据着2/3以上的席位。对FDI和跨国公司是否会导致一定程度的垄断，进而影响中国市场结构和经济效率的关注也越来越多，甚至有人惊呼"跨国公司已经垄断了中国市场"。然而，除港澳台资以外的外资，在技术净溢出方面并无多少显著的证据，倒是发现了外资进入会不利于中国企业通过R&D而缩小与世界先进水平之间差距的证据（平新乔，2007）。商务部跨国公司研究中心发布的《2005跨国公司在中国报告》却披露了一个相当惊人的事实："大量FDI带来的结果是核心技术缺乏症！"现在中国实行的"市场换技术"政策路线遭遇太多批评，甚至有学者认为，"以市场换技术"的双赢论在中国没有成功。

中国汽车产业是一个常常被提及的"以市场换技术"失败的典型例子。中国自20世纪80年代走合资之路以来一直通过以优势换取劣势的方式来促进中国汽车产业的发展，即"市场换技术"。经过三十多年的发展，市场已经让出去，核心技术却仍然牢牢地掌握在外方手中，中方所从事的研发只是做一些简单的适合本土化的二次开发。目前，国内几乎所有的主要汽车厂商都已经与跨国汽车巨头合资或合作，中国汽车市场上每一款畅销车型背后几乎都有国际汽车巨头的品牌和技术的影子。轿车行业的民族品牌更是消失殆尽，仅剩"红旗""吉利""奇瑞"等几个品牌，其市场份额也是微乎其微。2014年，销量排名前10位的轿车生产企业依次为：一汽大众、上海大众、上海通用、北京现代、东风日产和神龙、长安福特、东风悦达、一汽丰田和重庆长安，这都是非自主轿车品牌。2015年，中国品牌乘用车共销售873.76万辆，占世界乘用车销售总量的41.3%。其中，轿车销售243.03万辆，占世界轿车销售总量的20.7%；SUV销售334.30万辆，占世界SUV销售总量的53.7%；MPV销售186.58万辆，占世界MPV销售总量的88.6%。显然，在"市场换技术"战略中，汽车半壁江山已由跨国公司占领，轿车市场的近80%、MPV的85%以上已由跨国公司占领。"20多年来，中国汽车合资公司几乎所有的产品都是由外方主导，中方几乎无法接触到核心技术领域。我们基本上就是外资公司的打工仔。"新华信国际信息咨询有限公司汽车事业部副总监侯若冰直言，"我们交出去了市场，却没有像原来约定的那样换回技术。"

更有甚者，黄亚生（2004）认为，以市场换技术最大的失败就是中国的汽车工业，其失败的基本原因是它的内资政策，最大的问题是长时间只对外开放，不对内资私营企业开放。这与家用电器产业形成鲜明对比。"市场换技术"的本意希望在让出市场的条件下，外国企业能够源源不断地向中国企业输入技术，然后再通过"国产化"吸收这些技术。然而"市场换技术"只是一个陷阱，合资企业的产品升级换代速度比较缓慢。中国汽车产业的研究表明，中国依靠外资引进技术这个模式完全是失败的（路风、封凯栋，2005）。

可以毫不夸张地说，改革开放后中国汽车产业发展的历史其实就是一部与国外汽车产业争夺合资合作空间的历史。"市场换技术"一定程度演化为"空间换技术"。这与其他大国汽车发展道路截然不同。一般而言，汽车大国的汽车发展先由国内市场培育出几种名牌；空间集中度由分散走向高度集中，然后当汽车产业进入成熟期后再向国外扩张。然而，汽车产业具有较长的产业链和集聚效应，同时受国家产业政策倾斜，我国大部分地区都把汽车产业作为支柱产业发展，汽车制造业反而由空间集中走向分散。这其中跨国公司起了重要作用。由于FDI进入汽车行业特别是整车行业仍有很高的壁垒。国家汽车产业政策明确规定，外资整车企业只能与中国内地企业合资生产汽车，不能采取独资形式进入中国市场。同时由于各地发展汽车产业的普遍愿望和竞争,为跨国汽车公司纷纷进入中国创造了有利条件。各大跨国汽车公司在空间上通过合资划分自己的盘,品牌林立,导致了中国汽车制造业集中度比较低。按产业竞争理论,中国汽车产业仍处在竞争状态。这不仅给中国汽车产业空间结构调整带来困难,也对内资汽车制造业培育产生巨大障碍。

世界金融危机导致世界汽车产业遭遇了前所未有的重创。世界各国积极采取救市措施,纷纷出台汽车产业扶持政策。在后金融危机时代,为积极应对市场变化,跨国汽车公司在华战略已生了变化,中国汽车制造业面临新的挑战。在金融危机下,2009年3月中国政府制定了《汽车产业调整与振兴规划》,汽车市场产销两旺,一举超过美国,成为全球产销量最大、产业规模最大、平均利润最高、消费能力最强、可持续发展能力最强的区域市场,这与中国作为全球最大的发展中国家地位相称。如《汽车产业调整与振兴规划》提出鼓励汽车企业集团在全国范围内兼并重组,形成2—3家产销规模超过200万辆的大型汽车企业集团,然而这由于跨国汽车公司在华空间割据将变得较为困难。

汽车产业政策尤其是外资政策是我国产业和外资政策的重要组成部分。跨国汽车公司从产业结构、市场结构、产品结构、研发结构和空间集聚等方面对中国汽车产业产生深远的影响。中国汽车产业发展面临着从汽车大国到汽车强国转变的战略机遇期。如何评价FDI对中国汽车产业发展影响?FDI汽车制造业对中国汽车产业以及地区内资汽车制造业空间集聚效应如何?作为战略性新兴产业的中国汽车制造如何转变合资发展方式,走上绿色发展道路步伐?这些仍然是中国向汽车强国转变中要面对的重大问题。

二 FDI影响中国汽车产业的几个重要方面

改革开放以来,为了尽快缩小与世界先进汽车生产国之间的技术差距,中国汽车工业采取了以建立合资企业为主的技术学习模式。然而,"以市场换技术"的产业技术政策并没有取得预期的效果。不仅如此,FDI对中国汽车产业市场结构、空间分布等方面产生了深刻影响。

1. 市场结构

汽车是一个规模经济产业,大规模生产可以降低生产成本和销售价格。世界六大汽车集团的汽车年产量均在400万辆以上。为了提高汽车产业的集中度，中国政府一直对汽车市场的准入采取严格的限制措施，严厉限制定点企业之外的企业进入汽车生产领域。这种以行政性手段限制民营资本进入和扼杀竞争，人为地制造高度市场集中，不仅使受到保护的定点企业长期占据垄断地位，而且使中国汽车市场维持了高价格水平，使生产率较低的中国汽车工业仍然能够大量盈利。竞争性威胁的失去弱化了企业提高技术能力的努力强度，其结果是企业技术学习积累有效性降低，最终导致企业技术能力提高缓慢。

在1985年与外商建立合资的轿车工业之前，中国已有一定的轿车工业基础，生产"红旗"轿车和"上海牌"轿车。如果像船舶、航天工业那样，在自己原有的基础上花大力气改进提高，汽车产业今天也可像这两个产业一样创造辉煌。可惜，在20世纪80年代初期，中国不在原有基础上发展，而是另起炉灶，花大力气纷纷建立合资的轿车生产厂，把"红旗"轿车和"上海牌"轿车枪毙了。特别严重的是，在加入WTO前后，中国不去扶持已有一定自主开发能力的奇瑞、吉利等民族工业，却急急忙忙、大规模、全方位、原封不动地大力推行"以市场换技术"的合资政策，迅速扩大合资范围，使跨国公司占领了中国轿车市场的80%左右。据中国汽车工业协会统计数据，2015年中国品牌乘用车销售占乘用车销售总量的41.10%，德系、日系、美系、韩系和法系乘用车销售分别占世界乘用车销售总量的19.44%、15.73%、12.22%、7.84%和3.49%。从中国汽车工业协会公布的数据看，奇瑞、比亚迪、华晨和江淮已经位列六大集团之后，跻身国内汽车集团销量排行榜的前十位，中国品牌乘用车市场占有率在回升。外资企业进一步加速了产品本土化进程，同时产品线逐步下探，这在很大程度上蚕食了中国品牌市场份额，受此影响，外国品牌市场占有率继续提升。

中国不同车型自主开发水平很不平衡，其中，载货汽车开发水平较强，如中型卡车已具备自主开发能力；部分轻卡及客车也有自主开发产品。东风、解放名列中国货车前茅，中国重汽名列中国货车前五位。在商用车领域，2004年自主品牌载货车占有率为94.2%，自主品牌客车的市场份额达到95.2%。2008年中国自主品牌的市场占有率超过90%，其中，载货车销量中自主品牌占94.2%，客车销量中自主品牌占96.2%。目前，在97个载货汽车品牌中，自主品牌占90%；在158个客车品牌中，自主品牌占76%，自主品牌商用车牢牢地占据着市场主导地位。中国汽车工程学会常务副理事长兼秘书长付于武说:"我国商用车总体技术水平与国外先进企业差距大幅度缩小,直接推动了中国商用车产品的出口。"

2. 自主研发与出口

中国汽车工业协会统计,2004年中国销售轿车、轻客共计249余万辆,其中,自主品牌仅占25%,而自主品牌中自主开发的产品所占比例仅为5%。以奇瑞为代表的民族轿车工业,迎难而上,不过七八年的时间,自主开发了好几款轿车,出口8000多辆(占全国出口的80%以上),销往23个国家;而且已签合同,到伊朗、马来西亚去建奇瑞品牌的合资轿车厂,为祖国赢得了荣誉。奇瑞第二发动机厂建成投产,有五六款具有中国自主知识产权的、符合欧Ⅳ排放标准的发动机投放国内以及欧美市场,取得了较强的国际竞争力。如果说1956年7月,中国生产了自己的卡车,是中国汽车工业的第一个里程碑的话,那么,2005年3月,奇瑞生产了有中国自己的知识产权、具备国际竞争力的轿车(含发动机)则是中国汽车工业的第二个里程碑。奇瑞成为自主创新取得优异成绩的企业,并不是偶然的。

3. 空间集聚

合资项目的选定原则,应该是国内空白、不能生产的品种和短缺的高新技术;国内能生产但供货质量不高、大批量供货不足的品种;影响汽车产品性能的关键品种;符合中国汽车工业产业政策,不至于损害我国自己有优势和独立自主权以及有发展后劲的项目。但是,许多地区急于追求引进外资或享受"两免三减"的优惠政策,盲目引进、重复合资,既导致资金投向不尽合理、生产厂点多、水平低、规模小,又造成整车车型、零部件品种系列五花八门,给汽车零部件的标准化、系列化、通用化和整车、零部件国产化、大批量生产及自主研究开发设计新产品带来了更大难度。一些地区和部门,只考虑局部利益,违反《汽车工业产业政策》规定,越权审批三资项目,造成许多重复和浪费,给国民经济造成巨大损失;对产品、市场、资金、技术没有进行认真深入的可行性研究,部分项目经济效益较差。一些地方为增加GDP和税收、就业等经济指标,不顾一切通过上汽车项目拉动地方经济增长;采取更优惠政策吸引投资;重复引进,屡禁不止,使中国汽车产业资源分散;空间集中度下降;集聚竞争力下降。从表1.1可以看出,从2002年到2012年全部汽车制造业集中度上升,而国有企业集中度却有下降,FDI企业(外商和中国港澳台投资企业）三地区集中度有所上升，五地区集中度略有下降，而由于 FDI 企业集中度低于国有企业集中度，总体集中度低于国有企业，也就是说空间集聚程度因 FDI 企业参与而下降。

表 1.1　　　　2002 年、2012 年中国汽车制造业从业人数集中度　　　　单位：%

类别	2002 年			2012 年		
	全部	国有企业	FDI 企业	全部	国有企业	FDI 企业
三地区	26.48	60.22	38.89	33.26	50.07	41.05
五地区	41.67	69.32	53.62	47.50	61.31	53.48

4. 技术创新与技术进步

FDI 企业注重生产，不注重研发，转让技术过于严格。事实上，跨国公司向东道国投资的目的，除了市场和利用当地优势资源因素之外，其中，重要的一个因素就是要将先进的技术控制在自己公司内部，以取得"内部化优势"。

在中外合资企业中，研发都在外方本部进行，中方的任何小改进都要经过外方本部的批准。中国几大汽车集团都尝试过联合开发，花不少资金向外方本部派出许多设计技术人员，而本部总是严格保密。合资的确迅速地提高了中国汽车的制造能力，却很难提高产品的研究开发水平，而且跨国公司向合资企业转让技术方面不积极。中国汽车技术引进的主要内容是发动机、模具开发和开发所用的数据库，这是外资最不愿意转让的核心技术，也是国内企业的软肋。跨国公司转让的大多不是最先进的成熟技术，比如发动机，日本和欧洲车系目前大多采用的是顶置凸轮轴、可变气门正时等技术，但合资企业的产品要么直接使用进口发动机，要么使用在国内装配生产的第一代技术的发动机。

在有些中方控股的合资企业中，外商通过知识产权对合资企业的产品开发进行牵制。在产品更新时，往往继续转让即将过时的技术与产品；在合资企业进行第二次引进时，对转让产品最新技术不积极；以产品专利权影响、阻挠中方的新产品开发计划。在商标策略上，通过用跨国公司商标品牌，对中国企业进行牵制。由于知识产权在企业中的决定作用，因此，使中国政府试图通过股权控制来保持对汽车工业控制的意图大打折扣，使中国汽车工业难以形成独立自主的产品开发能力。

片面强调国产化率不利于企业技术能力的提升。中国的汽车工业在20世纪80年代中后期先后走上了合资生产轿车的道路，在此过程中，政府片面地强调国产化率而忽视了自主开发能力的培育。国产化率指的是引进产品的零部件国产化程度。而进行国产化的努力与产品开发层次上的技术学习是内容和性质根本不同的活动，所以国产化的任何进展都不代表产品开发技术能力的增长，更何况大部分所谓国产化的零部件也是由合资企业生产的，跨国汽车来了，零部件配套厂商也来了。于是，由引进外国产品技术所产生的零部件国产化压力反而使中国企业对外国产品技术的依赖越来越深，不但不再对产品开发投入资金，而且把技术开发机构也合并到为国产化服务的机构中了，使中国企业原有的开发能力逐步萎缩。

缺乏自主开发的合资模式不会提高企业的技术能力。由于国家对合资企业股比的限制，跨国公司在不能取得控股权的情况下，核心技术便是一把撒手锏，它通过控制核心技术和技术开发取得对合资企业的实际控制权。这样，现有的合资模式实际上就成了中方根据外方提供的成型设计进行组装，中方企业很难对引进的产品进行任何修改和创新。中方的技术资源充其量是进行"适应性开发"，而这种适应性开发仍然停留在复制模仿阶段，中方企业收益更多的是制造能力的提高而不是技术能力的提升。

三 FDI参与及局部控制下中国汽车产业发展问题

1. "市场换技术"

中国汽车产业被确定为支柱产业的20多年里，几大巨型国家重点企业没有生产出一辆自主品牌的轿车，反而一些民营企业如奇瑞和吉利等成为包括跨国公司的十强中居第5位、第8位的企业。技术没换来，市场却让出去了。"以市场换技术"真的失败了？还是中国汽车产业发展不可回避的发展阶段？

2. "股权换技术"

"市场换技术"已经走到尽头，现在中国正在向"股权换技术"的方向发展。目前，中国汽车企业的当务之急是在"以股权换技术"的过程中，通过出让股权，赢得技术引进的主动权，应在核心技术的引进、消化和吸收上下功夫，最大限度地维护中方利益。"股权换技术"又是否与"市场换技术"具有同样的结果？

3. 自主品牌

较长一段时期，中国汽车工业应该走什么样的发展道路引起了广泛的关注与争议。中国汽车产业长期发展过程中，由于国有资本的严格垄断，加之地方保护主义盛行，国内市场竞争乏力。一方面，国有大型企业受国家政策扶持而在体制改革上一直难以突破；另一方面，民营企业因受到政策的歧视而没有发挥其最大的优势。在加入WTO以后，中国必须逐步放弃非关税保护政策，给予外资企业以国民待遇。在此条件下，国家势必放开国内对投资的限制，给予国有资本、民营资本和国外资本及金融资本相同的市场准入条件，使投资主体多元化。统计数据显示，2004年，中国汽车工业资产总构成中，国有企业资产占53.15%，外商合资企业占25.42%。加入WTO中国逐步放开对外资的投资限制，外资有进一步控制中国汽车产业的趋势，但经济属性多元化趋势不可能再逆转了。

目前，中国自主品牌企业可以分为三类：一是国内骨干汽车企业集团成立的自主品牌汽车子公司，如上海汽车乘用车公司、一汽轿车、北汽股份有限公司、广汽乘用车等；二是从一开始就选择自主创新模式的汽车企业，如奇瑞、吉利、比亚迪等；三是合资企业的自主品牌，如广汽本田的"理念"、东风日产的"启辰"以及上海通用五菱的"宝骏"等。第一、第二类自主品牌开发能力弱，新产品推出明显落后于国外大公司。而合资自主品牌产品一般定位较低，主要追求性价比，不可避免的和现有自主品牌形成竞争。

合资企业终于开始正视回避了20多年的问题：在经济全球化的条件下，中国是否应该而且能否发展自主知识产权的汽车工业？2004年中国科技部《发展我国自主知识产权汽车工业的政策选择》报告的结论是，转向以自主开发为主是使中国汽车工业走上健康发展之路的唯一路径。"合资自主"能否真正自主？中国轿车，走过了合资，将何去何从？这是目前亟须思考与解决的问题。

4. 发展道路

先"走合资、再本土化"的发展道路并不是中国汽车工业的独创。韩国的汽车工业发展走的也是这条路。严格地说，中国已经在某种意义上实行过"韩国模式"。很长一段时期以来，中国汽车工业的发展目标就是建立"自主"的、完整的汽车工业体系，办法是实行高水平关税和非关税保护、严格限制行业准入、强制性的产品分工、政府直接投资和国家银行大量贷款、高国产化率政策等。这些办法与韩国模式中政府使用的办法相似或相近。不同的是，中国的汽车工业远没有达到韩国汽车工业达到的成绩。那么，新形势下中国汽车产业发展能否仿效韩国模式？显然，作为中国汽车工业已有相当高的国际化程度，已不可能像韩国模式那样排斥外资；相反中国汽车更像巴西模式，具有"巴西模式"的倾向，甚至中国汽车产业逐步呈现出"拉美化"现象。中国的汽车产业将走怎样的发展道路？是继续从前的模式，依靠合资，以"市场换取技术"与资本，还是转入自主研发，或许是二者兼而有之。中国能否模仿某一种模式走出具有中国特色的发展道路？这也是中国汽车工业面临的一个重大选择。

四 研究意义

利用外资是中国汽车产业发展中的一个非常重大的问题。改革开放后中国汽车产业发展的历史其实就是一部与国外汽车产业合资合作的历史。当中国成为世界汽车销售第一、制造第一大国的时候，在中国汽车产业合资合作走过30多年的背景下，有关中国汽车产业自主开发、自主品牌，以及企业核心竞争力的话题，引起国内各方面的高度关注。因此，关于FDI对中国汽车产业影响包括技术结构、空间集聚、技术创新与技术进步和竞争力等问题的研究既具有现实意义，又具有深远的历史意义；既关系到当前中国车工业的发展，又关系到中国汽车工业未来的前途；不仅有利于深刻了解中国汽车产业的发展历程，而且也有利于准确把握未来中国汽车产业发展的趋势和方向。

1. 对我国经济安全有意义

汽车工业是衡量一个国家发达程度的重要标志。随着国际分工格局的不断深化，汽车产业发展越来越呈现出全球化的特征，世界主要的汽车生产商纷纷把他们的价值链向全世界延伸，形成了全球汽车产业价值链。近几年，随着中国汽车市场开放程度以及国民收入的提高，中国的汽车产业发展迅猛，产业规模和经济效应逐年提升。然而，我们应该清醒地认识到，中国汽车产业的高速发展很大程度上是巨大的国内市场积累需求得到释放所产生的结果。实际上中国汽车产业在全球汽车价值链中所处的地位还十分低下，大多处于加工制造环节。

汽车产业在一国的工业化、现代化进程中必然要充当主导产业。罗斯托把经济成长阶段划分为6个发展阶段，其中，作为第5阶段的高额群众消费阶段的主导产业仅是汽车工业。一国要实现国家的、民族的工业化和现代化，主导产业不可回避要担负起自主开发的历史责任。一个大国离开了汽车制造业，是很难完成工业化的；同样的，如果一个大国离开了汽车工业自主开发，很难实现自己的工业化。随着中国经济的不断发展，中国汽车工业在中国经济发展中的地位越来越突出，汽车工业也将逐渐成为中国的主导产业，并对中国经济的发展和社会的进步产生巨大的作用和深远的影响。如果跨国公司控制了中国汽车产业，那么影响的不仅是汽车产业竞争力，更主要的是影响汽车产业的主导方向，国家经济增长的后劲，直至影响国家经济安全。因此，探讨FDI对中国汽车工业发展道路、竞争力方面的影响对国家经济安全仍是重要意义。

2. 对中国外资政策有意义

目前中国汽车产业"以市场换技术"的局面还在持续，所以对中国汽车产业尤其是轿车产业在国内市场的迅速崛起有很大的争论，主要围绕我国汽车产业是否陷入了"合资陷阱"方面。《发展我国自主知识产权汽车工业的政策选择》报告批评了目前我国汽车产业（主要是轿车产业）竞争力较差的现状，明确表示了反对目前合资方式的观点，对我国汽车产业自主知识产权的发展状况十分担忧。中国汽车产业"以市场换技术"是否真的失败了或者说失败程度如何，将直接关系到中国吸引FDI的成败。研究FDI对中国汽车产业的影响，尤其是FDI对技术进步贡献、技术溢出的程度对中国汽车产业国际竞争力的影响具有现实意义。

FDI对中国汽车产业安全的影响要从正负两方面来看。一方面，中国汽车产业利用FDI的最大成就是，彻底改变了中国汽车工业长期处于缺重少轻，几乎没有轿车工业的局面；另一方面，FDI进入带来的负面效应也不容忽视，那就是外资企业对中国汽车产业的市场、股权、技术、品牌以及综合控制。合资企业在以"市场换技术"失败以后，又提出用"以股权换技术"的策略，来增加跨国公司创立合资品牌的积极性。但这始终未能解决中国汽车产业的核心技术问题，能否用"竞争换技术"策略也成为比较关注的问题。FDI对中国汽车产业的影响研究有助于探索这一问题。

3. 对中国汽车产业发展有意义

近几年来，中国的汽车产业蓬勃发展，呈现出一幅欣欣向荣的景象。但抛开国外的技术成分，面向国际市场分析，目前中国汽车产业繁荣的背后潜伏着巨大的危机，关键核心竞争力较弱，自主品牌较少。各大汽车厂商也一直在通过重组购并等方式不断发展壮大自己，国内市场竞争十分激烈。以中国汽车产业国际竞争力为着眼点，研究 FDI 对中国汽车的影响对如何形成合理的汽车产业组织结构，实现资源的优化配置，增强产品的国际竞争力，具有很强的现实意义。

4. 对汽车产业政策有意义

后发国家的汽车产业发展都离不开政府支持。长期以来，中国政府没有一个清晰的发展汽车产业的战略目标和定位，国家对汽车企业发展自主品牌的政策支持和引导不多。其中，包括对于自主品牌的税收和征费方面优惠不多；对自主开发成果的奖励措施空缺；另外，对合资企业的"二免三减"的税收优惠政策造成了事实上的对民族品牌的歧视与打压；等等。改革开放以来，中国的市场竞争机制与公司治理制度还有待完善，市场机制与企业制度的不健全导致企业缺乏进行品牌竞争的动力，如对国企领导的任命考评制度，考核指标只注重眼前经济利益，而不是看企业更长远的持续发展能力。因此，许多企业对投入巨资搞自主开发缺乏积极性，三大汽车集团自主创新能力衰退。总之，在中国汽车产业未来的发展中，需要解决的问题很多。但政府如何营造出一个有利于自主品牌成长壮大的环境，建立促进中国汽车产业自主品牌健康和谐发展的支持体系，也是题中应有之义。

第二节 研究对象

汽车产业是一个宽泛的概念。从产业细分的角度看，汽车产业可以划分为汽车制造业与汽车销售服务业，汽车制造业又可以分为汽车整车制造业与汽车零部件制造业。

根据国家统计局的《国民经济行业分类》（GB/T4754-2002），汽车制造业属于交通运输设备制造业中的行业，包括汽车整车制造业、改装汽车制造业、电车制造业、汽车车身以及挂车制造业、汽车零部件及配件制造业、汽车修理业等六个细分行业。根据新的汽车分类国家标准（GB9417-89），中国的汽车产品分为载货汽车、越野汽车、自卸汽车、牵引车、专用汽车、客车、轿车、半挂车等 8 个大类、34 个车型。作为代步工具的私人车辆称为乘用车，主要包括轿车、SUV（运动型多功能车)、MPV（多用途汽车）。商用车则主要包括货车和客车。按照传统的分类方法，汽车包括载货汽车、客车、轿车、农用车及改装车等。

根据《中国汽车工业年鉴》统计口径，汽车整车制造业根据主导产品分为载货汽车制造业、客车制造业和轿车制造业。其中，载货汽车分为重型载货汽车、中型载货汽车、轻型载货汽车和微型载货汽车；客车分为大型客车、中型客车、轻型客车和微型客车；轿车分为高级轿车、中高级轿车、中级轿车、普通型轿车和微型轿车。由于统计资料的限制，本研究对象仅主要锁定在汽车制造业，同时又相对突出轿车制造业。

第三节 研究方法

一 实证分析与规范分析相结合的方法

实证分析是经济学的基本方法，主要研究经济现象"是什么"，考察人类社会中的经济活动实际是怎样运行的，而不回答这样的运行效果是好是坏。实证研究又分为理论研究和经验研究。规范分析是研究经济活动"应该是怎样的"，即在有关理论的研究分析中，判断或结论的得出是以一定的经济价值标准为前提的。通过对中国汽车产业的实证分析，获得对中国汽车产业政策的全面了解；通过规范分析的运用，分析目前我国汽车工业产业政策状况。

二 静态分析与动态分析相结合的方法

静态分析是指考察研究对象在某一时间点上的现象和规律，动态分析是指研究产业随着时间的推移所显示出的各种发展、演变规律，特别是汽车产业市场与空间集中度此消彼长的规律。研究通过静态与动态、定性与定量相结合的方法考察 FDI 对中国汽车工业发展的影响。

三 统计分析与比较分析相结合的方法

在研究过程中，选取较多地区、较多时间点上的多个样本，分析中国及地区的同一过程，在此基础上利用统计方法消除掉单个样本的特殊特征，总结出具有代表性的汽车产业发展规律，从而使结论建立在科学的基础上。同时运用比较分析原理，在具体研究中国汽车产业问题时，结合中国自身特点并与中国的资源、人口、经济状况、文化传统等一系列特有的决定因素相联系，得出结论和经验教训。

四 历史分析和逻辑分析相结合的方法

世界汽车产业的发展已经有百余年的历史，尽管由于国家政治体制、经济体制以及消费习惯的差异会使各国汽车产业的发展呈现出不同的模式，但是对汽车产业进行历史性的分析，不但能够得到可靠的经验性的结论，而且对指导中国汽车工业的发展也具有建设性意义。

第四节 结构框架

一 理论框架

进入 21 世纪，邓宁（2002）又对 FDI 对东道国的产业国际竞争力的理论进行进一步拓展。FDI 首先是通过合同安排、参观和信息传播等施加影响，促使国内供应商改善质量、提高效率和技术水平；其次是通过竞争激励，使竞争者包括国内企业进行升级；再次是通过产品质量和降低产品价格，以对消费者产生影响，促进技术升级、提高效应；最后是通过培训制度、劳动力供给和技术基础，推动经营环境改善，主要是完善人力资源、技术和交通等基础设施（见图 1.1）。这四个方面与"钻石"模型的四个方面相近。进一步再通过逆向效应对国内企业的竞争优势实施影响，最后通过销售、生产效率和出口体现出国内企业的竞争力。显然，出口成为 FDI 影响东道国产业竞争力的最终标志。

FDI 同样是通过对供应商、竞争者、消费者产生影响后促进中国汽车产业竞争力提高。其中，主要是 FDI 作为一个生产函数改造了中国汽车产业生产函数，在增加汽车产业规模与产出的同时，通过技术进步和技术溢出对中国汽车竞争力尤其是核心竞争力产生影响。其一是，FDI 进入中国后因其对一汽、二汽和上汽车的市场地位产生影响，改变了中国汽车市场结构，形成新的技术壁垒，对民族汽车企业的竞争力也产生影响。其二是，跨国汽车公司采取的投资分散战略，在全国有比较优势的区位进行设厂布阵，也引发三大汽车集团采取在各地的联合与兼并，中国汽车产业的空间分布发生较大改变，影响了资源优化配置和集聚竞争力。从世界汽车

第一章 导论　　　　　　　　　　　　　　　　　15

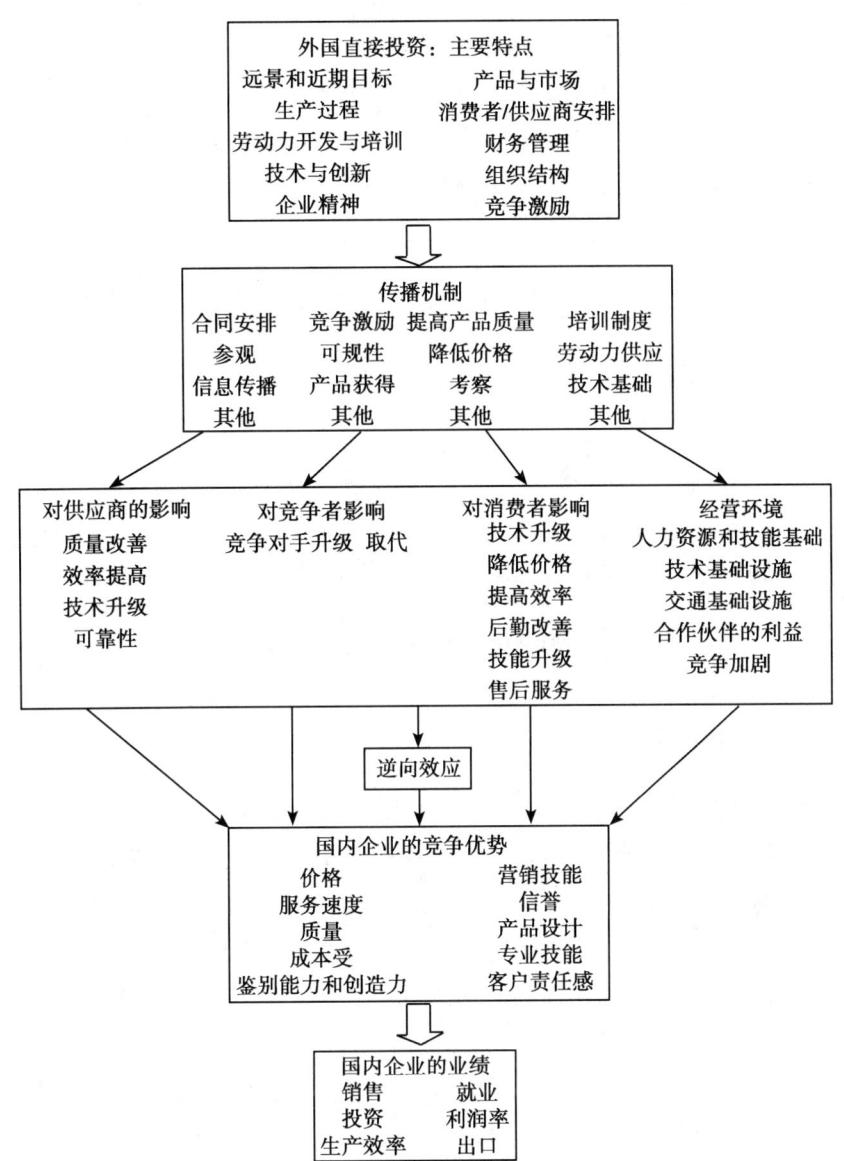

图 1.1　跨国公司对东道国的影响

大国的发展看，汽车产业的发展表现出较高的市场集中度和空间集中度，产生较强的结构竞争力。一方面，市场集中度和空间集中度是互动的。如果空间集中度较小，一个地区没有两个有影响的汽车公司，而且没有太多的合资合作，那么汽车的市场集中度与空间集中度相近。另一方面，较高市场集中度和空间集中度有利于技术创新与技术进步；反过来，技术创新与技术进步影响市场集中度和空间集中度。技术进步、市场结构和空间集聚构成中国汽车产业发展的三元动力。正是这三元动力合成了汽车产业竞争力。FDI对中国汽车产业市场结构、竞争力、技术进步与创新、空间集聚四个方面影响构成了本书的主体框架（图1.2）。

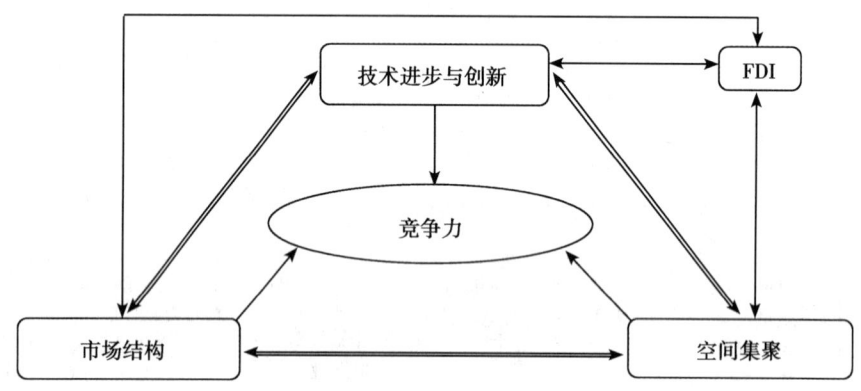

图1.2 FDI影响下的中国汽车产业发展机制

二 结构框架

FDI对中国汽车产业的影响是一个既有理论性又有实际意义的命题，同时在FDI参与甚至垄断的情况下，中国要不要发展自主知识产权汽车，如何发展、走什么路？这些又是一个具有民族意识和历史责任感的话题。汽车跨国公司涌入中国后，各自以其垄断优势和内部优势瓜分了中国汽车市场和空间资源，从轿车市场向其他细分汽车拓展，使中国汽车市场结构和性质发生了实质性的改变；同时通过合资、兼并等方式抢占地盘，使汽车产业空间集聚程度发生变化；更有甚者，中国通过优惠政策吸引和鼓励跨国汽车公司以合资形式进入中国汽车产业，在专控和不对民营资本开放的情况下，跨国汽车公司在中国长足发展，占据了轿车业的绝大部分市场，却并没有向中国转移先进的汽车生产技术，对中国汽车产业技术进步的作用较小。但汽车产业毕竟由净进口国逐步转变为净出口国，国际竞争力不断提升，同时在中国国民经济中的地位日益突出，主导作用更加显著。在这种情况下，如何研究中国汽车产业发展力来源及FDI的影响，比较和借鉴成功和失败国家的汽车产业发展经验；正确认识中国自主发展能力和跨国公司的作用；走出具有中国特色的发展之路，是研究 FDI 影响下中国汽车产业发展的主体内容。

具体内容由三个部分构成（见图 1.3）。第一部分由第一章、第二章构成，这是研究跨国公司对中国汽车产业发展影响的背景和基本现状。第二部分由第三章、第四章、第五章分别研究 FDI 影响中国汽车产业竞争力的三个主要来源，为相对独立又有密切联系的三个内容，第六章是第三章、第四章、第五章的继续和集中表现。第七章、第八章为第三部分，充分对比其他国家发展汽车产业典型成功经验与失败教训，深入研究中国自主品牌发展案例，总结研究结论，提出相应的中国汽车发展道路与政策支持体系。

第一章概括了 20 世纪 80 年代中期以来中国汽车产业吸引 FDI 方式获取汽车生产技术的情况，以及跨国公司对中国汽车产业市场结构、研究与开发、空间分布及出口竞争力的情况，对汽车产业"市场换技术"失败的论断进行剖析，提出研究问题以及意义；同时，从目前的文献研究和研究方法中讨论研究对象、方法和意义。本章展示研究现状、界定研究对象、选择研究方法和确定的研究框架构。

第二章对中国汽车产业的发展阶段，对各个阶段的发展特点、产业政策、产量结构等方面进行分析，重点放在 20 世纪 80 年代中期以来中国汽车产业，尤其是中国轿车业引进 FDI 后的发展现状。对跨国汽车产业在我国合资、市场开拓、布局和品牌进行分析，同时对著名跨国公司汽车公司在华战略、研发进行分析。从宏观和微观两个层面提供背景与历史范畴，为后续研究建立起共同知识和思维素材。

第三章主要分析 FDI 对中国汽车产业技术进步与创新的影响。获取国外汽车制造技术是引进 FDI 的初衷。然而，业界惊醒地发现，我们让出了大部分汽车市场和绝大部分轿车市场而并未掌握国外关键汽车生产技术，民族品牌不但没有发扬光大，反而不断枯萎，提出"市场换技术"在中国汽车产业失败。因此，要通过计量研究回答，FDI 是否直接促进了汽车产业技术进步和创新能力提高。

第四章从市场角度分析汽车产业 FDI 对中国市场结构竞争力的影响。首先是理论上提出市场结构及类型，然后计算汽车产业集中度 CR_3、CR_4 值及以细分轿车 CR_3、CR_4 值，并对不同细分汽车产业如整车、轿车、客车和载货汽车市场特点进行比较，最后进行小样本因果检验。

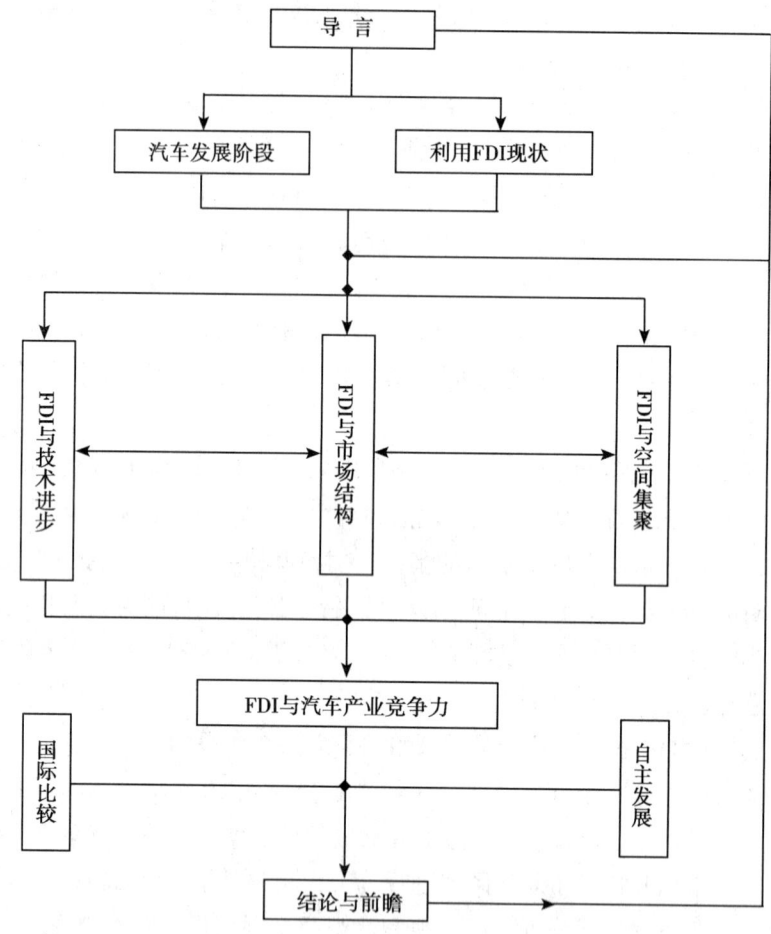

图 1.3　研究框架

第五章从集聚角度分析 FDI 对汽车产业空间结构竞争力的影响。空间高度集聚是汽车制造的一个重要特点，也是汽车集聚竞争力的显著性标志。中国汽车产业在地域分布上有鲜明特点，而 FDI 在空间布局在很大程度上影响了中国汽车产业的空间集中度和集聚强度，相对分散生产对集聚竞争力形成有较大影响。因此，研究 FDI 对中国汽车产业空间集聚的影响，揭示中国汽车产业集聚的空间变迁历程是本章的重要内容。

第六章分析后发国家的汽车工业日韩式道路和拉美模式以及中国借鉴。全面剖析中国汽车产业发展模式的特点，认为中国汽车既不是日韩自主创新能模式，也暂时不会滑向拉美化的跨国公司附属模式，中国汽车产业走的一条半自主半依附的路子。然则，中国汽车产业何去何从完全取决于外国品牌和自主品牌的力量对比，自主创新成为决定中国汽车产业走向的关键因素，也是提升国际竞争力的基础。这方面奇瑞和吉利给予了较多的启示和民族自信心。

第七章是全书落脚点。吸收韩国和日本成功经验，借鉴巴西教训，立足中国汽车自主创新实际，提出 FDI 高度参与甚至局部控制下的中国汽车产业发展道路以及中国由汽车大国变为汽车强国的长久之策。

第二章 中国汽车产业发展与利用外资的历史与现状

从1886年汽车诞生至福特开创汽车的工业化生产，经历了一百多年发展。1901年，中国第一辆进口汽车登陆上海，但中国的汽车工业在中华人民共和国成立后才真正诞生。在中华人民共和国成立后，经过半个世纪的努力，中国汽车工业从无到有，形成了一个产品种类比较齐全、基本满足国内需求的产业体系。汽车工业的发展对中国经济的发展做出了巨大贡献，特别是改革开放后，中国汽车产业在FDI的推动下取得了长足的发展，产销跃居世界首位。

第一节 中国汽车工业发展阶段与现状

一 中国汽车工业的发展历程

根据汽车产量增长情况、汽车工业发展的外部环境和发展战略基本特征的变化，中国汽车工业的发展历程大致可划分为四个阶段（图2.1）。

1. 第一阶段：奠定中国汽车工业基础（1953—1960年）

这一时期，中国实行计划经济体制，采取全盘引进的方式，依靠苏联的帮助建设第一汽车制造厂。1953年7月，第一汽车制造厂在长春动工；1956年7月30日，中国国产的第一辆"解放"牌载货汽车驶下一汽总装配生产线；同年10月，一汽正式交工验收；1957年5月，一汽开始仿照国外样车自行设计轿车；1958年先后试制成功东风牌小汽车和红旗牌高级轿车。一汽的建成，使中国汽车工业从无到有，产生了质的飞跃。1958年后，各省市建立汽车工业的热情高涨，到了1960年，发展成为16家，汽车改装厂则由原来的16家发展为28家。一批地方汽车厂的建立，一方面丰富了中国汽车产品的品种，满足了国民经济的需要，具有积极的意义；另一方面当时国家并没有对整个汽车产业进行发展规划，缺乏对汽车产业的合理布局，放任各个省市自由发展，因此，造成全国汽车产业"小而全"的局面。

2. 第二阶段，中国汽车产业封闭与自我发展的阶段（1961—1978 年）

这一时期，在计划指导思想和政策下，中国相继在偏远地区和大中城市建立了数十个汽车制造厂和上百个汽车改装厂以及众多的零部件厂。虽然从产量来看，汽车整车从 1960 年的 2 万多辆增加到 1978 年的 14.9 万辆，但除一汽、二汽、川汽和陕汽之外，其他的汽车整车厂与零部件厂的规模都偏小、技术水平比较低。在这一阶段，企业的生产经营全都是按照国家和地方政府的指令来进行，因此，企业缺乏竞争、整体效率不高，也没有创新动力。

3. 第三阶段：合资合作阶段（1979—2000 年）

从 1979 年到 2000 年，单一的计划经济体制和管理模式被逐步打破，通过技术引进、消化吸收和建设改造，整个汽车工业有了明显的进步。这是中国汽车工业在改革开放的环境中进入加速成长的阶段。

1983 年 4 月，上海桑塔纳牌轿车在上海汽车厂成功生产。1984 年 1 月，北京汽车制造厂与美国汽车公司（AMC）合资经营的北京吉普汽车有限公司成立，中国汽车产业的对外开放全面展开。1985 年，上海大众汽车公司成立，南京汽车依维柯汽车公司接踵成立。中国汽车很快就进入了第一轮合资浪潮。随后，大众、通用、福特、现代、宝马、奔驰、日产、丰田、本田等世界汽车生产巨头相继落户中国。中国汽车工业的合资合作提升了汽车生产制造能力。

20 世纪 90 年代，中国市场的主要汽车用户是政府机构和国有企业。政府设有"控制集团消费办公室"，对政府机构和国有企业购买汽车实行审批控制，因此，汽车市场规模不大，其需求量的变化与经济发展周期同步。随着国民经济的发展，人民生活水平迅速提高，实际购买能力明显增强，中国汽车用户的结构发生了变化，个人消费者的需求迅速增加，政府也采取鼓励轿车进入家庭消费的政策。这一阶段，在跨国公司的参与和影响下，中国汽车产量逐年上升，总产量由 1979 年的 18 万辆提高到 1991 年的 71 万辆，到 1999 年产量达 200 万辆。产品结构由单一的中吨位载货车变为以中型货车为主，重、轻、微型货车及多种商用车、专用车、客车同时发展的新局面。

4. 第四阶段：加速发展阶段（2001 年至今）

汽车产业的 FDI 进入规模大，产业关联效应强，对国民经济发展具有重要影响。从 2000 年开始，随着市场准入的不断扩大，汽车工业有了长足发展，已经形成了较为完整的汽车工业体系，轿车主导产品的本地化程度也达到了 90% 以上。2001 年 6 月《中国汽车工"十五"规划》的颁布，明确了"发展经济型轿车、把汽车工业发展成我国支柱性产业"的目标；2002 年 8 月国家发展改革委的《汽车消费政策》明确鼓励汽车的私人消费，争取"在 10 年内实现当年汽车销售量的 70% 为私人购买，同时创造良好的汽车使用环境，使汽车工业、交通设施和相关服务产协调发展"。

随着中国加入 WTO，当前世界上以"6+3"为主要格局的跨国汽车公司相继进入中国汽车产业，与中国主要的汽车企业进行合资或合作。最早进入中国的德国大众，其在中国市场的年产量已经突破 50 万辆，它还计划将其在中国的年平均产量提高到 160 万辆；韩国现代公司于 2007 年前追加投资 7.4 亿美元，以实现北京现代到 2008 年前产销 60 万辆的目标；日本丰田、本田、日产也都将很快在中国形成百万辆的生产能力。

经过一段时期的竞争，国内汽车制造业优胜劣汰，存活企业生产规模普遍扩大，总产量也大幅提升。就厂商的规模来看，年产量超过 50 万辆的就有一汽、上汽、长安汽车、北京汽车及东风汽车五家；已经达到了经济规模的其他厂商，如广州汽车、哈飞、江淮汽车、金杯以及昌河等，年产量也都达到 10 万辆以上。可见，随着跨国公司的进入，中国汽车产业的总体规模以及平均规模都在不断扩大，并且还将随着跨国汽车公司的推动而继续增大。受 FDI 推动，2000 年后中国汽车工业加速发展，2008 年汽车产量已接近 1000 万辆，2013 年突破 2000 万辆，其中，轿车达 1210 万辆，占 54.71%；客车达 647 万辆，占 29.2%；货车达 270 万辆，占 12.23%（见图 2.1）。

二 中国汽车工业的发展现状

就单个企业规模而言，美国哥伦比亚大学的一份研究报告认为，汽

第二章 中国汽车产业发展与利用外资的历史与现状

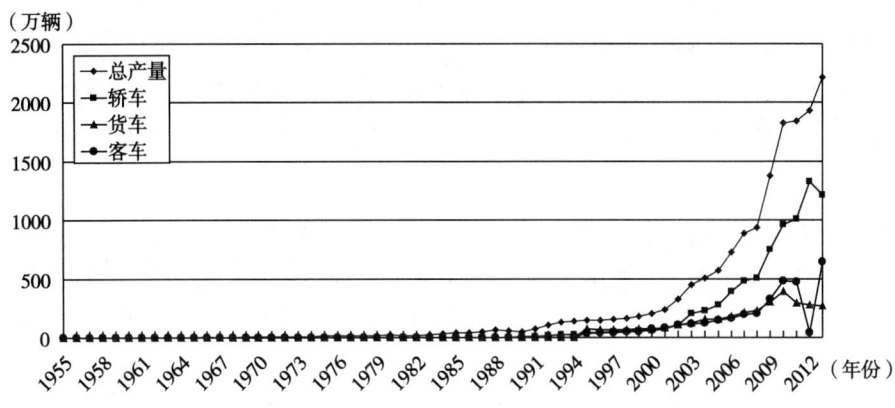

图 2.1　中国汽车产业汽车产量

工厂最低有效规模，排气量为 1—2 升的单系列轿车生产企业产量为 25 万—30 万辆；中型货车生产企业产量为 6 万—8 万辆；轻型货车总装厂为 10 万—12 万辆。如果按此标准，中国只有少数厂商能达到此标准，而绝大多数厂商距最低经济规模还有较大差距。在中国汽车生产厂商中，产量差距是非常大的，分布也是很不均匀的。中国汽车工业的前 3 名一汽、上汽、东风的年生产能力在 45 万—90 万辆，规模经济效益开始初步显现。随着跨国企业间的并购与联合，汽车生产企业的数目越来越少，生产规模则越来越大。世界汽车工业体系已形成了几大汽车生产巨头企业的格局，即通用、福特、丰田、戴姆勒—克莱斯勒、大众、雷诺—日产、本田、标志、宝马、现代等几大集团进行全球化生产。在世界大汽车公司中排名靠后的韩国现代汽车公司的年生产能力也达到了 250 万辆。尽管如此，与世界级的汽车生产企业相比较，中国汽车工业企业的规模仍然偏小（见表 2.1）。

表 2.1　2005 年中国按汽车产量划分的汽车生产企业数统计　　单位：家

合计	100 辆	100—500 辆	500—1000 辆	1000—2000 辆	2000—5000 辆	5000—10000 辆	1 万—5 万辆	5 万—10 万辆	10 万辆以上
117	22	13	14	16	9	8	20	2	13

中国汽车工业起步就是走自力更生、艰苦奋斗的发展路子。然而，相对于卡车，中国的轿车的自主开发能力在过去相当长一段时期，的确还是一片"处女地"。2000 年后，一方面计划经济不断向市场经济转变，使得

像奇瑞和吉利这样的企业有了越来越宽松的政策空间；另一方面这些企业对原有汽车产业格局造成了巨大冲击，导致汽车市场的降价和自主开发意识的觉醒。目前，以一汽、长安、奇瑞、吉利、哈飞、华晨、长城等一大批自主开发的乘用车为代表的品牌已经构成了中国汽车工业新格局中的一支重要力量。

随着中国汽车产业的高速发展，中国汽车产量在世界上的位次不断上升。2001年中国位于美国、日本、德国、法国、韩国、西班牙、加拿大之后，位居世界第8；2002年中国超越了韩国、西班牙、加拿大，成为世界第5；2004年美国和日本是占绝对地位的世界汽车生产大国，德国和中国虽然位于第3、第4名位置，但与美国和日本相距甚远，法国和韩国与德国和中国之间仍有150万辆到200万辆的差距，2004年在全世界生产的6461.6万辆汽车中这六国占据了62.33%的份额。2005年中国汽车产量位居第4位，占世界汽车产量的8.59%。由此可见，2003年到2004年世界汽车生产的基本局势没有根本变化。2006年中国汽车产量达722万辆，成为继美国、日本之后第三大汽车生产和消费国，产量已占世界汽车产量的1/10。尽管受世界金融危机的影响，但中国出台了有力措施，2009年中国汽车产业量已达1379万辆，占世界汽车产量的比重上升到22.6%，居世界之首，成为汽车大国（见图2.2）。2015年全球汽车前八强的国家依次是中国、美国、日本、德国、韩国、印度、墨西哥、西班牙。中国以2450万辆的汽车产量稳居全球最大汽车生产国，美国2015年汽车产量1210万辆，日本以928万辆的汽车产量位列第三位。中国相比其他国家具有绝对的优势，是排名第二的美国的两倍。其他前八国家与前三国相比，汽车产量差距明显，不过2015年产量均在200万辆以上（见图2.3）。

不难看出，2009—2015年全球汽车前八强及位次也发生了一些变化，美国超过日本，位居第二，德国、韩国、印度位次不变，法国和英国退出前八强，而墨西哥、西班牙进入前八强，中国稳居第一。随着中国作为汽车产量与消费大国地位的确立，促使世界发达国家汽车企业的目标市场进行调整，对华战略也随之升级。近几年，跨国汽车公司对华战略重点在不断调整之中。跨国公司在中国汽车市场主要采取"圈地运动"战略，通过合资划分中国汽车制造的势力范围。对华战略重点开始转向扩大产能，中国已成为世界上最大的"汽车生产车间"。跨国公司在华竞争也由战略

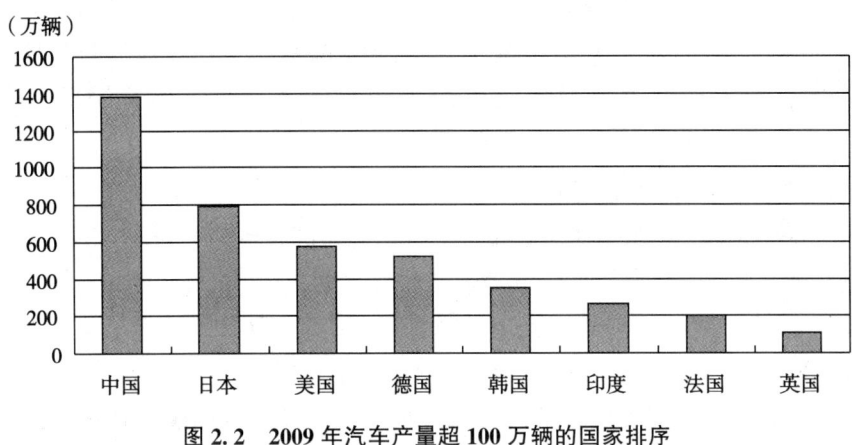

图 2.2　2009 年汽车产量超 100 万辆的国家排序

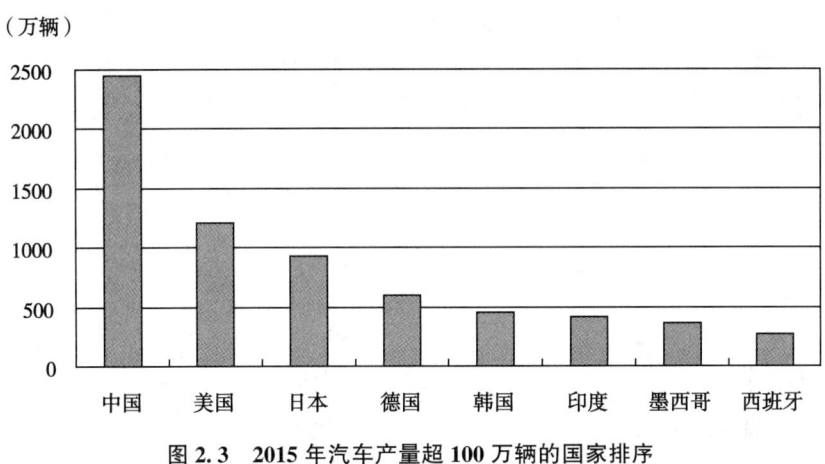

图 2.3　2015 年汽车产量超 100 万辆的国家排序

层面上谋略布局转移到细化和落实战略部署，在产品和市场层面的竞争也越来越激烈。

第二节　FDI 在中国汽车产业：历程、特点及发展趋势

一　FDI 进入中国汽车产业历程

1978 年 10 月，一机部汽车总局邀请美国通用汽车公司董事长墨菲先生来华考察中国汽车工业。事后，国家计委向中央写了一份简报，提

到中国汽车企业可否与国外汽车厂合资的请示。邓小平很快批示,明确国内汽车企业可以与国外合资,以此开启了中国汽车产业波澜壮阔的对外合资之路。

1. 第一阶段

第一阶段从1980年到1989年,以技术许可、技术外包等契约联盟方式为主。在这一阶段,大众、戴克、标致等跨国公司相继进入中国汽车工业领域,与上汽、北汽、广汽等国有企业组建了三家合资企业——北京吉普汽车有限公司、上海大众汽车有限公司、广州标致汽车有限公司。这三家合资企业的成立标志着中国汽车产业的发展进入了一个崭新的阶段,从此中国汽车工业进入快车道,世界著名汽车厂商对中国的兴趣也不断增长,不断有新的合资企业诞生、合作项目产生。1986年、1987年和1992年,庆铃汽车有限公司、北京轻型汽车有限公司和江铃汽车有限公司分别与日本五十铃公司建立了合资关系;从1988年起,德国大众汽车公司以许可的形式,支持一汽生产"奥迪"牌高级轿车。在这一阶段,1987年一汽集团与美国克莱斯勒汽车就引进轻型发动机项目签署协议;1988年9月,中国北方工业总公司和德国戴—克公司关于重型汽车生产许可证转让合同签字,包头北方奔驰重型汽车有限责任公司成为国内唯一一家引进德国奔驰技术生产重型汽车的生产商。

为了提高零部件企业的整体技术与管理水平,在20世纪80年代末,中国建成了一批零部件合资企业。德国海拉国际于20世纪80年代初以贸易方式进入中国的是大众、戴—克,又于1995年先后在长春、上海、北京等地成立了独资、合资企业生产汽车照明和汽车电子等主要产品。日本小糸制作所、日本丰田通商株式会社与上海汽车股份有限公司于1989年合资成立了上海小糸车灯有限公司,专门从事汽车灯具的开发生产、销售和服务,主要产品为上海大众和上海通用等服务。

以上海大众、北京吉普、广州标致、一汽大众、东风神龙为标志,出现了改革开放以来的第一次汽车合资高潮。这次高潮主要是政府主导,合资合作的层次较低,引进的主要是20世纪七八十年代的车型,有的是落后或者是淘汰车型,但这些合资企业的成立,迅速改变了中国轿车接近于无的局面,实现了中央"挡住进口"的战略目标。

2. 第二阶段

第二阶段从1990年到1999年,以生产合资企业方式为主。这个阶段,以上海通用、广州本田为标志,汽车合资掀起第二次高潮。通用别克、奥迪A6、雅阁为标志的中高档车型占据了主流,说明中国汽车产业进一步与国际接轨。

1991年2月,一汽—大众汽车有限公司在长春成立,由一汽和德国大众合资,设计生产能力为15万辆"捷达"轿车,27万台发动机和18万台变速器;1992年,东风汽车集团与法国标致—雪铁龙公司合资,成立了神龙汽车有限公司,投资达20亿元,生产"富康"牌家用轿车。1995年7月,奔驰斥资2亿美元,兴建生产多功能面包车和"奔驰"客车的南方MPV项目和亚星—奔驰有限公司;1997年6月,由通用—汽车公司与上海汽车工业总公司各出资50%组建中国唯一的一家技术合资企业——泛亚汽车技术中心有限公司;1995年8月,福特汽车公司与江铃汽车股份有限公司签署协议,购买江铃汽车1364.28万股B股,占总股本的20%,并派员进驻江铃汽车董事会;1999年5月,悦达投资与韩国起亚汽车合资设立了"江苏悦达起亚汽车公司",投资总额2980万美元,注册资本1500万美元,双方分别持有70%和30%股份。

从1991年开始,世界最大的汽车零部件厂商——美国通用德尔福汽车系统公司和世界最大的汽车电器厂家——德国罗伯特·博世公司也分别在中国建立了数家合资和独资企业;另外,德纳、博格华纳、天合等世界著名汽车零部件跨国集团陆续进入中国创办合资和独资企业。自1994年《汽车工业产业政策》放松对跨国公司投资汽车零部件行业的股比限制后,跨国零部件公司在华成立的独资企业数迅速增大。

3. 第三阶段

从2000年开始,大众、通用、丰田、日产、福特、现代、本田等公司在中国均实行了积极的扩张计划,战略联盟呈多元化、多领域模式,跨国零部件公司由合资向控股和独资转变。进入21世纪,跨国汽车公司更大规模地进入中国,掀开了中国汽车对外合资合作的第三次高潮。2000年初,后来者丰田汽车公司与天津夏利股份有限公司成立了天津丰田汽车有限公司;2000年中,上海汽车工业总公司与瑞典沃尔沃投资有限公司共同投资组建上海申沃客车有限公司;2001年4月,中美合资长安福特汽车有限公司成立;2002年4月,北京汽车工业与韩国现代汽车战略重组在北京签字,组建北京现代汽车有限公司;2002年6月14日,一汽与丰田合作重组天汽;2002年9月,东风汽车公司与日产汽车公司正式签署了在中国建立长期全面合作伙伴关系的协议；2002年10月，东风汽车公司和法国PSA集团签署了全面合作协议；2003年3月底，华晨宝马项目被正式批准，正式签约；2003年6月，中国重汽集团和沃尔沃卡车公司签署合资协议，成立济南华沃卡车有限公司；2003年9月，戴—克集团与北京汽车控股有限公司签订战略合作框架协议，拟对北京吉普进行重组。

从2000年开始，随着汽车工业产业政策的逐步调整，取消国产化限制、取消发动机的股比限制、取消服务贸易领域的限制，跨国公司开始了向价值链上游和下游的延伸，其战略目的是在中国汽车产业全面合作、全方位进入、全系列地生产，将中国纳入全球经营体系。至此，以跨国汽车公司"6+3"全部进入中国为标志的第三次合资高潮暂时落下帷幕（见表2.2）。这次浪潮主要是市场行为主导，合资合作的层次更深更高，不仅是引进车型，还成立研发中心，如上海通用、武汉神龙等；不仅是企业的一部分合资，而且出现整体合资。

表2.2　2008年世界500强企业汽车企业集团前十名比较　　　　单位：亿美元

世界500强排名	企业名称	营业收入	在华主要合资企业	合资企业成立
5	通用汽车	1935.17	上海通用汽车公司	1997年
6	戴姆勒—克莱斯	1766.88	北京吉普汽车有限公司	1983年
7	丰田汽车	1726.16	天津一汽丰田汽车有限公司	2002年
8	福特汽车	1722.33	江铃汽车（股份）有限公司	1993年
			长安福特汽车有限公司	2001年
15	大众汽车车	1106.48	上海大众汽车有限公司	1984年
			一汽大众汽车有限公司	1991年
27	本田汽车	804.87	广州本田汽车有限公司	1998年
29	日产	798	郑州日产汽车有限公司	1993年
41	标致—雪铁龙	706.42	神龙汽车有限公司	1992年
57	菲亚特	599.73	上汽依维柯商用车有限公司	2005年
71	宝马	551.42	华晨宝马有限公司	2003年

数据来源：《财富》杂志与历年《中国汽车工业年鉴》。

在这一阶段的合资合作过程中，由于中国汽车市场的竞争日趋激烈，特别是内资民营汽车企业的发展，迫使跨国汽车公司不仅采取增加投资、建立生产厂和更多地设立营销网络等三种合资合作的初等方式，同时也采取设立产品开发中心、转移企业区域总部等合资合作的高等方式。合资企业的创新能力建设开始真正由技术支持和适应性开发为主，向全球研发中心转变。研发投入力度加大，研发活动开始向纵深发展，同时开始逐步涉足底盘与动力总成、整车集成、平台设计、试验认证、电子系统开发等领域。受合资公司中方公司自身技术能力的限制，在产品发展方向上合资外方掌握着主动权和决策权，但伴随着中方技术水平的提升，在研发重点和方向上开始具有了一定的话语权，特别是具有了一定的配套认证能力。

二 FDI 进入中国汽车产业规模

21 世纪以来，由于中国汽车市场规模不断扩大，加上中国加入 WTO 所带来的前所未有的开放局面，外资公司根据汽车与汽车零配件领域全球战略的需要，纷纷调整在华发展战略，积极参与在华投资竞争与合作。中国加入 WTO 带来的制度红利、中国消费市场的巨大潜力和相对较低的生产成本，曾是拉动外商在华汽车产业投资迅速增长的主要因素。

从 20 世纪 90 年代至今，中国吸收 FDI 总额呈稳步增长态势，外商投资质量和水平继续提高。与 FDI 在中国的增长情况一样，中国汽车制造业吸收 FDI 也出现加快步伐，并且增长趋势基本与 FDI 的总量增长趋势相吻合（见表 2.3）。1999—2008 年，中国汽车制造业领域设立外商投资项数为 6617 项，实际利用 FDI 为 175 亿美元。

表 2.3　1999—2008 年中国汽车制造业吸引外资项目数及金额

年度	1999	2000	2001	2002	2003	2004	2005	2006	2007	2008
项目个数（个）	169	213	329	578	865	1134	1015	951	842	521
实际利用FDI（万美元）	73774	108993	101759	122962	200335	335263	340490	157310	180095	229473

数据来源：商务部《中国外商投资报告》及商务部外商统计。

另据资料显示，中国汽车行业外资项目数量呈连续减少的态势。造成项目数量下跌的原因，一是近年来中国汽车行业发展总体增速放缓，外商投资热度降低；二是由于国家政策对外商投资整车项目不鼓励，对外资车企进行深度的反倾销,都对外商投资带来一定程度的影响。但是,中国市场仍然是全球最具竞争力的产销市场,各大跨国车企仍将中国作为最重要的战略投资地之一。2008年至2013年,大众汽车累计在华投资184.8亿美元,高居外资投资榜首。

从目前外资在华汽车投资状况来看,国内汽车市场已经呈现出和国际汽车市场类似的"6+3"格局。"6+3竞争格局"中的"6"即大众、通用、福特、戴姆勒、丰田、日产6家巨型外资公司,这6家企业合计产销量占世界总量的比例超过75%;"3"是相对独立的本田、标致和宝马3家公司。9家公司的汽车年产销量占世界总量的比例约为92%。外资主导下的在华汽车产业布局已经形成。

三 跨国公司进入中国汽车产业的特点

1. 零部件业跨国公司进入最多

中国汽车市场的吸引力之大,对整车企业如此,对零部件企业亦是如此。除了整车企业以外,跨国零部件巨头也纷纷进入中国。据不完全统计,目前外资在中国投资的零部件企业已近500家。国际著名的汽车零部件企业德尔福、伟世通、李尔等都在中国建立了合资或独资企业。

2. 整车合资目标明确

整车合资企业数量虽不如零部件企业多,但企业追求明确的合资目标。长丰集团是以生产SUV、轻型越野车为主的企业,在经历了2003年的高速增长后,2004年至2005年上半年,SUV、轻型越野车市场呈现下滑趋势,长丰签约进军客车领域,目标很明确,就是开辟新的战场。上海大众与斯柯达建立战略合作关系,上海大众拟应用斯柯达最新技术、针对特殊市场开发车型的经验,协助上海大众进一步提升自有汽车工程技术能力,扩大了上海大众的产品领域。上汽股份与意大利依维柯公司合资组建上汽依维柯商用汽车投资公司,目标是引进意大利依维柯重型车产品技术,建立现代化载货车生产基地。

3. 客车渐成合资业主角

2005年5月,由长丰集团与巴西马可波罗公司、日本双日株式会社合资的年产5000辆中高档客车项目落户长丰工业园内。在2006年上半年合资企业中客车企业亦是领衔主角,2月,苏州黄海汽车工业园奠基;3月,曙光股份与德国MAN公司举行合作签约仪式。客车企业领衔的原因有两方面因素。其一，行业发展的趋势驱动。大容量、快速、环保、节能及人性化是大客车业发展的必然趋势，从引进的产品及合资项目看，中国客车企业是朝着一些方面努力。其二，公交、旅游、公路交通业的发展催生合资的签约。随着中国公路建设步伐的加快，高速公路交通发展迅猛，对客车的需求量比以往更大；旅游业的兴旺为客车生产企业带来福音，对豪华客车的需求量增大；一些城市，尤其是国内大的直辖市或省会城市，越来越重视环保建设，制定一系列环保措施，为适应环保法规要求，城市公交客车的更换率较高。

4. 民营企业表现活跃且涉猎合资

民营汽车企业由于经营机制比较灵活，市场竞争意识比较强烈，因此，在整合中也表现得较为出色。中大集团继2003年收购3家客车企业后，2004年兼并重组了南京金陵双层客车厂和四川省客车制造有限公司；吉利汽车不仅收购国润控股的股份，还将华普与吉利的销售公司整合为一。吉利作为中国的民营企业，近些年的发展已引起国外企业的关注。加之吉利作为民营企业其产权所有关系相对单纯，既不似国内许多合资汽车企业那样，受制于外国，也不像一些老国有企业那样受制于地方，因此，具有吸引外资的有利条件。

四 跨国汽车公司在华发展的新趋势

自20世纪80年代以来，由于全球化与跨国界重组与联合，给国际汽车产业界带来了三大变化：资源配置方式由仅依靠一个国家内部资源向全球资源配置变化；产业竞争模式由原来的闭关自守向开放型竞争战略和比较优势战略变化；产业组织结构由垂直一体化结构向分散的合同式网络组织结构变化。随着国际汽车产业界变化和中国国内汽车市场变化，跨国汽车公司在华发展表现出一些新趋势。

1. 由合资向独资转变

目前，跨国整车及零部件公司与中方谈判整车及零部件合资时，已从最初进入中国汽车零部件市场时由于对中国汽车市场不了解，而采取与中方对等持股的方式转变为更愿意独资建厂，如合资也要求采取控股。这样，在这些汽车零部件企业中，外方的技术，尤其是核心关键汽车零部件技术就牢牢掌握在它们自己手中，如德尔福、博世、电装、法雷奥等都是如此。

2. 控股发动机合资企业

2004—2005年，跨国汽车公司开始了一轮在国内建立发动机合资企业的高潮。这表明跨国公司的战略中心已向发动机转移。跨国公司在国内建发动机企业至少可获得两个好处：首先是避开关税；其次是减少物流费用。目前，在发动机领域国家没有外资投资比例限制，外方可占据更高的比例，以获取更多的利润。

3. 研发本土化

在汽车零部件领域，为确保中国市场的持续发展，适应零部件全球化采购、同步化研发的需要，零部件跨国公司在华纷纷推动技术本土化，纷纷在中国建立技术研发中心。博世、伟世通、康明斯、德尔福、法雷奥等世界著名的零部件跨国公司纷纷在华设立研发中心。

4. 掌握采购大权

在中外合资汽车企业中，外方凭技术控制权，掌握了原材料和零部件的采购大权。近年来，中外合资企业和外商独资企业采购原材料和零部件，普遍坚持"原始设备供应商"原则，排斥中资企业。有时还故意从其母公司高价采购原材料和零部件，再以低价向母公司出售产品，从而把采购利润和生产利润都转移到了母公司，加大了中外合资企业的成本，减少了中外合资企业的利润，让中国政府从中获得的税收越来越少。

5. 控制产业链关键环节

跨国汽车公司不仅要在生产领域加强控制，而且要在销售环节和服务贸易领域提高控制力，从而使整个产业链的发展符合自己的整体利益。其主要手段有：把销售权从合资公司分离出来，成立其控股的销售公司，获取最大利益；希望实现合资生产的车和进口车并网销售，以控制合资企业的销售网络；成立汽车服务贸易企业，从事汽车金融、保险、二手车等业务。

6. 由乘用车领域向商用车领域转移

从2003年开始，商用车市场巨大潜力吸引了跨国公司的视线，跨国商用车巨头纷纷在国内选择合作伙伴，开始实施其在中国的战略意图。如2003年6月，瑞典沃尔沃卡车公司与中国重汽集团公司合资成立济南华沃卡车有限公司，生产沃尔沃重型货车；2005年6月，上汽通用五菱汽车股份有限公司收购颐中运输车辆制造有限公司资产签约仪式在青岛举行，新的生产基地将生产现有五菱品牌微型商用车系中的成熟车型；2005年6月，韩国现代汽车与广汽集团在广州签约成立商用车合资企业，由此开始，广汽成为乘用与商用全能的汽车集团。

五 跨国公司在中国汽车产业的直接投资方式

跨国公司在中国直接投资的主要方式有中外合资经营企业、中外合作经营企业、外商独资经营企业和外商投资股份制公司。从中国汽车工业的投资情况看，主要的方式为合资经营。这也是中国相关政策促成的，中国政府为了保护和发展民族汽车工业，规定外商必须以合资的方式才能进入，并且规定整车生产企业外商持股的比例不得超过50%（见表2.4）。

截至2003年底，在FDI的汽车工业企业中，中方控股的219家，约占外商投资企业总数的55%；外方控股的企业121家，约占30%；中外各占50%的61家，约占15%。从产品分类企业控股情况看，整车类的外商投资企业中，中方控股的占66.7%，外方控股的占13.7%，中外双方各占一半的企业占19.6%。在汽车零部件合资企业中，中方控股的占56.5%；外方控股的占28.4%，中外控股各一半的占15.2%。在其他外商投资企业中，中方控股的占80%，外方控股的占15%，中外控股各一半的占5%。从投资领域看，外商投资主要向整车生产企业，占外商总投资规模的57.8%，用于汽车零部件的外商投资只占外商投资项目总规模的30.4%。

表2.4　　　　跨国汽车公司在中国汽车整车领域的合资情况

合资外方	主要合资中方	各方股比	合资企业名称
通用	上汽集团	通用50%，上汽50%	上海通用
	金杯汽车	通用50%，金杯50%	金杯通用
	上汽集团 柳州五菱	上汽50.1%，通用34%，柳州五菱15.9%	上汽通用五菱
	上汽集团 上海通用	通用25%，上汽25%，上海通用50%	烟台车身有限公司
福特	长安汽车集团	福特50%，长安汽车50%	长安福特
	铃汽车集团	福特29.96%，江铃42.03%，上海汽车3.01%，五十铃25%	江铃汽车（股份）有限公司

续表

合资外方	主要合资中方	各方股比	合资企业名称
大众	上汽集团	大众 40%，大众投资 10%，上汽 25%，上海联合投资 15%，中汽总公司 10%	上海大众
	一汽大众	大众 30%，奥迪 10%，一汽 60%	一汽大众
戴姆勒—克莱斯勒	北汽控股	戴—克 42.4%，北京汽车 50%，戴—克中国投资公司 7.6%	北京吉普
	亚星客车集团	戴—克 50%，亚星客车 50%	亚星奔驰
日产	东风汽车公司	日产 50%，东风汽车 50%	东风汽车有限公司
丰田	夏利汽车	丰田 50%，夏利汽车 50%	天津夏利
	四川旅行车制造厂	丰田 45%，川旅 50%，丰田通用 5%	四川丰田
标致—雪铁龙	东风汽车公司	雪铁龙 26.875%，东风 70%，法国兴业银行 2.5%，巴黎银行 0.625%	神龙汽车
本田	广州汽车集团	本田 50%，广州汽车集团 50%	广州本田

资料来源：国家经济信息中心：《中国行业发展报告——汽车产业》，中国经济出版社 2004 年版。

六 跨国公司在中国汽车产业直接投资的趋势

1. 增资扩产的步伐加快

2002 年中国国内生产总值跃上 10 万亿元的新台阶，人均 GDP 接近 1000 美元。从各国经济发展的经验来看，当一个国家人均 GDP 达到 3000—10000 美元时，将进入汽车消费的快速发展时期。以此来看，中国汽车生产和消费将继续保持快速增长的态势。据预测，中国汽车需求量在 2020 年前将继续保持两位数的年增长率；中国汽车保有量在 2010 年将达到 5700 万辆，2020 年将达到 1.3 亿辆；相应的汽车年需求量将分别达到 860 万辆和 1700 万辆。

中国作为迅速成长的最大消费市场被所有的跨国汽车公司看好，几乎所有的生产厂家都宣布了新一轮的增资扩产计划。从微型轿车到豪华车型，全面进行增资扩产，开始新一轮的市场角逐。最早进入中国市场的德国大众，其在中国市场的年产量已经突破 50 万辆，它还计划将其在中国的年平均产量提高到 160 万辆；丰田汽车公司明显加快了投资步伐，设定的目标是到 2010 年在中国生产销售 100 万辆汽车，在中国汽车市场的占有率达到 10%以上；2003 年 7 月现代汽车公司董事长访华时表示 2006 年北京现代的产量将增加到 20 万辆，到 2008 年进一步扩大到年产 50 万辆，把北汽现代建成其在海外最大的生产基地；福特公司也在加强其投资力度，福特公司将和长安集团共同投资把目前长安福特的产能从 2 万辆提高到 15 万辆，并另外兴建一个轿车厂和一个发动机厂；宝马汽车公司和奔驰汽车公司进军中国市场的步伐也大大加快；本田、日产也都很快在中国形成百万辆的生产能力。可见，随着跨国公司的进入，中国汽车产业的总体规模以及平均规模都在不断扩大，并且还将随着跨国汽车公司的推动而继续增大。

2. 不断提高合资项目中外资股权比例

标致从广州合资项目中的退出、北京吉普的失败，及先前在华合资项目的经历，使跨国汽车公司认识到合资企业的不足，纷纷提出增加股比的要求。2001 年 PSA 在与东风的增资合同中就将其持有的股份由 26.9% 增加到 32%；神龙公司与北京吉普的合资外方也先后增加持股比例，并计划最终达到 50%；大众也将其在一汽大众 40% 的股份提高到 50%。2003 年新建设的汽车合资企业中，外国公司持有的股权比例已经直逼国家政策底线，达到了 50%。其中，本田以建设全部产品出口的基地为由，将其在广东经济开发区投资项目中的比例提高到 65%。此外，跨国公司除了在技术、采购、销售等方面加强控制外，还采用将中方股份化整为零的方法，变相取得了控股权，增加外资对合资企业的实际控制权。

3. 加快产品的更新换代并趋向多元化发展

在 20 世纪 90 年代中期以前，由于市场竞争不激烈，国内市场相对封闭，跨国公司为了获取尽可能多的利润，总是尽量延长一个车型的生产时间。因此，产品引进速度慢、技术相对落后，且车型品种单一。桑塔纳、富康、捷达就曾统治中国轿车市场达十多年之久。随着中国市场的逐步放开，其他跨国公司的进入以及国内企业的成长，中国汽车市场的竞争加剧。跨国汽车公司为了保证现有市场地位，纷纷加快新产品、新技术的引进速度，产品车型也趋向于多品牌、系列化（见表 2.5）。

表 2.5　　　　　各跨国汽车公司在华推出车型及趋势

公司	合作方	推出首个品牌时间（年）	车型	新车型频率
上海大众	上汽、德国大众	1984	桑塔纳、帕萨特、POLO、COL	5 年
神龙汽车	东风、法国标致	1995	富康、爱丽舍、毕加索、赛纳纳	2—3 年

续表

公司	合作方	推出首个品牌时间（年）	车型	新车型频率
一汽大众	一汽、德国大众	1997	捷达、宝来、高尔夫、奥迪	2年
广州本田	广汽、日本	1998	雅阁、奥德赛、飞度	2年
上海通用	上汽、美国通用	1998	别克、赛欧、凯越、GL8	1.5年
北京现代	北汽、韩国现代	2002	索纳塔、伊兰特	1年
长安福特	长安、美国福特	2003	福特嘉年华、蒙迪欧	1年
丰田	一汽等、丰田田	2003	陆地巡洋舰、霸道、威驰、花冠	0.5年

资料来源：夏菌：《加入WTO后，跨国公司在中国汽车市场上的竞争行为分析》，《经济问题探索》2005年第4期。

4. 跨国公司由单纯的制造生产向整个产业链的各个环节渗透

一般汽车的销售利润约占整个汽车利润的20%，而50%—60%的利润是在生产领域中产生的。但以前，我国汽车产业不允许跨国公司进入服务贸易领域的汽车销售、融资租赁等。因此，跨国公司在中国汽车市场上的利润主要来源于技术转让、出口散件和合资生产。随着我国汽车服务贸易领域逐渐开放，跨国公司将全方位介入中国市场。除了汽车生产外，还将加强对汽车销售、信贷、维修维护、会展业、咨询业等方面的渗透。通过对整个产业链的渗透和控制，跨国公司不但能为自身提高市场份额提供支撑，还可进一步提高产品售后服务的质量，加强在华品牌的建设，培育消费者品牌的忠诚度等，保障企业的长远利益。

第三节　FDI进入中国轿车业的历史与现状

一　FDI进入前后中国轿车业概况

1958年5月，第一汽车制造厂成功生产了完全由中国研制的"东风"牌轿车，实现了中国轿车"零"的突破，也标志着中国向现代化迈出了重大的一步。同年8月，中国又生产出第一辆"红旗"牌轿车，但在随后的数十年间，轿车工业一直处于停滞状态，尤其是民用轿车，车型和技术都没有大的改观。尽管推出了CA770、CA772红旗牌高级轿车，也是服从政治的需要。在政策影响下，数十年的中国汽车工业基本上成了"中国卡车工业"，轿车工业几乎一片空白，仅有红旗、北京、上海等少数自行研发的国产车型，款式老旧，技术落后，产量也很低。截至1980年，我国轿车产量只有5418辆。

为改变轿车落后状态，1978年8月，国务院批示同意原一机部和上海市联合向国务院报送了《关于引进轿车制造技术和改造上海轿车厂的报告》，确定要利用外资引进技术。上海轿车公司先后与多家跨国汽车公司进行多次谈判，经过比较，选择了大众汽车公司为合作伙伴。双方于1983年正式签约，合资成立"上海大众汽车有限公司"，开始生产"桑塔纳"轿车。与此同时，还有两家合资轿车企业成立，一个是北京市汽车制造厂与美国AMC公司合资成立的"北京吉普车有限公司"，开始生产"切诺基"轻型越野车。尽管立项晚于上海大众，但早于上海大众签约，因而是首家中外合资的轿车企业，也是首家中外合资汽车企业。另一个是1985年，广州汽车厂与法国标致汽车公司合资成立了"广州标致汽车公司"，开始生产"标致"504轻型货车和505型轿车。1987年8月，中国政府做出加快发展轿车工业的决策，并提出以一汽、二汽和上汽作为轿车工业的三大基地。1988年，国务院在《关于严格控制轿车生产点的通知》中，明确提出了轿车布局的"三大三小"战略，确定了北京、天津、广州三个小型轿车生产基地。后来，中央为支持"军转民"又追加了重庆和贵州两个微型轿车生产基地，形成了所谓的"三大三小两微"的八大轿车生产基地。

从20世纪80年代初期到20世纪90年代初期，进入轿车产业生产的企业只有七八家，产量也仅为十几万辆。20世纪90年代中期以后，随着中国政府产业政策允许同行业有更多的跨国公司进入，世界许多著名的汽车跨国公司相继进入中国市场，与国内企业合作或合资经营，如东风集团与法国雪铁龙、北京吉普与美国切诺基、天津汽车与日本大发合资或合作等。原来已经进入的上海大众等也增加了投资力度，进入大批量生产阶段。轿车产业在中国进入加速增长时期，轿车逐渐成为汽车产业的主导产品，汽车产品结构趋于合理化。

2000年年底上海通用"赛欧"和天津汽车"夏利2000"的下线，再度引发了人们对中国轿车的大讨论。有的人说这是中国轿车进入百姓家庭的前兆，有的人说这反映出中国轿车业已走出了保护期，有的人说这将预示着中国私人购车的疯狂行情。如果以历史的眼光分析现象，"赛欧"

"夏利"之争的真正意义在于它表明：中国轿车业经过了艰难发展，开始进入了多元化竞争的时代。从 1958 年第一辆国产"东风"牌轿车的诞生到"红旗"牌和"上海"牌等轿车缓慢发展的二十多年；从 20 世纪 70 年代末到 80 年代中期，在中国汽车产业缺重少轻的情况下打开大门，进口轿车大量涌入，合资企业、组装企业纷纷组建，进入集团发展时代；从 20 世纪 80 年代末期到 90 年代末期，中国确定建立"三大"（上海、一汽、二汽）、"三小"（天津、北京、广州）轿车生产基地，上海大众桑塔纳长达十数年垄断中国轿车市场。

2000 年以来，中国乘用车发生较大变化，不仅产量增长快，而且品牌不断增加。中国轿车工业经历了 2002 年、2003 年的"井喷"发展后，2005 年中国乘用车品牌数达 115 个，比 2004 年增长 4.5%，而自主品牌乘用车品牌数已达 34 个，比 2004 年增长 25.9%；乘用车产量 311.8 万辆，比 2004 年增长 25.6%，而自主品牌乘用车品牌产量已达 74.1 万辆，比 2004 年增长 49.4%。2005 年，自主品牌乘用车品牌、产量分别占乘用车品牌、产量的 29.6% 和 23.8%（见表 2.6）。

表 2.6　　　　中国 2005 年自主品牌乘用车品牌数及产量统计

项目	单位	2004 年	2005 年	同比增长率（%）
乘用车品牌数	个	110	115	4.5
自主品牌数	个	27	34	25.9
乘用车产量	万辆	248.3	311.8	25.6
自主品牌乘用车产量	万辆	49.6	74.1	49.4
乘用车自主品牌数占乘用车总品牌数比例	%	24.5	29.6	20.8
自主品牌乘用车产量占乘用车产量比例	%	20.0	23.8	19.0

注：乘用车统计数不包括交叉型乘用车，包括 MPV、SUV。

2015 年中国汽车市场上所有的狭义乘用车型号销量排行榜，共计 464 款车型；此外还有轿车、SUV 和 MPV 细分市场销量排行榜。前十名中自主品牌车型有三个，分别是五菱宏光、哈弗 H6 和宝骏 730，占据第一名、第三名和第五名。自主品牌车型能取得较好名次者，全部是 SUV 和 MPV 车型。放宽到前二十强，吉利帝豪 EC7 位居第十七，成为仅有的自主品牌轿车；江淮瑞风 S3 位于第二十名。自主品牌则主要依靠 SUV 和 MPV。在表现较突出的车型中，新朗逸、哈弗 H6 和五菱宏光仍然分别把持着轿车、

SUV 和 MPV 细分市场销量冠军，哈弗 H6 甚至连续实现月销量超过 4 万辆。

二　FDI 进入方式

在改革开放初期，中国政府的引资倾向为一个行业中只引进少数几家跨国公司，以便为国内企业留下市场空间。在此政策倾向下，1990 年以前 FDI 进入的数量较少，在中国生产轿车的跨国公司只有德国大众、美国克莱斯勒以及标致和雪铁龙三家公司。

进入 20 世纪 90 年代以后，随着中国改革开放政策进一步深化，FDI 进入汽车产业的力度有所加大，其进入中国轿车市场的方式基本是新建投资，在股权模式上以合资经营企业和合作经营企业为主。这一方面是因为国内轿车业当时的发展几近空白，没有可供收购兼并的现代汽车工艺；另一方面是因为轿车行业的初始市场结构属于典型的国家行政垄断，国家政策对 FDI 进入轿车业有着严格的限制。因此，国内轿车企业与国外轿车企业进行合资合作一直是国内轿车产业的主要整合模式，这种模式符合全球产能向国内市场转移的趋势，也符合国内企业利用 FDI 实现自身规模、技术、管理等方面竞争实力提升的要求。

1991 年 2 月，一汽与德国大众合资成立了一汽—大众汽车有限公司；另一家企业则是由东风汽车集团、法国雪铁龙汽车公司、法国兴业银行以及巴黎国民银行于 1992 年 5 月合资兴建的神龙汽车有限公司，同期还有日本马自达集团的效仿进入。但由于 1994 年 7 月，中国政府出台的《汽车工业产业政策》中规定限制审批轿车及轻型车新的合资项目。因而，从 1992 年的神龙汽车公司以后，只有上海通用一个新的轿车合资企业成立。20 世纪 90 年代中后期以来，中国政府产业政策逐渐松动，允许同行业有更多的跨国公司进入。国际市场饱和而中国市场需求预期较好的状况吸引着国际大型跨国公司开始陆续进入中国，与国内企业合资成立汽车公司（见表 2.7）。

表 2.7　　　　　　　中国轿车工业合资企业一览表

企业名称	合资方	品牌	签约日期
北京吉普	北京汽车制造厂 美国克莱斯勒汽车公司	切诺基	1983.1

续表

企业名称	合资方	品牌	签约日期
上海大众	上海汽车集团 德国大众汽车公司	桑塔纳、GOL POLO、帕萨特	1983.4
广州标致	广州汽车厂 法国标致汽车有限公司	标致	1985.3 1998年撤资
一汽大众	一汽集团 德国大众汽车公司	捷达、高尔夫 宝来、奥迪	1991.2
海南马自达	一汽海南汽车有限公司 日本马自达	福美来	1992
神龙	东风汽车公司 雪铁龙汽车公司	富康、爱丽舍 毕加索、塞纳纳	1992.5
长安铃木	长安汽车集团 日本铃木	奥拓	1993.5
上海通用	上海汽车集团 美国通用汽车公司	别克、赛欧 君威、凯越	1997.3
贵航云雀	上海汽车集团 日本富士重工	云雀	1998
广州本田	广州汽车集团 日本本田	本田、雅阁 奥德赛、飞度	1998.5
南京菲亚特	南京跃进汽车集团 意大利菲亚特	派力奥、西耶那	1999.4
天津丰田	天津汽车集团 日本丰田	威驰	1999.11
长安福特	长安汽车集团 美国福特	嘉年华、蒙迪欧	2001.4
东风悦达	东风汽车江苏悦达 韩国现代起亚	千里马	2002.3
北京现代	北京汽车投资有限公司 韩国现代	索纳塔、伊兰特	2002.10
华晨宝马	沈阳华晨汽车 德国宝马	宝马	2003.3
东风日产	东风汽车公司 日本日产	阳光、蓝鸟	2003.6

资料来源：根据中国汽车协会相关资料等整理。

  随着中国加入世贸组织，中国轿车产业的国际化步伐加速，呈现日益明显的国际化特征。全球汽车产业收购兼并后形成"6+3"格局的通用集团、大众集团、福特集团、丰田公司、戴姆勒—克莱斯勒集团、雷诺日产集团等6家大汽车集团和本田公司、宝马集团、雪铁龙—标致等3家独立厂商已全部进入中国,在中国投资建立了相应的合资轿车制造企业(见表2.8)。世界上几乎所有的著名汽车跨国公司都在中国建立了合资企业,这正是轿车行业竞争对手之间典型的"寡占反应"的体现。

表2.8　　　　世界汽车"6+3"集团在中国的轿车项目

世界汽车"6+3"集团	投资项目
通用集团	上海通用、长安铃木、贵州云雀、上汽通用五菱、一汽通用轻型商用车公司
大众集团	一汽大众、上海大众
福特集团	长安福特、江铃汽车
丰田集团	天津丰田、广汽丰田
现代起亚集团	起亚悦达、北京现代
雷诺日产集团	风神公司、东风日产、郑州日产汽车公司
本田公司	广州本田、东风本田
宝马集团	沈阳华晨宝马
雪铁龙—标致集团	神龙公司、长安标致雪铁龙

资料来源:作者根据国家统计局资料整理。

跨国公司为了更多地占领中国汽车市场,在竞争中不断加大与国内相关企业合资合作的力度。目前,轿车合资企业占据着中国市场的最有利位置。截至2002年底,合资企业的产量已占总产量的30%以上,合资企业的资产已占全行业资产总额的27%以上,合资企业的利税总额已占全行业总额的63%。从2008年中国轿车厂家的排名来看,市场占有率前七位的均是外商合资企业,前十位则占了八个名额,市场份额达到68.03%。

为了与进入中国的日益增多的跨国公司相抗衡,自1997年中国第一汽车集团公司兼并金杯汽车有限公司开始,中国汽车产业在政府的推动下开始并购重组,逐步形成了三家能够参与国际竞争的有一定规模的集团(见表2.9),改变了过去分散经营的状况,大致形成了"3+6"的产业格局,即以一汽、上汽、东风三大汽车集团为骨干,另外还有广州本田、重庆长安、安徽奇瑞、沈阳华晨、南京菲亚特、浙江吉利6个独立汽车企业。通过兼并活动,中国汽车工业已经发生了根本变化,基本实现了产业组织结构的良性发展,形成了以一汽、上汽和东风等三大国有汽车集团为主导的市场竞争格局。这三家生产的轿车已占到市场份额的50%以上，剩余部分则由多家轿车企业瓜分。随着上汽并购五菱、一汽并购天汽等合并活动的不断发生，国内汽车产业市场结构将进一步实现寡头化，这是汽车产业发展的必然趋势。

表 2.9　　　　　　　　中国三大汽车集团组织构架

汽车集团	控股公司	已收购的外地公司	合资企业外方
长春一汽集团	一汽解放 一汽红旗 一汽大众	云南一汽红塔 山东一汽大宇 海南马自达 天汽集团（天津 丰田天汽夏利）	德国大众 日本丰田
上汽集团	上海大众 上海通用	安徽奇瑞 柳州五菱 江苏仪征	德国大众 美国通用
东风集团	东风载重车 风神汽车 神龙富康	江苏悦达 郑州日产	标致—雪铁龙 雷诺—日产

资料来源：根据《经济观察报》2002年6月17日相关资料整理。

进入21世纪以来，国际汽车巨头已经全面进入中国，跨国公司争夺中国汽车市场的营销策略和投资战略随着中国汽车市场的变化而进行修正。从2003年起受到国家宏观调控的影响，开始步入转折期，进入一个销售量增长放缓、利润率下降的时期。在此时期里，跨国公司在中国市场的竞争已经从传统的产品营销向品牌输入转化，中国正成为外国品牌和自主品牌竞技的舞台，中国轿车市场正在进入品牌竞争时代。但是，与中国轿车市场快速增长及2005年成为世界第二大汽车市场是不和谐的。中国轿车自主品牌与外国品牌在市场上的销售量相比，差距很大。根据中国汽车工业协会发布的数据，2004年外国轿车品牌占市场份额的77%左右，而自主品牌仅占23%左右；2005年，外国轿车品牌的市场份额占75%左右，自主品牌的市场份额仍然只有25%左右；2009年中国全年销售轿车747.10万辆，其中，自主品牌销量为221.73万辆，占29.6%；2013年自主品牌轿车销售330.61万辆，占轿车市场的29.6%；2014年自主品牌轿车销售277.44万辆，占轿车市场的22.4%。可以看出，中国自主品牌轿车的市场份额在22%—34%波动，呈现出先上升后下降的态势（见表2.10）。

表 2.10　　　　　中国轿车自主品牌与外国品牌的市场份额对比　　　　　单位:%

产品品种＼年份	2002	2003	2004	2005	2006	2007	2008	2009	2010	2011	2012	2013	2014
自主品牌	26.5	27.1	23.2	24.7	25.4	26.4	25.9	29.6	33.8	31.3	30.8	29.6	22.4
外国品牌	73.5	72.9	76.8	75.3	74.6	73.6	74.1	70.4	66.2	68.7	69.2	70.4	76.4

在政府部门和轿车生产企业的有力推动下，中国轿车产品的国产化水平有了很大的提高（见表 2.11）。1990 年，桑塔纳轿车的国产化率为 60.09%，而到了 1997 年桑塔纳轿车的国产化率达到了 91.9%，7 年间桑塔纳轿车的国产化率提高了 31.8 个百分点%。而且 1995 年桑塔纳 2000 型轿车在起步阶段的国产化率就达到了 65.84%，1997 年达 78%，两年内国产化率提高了 12.16 个百分点。同样，1993 年捷达轿车和富康轿车的国产化率也仅为 10% 和 36.6%，而到了 1997 年捷达轿车和富康轿车分别达到了 87% 和 84%。到了 2002 年桑塔纳普通型的国产化率达到了 98.9%。虽然部分型号轿车的国产化率已经很高，但是整个轿车工业的国产化水平不是很高。国际上通常将国产化的水平划分为五个等级：超高度国产化、高度国产化、中度国产化、低度国产化和进口组装，其国产化率的范围依次为小于 10%、10%—50%、50%—75%、75%—90%、大于 90%。从整个轿车产业来看，2000 年我国应该是中度国产化水平。

表 2.11　　　　　　　我国主要轿车车型国产化率

企业名称	车型	引进时间	国外投年代	达到60%国产化率年份	2000 年国产化率(%)
北京吉普	CCXI（BJ2021）	1983.6	1982	1994	80.40
	C19（BJ2021E6L）	—	—	1999	75.09
	C28（BJ7250EL）	—	—		93.96
	C90（BJ6420）	—	—		93.64
上海大众	桑塔纳普通型	1985.2	1981	1990	92.93
	桑塔纳 2000 电喷				86.02
	帕萨特 GLI	—	—		70.03
	帕萨特 GSLL	—	—		66.03
天津汽车	夏利	1986.3	1985	1993	95.14
一汽大众	捷达	1990.11	1982	1995	84.02

续表

企业名称	车型	引进时间	国外投产年代	达到60%国产化率年份	2000年国产化率(%)
神龙	富康1.4L	1992.4	1991	1996	92.50
	神龙1.6L			1997	88.00
一汽轿车	奥迪100	1988.5	1985		59.20
上海通用	别克GL轿车	1997.6	1998	2000	63.40

数据来源：《中国汽车工业年鉴》（历年）。

中国的汽车工业正是由于国产化政策的保护，才建立了较为完整的汽车产业布局，并且带动了各零部件和整车制造企业的技术进步，并涌现出了一批粗具规模且已经进入国际市场的汽车零部件企业，使汽车零部件的出口量保持快速增长。汽车玻璃、轮胎、车轮、座椅、内饰、顶棚等产品不仅可以满足单前国产化的需要，而且产品性能和质量也达到了世界先进水平。另外，随着国产化率的稳步提高，中国轿车企业的生产成本也在持续降低。但是，也应看到，随着中国轿车市场过热以及FDI的大量涌进，以KD方式组装轿车的势头正在上涨。许多企业为了使产品尽早上市，直接进口散件组装，这会对中国轿车产业带来巨大的危害。

第四节 跨国公司中国汽车产业的战略布局

在当今汽车工业全球化的背景下，中国汽车工业已处于国际知名汽车品牌的包围之中。跨国汽车六大巨头全部进入中国，完成其在中国的战略布局，初步划定自己的"势力范围"。跨国汽车巨头在中国的品牌战略就是尽可能地迅速扩张自己的品牌，这显然使尚显幼小和稚嫩的中国民族品牌遭受严厉的打压，使自主汽车品牌面临着生存与发展的严峻考验。

一 跨国公司在华合资企业的进展

随着轿车制造业从发达国家向发展中国家转移，发达国家的汽车垄断寡头纷纷带着雄厚的资本和知名品牌向中国进军，以求在更优越的制造环境中获得进一步的发展。一方面得益于中国的对外开放政策；另一方面，中国对合资轿车企业要比国营轿车企业有着更大的优惠政策：①合资轿车企业享有"两免三减"的优惠政策；②合资轿车企业若需进口CKD零件,其关税将享受优惠;③合资企业产品打上国外品牌,不但好卖,而且价格也可以定得较高,因而企业的效益极佳。

初期设立合资公司的目的是获得中国的市场份额,实际上起到了进口替代的作用。由于国内市场规模较小,而且配套体系不成熟,按照国际标准衡量,初始设立的合资公司也是高成本、低效率的,引进中国生产的也大多是相对落后的车型。在中国市场,合资品牌普桑曾经创造了 20 年不变的"神话",现在有人却用"赶集"来形容中国轿车新车型上市。从新品牌到新车型,厂家推陈出新的动作力度比以往都大,甚至超过了当今的汽车强国。目前中国的汽车品牌共有 300 多个,其中,100 多个轿车品牌中有 60 多个被欧系、日系、美系和韩系瓜分,国际"6+3"为主的汽车巨头如数到场,已形成区域分布格局(见表 2.12)。

表 2.12　　　　中国重要汽车制造公司股权、车型与驻地

本地企业	合资伙伴	股权比例(%)	所在区域	产品类型	主要车型
北京汽车	现代	50/50	北京	乘用车	索纳塔,伊兰特,御翔,雅绅特,帕杰罗,切诺基,欧蓝德、奔驰 E 系列,300C
	戴姆勒—克莱斯勒	33/67	北京	SUV、乘用车	
华晨中国	宝马	50/50	沈阳	乘用车	宝马 3 系、5 系
长安汽车	铃木	51/35	重庆	乘用车	奥拓,羚羊,天语,雨燕,福克斯,蒙迪欧,马自达 3,沃尔沃 S40,马自达 2,新款嘉年华
	福特、马自达	50/35/15	重庆	乘用车	
			南京	乘用车	
昌河汽车	铃木	51/49	江西	乘用车	北斗星,爱迪尔,利亚纳
东风汽车	起亚	25/25/50	江苏	乘用车	千里马,瑞欧,赛拉图,远见
	标致雪铁龙	50/50	武汉	乘用车	富康,爱丽舍,赛纳,标致 206、毕加索,CRV,思域,阳光,蓝鸟,天籁,骏逸,颐达、骊威
				MPV	
	本田	50/50	武汉	轿车、SUV	
	日产	50/50	广州,襄樊	乘用车	
一汽集团	丰田	50/50	四川,长春	SUV	普拉多,陆地巡洋舰,特锐,威驰,花冠,皇冠,卡罗拉,锐志,捷达,宝来,奥迪,高尔夫,速腾,马自达 6
	丰田	50/50	天津	乘用车	
	大众	60/40	长春	乘用车	
	马自达	技术合作	长春	乘用车	
广州汽车	本田	50/50	广州	乘用车、MPV	雅阁,飞度,奥德赛,思迪,JAZZ,凯美瑞
	本田	65/25	广州	出口乘用车	
	丰田	50/50	广州	乘用车	

续表

本地企业	合资伙伴	股权比例（%）	所在区域	产品类型	主要车型
南京汽车	菲亚特	50/50	南京	乘用车	派力奥，西耶那，周末风
上汽集团	通用汽车	50/50	上海	乘用车	赛欧，君威，凯越，凯迪拉克，林荫大道，君越，景程，乐骋，乐风 Spark，桑塔纳，帕萨特，POLO 劲情，POLO 劲取，高尔，明锐
上汽集团	通用汽车	50/50	柳州	乘用车	
上汽集团	大众	50/50	上海	乘用车	
一汽夏利			天津	乘用车	夏利，威乐，威姿，威志
一汽轿车			长春	乘用车	红旗，奔腾
海马汽车			海口	乘用车	福美来，海马3，普力马
奇瑞汽车			安徽	乘用车	旗云，东方之子，QQ、A5，A1
吉利控股			临海，宁波，台州，上海	乘用车	豪情，金刚，远景，自由舰，美人豹，美日，优利欧，海域，海迅
华晨金杯			沈阳	乘用车	中华，骏捷
长城汽车			河北	SUV，皮卡	塞弗，哈弗，赛影，赛骏
哈飞汽车			哈尔滨	乘用车	路宝，赛豹，赛马
江铃汽车			南昌	SUV，皮卡	宝威，风华，风尚，全顺，陆风
比亚迪			西安	乘用车	福莱尔，F3

随着中国市场规模扩大和零部件供应体系改善，相关公司的运营效率不断提升，不断在中国市场投放最新车型以吸引消费者。中国的合资公司已经成为战略性资源，生产成本和运营效率甚至高过内资企业。于是，合资企业不断延伸在中国的产业链，从单纯组装走向本地采购，合资公司参与甚至主导研发将是变化的焦点。①上海大众。2007年7月，上海大众与德国大众宣布双方将合作开发一款基于德国大众新一代B级平台、面向全球市场的新车。上海大众的开发工作将逐步纳入大众汽车集团的全球开发体系。②广州本田。2007年7月，广州本田汽车研究开发有限公司成立，拥有包括概念设计、造型设计、整车试制、实车测试、零部件开发在内的整车独立开发能力，首期投资20亿元。③长安福特。研发中心将落成，形成600人研发团队，主要承担引进车型的改进、本土化工作，两年后形成自主研发能力。④北京现代。2006年北京现代与韩国现代合资兴建技术研发

中心，包括市场研究、创意造型、工程开发，该研发中心纳入现代汽车的全球研发体系。

二 大型跨国公司分布战略

改革开放以来，中国汽车工业在成员组成上和整体质量已经发生了重大变化。中国加入世贸组织后不久，世界各大跨国汽车集团也已经完成了在中国的家庭用车方面的战略布局。

（1）大众公司。创建于1937年的大众公司在20世纪80年代以非凡的战略眼光认为中国具有发展汽车工业的广阔空间。在其他公司还观望不决的时候就果断进入，加上中国政府在其进入后几年对外国汽车公司进入的控制，使大众汽车公司尽享天时地利。现在大众汽车集团参股投资的上海大众和一汽大众均已成为中国汽车市场最好的合资汽车。两家合资企业轿车市场占有率在50%以上，大众公司的车型也基本没有保留地落户在中国。奥迪、桑塔纳、捷达、帕萨特已经成为中国人喜欢的名牌；Polo和Bora也在经济型轿车中获得肯定，而且在中国无论上海大众和一汽大众的竞争是此起彼伏，大众公司都可以从中获取利润，这也是大众公司打中国牌的一个成功点。

（2）通用公司。通用在上海构筑了规模巨大的工业园，上海通用合资公司生产的别克轿车是定位中高档的轿车。现在的别克君威声誉也很好，赛欧也成为受欢迎的家庭型经济轿车。上海通用、沈阳金杯通用和通用购买B股进入五菱都是通用在中国的合资企业。通用公司通过与五菱合资直接控制了其技术售后体系，其目的明显的不仅在中高档轿车上有所作为，还希望在微型车领域有所作为。

（3）本田公司。本田公司在原来广州标志公司基础上合资的广州本田，在中国已经有不错的基础，但不足之处是产量不大，在雅阁之后还继续推出新的车型。

（4）丰田公司。丰田汽车工业公司1937年成立，1982年又与丰田汽车销售公司合并形成了现在的丰田汽车公司。丰田公司在中国的合资合作企业整车厂家有沈阳沈飞日野汽车限公司，1996年7月成立的柳州五菱汽车有限责任公司生产小型客车、轻便客货两用车。2000年6月成立的天津丰田汽车有限公司生产新型小型轿车。2003年开始生产大中型高级旅行车。1998年11月成立的四川丰田汽车有限公司生产客车。截至2003

年4月，丰田集团各家公司合零部件厂家在中国的合资合作零部件厂家有59家，其中，天津30家、上海5家、江苏有5家。丰田公司汽车在世界上的销售量排名第三，在中国的合资合作厂家也是布局广泛。虽然其在中国市场上定位的10%的目标一直让人怀疑，但其对中国汽车工业的渗透可谓是每个零部件都有的。

（5）福特公司。在中国的福特汽车有限公司成立于1995年10月25日，是福特汽车公司在中国的全资子公司。目前福特汽车拥有江铃汽车（股份）有限公司30%的股份；2001年4月25日福特汽车公司和长安汽车集团成立了长安福特汽车有限公司，双方各拥有50%的股份，专业生产满足中国消费者需求的轿车。现在主要车型为嘉年华全顺Transit、蒙迪欧。在中国除了对科研开发投入精力外，福特公司还在文化、扶贫救困、教育、环境保护方面全方位打造自身形象。

（7）宝马公司。早在20世纪80年代宝马就意欲进军中国，宝马和华晨的合资也是一波三折，直到2003年3月27日在北京人民大会堂澳门厅，宝马集团和华晨中国汽车控股有限公司正式签署合作文件，作为全球最著名的高档汽车品牌之一。宝马从此正式开始在中国生产自己的产品。拥有产权开发的中华轿车也是行情走俏，对自身内功强化一直继续，所以华晨和宝马的合资被认为是华晨有骨气，宝马有眼光。

（8）日产。日产和东风的合资也是有鲜明特色的。过去，中国多次寻求与日方合作，但日方一味只卖产品不卖技术。中国加入WTO后，东风合作可选择的伙伴较多，如法国标致—雪铁龙、本田和雷诺等，日产并不是它的唯一。另外，近几年东风卡车轿车业务都处于上升趋势，利润大幅提高，政府支持力度也比较大。如今的东风和日产的跨越式合作，改造了直接投放的模式，外国车要先经过中国人加工然后才投放中国市场。2002年9月19日中国东风公司与日产公司签署了协议，确定双方将合资成立东风汽车有限公司，注册地在武汉市，双方各持50%股份，东风50%投资全部为现有资产，日产将直接投资人民币85.5亿元。

（9）韩国现代。韩国现代汽车集团成立于1967年，现资产总额266亿美元，总产量在世界汽车产业排行第七，在国际市场上历来以价格低廉著称。韩国现代进入中国的时间稍晚德国大众，但在中国几度投资建厂都无果而终。2002年5月1日，北京汽车工业控股有限公司与韩国现代汽车公司签约，双方在2010年前各按50%股份共同投资11亿美元成立的合资公司，该公司获得政府批准，于 2002 年 10 月 18 日正式成立。2003 年初推出真正由北京现代生产的索娜塔，国产化率就是 46%，生产中国第一辆井冈山牌轿车的北京也圆了自己的轿车制造梦。

第五节　FDI 对中国汽车产业的影响

一　FDI 提升了汽车产业在国民经济中的地位

规模不经济一直是制约中国汽车产业健康发展和产业竞争能力提高的重要因素。从 20 世纪 80 年代后半期开始，中国汽车产业对外开放的步伐加快，FDI 大规模进入中国汽车产业，FDI 在带来先进技术的同时，对中国汽车产业的规模经济水平也产生了重大影响。

1. 汽车产量迅速扩大

FDI 进入初期，由于中国汽车市场需求有限，生产能力利用率不高，跨国汽车公司对中国汽车产业的投资采取了相对谨慎的态度，中国汽车产业经历了一个较长时期的缓慢增长，1992 年中国汽车产量首次突破 100 万辆。进入 20 世纪 90 年代后，随着汽车产业对外开放的进一步深入，更多的跨国汽车公司进入中国投资，全国汽车产量一直保持着稳步增长，产量从 1992 年的 100 万辆扩大到 2000 年的 200 万辆。中国加入 WTO 后，由于 WTO 效应与居民消费结构转变，中国汽车产业在 2001 年进入快速成长期，汽车产销量超高速增长，在世界汽车市场和汽车产业中的地位和作用大幅度提升。世界各主要跨国汽车公司对中国汽车产业都采取了积极扩张的投资策略，纷纷加大了对中国的投资力度。中国汽车产量也以超过年平均 35% 的速度快速增长，汽车产量迅速跨越了 400 万辆级，2003 年一跃成为世界第四大汽车生产国，2009 年超过日本，成为世界第一大汽车生产国。

2. 企业生产规模迅速扩张

来华各跨国汽车公司参与国内市场的竞争，由于其资本实力雄厚而中国的市场规模巨大，因此，在中国的投资规模巨大，一般来说达到了最小经济规模水平。具体表现在各汽车生产企业的产量水平提高很快，企业规模迅速扩张。2003 年按汽车产量划分，年产 10 万辆以上的汽车生产企业数目由 1982 年的 0 增加到了 10 家，整体生产规模有了较大提高。在汽车生产企业整体规模不断扩大的同时，还出现了几家规模巨大的寡头企业集团。2003年产量居前三位的上汽、一汽、东风三大汽车集团的产量分别为89.8万辆、86.6万辆和47.5万辆，都基本达到了规模经济的要求。

3. 汽车工业是中国国民经济的支柱作用不断显现

汽车对国家的经济建设、生产发展和人民生活水平的提高发挥着越来越重要的作用。汽车工业的发展对中国经济的发展做出了巨大贡献，特别是改革开放后十年里，汽车工业的快速增长使其成为拉动中国经济快速增长的主导产业之一。

表2.13的数据显示：虽然中国汽车工业的产值占国内生产总值的比重在1995年和1996年有所下降，但总体来看这一比重在稳步上升。说明在绝大多数年份，汽车工业增加值的增长趋势高于国民经济的总体增长趋势。特别是20世纪90年代以后，汽车工业的产值占国内生产总值的比重明显上升。进入20世纪90年代中后期，中国经济买方市场特征日益突出，汽车产业增长趋缓，汽车工业总产值比重却从1995年开始重新进入稳步增长阶段。统计数据显示，这一时期汽车工业增加值增长速度高出GDP增长速度平均约4个百分点。1999年以后汽车工业持续再发展，兼并重组以及资本多元化改革开始活跃，企业和市场获得了新的活力，年增长率在12%以上。1990—2014年，汽车产业的工业增加值不断增加，由1990年的120.5亿元增加到2014年的8606.20亿元。同时，汽车工业对国民经济的贡献越来越大，汽车增加值占国内生产总值的比重由1990年的不足1%，增加到2003年的1.83%，2014年回落到1.66%；汽车工业产值占工业总产值的比重也从1990的2.06%曲折上升到2013年的4.5%。2009年中国汽车产业产值已超过3万亿元人民币，实现利税超过3000亿元，汽车行业在国家政策支持下发展速度明显快于其他行业。由于汽车工业产值规模较大和与前向后向产业关联程度很高，它的发展对中国经济增长所发挥带动作用是比较大的。这充分说明中国汽车工业对经济增长具有稳定而强有力的推动作用。

表2.13　　　　1999—2014年汽车工业增加值与国内GDP情况

年份	汽车工业增加值	GDP	占GDP比例（%）	汽车工业产值（亿元）	工业总产值（亿元）	汽车工业产值占工业总产值比例（%）
1990	120.50	18547.90	0.65	492.60	23924.40	2.06
1991	170.10	21617.80	0.79	704.50	28248.00	2.49

续表

年份	汽车工业增加值	GDP	占GDP比例（%）	汽车工业产值（亿元）	工业总产值（亿元）	汽车工业产值占工业总产值比例（%）
1992	296.70	26638.10	1.11	1191.10	37066.00	3.21
1993	402.90	34634.40	1.16	1792.00	52692.00	3.40
1994	515.50	46759.40	1.10	2183.10	76909.00	2.80
1995	540.70	58478.10	0.92	2216.50	98520.00	2.30
1996	576.20	67884.60	0.85	2399.10	99595.40	2.40
1997	594.10	74462.40	0.80	2668.70	113733.70	2.40
1998	661.30	78345.20	0.84	2787.30	67737.10	4.10
1999	748.90	82067.50	0.91	3122.70	72707.00	4.30
2000	864.00	89468.10	0.97	3612.60	85673.70	4.20
2001	1055.60	97314.80	1.08	4433.20	95449.00	4.60
2002	1518.80	105172.30	1.44	6224.60	110776.50	5.60
2003	2153.40	117390.20	1.83	8357.20	142271.20	5.90
2004	2187.80	136875.90	1.60	9463.20	201722.20	4.70
2005	2209.90	183867.90	1.20	10223.30	251619.50	4.10
2006	3362.70	209406.80	1.61	13937.50	316589.00	4.40
2007	4141.40	249529.90	1.66	17242.00	386747.00	4.50
2008	4104.10	300670.00	1.36	18780.50	507448.00	3.70
2009	5378.70	340507.00	1.58	23437.80	548311.00	4.30
2010	6759.70	397983.00	1.70	30248.60	698591.00	4.30
2012	7451.70	458217.00	1.60	33155.20	844269.00	3.90
2013	7940.40	519322.00	1.53	35774.40	869597.10	4.50
2014	8606.20	519470.00	1.66	39225.40	—	—

注：自1998年起，全国工业总产值为全部国有、国有控股及规模以上非国有工业企业总产值，与以前不可比。规模以上非国有企业之产品年销售收入在500万元以上的企业。

资料来源：1999年后以来数据来源于《2014年中国汽车工业年鉴》。

二 FDI增强了产业关联效应

由于汽车产业具有很高的产业关联度，对上下游产业有很强的拉动作用，各个发达国家都争相大力发展汽车产业。工业发达国家如美国和日本汽车工业的增加值率不足30%；德国和法国汽车工业的增加值率也只有

30%左右,而这些国家中其他制造业部门的增加值率一般为40%—50%。也就是说,即使在工业技术水平和增加值率高的发达国家,汽车工业中也有70%左右的产值是在消耗其他部门产品的过程中转移过来的。由表2.13数据计算,1990—2013年我国汽车产业平均增加值率23.44%,中间投入比重高达76%以上,从而反映了汽车工业对其上游产业较强的带动作用。相比而言,中国汽车产业由于处于发展初期和起飞阶段,其增加值率低于发达国家,2003年为25.8%,2013年为21.84%,呈逐步下降趋势(见图2.4)。这表明,中国汽车工业对相关产业的带动力要更大一些。

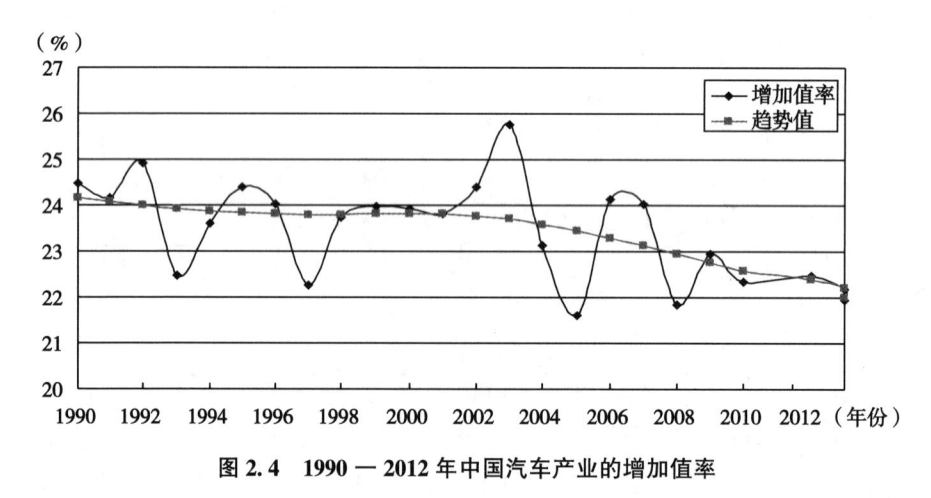

图 2.4　1990—2012年中国汽车产业的增加值率

从汽车的使用过程看,汽车对公路建设、能源工业、交通运输业和服务业产生巨大的需求,从而推动这些产业的发展(见表2.14)。根据有关方面利用模型进行的投入产出分析,中国汽车产业对主要上游产业所产生的完全需求占汽车产业总产值的92%—94%,而完全需求所带来的增加值与汽车产业增加值之比高达2.26倍。中国汽车产业对相关产业的带动作用大于欧美汽车产业发达国家。目前全世界钢产量的15%、橡胶产品的50%、塑料产量的10%都用于汽车制造业。

表 2.14　2001—2012年汽车工业相关的其他产业发展情况统计

年份	钢材(万吨)	煤(亿吨)	生铁(万吨)	天然气(亿立方米)	发电量(亿千瓦时)	合成橡胶(万吨)	轮胎外胎(万条)
2001	16068	13.81	15554	303.3	14808	122.0	13573
2002	19252	14.55	17085	326.6	16540	136.2	16307
2003	24108	17.22	21367	350.2	19106	127.2	18785

续表

年份	钢材（万吨）	煤（亿吨）	生铁（万吨）	天然气（亿立方米）	发电量（亿千瓦时）	合成橡胶（万吨）	轮胎外胎（万条）
2004	31976	19.92	26831	414.6	22033	147.8	23926
2005	37771	22.05	34375	493.2	25003	181.1	34390
2006	47340	23.82	40417	585.5	28344	199.8	43547
2007	56561	25.26	47652	692.4	32816	228.9	55833
2008	58488	27.93	47067	760.8	34669	232.4	54615
2009	69626	—	54375	851.7	37147	—	—
2010	80277	32.00	59733	948.0	42072	320.0	77612
2011	88620	35.00	64051	1027.0	47130	367.0	83566
2012	95578	37.00	66354	1072.0	49876	397.0	89370

资料来源：2009年、2013年《中国汽车工业年鉴》。

三 丰富了汽车工业的产品结构

中国汽车产业在引进FDI的初期，由于中国市场的不完全性，国内还没有发展起来对跨国公司具有竞争性的同类企业，并且多家跨国汽车公司同时进入的市场格局尚未形成，再加上中国政府为保护国内汽车工业多年来一直实行的较高进口关税和较多的非关税措施，这些都在一定程度上造成了早期跨国公司在中国市场上的垄断地位。20世纪90年代前期，中国轿车市场上品种单一，消费者选择范围极小，"老三样"（桑塔纳、捷达、富康）统治车市达数年之久。

20世纪90年代中期以后，随着中国汽车产业引进多家跨国公司，国内同类竞争者逐渐发展壮大，再加上加入WTO后关税下调所带来的进口汽车的竞争，中国汽车产业被少数跨国公司居垄断地位的市场结构发生了很大变化，市场的竞争性明显增强。加入WTO以后，汽车产业竞争性增强的一个突出表现就是汽车企业加大了汽车特别是轿车新产品的开发力度，新款汽车上市节奏加快。2001年以后，面对汽车市场竞争日趋白热化，进入中国的国外汽车厂商，纷纷向中国市场投放最具竞争力的新产品。2002年全国汽车整车投放新产品90款，其中轿车38款；2003年各企业都把及时推出新产品作为抢占市场的重要手段，全年共推出各种汽车新产品（含改进型）达100余款，其中轿车产品最多，达60余款，平均每月都有几款新产品面市；2004年国内乘用车市场推出了160余款新车型，平均每周有三款新车型面世，是历史上新车型上市最多的一年。商用车方面，重型高档商用车的本土化生产步伐也在加快，如沃尔沃重型货车、奔驰系列商用车。这种新产品投放市场的方式，反映了我国汽车产业的竞争具有 FDI 推进型特征，其竞争方式明显带有跨国公司全球竞争的国内化，同时也是跨国公司争夺中国市场的筹码。

FDI 在汽车产业中的进入彻底改变了中国的汽车产品结构不合理的状况，丰富了产品结构。全国生产载货汽车、客车和轿车占年总产量的比例，由 1985 年的 88.5∶5.6∶5.9 演化为 1995 年的 49.3∶22.1∶28.7 和 2004 年的 29.9∶24.4∶45.7。相比之下，载货汽车比例大大降低，"七五""八五"期间，几乎每 5 年就要下降两成，"九五""十五"期间继续下降，如今已从 1985 年的占汽车产量近九成下降到 2004 年的不足三成。客车比例在 1992—2001 年波动式上升，2001 年达到最高点后下降，轿车在 1992—1997 年上升，1997—2001 年比较平稳，略有下降，到 2001 年后加速发展，比例不断攀升；2002 年是一个历史的转折点，载货汽车、客车和轿车比例相当；2002 年后轿车加速发展，2006 年后稳定在 50%—57%，而载货汽车持续下降，客车持续下降后于 2009 年有所回升（见图 2.5）。

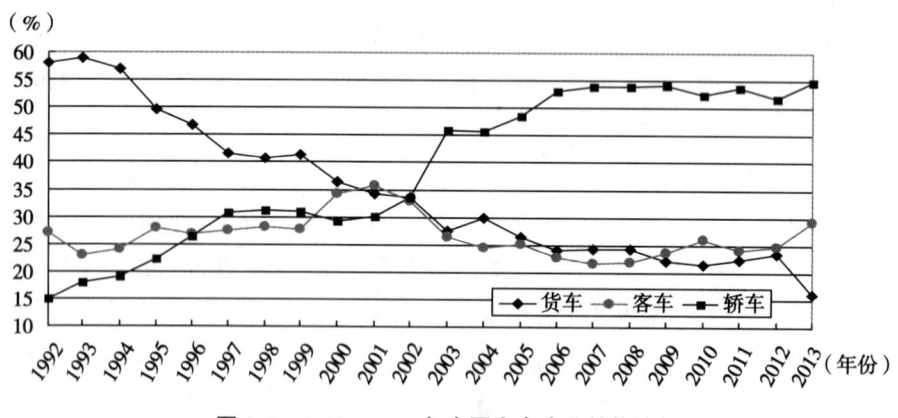

图 2.5　1992—2013 年中国汽车产业结构演化

四　FDI 对中国汽车产业影响的初步分析

改革开放以来，通过大量的技术引进和合资合作，中国汽车产业取得了长足发展。这与 FDI 对中国汽车工业产生积极影响分不开。

1. 解决了汽车工业发展资金短缺的问题

长期以来，由于中国财力有限，资金匮乏一直困扰着中国汽车工业。改革开放以来，中国汽车工业通过引进技术和 FDI，特别是随着一大批三资企业的建立，一方面大大缩短了中国汽车产品技术水平与国外的差距；另一方面也解决了中国汽车工业发展资金不足的问题。2003 年中国汽车产销量双双突破 400 万辆，一举成为世界第四大汽车生产国；2004 年汽车产量更是达到 507.1 万辆。汽车工业经济效益也得到较大提高，截至 2003 年，汽车产品销售收入达到 9256.6 亿元，工业增加值为 1998.1 亿元，利润总额达到 754.6 亿元。目前 FDI 企业已成为汽车工业实现利润总额的主力军，实现利润总额、同比增长率、利润总额增长额贡献率均遥遥领先。可以说，FDI 进入加速了汽车产业成为中国支柱产业的进程，并发挥着越来越重要的作用。

2. 促进了汽车产业结构和产品结构的合理调整

在发达国家，尤其是汽车生产大国，乘用车占汽车总产量的比重一般在 70% 以上。但在中国，由于长期以来人们一直把汽车看作生产资料，在汽车产量中，载货汽车占的比重很高。引进 FDI 之初，中国汽车一直以中型载货车为主，被形象描述为 "缺轻少重无轿车"。随着 FDI 的大举进入，中国汽车产业产品结构得到了很大改善。从图 2.5 可以看出，20 世纪 90 年代以来，载货车在汽车产品总量中所占比重明显下降，客车和轿车所占比重明显上升，并且中国目前已经具备了全系列车型的生产能力。

3. 汽车工业技术水平得到了提高

中国汽车工业通过引进 FDI，不断地获得新的技术。通过国产化吸收引进技术，中国汽车工业的水平得到了较大提高。改革开放前，中国汽车工业与发达国家汽车工业水平相差 30—40 年。目前中国汽车工业总体水平就产品而言，与发达国家汽车工业相比还有 10—15 年的差距。在 20 多年的时间里，中国共引进了 1000 多项整车、零部件的工艺和开发技术；建立了较完备的汽车工业体系；具备了世界一流的装配制造水平，并且初步掌握了大客车、微型车、面包车、卡车和普及型轿车的自主开发技术。同时，学会了现代汽车产业的规划、实施、管理等先进经验。现在内资企业已开始在引进技术的基础上，开发出具有自主知识产权的新产品。在汽车零部件领域的合资企业也使中国汽车零部件工业的水平、质量有了显著的提高。

4. 促进了汽车工业产业组织结构合理化

通过与跨国公司的合资，形成了一批实力日趋接近、生产规模较大的厂商，它们构成了中国汽车工业的主体，在市场上发挥着主导力量，提高了中国汽车工业的整体竞争力，使中国汽车工业的产业组织结构进一步合理化。目前，一汽、东风、上汽三大汽车集团的汽车产销量已占全国汽车产销量的一半以上，载货车产销量占全国载货车产销量近40%，客车占25%，轿车最高，占72%。中国汽车市场集中度也明显提高，前3家企业市场占有率为47.95%，前5家企业市场占有率为64.98%，前7家企业市场占有率为72.29%，前10家企业市场占有率为80.08%。

FDI进入中国汽车工业，虽然促进了中国汽车工业的发展，但由于外商在进行投资时是以自己的利益为出发点的，要从自己的战略进行考虑，尤其世界跨国公司来中国合资建厂，看中的是中国具有广阔的汽车市场和丰富廉价的劳动力这两大优势，凭借其在资本、技术、产品方面的绝对优势，利用中国高关税和进口数量限制的保护，占据中国市场以获得高额利润。这样，跨国汽车公司必然要把中国汽车工业作为其在全球战略部署的一部分来对待。因此，不可避免地会对中国汽车工业造成若干负面影响，主要有汽车产业资本金融化、民族品牌资本边缘化、制造技术空心化、支柱产业附庸化等。这其中主要是跨国汽车公司通过知识产权控制合资企业，使中国汽车工业难以形成独立自主的开发能力。在新产品开发时，跨国汽车公司通常对转让产品开发设计技术与最新技术不积极，以产品专利权影响、阻挠中方的新产品开发计划。在商标策略上，通过用跨国公司商标，或把跨国公司商标与我国著名商标组合，在商标上对我国著名企业进行牵制。

第三章　FDI 对汽车产业技术进步与创新能力的影响

FDI 不是一种一般意义上的资本，而是包括技术、管理和文化在内的"一揽子"资源。FDI 进入汽车产业，一方面通过合资合作对汽车产业技术进步产生影响；另一方面是通过竞争、示范等方式溢出技术。FDI 对中国汽车产业的技术进步及创新能力是否有显著的促进作用，这是一个争论中的问题，也是值得研究和总结的方面。

第一节　FDI 对产业技术进步及溢出效应

一　FDI 对技术进步的影响

引进 FDI 的初衷是提高技术进步的能力。无论"以市场换技术"策略，还是"以股权换技术"的做法，其目标是盯住跨国公司的技术。然而，人们感受到 FDI 并没有显著地提高国内产业技术进步。这种观点更多出自汽车产业，尤其是轿车行业。由于传统民族品牌消退，在跨国公司高压下新民族品牌举步维艰，仅以此说明，"以市场换技术"策略的失败还是有偏见的。

然而，FDI 如何促进产业技术进步，仍是一个难题，客观评价 FDI 对汽车产业技术进步影响，在技术上还面临较大的挑战。原因在于，技术进步测定来源于生产函数，是扣除了资本和劳动力投入影响后的余值，而这种余值仍有多种因素贡献包括 FDI 的技术溢出效应等。其实 FDI 不是一种简单的资本要素，其本身就是一种生产函数。基于此，引进 FDI 就是引进一种技术进步能力较强的生产函数，以改造原有的生产函数，产生新的生产函数，以增强技术进步。实际上，FDI 进入产业后，在各种配套企业和相关产业支持下，形成一种新的生产体系。而在 FDI 企业体系与内资企业产生体系之间的相互作用中，先进的 FDI 技术会发生扩散和溢出，带动整个产业技术进步。

显然，FDI 对产业技术进步作用是通过直接和间接的方式产生的。直接方式就是，FDI 企业生产体系通过自身的技术进步影响汽车产业生产增长与增长方式；而间接方式是通过 FDI 企业技术转移、溢出，以及竞争改变了内资企业生产函数。这两种方式下，对 FDI 的技术进步效应的测量有明显不同。

一般说来，技术进步以全要素生产率的增长率来衡量。全要素生产率的概念可以重新解释为除了劳动和资本以外其他所有因素对产出量变化的贡献。在各种文献中，这些因素包括管理经验、组织能力、研究与开发、产业间的资源转移、规模报酬递增、技术进步等。对于 FDI 的溢出效应方式和途径比较复杂，其一般具有人力资本、示范效应、竞争效应、合作效应、技术应用效应和市场开拓效应等（见表 3.1）。

表 3.1　　　　　　　　FDI 的技术外溢效应方式与途径

技术外溢类型	具体的外溢途径
人力资本	技术、管理和其他重要人才在本土企业和外资企业之间流动
示范效应	产品和技术示范：外资企业的新产品新技术对本土企业产生示范作用
	管理示范：外资企业技术管理模式对本土企业产生示范作用
	产品开发导向效应：外资企业开发新产品新技术的方式和导向对本土企业产生示范作用技术交流效应；部分外资企业愿意与本土企业进行多方面的技术交流，产生示范效应
竞争效应	外资企业作为新竞争者，打破了原有的垄断格局，迫使本土企业加快技术和产品开发
合作效应	分享对方优势：建立合资企业使中外双方互享对方的优势产品配套，本土企业为外资企业配套，从多方面提升技术水平
技术应用效应	外资企业生产的高水平零部件为本土企业提供更好的配套，提升供应链的水平
市场开拓效应	外资企业开辟新的市场后被本土企业所分享

发达国家实践证明，技术进步的源泉在于研究和开发活动中所产生的技术。因此，发达国家的技术进步主要取决于在研究与开发上的投入。而对发展中国家而言，尽管也可以通过在研发上的投资来促进技术进步，但是作为落后的国家，它们还可以积极地引进来自发达国家现有的技术，缩短自身技术开发的时间，发挥后发优势，加速本国技术进步的步伐。因

此，发展中国家可以利用FDI大量进入产生的"技术外溢效应"，促进本国技术进步。在理论上，尽管学者们已普遍认为FDI的技术外溢效应存在合理性和重要性，但随之而来的问题是，FDI的技术外溢效应是否实际存在？这个问题的回答，无论从中国制定经济发展政策，还是对汽车产业"市场换技术"失败论的回答都将有非常重要的现实意义。

目前，关于FDI对东道国的技术溢出效应的实证研究比较多，主要可以分为三类。一类研究发现，FDI对东道国存在正的技术溢出效应。凯夫斯（Caves，1974）较早地对FDI技术外溢效应进行实证研究，他选择加拿大和澳大利亚这两个国家在1966年制造业的行业横截面数据作为研究样本，发现在加拿大制造业中，当地企业的利润率与行业内的FDI份额正相关，而在澳大利亚制造业中劳动生产率与行业内的外资份额也呈现正相关。由此，他得出在加拿大和澳大利亚的制造业中存在FDI的技术外溢效应。而科科（Kokko，1994）通过对墨西哥1970年的行业横截面数据进行分析，研究了在FDI技术外溢效应中技术条件对产生溢出效应的影响，发现只有在跨国公司所采用的技术相对较简单和跨国公司与当地企业之间的技术差距较小时，技术溢出效应才会变得比较明显。因此，他认为跨国公司与当地企业技术差距过大时，东道国企业难以消化吸收，技术外溢效应反而不明显。达米扬（Damijan，2001）对8个转型经济国家制造业1994—1998年的企业面板数据进行了考察，结果发现样本国家的制造业都不存在明显的溢出效应。另一类研究发现，FDI对东道国不存在技术溢出效应。哈达德和哈尔森（Haddad and Harrson，1993）选用摩洛哥制造业1985—1989年的企业和行业面板数据进行了考察，也没有发现存在明显的FDI技术正溢出效应。还有一类研究发现，FDI对东道国存在负技术溢出效应。巴里（Barry，2001）考察爱尔兰制造业1990—1998年的企业面板数据，发现存在大量的负溢出效应。艾特克和哈尔森（Aitke and Harrison，1999）选用委内瑞拉制造业1976—1989年的企业面板数据，发现在该国全国范围内存在普遍的负溢出效应。

布罗斯多姆和沃尔夫（Blomstrom and Wolff，1989）发表的对墨西哥1965—1984年制造业行业内溢出效应的研究中发现，在FDI参与较多的行业中，墨西哥行业劳动生产率的增长率同美国行业的趋近程度会更高。也就是说，在FDI进入较多的行业中后，墨西哥行业的劳动生产率提高得更快，即溢出效应更为显著。由此说明：东道国应当采取尽量开放的政策，鼓励 FDI 更多地进入行业，从而使本地企业获得更大的溢出效应。

在国内，许多学者也非常关注 FDI 与我国技术进步的关系。沈坤荣（1999）以各省的全要素生产率为被解释变量，以各省的 FDI 总量与国内生产总值的比值作为解释变量，进行横截面的计量分析，得出了 FDI 占国内生产总值的比重每增加 1 单位可以带来 0.37 个单位的全要素生产率增长的结论。廖杰（2003）以 1984—1999 年我国全要素生产率和实际 FDI 额数据为样本，研究发现 FDI 与我国的技术进步率有一定的关系，但是 FDI 的流入对我国整体技术进步的贡献不大。

二 一般技术进步测定基础方法

目前，国内外的学者对 TFP 的估计主要有两种方法：增长核算方法和对生产函数的计量回归估计方法。而增长核算方法的准确性不仅依赖于经济中总量生产函数的存在，与弹性系数的估计方法也有关，还与要素价格的边际生产率理论的有效性有关。因此，对汽车产业生产函数的直接估计是增长核算方法的一种替代。经济学家最常使用的是科布—道格拉斯（Cobb—Douglas）函数。采用的是关于时间指数函数形式：

$$Y_t = A_0 e^{mt} K_t^{\alpha} L_t^{\beta} \tag{3.1}$$

（3.1）式中，A_0、α、β 是固定的正的参数，α 为劳动的产出弹性，β 为资本的产出弹性。Y 为汽车工业总产值，L 为汽车产业劳动力投入，相应地用经济活动人数来代替，K 为资本投入，相应地用汽车产业固定资产投资来代替，汽车产业技术进步由 A_t 表示，$A_t = A_0 e^{mt}$，m 为技术进步率，（3.1）式变为：

$$Y_t = A_t K_t^{\alpha} L_t^{\beta} \tag{3.2}$$

（3.2）式两边同时取自然对数，得到：

$$\ln Y_t = \ln A_0 + mt + \alpha \ln K_t + \beta \ln L_t$$

$$\frac{dY_t/dt}{Y_t} = m + \alpha \frac{dK_t/dt}{K_t} + \beta \frac{dL_t/dt}{L_t}$$

令 $y = \dfrac{dY_t/dt}{Y_t}$，$k = \dfrac{dK_t/dt}{K_t}$，$l = \dfrac{dL_t/dt}{L_t}$，则增长率方程为：

$$y = m + \alpha k + \beta l \tag{3.3}$$

由（3.3）式得：

$$m = y - \alpha k - \beta l \tag{3.4}$$

显然：

$m/y + \alpha k/y + \beta l/y = 1$

国外有很多研究报告经常用 $\Delta \ln Y$ 表示产出增长率 y，$\Delta \ln K$ 表示资本投入增长率 k，$\Delta \ln L$ 表示产出增长率 l，则（3.4）式可写成：

$m = \Delta \ln Y - \alpha \Delta \ln K - \beta \Delta \ln L$

技术进步贡献率：$E_A = m/y \times 100$

资本增长贡献率：$E_k = \alpha k/y \times 100$

劳动增长贡献率：$E_l = \beta l/y \times 100$

$E_A + E_K + E_L = 100$

由于，系数 A 经常被等价地定义为 TFP，因此，TFP 为：

$\ln TFP = \ln Y - \alpha \ln K - \beta \ln L$

三 FDI 技术进步及溢出效应的综合分析

由于 FDI 对汽车产业技术进步作用存在直接作用和间接作用，在用生产函数法设定 FDI 对汽车产业技术进步时，有分别测算 FDI 对汽车产业技术进步的直接影响和间接影响，也可以一次性完成测算 FDI 对汽车产业技术进步的直接影响和间接影响。

1. 两步法

把 FDI 作为独立的投入要素引入扩展的汽车产业生产函数当中。另外也可以在扩展方程中增加其他辅助变量，比如出口、进口、制度变量等，然后通过估计来检验 FDI 对汽车产业技术进步的影响。

假定 FDI 通过两种方式进入汽车产业生产函数，即一是通过参与汽车产业资本形成；一是发挥溢出效应，改进汽车产业全要素生产率。设 Y 为汽车产业实际总产出，L、K、F 分别是汽车产业劳动力、资本和 FDI 投入总量，A 为汽车产业全要素生产率，则汽车产业总量生产函数为：

$Y = Af(L, K, F)$

如果生产函数为齐次函数，则其具体形式为：

$$Y_t = A_t K_t^\alpha L_t^\beta F_t^\theta \tag{3.5}$$

对（3.5）式两边取对数得：

$$\ln Y_t = \ln A_t + \alpha \ln K_t + \beta \ln L_t + \theta \ln F_t \tag{3.6}$$

（3.6）式进一步演化为：

$$\ln A_t = \ln Y_t - \alpha \ln K_t - \beta \ln L_t - \theta \ln F_t \tag{3.7}$$

现在考虑除劳动力、资本和 FDI 以外的直接影响外，考虑 FDI 对 A_t 的溢出效应，即

$$A_t = f(F_t, F_{t-1}, A_{t-1}, c) \tag{3.8}$$

假定该函数是线性的，考虑到 FDI 的滞后效应以及原有技术水平的影响，则估计模型：

$$\ln(A_t) = c + a_1 \ln(FDI_t) + a_2 \ln(FDI_{t-1}) + \ln(A_{t-1}) + \varepsilon_t \tag{3.9}$$

(3.9) 式中，FDI_{t-1} 表示 FDI 对汽车产业集聚效应，A_{t-1} 表示技术的集聚效应。(3.9) 式表示了在原有技术水平发生积累效应的条件下，FDI 及其集聚效应对汽车产业技术进步的作用。这样，用 (3.9) 式就是在估计 FDI 对汽车产业技术进步的影响。

2. 一步法

FDI 促进汽车产业技术进步有直接效应和间接效应之分。前者表现为 FDI 对汽车产业技术进步的贡献，后者为 FDI 对内资汽车产业的技术溢出，以 FDI 占汽车产业总投资的比重为变量 (Keller and wolfgang, 2001)。以新增长理论为基础，假定 FDI 是决定中国汽车产业全要素生产率的影响因素之一，从而建立 FDI 内生化的汽车产业技术进步模型如下：

$$A_t = B_t(1 + \eta Share_t) FDI_t^{\theta} \tag{3.10}$$

(3.10) 式中，$Share_t$，FDI_t 分别代表 FDI 占汽车产业总投资的比重和 FDI 的实际金额。A_t 代表 t 时期的汽车产业全要素生产率，它是由 FDI、FDI 占汽车产业总投资的比重，反映 FDI 技术外溢效果来内生化决定的。B_t 为汽车产业全要素生产率的影响因素的残余值，表示影响汽车产业技术进步的各种其他因素。θ 为 FDI 偏弹性系数，反映了 FDI 促进汽车产业技术进步的直接作用。η 为外 FDI 占汽车产业投资比重的弹性系数，度量了 FDI 技术外溢效果。η 值的经济含义是很明显的。如 η 为 0，则 (3.10) 式为 $A_t = B_t FDI_t^{\theta}$，此时 FDI 对汽车产业技术进步的作用仅限于直接效应，(3.10) 式转化为 (3.5) 式。如果 η 取值为正，说明流入汽车产业 FDI 具有正的技术外溢作用；反之，如果计算的 η 值为负，则表明 FDI 对中国汽车产业技术进步还可能存在一定的阻碍效果，FDI 对汽车产业技术创新有挤出效应。

把 (3.10) 式代入 (3.5) 式后得到一种复合生产函数：

第三章　FDI 对汽车产业技术进步与创新能力的影响

$$Y_t = B_t(1 + \eta Share_t) FDI_t^\theta K_t^\alpha L_t^\beta \tag{3.11}$$

对（3.11）式两边取对数，得（3.12）式：

$$\ln Y_t = \ln B_t + \ln(1 + \eta Share_t) + \theta \ln FDI_t + \alpha \ln K_t + \beta \ln L_t \tag{3.12}$$

由于：

$$\ln(1 + \eta Share) = \eta Share - (\eta Share)^2/2 + (\eta Share)^3/3 - (\eta Share)^4/4 + \cdots$$

所以，上式中当 $\eta Share$ 比较小时，

$$\ln(1 + \eta Share) \approx \eta Share$$

（3.12）式变为：

$$\ln Y_t = \ln B_t + \eta Share_t + \theta \ln FDI_t + \alpha \ln K_t + \beta \ln L_t \tag{3.13}$$

从（3.13）式看出，FDI 通过技术进步来促进汽车产业产出的增长，一方面可以通过提高 FDI 自身的弹性系数（θ）直接增加汽车产业产出；另一方面通过 FDI 对内资企业的技术外溢效应（η）间接增加汽车产业产出。通过这两种方式影响汽车产业的技术进步，进而促进汽车产业的内生和外生增长。然而，FDI 对汽车产业技术进步的作用可能会显著，也可能正的溢出效应，或负的溢出效应，因此，FDI 促进汽车产业技术进步的综合效应由 θ、η 共同决定。令 FDI 技术进步的综合效应为 δ，则由 θ、η 值可计算出（包群，2006）：

$$\delta = \frac{\eta + \theta}{1 - \eta - \theta} \tag{3.14}$$

对于（3.14）式，作为资本功能的 FDI 对汽车产业产出贡献是正的，在 θ 是正值的情况下，δ 大小取决于 η 符号，如果 η 小于 0，且 η 的绝对值大于 θ，那么，δ 为负值。一般情况下，即使 η 小于 0，FDI 对内资汽车产业技术进步的挤出效应和阻碍作用只可能是抵消一部分 FDI 的直接作用，因而，总体上，FDI 对汽车产业的技术进步起积极作用。当然，如果 FDI 既对汽车产业技术进步有较大贡献，同时，又对内资汽车产业有积极的技术溢出效应，间接促进汽车产业技术进步，这是比较理想的。其实，引进 FDI，利用"市场换技术"的真正意义还是在于，引进有限的 FDI，通过引入有效的竞争，FDI 企业示范效应和人员流动，提高内资汽车产业的技术创新能力。因此，FDI 对汽车产业技术进步的间接作用胜过其直接作用。如果，大量引进 FDI，一方面通过 FDI 汽车产业生产体系促进了汽车产业增长，但先进技术由 FDI 企业控制，溢出效应难以发生，同时内资企

业竞争不力,自主品牌消失,创新能力退化,形成产业被 FDI 控制格局。这是不希望发生的。一种中间情况是,$\eta<0$,$\theta+\eta=0$,(3.13) 式退化为 (3.2) 式,FDI 对汽车产业技术进步不产生影响,但是,内资企业已失掉市场,且市场壁垒已提高,处在技术进步缓慢的劣势状态。

3. 两阶段比较

FDI 作为外来生产函数嵌入,会对汽车产业生产函数进行改造,如果 FDI 的引入明显地改变了汽车产业生产函数,那么会表现出两种不同的增长方式,技术进步作用也因此更大。FDI 进入前后阶段的汽车产业技术进步差异可粗略地视为是由 FDI 引起,FDI 引起的汽车产业技术进步的增量是由 FDI 直接作用与溢出效应来综合反映的。

首先在汽车产业生产函数中加入虚拟变量 D_t,即:

$$Y_t = A_t K_t^\alpha L_t^\beta e^{\theta D_t} \tag{3.15}$$

(3.15) 式两边同时取自然对数,得到:

$$\ln Y_t = \ln A_t + \alpha \ln K_t + \beta \ln L_t + \theta D_t \tag{3.16}$$

在 (3.16) 式中,当没有 FDI 参与时,$D_t=0$;当 FDI 参与时,$D_t=1$。如果 D_t 项的 t 统计量值在 5% 的水平上显著,那么就说明 FDI 进入前与进入后汽车产业有两种不同的生产函数:

$$Y_t^1 = A_{1,t} K_t^{\alpha_1} L_t^{\beta_1}$$

$$Y_t^2 = A_{2,t} K_t^{\alpha_2} L_t^{\beta_2}$$

FDI 的汽车产业技术进步贡献率:

$$\Delta E_A = (A_2/Y_2 - A_1/Y_1) \times 100 \tag{3.17}$$

如果 $\triangle E_A>0$,则表示引进 FDI 后,汽车生产的投入产出模式发生变化,具有较高技术进步。

第二节 FDI 对中国汽车产业技术进步及溢出效应
——基于时间序列的实证分析

一 数据与单整检验

1955—2008 年汽车产业总产值、固定资产原值、员工数、FDI 及占固定资产比重,见表 3.2。

表 3.2　　　　1955—2008 年汽车产业总产值、固定资产原值、
员工数、FDI 及占固定资产比重　　　　单位：万元

年份	总产值	固定资产	员工数（人）	FDI	FDI/固定资产（%）	年份	总产值	固定资产	员工数（人）	FDI	FDI/固定资产（%）
1955	5471	5052	13189	—	—	1983	1203562	977101	1046606		
1956	13625	55439	39893	—	—	1984	1645301	1174596	1212424		
1957	29778	59701	43629	—	—	1985	2353426	1492617	1407236		
1958	65194	64564	85821	—	—	1986	1845430	1525378	1290844		
1959	85686	70302	89337	—	—	1987	2336784	1788765	1348267		
1960	110636	77883	95225	—	—	1988	3246178	2192709	1505837		
1961	46500	82351	92854	—	—	1989	3471275	2555772	1570724		
1962	55846	86659	93122	—	—	1990	4924941	2803413	1565332		
1963	84306	92278	98443	—	—	1991	7044959	3549483	1703850	258851	9.2334
1964	92856	98803	114485	—	—	1992	11910523	4603246	1848652	130666	3.6813
1965	147658	114043	143094	—	—	1993	17920016	6016366	1932575	439964	9.5577
1966	200293	133942	165260	—	—	1994	21830978	8140361	1968831	420943	6.9966
1967	129917	142798	190708	—	—	1995	25308668	11500202	1952542	373804	4.5920
1968	146622	146426	204306	—	—	1996	23990941	14260651	1950627	726933	6.3210
1969	242714	162719	227543	—	—	1997	26686935	18089991	1978091	647541	4.5408
1970	354003	194719	311906	—	—	1998	27873135	22236111	1962837	406057	2.2447
1971	429319	223484	379532	—	—	1999	31227177	22434175	1806815	623848	7.2926
1972	334396	252932	378908	—	—	2000	36125577	25457633	1781326	610111	2.8386
1973	358041	293743	378908	—	—	2001	44331852	27431315	1505507	901372	7.3128
1974	347672	327062	381990	—	—	2002	62246000	29949111	1570000	841546	5.1711
1975	437571	375329	401423	—	—	2003	83572000	32466907	1605000	1016896	3.2504
1976	426388	421543	416577	—	—	2004	94632000	37589643	1693000	1656770	5.0975
1977	424735	455914	431951	—	—	2005	102233000	43346693	1669000	2772625	3.5796
1978	638773	614962	724032	—	—	2006	139375342	51278296	1855096	1254044	1.8261
1979	741928	714800	844386	—	—	2007	172420240	58773137	2040619	1369442	2.7223
1981	722349	821201	904250	—	—	2008	187805358	62570229	2094159	1593713	3.5443
1982	869887	877209	942821	—	—						

从图 3.1 可以看出，在 1985 年以前，总产值、固定资产原值、员工人数的对数值是交织在一起的，然而从 1985 年以后三条线逐步分开，

更明显的是总产值、固定资产原值的对数以较快的速度上升，而员工数的对数线没有明显上升，甚至略有下降。这表明，汽车产业在 FDI 进入前后表现出不同的行为特点。即使在员工数不增加的情况下，还能实现汽车产业的高速增长，说明 FDI 可能发挥了替代员工数的作用。这就是说，FDI 进入前后的汽车产业具有两种不同的生产模式，应当具有明显不同的生产函数。

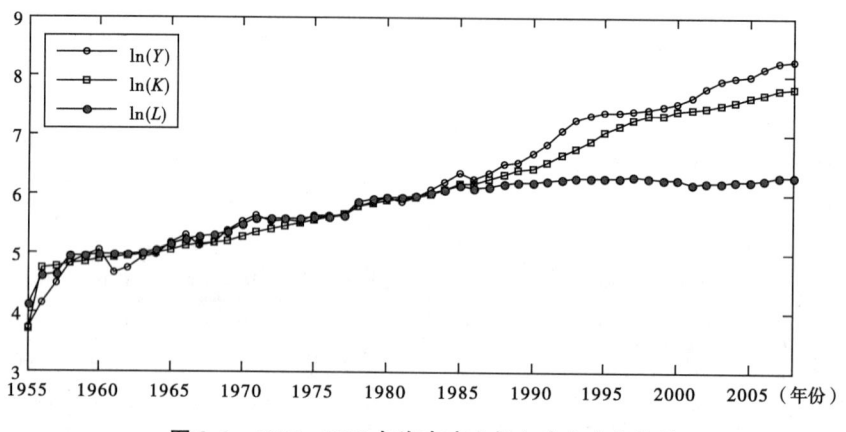

图 3.1　1955—2008 年汽车产业投入产业变化趋势

1990 年后，FDI 才成规模地进入汽车产业。从对数线看，员工数比较平稳，而总产值、固定资产原值和 FDI 具有明显的时间趋势（见图 3.2）。同时，汽车产业总产值、固定资产原值、员工数的对数序列的增长率分别为 1.30%、1.19% 和 0.64%，汽车产业总产值增长最快，高于固定资产原值和员工数的增长速度，这意味着还有其他因素如技术进步等对汽车产业产值增长起推动作用。这种投入产出的演化说明，员工数变化对产出变化的影响较小，也就是说，产出对员工的弹性较小。现阶段，员工与总产值、固定资产原值和 FDI 的相关性较弱。

从图 3.1 和图 3.2 看出，变量的非平稳性比较明显，无论何种方式估计变量的偏弹性系数，都可能会产生伪回归，对非平稳变量建立回归模型时必须进行协整检验，而首先要使用 DF 方程对序列进行平稳性和单整检验。从表 3.3 可以看出，汽车产业总产值、固定资产原值、员工数的对数序列是非平稳序列，而其一阶差分是平稳序列，因此，它们都是一阶单整变量。

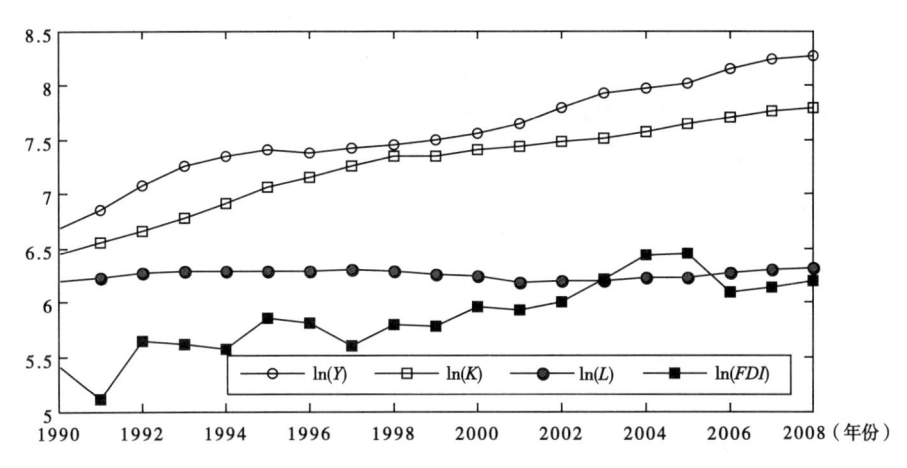

第三章 FDI对汽车产业技术进步与创新能力的影响

图 3.2 1990—2008 年汽车产业投入产出变化趋势

表 3.3 变量 DF 单位根与单整检验

变量	DF 方程	DF 值	5%临界值
$\ln(Y_t)$	$\Delta\ln(Y_t) = 0.0130\ln(Y_{t-1})$	4.3081	-1.9473
$\ln(K_t)$	$\Delta\ln(K_t) = 0.0119\ln(K_{t-1})$	3.4791	-1.9473
$\ln(L_t)$	$\Delta\ln(L_t) = 0.0064\ln(L_{t-1})$	2.9598	-1.9473
$\Delta\ln(Y_t)$	$\Delta^2\ln(Y_t) = -0.552164\Delta\ln(Y_{t-1})$	-4.6914	-1.9474
$\Delta\ln(Y_t)$	$\Delta^2\ln(K_t) = -0.8243\Delta\ln(K_{t-1})$	-13.1068	-1.9474
$\Delta\ln(Y_t)$	$\Delta^2\ln(L_t) = -0.7708\Delta\ln(L_{t-1})$	-8.0654	-1.9474

二 实证

构造虚拟变量 D_t，当 t 在 1955—1990 年区间，$D_t=0$，当 t 在 1990—2008 年区间，$D_t=1$，以（3.16）式建立模型：

$$\ln Y_t = \ln 0.4034 + 0.8244\ln K_t + 0.3452\ln L_t + 0.3014 D_t + u_t \quad (3.18)$$
$$(-3.6972) \quad (10.0943) \quad (3.4858) \quad (3.3405)$$

$R^2=0.9850$，$F=1099.592$，$AIC=-1.0919$，$DW=1.1732$，括号内为 t 统计量值（下同）。

（3.18）式中，由于 DW 值比较小，存在自相关性，而 $\ln Y_t$、$\ln K_t$、$\ln L_t$ 是非平稳变量，因此，必须用 EG 第二步进行检验。具体地，u_t 的 DF 回归：

$$\Delta u_t = -0.6072 u_{t-1} + \varepsilon_t \tag{3.19}$$

$R^2 = 0.3034$，AIC = -1.3908，DW = 1.2137，DF = -4.6202。

对于（3.19）式，5%显著水平的 MacKinnon 临界值为 -1.9473，由于 DF 小于临界值，残差序列 u_t 为一个非单价过程。但是，协整检验对临界值的要求，临界值计算公式：

$$C_{(\alpha)} = \varphi_\infty + \varphi_1 T^{-1} + \varphi_2 T^{-2} \tag{3.20}$$

（3.20）式中，已知 $N = 3$，$T = 51$，$\alpha = 0.05$，有常数项，无趋势项，按（3.18）式查表得 $\varphi_\infty = -3.7429$，$\varphi_1 = -8.352$，$\varphi_2 = -13.41$，计算得 $C_{(0.05)} = -3.9118$。由于 DF < $C_{(0.05)}$，所以，$\ln K_t$、$\ln L_t$ 与 D_t 之间存在协整关系；同时，D_t 的 t 统计量在 5% 水平上显著。因此，以 1990 年为界，1990 年前和 1990 后的中国汽车工业存在两个生产函数，具有不同的增长模式。

对于 1955—1989 年 $\ln Y_t$、$\ln K_t$、$\ln L_t$ 数据建立以下模型：

$\ln Y_t = -1.0755 + 0.7924 \ln K_t + 0.40959 \ln L_t + [MA(5) = 0.9505] + u_t$

$\quad\quad\;\;(-3.2446)\;\;(3.7586)\quad\quad(2.3292)\quad\quad\quad\quad(6503.0600)$

$$\tag{3.21}$$

$R^2 = 0.9825$，F = 639.5707，AIC = -1.9126，DW = 1.4214

在（3.21）式中，有一个 MA（5）过程对产出产生积极的作用，这种作用力是构成技术进步的因素。由于具体地，u_t 的 DF 回归：

$$\Delta u_t = -0.8270 u_{t-1} + \varepsilon_t \tag{3.22}$$

$R^2 = 0.415185$，AIC = -1.5041，DW = 1.8243，DF = -4.8515

对于（3.22）式，5%显著水平的 MacKinnon 临界值为 -1.9510，再计算得 $C_{(0.05)} = -3.9925$。DF < $C_{(0.05)}$，所以，$\ln K_t$、$\ln L_t$ 与 D_t 之间存在协整关系。因此，1955 年到 1990 年的中国汽车工业的生产函数：

$$Y_t = 0.3411 K_t^{0.7924} L_t^{0.4095} \tag{3.23}$$

（3.23）式中，$\alpha + \beta = 1.2020$，中国汽车产业是属于资本与劳动联合推动型，表现出规模报酬递增的特征。（3.23）式经过正则处理后，对于 1955—1990 年汽车产业的生产函数：

$$Y_t = 0.3411 K_t^{0.6593} L_t^{0.3407} \tag{3.24}$$

以（3.24）式计算，1950—1990 汽车产业 TFP 波动是比较强烈的，但从 HP 趋势看，1955—1970 年是上升的，1970—1980 年是下降的，

1980年以后开始上升（见图3.3）。1955—1989年，资本、劳动力和技术进步对中国汽车产业的贡献分别为63.62%、23.24%和11.15%。汽车产业主要是由投资推动的，其次劳动力投入、技术进步的作用比较小，因此，中国汽车产业是资本密集型产业。

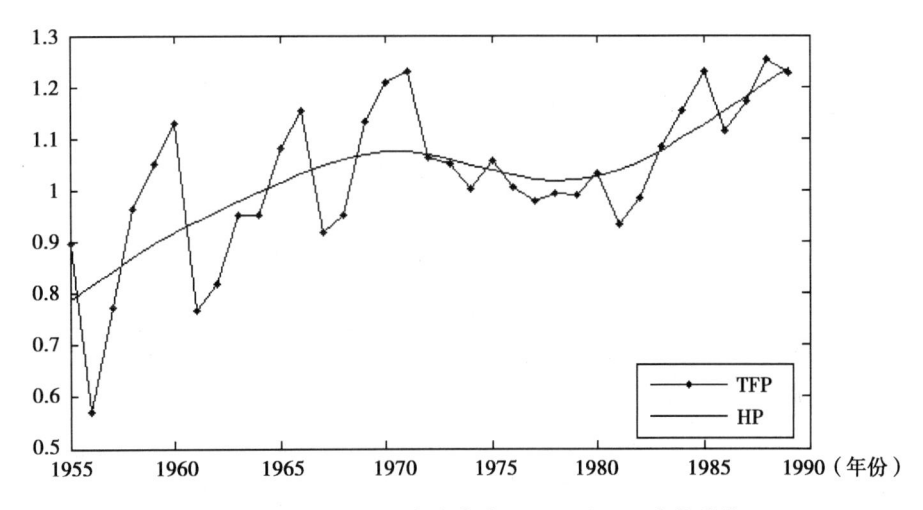

图3.3　1955—1989年汽车产业TFP和HP变化趋势

对于1990—2008年$\ln Y_t$、$\ln K_t$、$\ln L_t$数据建立模型时，$\ln A_t$和$\ln L_t$在5%水平上不显著，模型为：

$$\ln Y_t = 1.0407\ln K_t + u_t \tag{3.25}$$

$R^2 = 0.8938$，$t = 243.7461$，$AIC = -1.3016$，$DW = 0.35051$

（3.25）式中，DW值比较小，u_t的DF值为-1.1143，大于5%显著水平的MacKinnon临界值-1.9658的水平，因此，它是一个非平稳的过程，回归方程没有识别到除资本以外的增长要素的显著性作用。进一步对（3.25）式进行修正，模型为：

$$\ln Y_t = 1.0359\ln K_t + 0.7269AR(1) + 0.8541MA(2) + u_t \tag{3.26}$$
$$(67.3498) \qquad (3.5976) \qquad (6.4778)$$

$R^2 = 0.9620$，$AIC = -2.4898$，$DW = 0.9458$

（3.26）式中，u_t的DF值为-2.0364，小于5%显著水平的MacKinnon临界值-1.967，因此，它是一个平稳的过程。可以看到，有一个显著的AR（1）和MA（2）联合过程对汽车产业产值增长起促进作用，这可粗略地看成FDI的作用。当没有考虑FDI影响的情况下，汽车产业TFP变化趋势不明显（见图3.4）。技术进步对汽车产业产值增长的贡献仅有6.47%，投资贡献率高达93.53%，下一步要把FDI在投资贡献中分离出来。

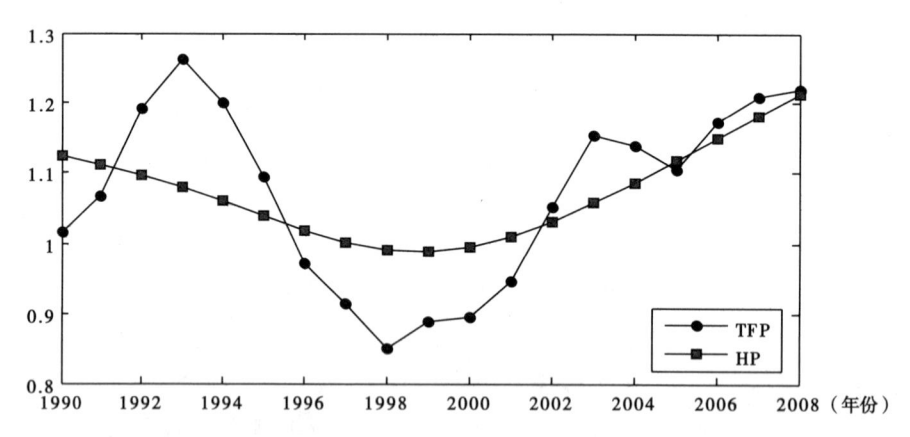

图 3.4 1990—2008 年没有 FDI 参与下的汽车产业 TFP 变化趋势

在 FDI 参与下，对于 1990—2008 年 $\ln Y_t$、$\ln K_t$、$\ln L_t$、$\ln FDI_t$ 数据建立以下模型：

$$\ln Y_t = 0.6953\ln K_t + 0.4219 L n FDI_t + 0.4549 MA(1) - 0.6224 MA(5) + u_t$$
$$(7.2945) \quad (3.6141) \quad (6.1602) \quad (-1643.964)$$
(3.27)

$R^2 = 0.9751$，$F = 639.5707$，$AIC = -2.6003$，$DW = 1.7706$

从（3.27）式看出，在汽车产业的投入产出中，有一个 MA（1）和 MA（5）组合过程对产出产生积极的作用，这种作用力是构成技术进步的因素。u_t 的 DF 方程：

$$\Delta u_t = -0.9196 u_{t-1} + \varepsilon_t \tag{3.28}$$

$R^2 = 0.437837$，$AIC = -2.9113$，$DW = 1.8145$，$DF = -3.317$

（3.28）式中，5%显著水平的 MacKinnon 临界值为 -1.9510，再计算得 $C_{(0.05)} = -3.9925$。DF 值大于 $C_{(0.05)}$，但 DF 小于 -1.951，说明 u_t 已是非单位根过程，$\ln K_t$、$\ln L_t$ 与 D_t 之间存在弱协整关系。1990—2008 年的中国汽车工业生产函数：

$$Y_t = K_t^{0.6953} FDI_t^{0.4219} \tag{3.29}$$

按（3.29）式计算，TFP 线有较大的波动，但呈上升趋势（图 3.5）。进一步计算得到，技术进步、投资和 FDI 对汽车产业总产值的贡献分别为

14.082%、56.195%和29.723%。

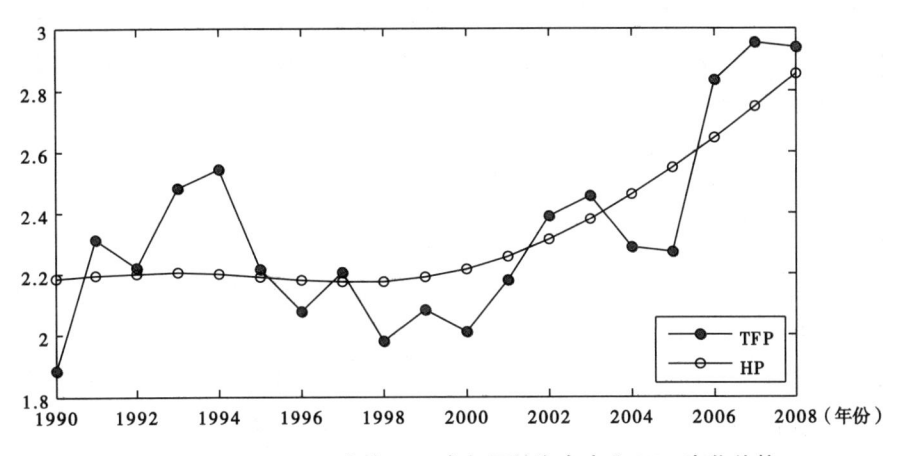

图3.5 1990—2008年在FDI参与下的汽车产业TFP变化趋势

总体上看，1995—1990年与1991—2008年，中国汽车工业是两种产生模式，但都是投资推动型增长，技术进步作用比较小。如果，不分离FDI贡献，那么汽车工业技术进步贡献率是下降的，把FDI作为资本功能分离后，技术进步贡献率由1990年前的11.15%上升至1980年后的14.08%，增加了近4个百分点。从纵向看，技术进步对汽车产业产值增长的贡献由6.47%增至14.08%，FDI对技术进步的贡献充其量就是在0—7.61%。

当同时考虑FDI对中国汽车产业直接作用和对技术进步间接作用时，以表3.1数据建立模型：

$$\ln Y_t = -0.0508 Share_t + 1.0215 \ln FDI_t + 0.2819 \ln L_t + u_t \quad (3.30)$$
$$\quad\quad (-3.5876) \quad\quad (17.6001) \quad\quad (3.1985)$$

$R^2 = 0.9528$，$F = 639.5707$，$AIC = -2.0076$，$DW = 1.4631$

(3.30)式中DW值较低，再加入MA过程：

$$\ln Y_t = -0.9309 MA(3) - 1.0286 MA(4) - 0.0629 Share_t +$$
$$\quad\quad (-3.9818) \quad\quad (-3.3165) \quad\quad (-10.6811)$$
$$0.9942 \ln FDI_t + 0.3175 \ln L_t + u_t \quad\quad\quad (3.31)$$
$$\quad (8.2702) \quad\quad (23.2568)$$

$R^2 = 0.980480$，$AIC = -2.8055$，$DW = 1.5882$

(3.31)式表明，在FDI和劳动力的共同作用下，固定资产的作用不显著，FDI企业对内资企业的技术外溢效应是负的，同时还有以MA(3)、MA(4)过程的联合作用对技术进步起负作用，在这种模式下，技术进步贡献为21.09%，劳动者增长贡献率为0.67%，而FDI的贡献率高达78.24%。

三 结论分析

FDI作为一种资本功能，通过作为资本要素投入直接促进汽车产业的增长，另一种通过对内资企业的技术溢出，提高内资企业技术进步促进汽车产业的增长。然则，FDI不是一个简单的资本，而是一个生产体系，本身也有技术进步产生。因此，FDI对汽车产业技术进步的贡献构成的两部分中，要把FDI对汽车产业增长贡献的一部分转化为对汽车产业技术进步贡献率。

对技术进步来说，FDI对中国汽车产业的技术溢出效应是负的，其占固定资产的比重越大，挤出效应反而越明显。一方面可能是，FDI企业控制了中国汽车产业技术的研发能力，对技术创新能力产生挤出作用，比如红旗、上海等本来数量不多的中国轿车自主品牌也没有发展光大；另一方面，合资企业应用国外品牌，技术较母国比较落后，研发在母国进行，而在中国只是制造，这种制造环节的技术创新空间很有限，对研发能力产生了替代。同时也看到，除了FDI产生负的溢出效应外，还有一种MA(3)、MA(4)为代表的过程对技术进步产生不利的影响，显示出还有其他因素制约汽车产业技术进步。综合FDI促进中国汽车产业进步的两方面，FDI技术进步的综合效应值δ为13.56%。当不考虑FDI影响时，技术进步汽车产业产值增长的贡献为6.47%，两者之和为20.02%，这个数值与FDI影响下的技术进步贡献21.09%比较接近。这说明，FDI对中国汽车产业技术进步的贡献远超过内资企业贡献，也就是说，中国汽车产业技术进步主要来自FDI贡献，但总体上，FDI对汽车产业技术进步的促进比较小，FDI的主要功能还是在直接推动产出增长方面。在FDI的压制下，中国汽车产业的技术进步贡献率由1990年以前的11.15%下降至6.47%。总体上，在FDI参与下，中国汽车产业有了较大的技术进步，但FDI也至少挤出了5个百分点的技术贡献率。

黄静波和付建（2004）用方程（3.13）研究了FDI对广东的技术进步影响。结果发现，FDI对广东劳动密集产业和资本密集型产业的技术进步影响明显不同。对于密集型产业,FDI对技术进步的直接效应是正的,而溢出效应是负的;相反,对于资本密集型产业,FDI对技术进步的直接效应是负的,而溢出效应是正的。这喻示着,FDI对技术进步的直接效应和溢出效应性质(方向)和强弱取决于产业的性质,如技术密集性和吸收能力。

第三节 FDI对中国汽车产业技术进步及溢出效应
——基于横截面及面板数据分析

中国汽车产业中FDI企业(外商和港澳台投资企业即三资企业)在中国汽车产业中发展壮大,其不仅改变了中国汽车产业的企业制度结构,而且作为具有较高技术水平的外来企业种群,通过不同途径,以不同的载体对内资企业产生影响,既改变汽车工业生产函数,也改变了内资汽车产业的生产函数,促进了中国汽车产业技术水平的提高。

一 技术水平与技术差距测定

1. 基于面板数据分析的中国汽车产业生产函数

把汽车制造业分成整车制造、改装车制造和零配件制造三个部分,以31个地区,2002—2005年的成品产出、资产及全部从业人员平均人数124组样本,在做普通回归时,自动剔出零样本,以119组数据进行OLS回归得:

$$\ln Y_{it} = -2.1768 + 0.8170\ln K_{it} + 0.2193\ln L_{it} + u_{it} \quad (3.32)$$
$$(-3.7144) \quad (7.9382) \quad (1.8897)$$

Adj. R^2 = 0.9311, F = 799.07, AIC = 1.3008, F = 799.058

(3.32)式中,$\ln L_{it}$项的t统计量只在10%水平上显著。然而,这只是认为2002—2005年的技术水平不变,也就是没有技术进步假定下的汽车产业产出函数,实际上从图3.6看,汽车产业产出变化中具有固定效应作用。

在回归模型截距项不同的情况下,汽车产业技术水平具有固定效应,有技术进步发生。以此,对技术水平的固定效应进一步估计后的面板模型:

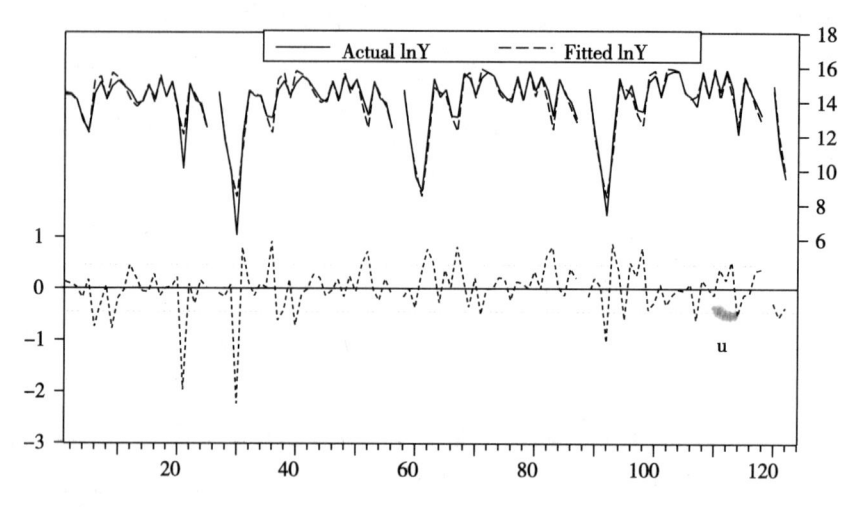

图 3.6　2002—2005 年汽车产业产出实际对数值、拟合值与残差值

$$\ln Y_{it} = -1.9281 + 0.7671\ln K_{it} + 0.27323\ln L_{it} + u_{it} \quad (3.33)$$
$$(-3.1935) \quad (7.1952) \quad (2.2875)$$

Adj. $R^2 = 0.93292$ F = 799.07，AIC = 1.2990，F = 329.2248

对比（3.32）式、（3.33）式的 Adj. R^2 略有上升，lnL 项的 t 统计量已在 5% 水平上显著，同时 AIC 值有所下降。根据 AIC 准则，模型（3.33）优于模型（3.32）。由于 $\alpha = 0.7671$，$\beta = 0.2732$，$\alpha + \beta = 1.0403$，汽车产业规模报酬不变。从表 3.4 看，2002—2005 年各年的技术水平确有不同，但总体上有上升趋势，年平均增长率为 6.5%。

表 3.4　2000—2005 年技术水平的固定效应

年份	对数值	指数值
2002	-0.162374	0.8501
2003	0.040262	1.0411
2004	0.121896	1.1296
2005	0.000223	1.0002

2. 不同企业类型技术水平

在汽车制造业内部，不同企业制度下的汽车产业具有不同组织结构和技术水平。同时，从结构上看，汽车整车制造、改装汽车制造、汽车零部件及配件制造的规模也有较大差别。在汽车制造中，国有企业的规模最大,股份制企业次之,FDI 企业列居第三位;汽车整车制造中,国有企业的规模最大,FDI 企业次之,股份制企业列居第三位;在改装汽车制造和汽车零部件及配件制造业中,股份制企业的规模最大,FDI 企业次之,国有企业列居第三位(见表 3.5)。这就决定了细分汽车产业的不同制度及结构企业具有不同的投入产出效率。

表 3.5　　　　2005 年细分汽车产业的产出、资产和职工人数　　单位:万元、人

汽车制造				汽车整车制造			
企业类型	产出	资本	职工	企业类型	产出	资本	职工
国有及国有控股	3761937	69785251	848910	国有及国有控股	2659265	53535284	454116
集体	160348	1498805	79485	集体	8715	56465	1606
股份制	2865371	42590252	981046	股份制	1198882	19201387	208167
股份合作	71409	992609	45691	股份合作	5083	73072	3635
FDI 企业	2724391	46416859	544589	FDI 企业	1446652	27787965	177102
改装汽车制造				汽车零部件及配件制造			
企业类型	产出	资本	职工	企业类型	产出	资本	职工
国有及国有控股	206123	3451727	80549	国有及国有控股	841417	11983582	281113
集体	22856	276044	5851	集体	125634	1034114	64733
股份制	328176	3964714	99234	股份制	1282999	18228987	618864
股份合作	2099	19219	921	股份合作	61549	824392	36807
FDI 企业	215152	1766632	21520	FDI 企业	992720	16174446	330749

在汽车制造业中,集体企业的百元资产产出最高,为 10.70 元,国有及国有控股企业最低,仅为 3.39 元,而 FDI 企业的人均产出高达 50027 元/人·年,股份合作企业仅为 15629 元/人·年,FDI 企业为股份合作企业的 3.2 倍。在汽车整车制造中,FDI 企业的百元资产产出最低,仅为 3.21 元,低于平均水平;集体企业的资产百元资产产出最高,为 13.43 元,是 FDI 企业的 4.18 倍;而 FDI 企业的人均产出高达 81685 元/人·年,股份合作企业仅为 13985 元/人·年,FDI 企业为股份合作企业的 5.84 倍。在改装汽车制造中,百元资产产出最高的为 FDI 企业,为 12.18 元,最低的是国有及国有控股企业,仅为 3.97 元;FDI 企业的人均产出仍最高,最低的是股份合作企业。在汽车零部件及配件制造中,百元资产产出最高的是集体企业,人均产出最高的是 FDI 企业。总体来说,FDI 企业的人均产出水平在各细分汽

车产业中最高，而集体企业的百元资产产出居较好水平（见表3.6）。

再从细分产业的平均水平看，改装汽车制造的百元资产产出值最高，汽车零部件及配件制造次之，汽车整车制造最低，低于平均水平，而汽车整车制造人均产出最高，改装汽车制造次之，汽车零部件及配件制造最低，低于汽车制造平均水平。

表3.6　　2005年细分汽车产业的产出比重、效率及技术水平

汽车类型	企业类型	产出比重（%）	百元资产产出（元）	人均产出（元/人年）	A
汽车制造	国有及国有控股	39.25	3.39	44315	0.3141
	集体	1.67	10.70	20173	0.4235
	股份制	29.90	6.73	29207	0.3315
	股份合作	0.75	7.19	15629	0.2956
	外商和中国港澳台投资	28.43	3.87	50027	0.3453
	全部	100.00	3.94	38338	0.3249
汽车整车制造	国有及国有控股	50.00	4.97	58559	0.3182
	集体	0.16	13.43	54265	0.7196
	股份制	22.54	6.24	57592	0.3750
	股份合作	0.10	6.96	13985	0.2800
	外商和中国港澳台投资	27.20	3.21	81685	0.3595
	全部	100.00	3.28	62970	0.3394
改装汽车制造	国有及国有控股	26.62	3.97	25590	0.2933
	集体	2.95	8.28	39063	0.4170
	股份制	42.38	8.28	33071	0.3991
	股份合作	0.27	10.92	22793	0.4440
	外商和中国港澳台投资	27.78	12.18	99978	0.7094
	全部	100.00	8.17	37218	0.4077
汽车零部件及配件制造	国有及国有控股	23.46	7.02	29932	0.3443
	集体	3.80	12.15	19408	0.4604
	股份制	38.83	7.04	20732	0.3132
	股份合作	1.86	7.47	16722	0.3092
	外商和中国港澳台投资	30.04	6.14	30014	0.3120
	全部	100.00	6.85	24802	0.3218

显然，对不同细分汽车制造业、不同制度企业的产出效率有较大的差异，难以用百元资产产出和人均产出进行比较，这也意味着不同细分汽车制造业和不同制度企业具有不同的投入产出机制，客观上具有不同的技术水平。从生产函数出发，技术水平可以更准确地综合比较不同汽车制造的投入产出效率。基于 (3.33) 式估计的 α 值和 β 值，进行正则化处理后，技术水平计算公式为：

$$A = \frac{Y}{K^{0.7374} L^{0.2626}} \tag{3.34}$$

以 (3.34) 式计算后，从表 3.6 看出，在汽车制造业中，国有及国有控股技术水平最低，低于平均水平，但产出比重最高；集体企业的技术水平最高，但产出比重很小，不足以主导技术水平；同样地，股份合作企业的技术水平高于汽车整车制造的平均水平，FDI 企业技术水平高于平均水平，且产出有较大比重。在汽车整车制造中，国有企业及国有控股企业技术水平也是最低，但产出比重占一半；集体企业的技术水平最高，但因产出比重仍很小；同样的，股份合作企业的技术水平高于汽车整车制造的平均水平，FDI 企业技术水平高于股份合作和国有及国有控股企业水平，且在产出比重中约占 1/3。在改装汽车制造中，FDI 企业技术水平最高，且占近 1/3 的比重，是技术的主导者；国有及国有控股企业技术水平仍最低；集体和股份合作企业技术水平相当，高于股份制企业。在汽车零部件及配件制造中，集体企业的技术水平最高，但产出比重很低；国有及国有控股企业技术水平居中第二位；股份合作和股份合作制企业的技术水平也高于 FDI 企业。进一步从整体上看，改装汽车制造技术水平最高；汽车整车制造次之；汽车制造与汽车零部件及配件制造相当，以后者最低。

汽车产业的 FDI 企业与内资企业是两种类型的企业群，其主要差距在于技术水平的差距。中国汽车产业引进 FDI，以"市场换技术"，期望得到跨国汽车公司的技术溢出。客观上，FDI 企业的技术水平高于内资企业，才有技术溢出可言。事实上，FDI 企业的技术与内资企业技术差距即技术缺口对 FDI 技术溢出有重要影响。技术转移是伴随 FDI 而发生的，如果没有领先于东道国的技术落差，跨国公司就不会有比较优势。根据 (3.34) 式计算结果看出，FDI 企业的技术水平普遍高于内资企业；从汽车制造业看，FDI 企业百元资产产出低于内资企业，而 FDI 企业人均产出则是内资企业的近两倍，FDI 企业的技术水平略高于内资企业；从细分汽车产业看,汽车整车制造的 FDI 企业百元资产产出与内资企业相当,而 FDI 企业人均产出明显高于内资企业,FDI 企业的技术水平略高于内资企业;在改装汽车制造中,FDI 企业百元资产产出明显高于内资企业,FDI 企业人均产出为内资企业 3 倍,FDI 企业的技术水平为内资企业 2 倍以上;在汽车零部件及配件制造中,FDI 企业百元资产产出明显低于内资企业,FDI 企业人均产出高于内资企业,而 FDI 企业的技术水平还略高于内资企业,也可认为旗鼓相当(见表3.7)。显然,FDI 企业技术高于内资企业,这一事实成为 FDI 技术转移和技术溢出的基本前提。

表 3.7　　　　　2005 年 FDI 企业与内资企业产出效率、技术水平与技术 GAP

汽车类型	企业类型	百元资产产出（元）	人均产出（元）	A	技术差距
汽车制造	外商和港澳台投资	3.9	50027	0.3453	0.0394
	内资企业	6.2	26510	0.3059	
汽车整车制造	外商和港澳台投资	3.2	81685	0.3595	0.0446
	内资企业	3.3	47133	0.3149	
改装汽车制造	外商和港澳台投资	12.2	99978	0.7094	0.3598
	内资企业	7.3	28199	0.3496	
汽车零部件及配件制造	外商和港澳台投资	6.1	30014	0.3134	-0.0014
	内资企业	7.3	19662	0.3120	

二　FDI 企业对内资企业的溢出效应

对 FDI 溢出效应具有最直接影响的政策因素是东道国的外资政策,它反映了东道国对外国资本进入本国市场、参与本国经济建设的态度,并且是东道国政府控制、引导 FDI 在本国的行为方式的主要政策体现。20 世纪 90 年代以来,中国汽车产业对 FDI 的进入采取了积极的、欢迎的态度,主是目的是想得到 FDI 企业的技术溢出。实际上,基于技术缺口的汽车技术转移和技术溢出是两个明显不同层次的引进 FDI 目标。

跨国汽车公司通过合资直接投资中国汽车产业,其技术水平高于内资企业,其先进技术产生两种结果,一是核心技术和品牌被跨国公司所控制,FDI 在技术在,FDI 撤离,技术随之消失,这是技术转移;二是汽车

FDI 企业技术在部分或全部被我国企业所用和个人习得后，为我所用，假若 FDI 撤离后仍能够继续独立应用，并有可能在其基础上进行自主创新，这是技术溢出。这正是"市场换技术"所期待的终结目标。

当然，FDI 的这种技术溢出是间接的促进技术水平提高，其往往是伴随直接的技术进步作用而发生的。从现有文献看，FDI 作为一种集资本、技术、组织管理和文化于一体的"一揽子"资源，对产业的直接作用是没有人怀疑的。更何况，FDI 是一个生产函数，在内资企业配合下，由 FDI 企业生产汽车，提高了汽车生产能力，这是有目共睹的。问题是，技术的溢出效应是看不见的，尽管能感觉它的存在。目前的研究对 FDI 技术溢出效应没有一种肯定的结论，有正溢出效应、负溢出效应或溢出效应不存在或不明显。一方面还需综合评估两种作用的效果；另一方面不同的方法检测到的技术溢出效应不同，识别技术溢出效应的方法成了关键因素。

FDI 对汽车产业的技术溢出属于产业内技术溢出，不考虑对其他产业的关联效应。产业内技术水平的技术差距对溢出效应的影响研究是最为丰富的。以 1978 年芬德雷（Findlay）为代表的早期经验研究以及 1999 年肖霍姆（Sjoholm）对印度尼西亚的经验研究表明，技术差距越大，溢出效应也越大。他们认为，本地企业与 FDI 企业的技术差距越大，本地企业越具有追赶和学习的空间，因此劳动生产率的提高也就越快。1996 年科科（Kokko）对乌拉圭的研究以及 2001 年李、刘和帕克（Li、Liu and Parker）对中国台湾地区的研究却得出了相反的结论，他们认为，当外资与内资的技术差距较小的时候，溢出效应才是明显的。特别是，当 1994 年科科（Kokko）采用连乘变量来检验技术差距对本地企业劳动生产率的影响时发现，当外资与内资的技术差距较大时，相应的连乘变量与被解释变量之间的关系是显著负相关的，说明技术差距太大会阻碍溢出效应的产生。得出这一结论的学者认为，东道国本土企业在技术差距小的情况下有能力进行学习和追赶，而当技术差距太大时，一方面外资企业采用的技术可能与本地企业采用的技术完全不相关，所以本地企业无从学习；另一方面差距太大，本土企业也欠缺相应的学习能力，从而无法进行学习和追赶。此外，1993 年哈达德和哈尔森（Haddad and Harrsion）对摩洛哥的研究虽然在总样本中 FDI 的溢出效应不显著，但当按照行业的技术水平进行分组时，在技术水平相对较低的一组，FDI 系数的估计值呈现出显著的正相关性，说明在技术水平相对较低的行业中 FDI 的溢出效应是存在的。

显然，FDI 企业的技术溢出因技术差距不同而不同，还可能和技术的属性和载体有关。一般来说，产业的技术基础主要包括物化技术和非物化技术，非物化技术包括组织管理技术等。物化技术和非物化技术也就是技术的硬件与软件。

1. 物化技术

物化技术具体又可细分为研发技术和批量生产技术。研发技术是指产业创造新产品、新技术、新工艺以及改善现有产品、工艺的技术；而批量生产技术是指如何生产高质量、高可靠性、低生产成本的技术。从另一角度来看，产业物化技术又可分解为技术创新能力和技术应用能力。所谓技术创新能力是指产业运用自身知识积累，结合市场的需求创造新技术的过程表现。这种技术具有其技术产权，加上在开发研究过程中的经验沉淀，如果某项技术已在外部存在，则可以直接进行引进，其表现为汽车生产采用的技术装备，是汽车生产的物质基础，这种技术固化于设备和生产线中。这种技术可以通过模仿、复制或改造进行溢出，只要 FDI 拥有该种技术，内资企业就可以在学习和应用中得到溢出。

对处于产业中相对弱小地位的竞争者来说，技术应用能力具有尤为重要的意义。技术应用能力的要求较低，但可以弥补企业中技术创新能力的不足，并且为培养企业自己的技术创新能力打下坚实的基础。丰田公司与英美等国的汽车公司缔结了技术引进合同。但在与福特公司的谈判失败后，丰田公司放弃了"一揽子"技术引进策略，而主要集中在关键设备的引进上，注重对企业的技术应用能力的培养，努力把世界各国的先进技术融合成丰田自己的技术，为后来确立独特的技术优势打下了坚实的基础以及留下了足够的自由度。

2. 非物化技术

非物化技术是一种不可复制的，如专利和难以模仿的技术诀窍等，其中具有核心技术的特点。这种技术是跨国公司所不愿意向外泄露的，内资企业只能通过其溢出的渠道部分得到。这种溢出主要通过人力资源的流动、交流才能获取。

组织管理技术包括市场分析技术、生产管理技术、工业工程技术和商品销售技术等，也是属于非物化技术范畴。生产管理技术对汽车制造业中的巨型企业显得尤为重要，它是提高产品质量和可靠性、降低产品成本、提高劳动生产率的关键所在。汽车制造业是"以大为美"的产业，越来越具有寡头竞争的特点，因而组织管理技术的积累创新在汽车制造业中有着重要的地位。众所周知，许多先进的组织管理技术都产生于汽车制造业。福特公司首先采用自动化流水线的生产方式，使得汽车生产规模化，产业整体快速成长；精益制造、准时生产（JIT）和零库存等制造方式是日本丰田公司的发明，通过及时供应制度和看板管理来最大限度地降低中库存，从而进一步降低生产成本，提高生产效率；而事业部制组织形式是通用汽车公司首先采用的，为了顺应汽车生产和销售扩大的趋势，应对市场竞争日益激烈的局面，赋予事业部以高度的自主权，以便灵活地调动各部门的积极性和创造力。这些企业竞争优势的确立与保持得益于它们所占有的雄厚的组织管理技术。欧洲汽车工业在20世纪90年代推行全球采购、模块化生产、平台战略等，也取得了丰硕的业绩。

跨国汽车企业已成为中国汽车企业一个有机的组成部分，跨国汽车公司在轿车产业中已是主导力量。在统计上，中国汽车产业可以分成FDI企业与内资企业两个子系统。尽管FDI企业和内资企业分散在细分汽车产业中，也受空间分割，但可以把汽车产业的FDI企业与内资企业看成具有不同生产函数系统。于是，汽车生产函数分成FDI企业与内资企业耦合作用两部分，也就是：

$$Y = AK_F^{\alpha_1}L_F^{\beta_1} \cdot K_N^{\alpha_2}L_N^{\beta_2} \tag{3.35}$$

（3.35）式中，Y 为汽车产业产出，K_F 为FDI企业资产，L_F 为FDI企业职工人数，K_N 为内资企业资产、L_N 为内资企业职工人数，α_1、β_1、α_2、β_2 分别表示变量的偏弹性系数。

从微笑曲线看，跨国汽车公司的核心技术主要存在于两端的研究开发与销售（名牌）之中，而制造组装属于价值链中的边际环节。对制造组装，跨国公司转移的是标准化的生产设备和流水线，在合资企业中以固定资产的形式存在，是看得见、摸得着的，而研发和设计一般是在母国进行的。理论上，汽车产业中FDI企业资产比重越高，物化技术溢出的可能性越大；FDI企业职工人数比重越大，FDI企业职工与内资企业职工相互接触概率越大，FDI企业核心技术扩散和溢出的可能性越大。基于此，汽车产业的技术水平则由固定的技术水平、物化技术和非物化技术三部分构成：

$$\ln A = B + \eta_1 Share_1 + \eta_2 Share_2$$

基于技术构成，$Share_1$ 为以 FDI 资产的硬技术（物化技术）溢出，主要体现对汽车制造设备和工艺，$Share_2$ 为基于 FDI 企业人力资源软技术（非物化技术）溢出。

在（3.13）式基础上进行改造：

$$\ln Y = \ln B + \eta_1 Share_1 + \eta_2 Share_2 + \alpha_1 \ln K_F + \alpha_2 \ln K_N + \beta_1 \ln L_F + \beta_2 \ln L_N \quad (3.36)$$

$$\ln Y_N = \ln B + \eta_1 Share_1 + \eta_2 Share_2 + \alpha \ln K_N + \beta \ln L_N \quad (3.37)$$

（3.36）式为 FDI 企业与内资企业对汽车产业的贡献，（3.37）式为 FDI 企业对内资企业的技术溢出。

三 实证检验

1. 全部细分汽车产业

2005 年细分汽车产业与 FDI 企业数据来自中宏数据库（http://202.204.154.246:000/industries/index.asp?code=000007），内资企业产出、资产以及职工人数由细分汽车产业全部数据减去相对应的 FDI 企业数据所得，样本数为 93 组。用（3.36）式进行回归时，剔除有零数据的数组后进入模型的实际数组为 59 组。首先，从无溢出变量参与时建立（1），$\ln L_{iN}$ 和 $\ln L_{iF}$ 系数均为负值，且在 5% 水平上不显著，剔出 $\ln L_{iN}$ 和 $\ln L_{iF}$ 后的模型（2）比模型（1）的 Adj. R^2 有所提高，AIC 值有所下降。显然，（2）比较优越性，其可作为是判定 FDI 溢出效应的基准。当六个变量同时进入（3.36）式后 $\ln L_F$ 的 t 统计量值很低，已不显著，$Share_1$ 的 t 统计量值也比较低，虽然 Adj. R^2 有所提高，AIC 值有所下提高，因此，与（2）相比，（3）的参数性能较差。进一步剔出 $\ln L_{iF}$ 后，所得（4）的 Adj. R^2 比（2）有所提高，更重要的是 AIC 值比（2）有较大幅度下降，（4）的技术指标明显高于（2）。在（4）中 $\ln L_{iN}$ 系数是负的，这意味着，内资企业的就业人数增加，产业增长率反下降，这似乎不符基本理论。为保险起见，再从（4）中剔除 $\ln L_{iN}$ 项，结果所得（5）的 Adj. R^2 有所上升，但 AIC 值出现反弹，高于（2）的水平，且变量的 t 统计量值普遍下降。总体上，以 AIC 准则看，（4）是表 3.8 中的最优模型。

模型（4）显示，FDI 企业资产增长率对汽车产业总产出增长没有显著性影响，FDI 企业的就业人数增长对汽车产业总产出增长有正的显著影响。从内资企业看，资产增长对汽车产业总产出增长有积极影响，而内资企业就业增长却不利于汽车产业总产出增长；从溢出效应看，FDI 企业资产比重增长对汽车产业总产出增长起促进作用，而 FDI 企业就业比重增长却对汽车产业总产出增长起阻碍作用。这说明，随着 FDI 企业资产份额提高，对以资产为载体的硬技术的溢出效应增强，同时 FDI 企业职工占全部份额比重提高，却不利于软技术溢出。总体上，（4）的截距项值（A 值）比（2）的有较大幅度的提高。这说明，FDI 技术溢出有正效应，促进了汽车产业技术水平提高。

表 3.8　2005 年细分汽车产业 FDI 企业与内资企业投入变量回归系数

变量	\multicolumn{10}{c}{Y_i}
	(1) 系数	t-统计量	(2) 系数	t-统计量	(3) 系数	t-统计量	(4) 系数	t-统计量	(5) 系数	t-统计量
C	1.7676	1.8150	1.8650	2.3826	2.9138	2.3929	2.8589	2.4063	2.1673	1.7365
$\ln K_{Fi}$	0.3580	3.2014	0.3437	7.9762	0.0673	0.2563				
$\ln L_{Fi}$	-0.0196	-0.1571			0.4203	2.0024	0.4593	3.2014	2.1673	1.5974
$\ln K_{Ni}$	0.4232	3.3265	0.4193	7.1326	0.6290	2.3372	0.6908	3.8369	0.1919	4.8830
$\ln L_{Ni}$	-0.0013	-0.0115			-0.3702	-1.9915	-0.4027	-2.9901		
$share_1$					2.0553	1.3418	2.4133	3.8708	2.3573	3.5319
$share_2$					-3.2778	-2.5711	-3.4741	-3.4388	-1.4711	-1.8163
Adj. R^2	0.7965		0.8037		0.8138		0.8170		0.8046	
AIC	1.8093		1.7422		1.7506		1.71803		1.8400	
F	57.7634		119.7157		43.2532		52.8218		53.6143	

FDI 企业对于其技术溢出既是正效应，又有负效应，虽然总体上促进了汽车产业技术水平提高，但（4）分辨不出哪种效应强。由于 $Share_1$ 和 $Share_2$ 是没量纲的相对指标，其可以进行比较，做一个 $Share_1$ 和 $Share_2$ 的线性组合 $Share_1 - Share_2$，模型（4）变为：

$$\ln Y_i = 1.9448 + 2.5399(Share_1 - Share_2) + 0.3031\ln L_{Fi} + 0.7441\ln K_{Ni} -$$
$$\quad\quad (2.17387)\quad\quad (4.1239)\quad\quad\quad\quad (3.9261)\quad\quad (6.79607)$$
$$0.29065\ln L_{Ni} + u_i \quad\quad\quad\quad\quad\quad\quad\quad\quad\quad\quad\quad (3.38)$$
$$(-3.0750)$$

Adj. R² = 0.8158, F = 63.2590, AIC = 1.7093

从（3.38）式看出，在 $Share_1$ 和 $Share_2$ 线性组合下的溢出模型具有较高信息识别水平。与表 3.8 中的（4）相比，Adj. R² 和 AIC 值有所下降，同时使技术水平也有所下降，但 AIC 值已降低到最低水平，（3.38）式仍是检测 FDI 技术的最佳模型。其说明，$Share_1 - Share_2 > 0$，也就是 FDI 企业资产比重占优势时，FDI 综合溢出具有正效应。

当在（3.38）式中去掉 lnL_{Ni} 项后，所得回归方程：

$$lnY_i = 3.3992 + 2.1143(Share_1 - Share_2) + 0.3314lnL_{Fi} +$$
$$(2.17387) \quad (4.1239) \quad (3.9261)$$
$$0.46081lnK_{Ni} + u_i \quad (3.39)$$
$$(6.79607)$$

Adj. R² = 0.7875，F = 72.6849，AIC = 1.8368

从技术参数看，Adj. R² 下降，$Share_1 - Share_2$ 系数也下降，但技术水平却上升，AIC 值上升。这的确说明，lnL_{Ni} 是阻碍技术水平提高和溢出效应的一个真实原因。但由于（3.38）式的 AIC 值小于（3.29）式的 AIC 值，（3.38）式仍是测定 FDI 技术溢出效应的最佳方程。经多方程检测，内资企业职工人数增长的确是阻碍汽车产业技术水平提高的一个原因。换言之，内资企业职工人数下降或负增长才能提高劳动生产率，更好地凸显 FDI 技术溢出和技术水平对汽车产业总产出的作用。

2. 细分内资汽车产业

由于 FDI 企业技术水平高于内资企业，在两者合作与竞争中，FDI 所载两类技术都有向内资企业溢出的可能性。为了较准确地判定 FDI 企业技术对内资企业溢出效应，先对内资企业技术水平及生产函数性质进行分析，确定参照系。按（3.2）式建立生产函数的对数方程：

$$lnY_{Ni} = 0.3625 + 0.6632lnK_{Ni} + 0.2329lnL_{Ni} + u_i \quad (3.40)$$
$$(0.5838) \quad (8.3492) \quad (2.7188)$$

Adj. R² = 0.8706，F = 266.8936，AIC = 1.7435

从（3.40）式看出，在没有 FDI 企业技术溢出的情况下，常数项对 t 统计量值很小，说明技术水平对内资企业产出作用是不显著的，资本和职工人数增长率对内资企业产出均有显著的作用。当在基准方程中加入 $Share_1$、$Share_2$ 后，按（3.40）式建立回归方程：

$$\ln Y_{Ni} = 0.29566 + 1.3065 Share_1 - 1.3186 Share_2 + 0.6811\ln K_{Ni} +$$
　　　　　　(2.4777)　　(2.1717)　　(-1.8238)　　(7.9499)

$$0.2021\ln L_{Ni} + u_i \tag{3.41}$$
(2.1717)

　　Adj. $R^2 = 0.8755$，F = 139.9151，AIC = 1.7288

　　从（3.41）式看出，各变量包括常数的 t 统计量均大于 2，在 5% 的水平上显著，与（3.40）式相比，（3.41）式 Adj. R^2 有所上升，AIC 值有所下降，因此，其具有更好的解释力。可以看出，在 FDI 技术溢出下，技术水平已具有显著性，对于溢出效应，基于 FDI 资产的物化技术溢出效应是正效应；而基于 FDI 企业职工的软技术溢出效应为负效应。这种溢出效应还改变了汽车产业生产函数，资产的偏弹性系有所上升，职工人数偏弹性系有所下降。

　　在（3.41）式中，$Share_1$ 和 $Share_2$ 所表示的技术溢出效应的方向不同，$Share_1$ 的系数还小于 $Share_2$ 的系数，说明就边际溢出效应看，$Share_2$ 负效应还略大于 $Share_1$ 正效应，但 $Share_1$ 和 $Share_2$ 本身大小不同，其溢出效应还难分高下，综合溢出效应还需进一步测定。在 $Share_1 - Share_2$ 的线性组合重入的重新估计回归方程为：

$$\ln Y_{Ni} = 0.3003 + 1.2996(Share_1 - Share_2) + 0.67962\ln K_{Ni} +$$
　　　　　　(2.4957)　　　　(2.2526)　　　　　(8.7402)

$$0.2039\ln L_{Ni} + u_i \tag{3.42}$$
(2.4139)

　　Adj. $R^2 = 0.8772$，F = 189.0353，AIC = 1.7038

　　对比（3.41）式不难发现，（3.42）式技术水平、资产的偏弹性系和职工人数偏弹性系有不同程度的提高。更主要的是，Adj. R^2 有所上升，AIC 值有所下降，于是，（3.42）式技术性能优于（3.41）式。在（3.42）式中 $Share_1 - Share_2$ 的系数大于 0，说明，FDI 硬技术溢出足以弥补软技术负溢出的影响，总体上，FDI 对内资汽车企业有技术溢出，但主要是物化技术的溢出。进一步还发现，$Share_1$ 和 $Share_2$ 单独进入（3.40）式还没有显著性，这表明，基于 $Share_1$ 和 $Share_2$ 的不是两次溢出，也不是分别溢出，而是同时发生的，$Share_1 - Share_2$ 必须同时出现。

四　两点解释

1. 为什么内资企业职工人数增长与汽车产业产出增长相反，而内资企业职工负增长却是增长技术溢出原因？

这要从两方面来看，技术进步和技术溢出效果总是通过产出增长来体现的。对于内生增长，在没有资本和劳动力资源投入的情况下，也能通过内生的技术进步推动产业增长。在汽车职工负增长的情况下，才能进一步提高劳动生产率，以便 FDI 技术溢出和技术水平对汽车产业的总产出起推动作用。从图 3.1 看，1994 年中国汽车产业职工人数高达 197 万人，到 2005 年下降到 166.9 万人。从图 3.1 看，汽车产业的职工人数呈负增长的态势，而依靠投资和技术进步推进了中国汽车产业增长。这说明，技术排挤工人现象已在中国汽车产业明显出现。这可能是中国汽车的劳动力资源过于富余的原因。技术溢出对职工人数替代表现了汽车产业职工过剩与技术进步之间的竞争，职工调整到充分水平，技术溢出才有显著的效果。

2. 为什么 FDI 企业职工人数占全部职工人数的比重越高，软技术溢出却越负？

从多方面监测到，基于 FDI 企业职工比重的技术溢出具有负效应。这表明，FDI 对内资企业不但没有核心技术溢出，反而对内资企业技术具有挤出效应。这也意味着 FDI 的技术溢出主要是基于资产的物化技术溢出，中国汽车产业对跨国汽车公司核心技术依赖比较严重。

根据跨国公司理论，跨国公司相对于东道国的本地企业往往具有其所有权的优势和资本的优势。其所有权的优势往往源于它们对先进技术的把握以及先进的管理技术的积累。因此，当 FDI 企业进入中国汽车产业时，其具有"高端的技术""强大的品牌和市场开拓能力"以及"有资本能力支持的规模经济"，而内资企业没这种优势。在这种情况下，FDI 企业往往要通过各种方法保护其核心技术优势而不让其向内资企业溢出，难以产生积极的溢出效应。原因还在于，FDI 企业一方面打压自主知识产权技术和汽车品牌；另一方面阻碍合资企业搞研究与开发。

另外，在技术差距较小的领域如零配件，FDI 企业所采用的技术会与本地企业更加接近，从而便于本地企业的学习和模仿。这种情况下，如果 FDI 企业不采用技术保护，其技术就会被学习和模仿。FDI 企业人员比重提高反而不利于技术保护，因此，汽车产业的独资化就不可避免了。中国汽车产业具有较高模仿制造能力，轿车品牌和核心技术掌握在跨国公司手中，但中国对汽车非核心技术国产化却具有较高的水平，一般在 70%以上，高的达 95%。广州标志公司试图利用控制零配件供应垄断技术却招致失败。

总之，中国汽车产业中具有一定技术能力的人力资源相对匮乏，一些进入的 FDI 企业出于运作便利的考虑，往往以比较先进的设备来替代人工，其技术的先进性往往会体现在技术装备方面，当内资企业在资本能力充分时，往往也会通过购置或引进与 FDI 企业相类似的设备来缩短与 FDI 企业的技术距离。汽车产业采用的技术是成熟的，设备也是可以获得的，其规模经济的实现主要靠资本实力来支撑，这导致 FDI 对内外资的溢出也主要体现在设备水平和生产技术方面。

第四节　FDI 技术溢出对技术创新能力的影响

技术创新能力对汽车产业的竞争力具有决定性意义。FDI 进入中国汽车产业后，对合资企业和内资企业的研发产生重要影响。核心技术来源于研究与开发。为了防止核心技术泄露，跨国公司的研发一般在母国进行，但为了技术垄断，跨国汽车公司也在东道国建立创新系统、申请专利，这对汽车产业技术创新产生一定影响。

一　中国汽车技术创新系统的投入产出分析

1. 研发经费投入

研究与发展（研发）经费是汽车产业创新系统的一个重要投入要素。从表 3.9 看出，1998—2013 年随着中国汽车工业的快速发展，销售收入在 1998 年不到 3000 亿元，而到 2013 年已经超过 3.7 万亿元，同时，研发经费也由 38.2 亿元增长到 727.8 亿元，绝对数量明显增加，但研发经费占销售收入比率（研发强度）不足 2%，且波动较大，2008 年最高仅为 2.07%。进一步看，改装汽车与汽车的研发强度在 2003 年前相当，而 2005 年后改装汽车的研发强度有上升趋势，2013 年高达 2.36%。

表 3.9　　　　1998—2013 年中国汽车工业研究与
发展经费及占销售收入百分比　　　　单位：亿元,%

年份	研发经费(A)	销售收入(B)	A/B	汽车 研发经费(C)	汽车 销售收入(D)	C/D	改装汽车 研发经费(E)	改装汽车 销售收入(F)	E/F
1998	38.2	2742.5	1.39	17.3	1443.9	1.2	3.8	253.3	1.48
1999	57.4	3114.7	1.84	29.7	1660.8	1.79	4.5	263.2	1.71

续表

年份	研发经费(A)	销售收入(B)	A/B	汽车研发经费(C)	汽车销售收入(D)	C/D	改装汽车研发经费(E)	改装汽车销售收入(F)	E/F
2000	67.7	3560.4	1.90	37.8	2014.5	1.88	4.3	327.0	1.32
2001	58.6	4253.7	1.38	33.8	2457.7	1.38	4.4	363.3	1.20
2002	86.2	5947.7	1.45	56.3	3406.8	1.65	8.0	573.2	1.40
2003	107.3	8144.1	1.32	63.8	5141.6	1.28	8.4	602.4	1.39
2004	129.5	9134.3	1.42	73.1	5490.5	1.37	10.0	663.1	1.50
2005	167.8	10108.4	1.66	94.8	5582.9	1.70	11.4	613.2	1.86
2006	244.8	13818.9	1.77	118.6	7339.2	1.62	17.8	805.1	2.21
2007	308.8	17201.4	1.80	162.9	9253.7	1.76	20.5	1009.6	2.03
2008	388.7	18767.0	2.07	208.1	18355.9	1.33	35.4	1187.2	2.98
2009	460.6	23817.5	1.93	263.3	14486.6	1.82	35.5	1526.4	2.33
2010	498.8	30762.9	1.62	270.6	19072.0	1.42	33.5	1394.7	2.40
2011	548.0	33617.3	1.63	271.4	21181.0	1.28	36.7	1387.4	2.64
2012	591.3	36373.1	1.63	292.8	22654.4	1.29	39.6	1457.0	2.72
2013	727.8	37155.3	1.96	416.0	22599.2	1.84	56.1	2381.2	2.36

资料来源：《2009年中国汽车工业年鉴》；《2013年中国汽车工业年鉴》。

目前，中国汽车产业关键核心技术被跨国公司所控制。这主要表现在自主研发能力还比较弱。从研发强度看，国外主要跨国公司的研究开发经费投入比例一般超过3%，有的达到5%左右，且表现出上升趋势（见表3.10）。我国汽车产业研发强度不足2%，与大型跨国汽车公司相差甚远。以表3.10中的数据计算，2001年中国汽车研发强度分别为戴姆勒—克莱斯勒、福特、通用、丰田和大众的42.78%、36.48%、47.43%、43.60%和52.87%。从研发投入规模看，中国汽车工业研究与开发投入规模严重不足，以8.27的人民币兑美元汇率计算，中国汽车工业研究与开发投入分别为戴姆勒—克莱斯勒、福特、通用、丰田和大众的13.42%、9.57%、11.43%、18.34%和28.79%。

表3.10　　大型跨国公司1997—2001年研发用投入费用及强度　　单位：美元；%

年份	戴姆勒—克莱斯勒投资	戴姆勒—克莱斯勒比例	福特投资	福特比例	通用投资	通用比例	丰田投资	丰田比例	大众投资	大众比例
1997	17.14	2.80	63.27	4.12	82.00	4.60	37.23	3.73	23.55	4.01
1998	78.53	3.08	53.00	3.70	79.00	3.08	33.67	3.81	33.43	4.16

续表

年份	戴姆勒—克莱斯勒		福特		通用		丰田		大众	
	投资	比例	投资	比例	投资	比例	投资	比例	投资	比例
1999	76.28	3.05	60.00	3.73	68.00	3.85	47.71	4.72	38.06	3.04
2000	53.47	3.51	68.00	4.00	66.00	3.57	41.96	3.51	38.55	4.92
2001	52.81	3.88	74.00	4.55	62.00	3.50	38.64	3.64	24.61	3.14

注：所占比例指占总营业收入的百分比。

资料来源：冯刚琼、程振彪：《国内外汽车技术研发的现状与趋势》，《汽车工业研究》2003年第4期。

2. 技术人员

从图3.7可以看出，汽车产业技术人员的绝对数量以及汽车技术人员比重逐年增加。1990年中国汽车产业职工人数为156.5万人，技术人员为13.7万人，技术人员比重为8.8%；到2005年中国汽车产业职工人数为166.9万人，技术人员增加到19.3万人，技术人员比重为11.6%，增长了2.8个百分点。从2010年起技术人员比重超过14%，2012年达14.9%。

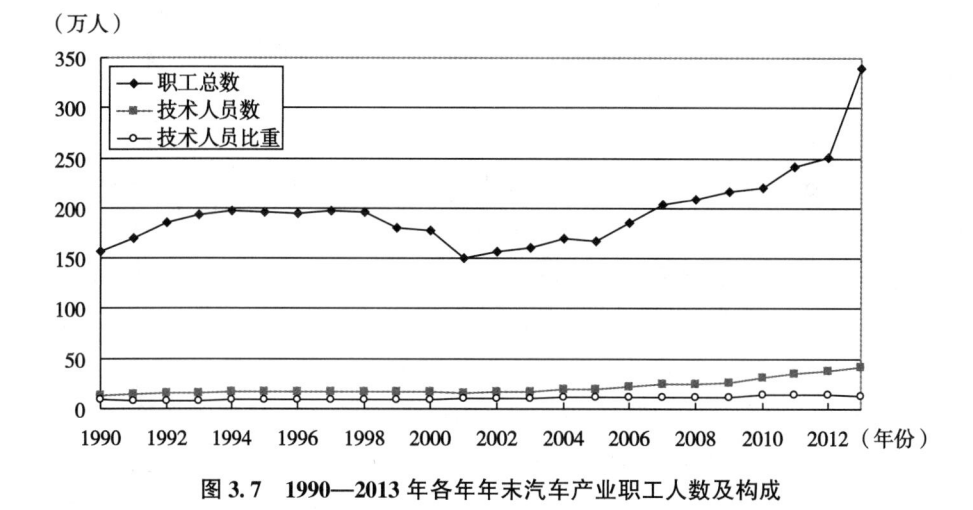

图3.7 1990—2013年各年年末汽车产业职工人数及构成

但是，与中国汽车工业的增长速度相比，技术人员增长却比较低。在2004年，中国汽车产量已列居世界第4位，研发人才的数量却没有得到相应的增长，2005年反而下滑。同汽车工业强国相差甚大，这已是事实。例如，在欧美发达国家，汽车产业从业人员中技术人才约占30%，中国则不足12%；又如一汽集团，研发人才仅占2.6%，丰田汽车公司则达到9.8%。在中国，拥有500人以上的研发机构就算大型的，在奥迪则达到8000人之多。据有关资料显示，中国发展自主品牌的技术人才大约需10万人，目前仅有2万余人，缺口达80%。这么大的缺口仅靠高校汽车专业的毕业生来填补在近期是不可能完成的，需要一个较长的时期才能完成研发人才的基本积累。在中国汽车产业内最负盛名的汽车人才培养高校，近年的毕业生十分抢手，供求比例约为1∶20，但许多毕业生并未直接流向汽车产业的研发领域。清华大学汽车设计专业2004届毕业生32名，仅3人去了汽车企业，其余29人或读研或留学，流向以自主品牌为主业的企业如奇瑞、吉利、哈飞等汽车公司的则更是稀少。更为重要的是，应届毕业生到企业还不能立即上手，想要得到合适的成熟人才，对于自主研发的企业而言是十分不易的。

研发经费投入不足也会间接导致研发的人力投入不足。2001年上汽研发人员数量占企业职工总人数的比例为3.93%，共计2376名，与国外大公司无法相比。例如，宝马公司的研发机构拥有6000人；博世公司研发部门的人数为12600人，占职工总数的9%；丰田汽车公司的汽车总数与国内的一汽集团相当，但丰田的技术开发人员多达万名，占职工总人数的10%左右。据统计，中国轿车产业研究人员占职工人数的比例为2%左右，而美国为7.6%，日本为7.5%。

3. 产出

汽车产业创新系统的产出主要是专利。从总量上看，2000—2007年中国汽车专利——包括发明专利和实用专利——均呈上升趋势（见图3.8）。2000—2007年发明专利和实用专利的年平均增长率分别为19.58%和6.79%，发明专利比重由2000年的12.18%上升至2008年的23.44%，而实用专利比重由2000年的87.82%下降至2008年的78.56%。1990—2007年发明专利和实用专利比重分别31.76%和68.24%。这说明，在中国汽车产业中实用专利占主导地位。从技术含量看，发明专利才是核心技术的主要来源。以此来看，中国汽车产业对关键技术和原创核心技术的创新能力严重不足。

从1990年至2007年的情况看，中国汽车产业的国内外发明专利和实用专利都呈上升趋势（见图3.9）。从1990年至2007年国内汽车发明专利和实用专利增长率分别为17.59%和12.185%，国外发明专利和实用专

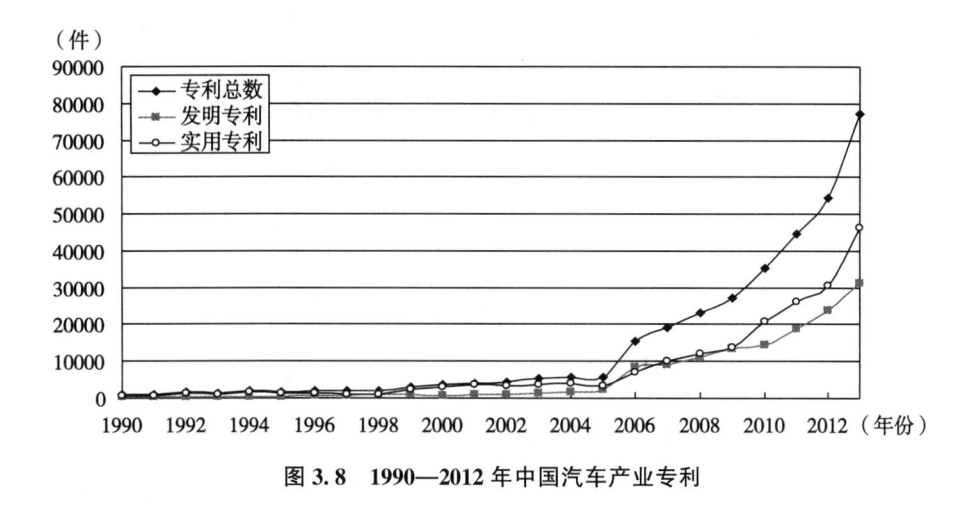

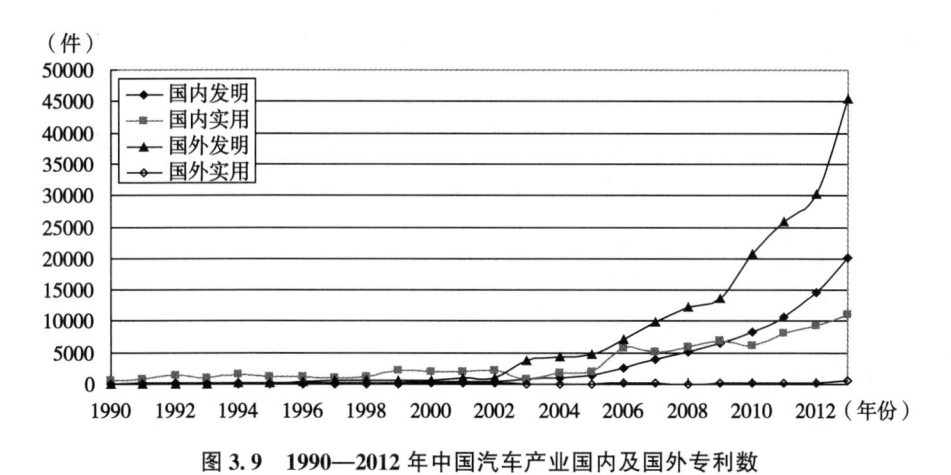

图 3.8 1990—2012 年中国汽车产业专利

图 3.9 1990—2012 年中国汽车产业国内及国外专利数

数据来源：赵鹏飞：《中国汽车工业专利工作现状分析及对策研究》，《知识产权》2004 年第 3 期及《2009 年中国汽车工业年鉴》。

利增长率分别为 20.47% 和 16.46%。因不同的增长，中国汽车产业的国内外专利结构有较大变化。1992 年，国内发明专利、国内实用专利、国外发明专利、国外实用专利分别为 10.79%、78.53%、10.32%、0.36%，2007 年四种增长率分别为 38.03%、7.83%、11.27%、-28.57%。不难看出，国内发明专利份额基本不变，而国内实用专利份额却在下降；同时，国外发明专利的份额大幅上升，国外实用专利份额也有一定幅度上升。总体上看，国外专利份额在上升，国内专利份额在下降。进一步看，1990—2007 年国内专利中发明专利只占 37.62%，而国外专利中发明专利占到

62.38%，实用专利中国内占 99.19%，国外所占不足 1%。显然，跨国公司技术创新水平明显高于内资企业，内资企业大部集中于实用专利的研发，而国外企业集中于汽车核心技术，合资企业做得最多的是对引进产品的本土化。如果没有自己的创新，就不会有专利，也就没有自主知识产权。

二 实证分析

1. 计量模型

一般而言，FDI 对技术创新的影响也是在双对数模型中进行的。将专利细分为发明专利授权量、外观设计和实用新颖专利三类，李晓钟和张小蒂（2007）将专业技术人员分离出来，并考虑 FDI 的影响，则对一般生产函数进行适当修正的方程：

$$\ln P_{it} = a_i + \alpha_i \ln L_{it} + \beta_i \ln K_{it} + \eta_i h_{it} + \gamma_i \ln FDI_{i(t-j)} + \varepsilon_{it} \qquad (3.43)$$

（3.43）式中 P_{it} 表示第 i 地区第 t 年的专利授权量，a_i 表示常数项，h_{it} 表示第 i 地区第 t 年就业人数中技术人员所占的百分比，考虑到 FDI 对区域技术创新能力的影响有一个滞后的效应，$FDI_{i(t-j)}$ 表示第 i 地区第 $FDI_{i(t-j)}$ 年的 FDI，ε_{it} 为随机扰动项。

实际上，技术创新系统是产业中的一个特殊系统，其既有投入，又有产出，因此，对总生产函数进行修正会产生问题。一般而言，专利的授予量可能衡量一个汽车产业的创新能力，其是技术创新系统的产出。设技术创新系统的投入—产出函数为：

$$P_t = A_t RD_t^\alpha L_t^\beta \qquad (3.44)$$

（3.44）式中，P_t 表示技术创新系统的产出，以专利数表示；RD_t 为研发（R&D）投入，L_t 为专业技术人员投入，A_t 为专利技术水平，α、β 为研发和专业技术人员的产出弹性系。

为了实证分析 FDI 对汽车制造业创新能力的影响，建立模型：

$$\ln P_t = A_0 + \alpha \ln RD_t + \beta \ln L_t + \gamma_1 \ln FDI_t + \gamma_2 Share_t + \varepsilon_t \qquad (3.45)$$

（3.45）式中，P_t 为第 t 年专利授权量；L_t 为第 t 年技术人员人数，$Share_t$ 为 FDI 占固定资产比重，表示 FDI 间接作用直接溢出作用。γ_1 表示 FDI 对专利产生的直接作用，γ_2 表示当期 FDI 对专利产生的间接作用。

2. 总体作用

专利包括发明、外观设计和实用新颖。以中国汽车产业专利（P）、发明专利（PI）和实用专利（PU）为被解释变量。以图 3.8 中数据，按（3.45）式进行参数估计结果（见表 3.11）。

表 3.11　　　FDI 对中国汽车产业技术创新的贡献与溢出效应

变量	$\ln P_t$			$\ln PI_t$		
	(1)	(2)	(3)	(4)	(5)	(6)
A_0	6.760382 (28.6980)	7.2101 (32.2146)	2.712318 (88.8651)	2.84708 (42.4614)	3.1963 (12.6664)	6.2155 (23.1636)
$\ln L_t$	0.404778 (3.8409)	0.41883 (3.2205)			0.5149 (2.8055)	0.5467 (6.1750)
$\ln FDI_t$		−0.0939 (−3.3501)		−0.0743 (−2.1995)		−0.2127 (−6.8789)
$Share_t$	0.513098	0.7387	0.4367	0.581398	0.359884	0.8620
R^2	0.478319	0.6985	0.4367	0.551497	0.314162	0.8408
F	14.75321	18.3744	11.31624	9.0702	7.8711	40.6157
DW	1.339121	2.1898	0.8005	1.3966	0.6898	2.0895
AIC	0.735878	0.2385	0.7565	0.5847	1.8454	0.4357

变量	$\ln PI_t$			$\ln PU_t$		
	(7)	(8)	(9)	(10)	(11)	(12)
A_0	12.4857 (3.4340)	−4.5900 (−0.9961)	6.7851 (60.8664)	7.0799 (147.2840)	2.2458 (1.8429)	2.8637 (3.3398)
$\ln L_t$	−2.3888 (−1.7280)				1.7784 (4.0967)	1.6496 (3.4582)
$\ln FDI_t$	0.7891 (4.8497)	1.6415 (2.3591)	0.2151 (4.3122)	0.2243 (13.0149)		
$Share_t$	−7.5713 (−7.5713)			−0.0615 (−10.2269)		−0.0502 (−4.0266)
R^2	0.8895	0.2844	0.5705	0.9525	0.5452	0.7976
Adj. R^2	0.8619	0.2333	0.5398	0.9452	0.5127	0.7664
F	32.2090	3.5654	18.5952	130.3873	16.7830	23.6175
DW	2.2309	0.5933	0.5822	1.5612	0.4088	1.4082
AIC	0.3384	1.9567	−0.7605	−2.8377	−0.7033	−1.3880

从表 3.11 可以看出，FDI 对中国汽车产业专利（P）、发明专利（PI）和实用专利（PU）产出作用具有相同的特点。其一，RD 对专利增长作用不显著。其二，在技术人员作用情况下，再加入 $Share_t$ 变量后改善模型技术参数性能。其三，FDI 作用下的模型最佳，FDI 的直接作用为

正效应，溢出为负效应。

第一，汽车产业专利（P）。在 FDI 作用下的（1）中加入 $Share_t$ 后的（2）的参数有较大改进，Adj. R^2 有较大幅度上升，AIC 值也有较大幅度下降，说明，在 FDI 作用的产生正的直接作用下，其同时产生负溢出效应，汽车产业 FDI 固定资产的比重越高，溢出效应越阻碍专利产生。当把 $Share_t$ 加入（3），得到的（4）的 Adj. R^2 有所上升，AIC 值有所下降，但 AIC 没有比（2）小，因此，（2）解释 FDI 对汽车产业专利产生最佳模型。可以看，FDI 的负溢出效应提高了专利技术水平（A_0），同时 FDI 弹性更加显现。

第二，发明专利（PI）。在 FDI 作用下的（5）中加入 $Share_t$ 后的（6）的参数有较大改进，Adj. R^2 有较大由度上升，AIC 值也有较大由度下降，说明，在 FDI 作用的产生正的直接作用下，其同时产生负溢出效应，汽车产业 FDI 固定资产的比重越高，溢出效应越阻碍发明专利产生。在技术人员单独作用下，发明专利技术水平（A_0）的 t 统计量在 10%水平上也显著，DW 值较低，且 AIC 值比较高，因此，（8）的解释效果很差。在（6）中加入 lnL_t 项后，（7）Adj. R^2 又有所上升，AIC 值也有所下降，尽管，lnL_t 项的 t 统计量只在 10%水平上显著，但（7）解释 FDI 对汽车产业发明专利产生最佳模型。中国汽车产业技术人员规模增长反而不利于发明专利增长，这隐含着，FDI 的负溢出效应提高了专利技术水平（A_0），同时 FDI 弹性更加显示发明专利产生不是技术人员累积出来的。

第三，发明专利（PU）。在 FDI 作用下的（9）中加入 $Share_t$ 后（10）的参数有较大改进，Adj. R^2 有较大幅度上升，AIC 值也有较大幅度下降，说明，在 FDI 作用的产生正的直接作用下，其同时产生负溢出效应，汽车产业 FDI 固定资产的比重越高，溢出效应越阻碍发明专利产生，同时，A_0 值由 6.7851 上升至 7.0799，技术水平在提高。在技术人员单独作用下，发明专利技术水平（A_0）的 t 统计量在 5%水平上也显著，DW 值较低，且 AIC 值比较高，因此，（11）的解释效果很差。在（9）中加入 $Share_t$ 后，（9）Adj. R^2 又有所上升，AIC 值也还有所下降，但是 AIC 值仍高于（10）的水平，显然，（10）解释 FDI 对汽车产业发明专利产生影响的最佳模型。中国汽车产业技术人员规模增长对汽车产业实用专利增长的影响不显著，专利由 FDI 和 FDI 比重所决定。

3. 国内外专利

FDI 企业与内资企业具有差异较大的专利产出结构，FDI 对内资企业具有直接的溢出效应和间接溢出效应。对于 FDI 企业来说，FDI 中也只以较少的部分用于专利生产的研发，而在合资企业中，外资方一般不鼓励进行研发和技术创新，FDI 对合资企业的技术创新作用也可以说是溢出效应。因此，FDI 对内资企业和 FDI 企业技术创新的作用机理有较大差别，以 1990—2007 年的相关数据，进行不同参数估计（见表 3.12）

表 3.12　FDI 对中国内资企业和 FDI 企业技术创新的贡献与溢出效应

变量	内资企业发明专利 $\ln PI_{Nt}$			内资企业实用专利 $\ln PU_{Nt}$		
	(1)	(2)	(3)	(4)	(5)	(6)
A_0		4.1253 (16.6138)	4.6638 (19.2094)		6.2291 (23.5139)	6.5222 (20.6063)
$\ln L_t$	1.5762 (17.2792)			2.3746 (24.3106)		
$\ln FDI_t$	0.5083 (3.7828)	0.6467 (4.9085)	0.5512 (3.5243)	0.3313 (2.3028)	0.5325 (4.1110)	0.4806 (3.6944)
$Share_t$			−0.0759 (−3.3056)			−0.0413 (−1.3798)
R^2	0.709388	0.6865	0.8502	0.5664	0.6057	0.6688
Adj. R^2	0.682968	0.6580	0.8202	0.5271	0.5699	0.6025
F	12.2684	24.093	28.3819	8.0130	16.901	10.0969
DW	1.4577	1.8507	1.0096	1.4434	2.1673	1.9132
AIC	0.1907	0.2663	−0.3182	0.3275	0.2326	0.2121

变量	FDI 企业发明专利 $\ln PI_{Ft}$			FDI 企业实用专利 $\ln PU_{Ft}$		
	(7)	(8)	(9)	(10)	(11)	(12)	(13)
A_0		3.0865 (4.4334)	4.9520 (11.1635)				
$\ln L_t$	1.1901 (4.5681)				−0.8247 (−2.3244)		
$\ln FDI_t$	1.2879 (3.3562)	1.4067 (3.8084)	1.0762 (3.9030)	1.4691 (8.8485)	1.9398 (7.6694)	2.6383 (3.0479)	1.56702 (4.1471)
$Share_t$			−0.2631 (−6.2675)		−0.2006	(−2.2586)	
AR (1)							0.8144 (3.5876)

续表

变量	FDI 企业发明专利 $\ln PI_{Ft}$			FDI 企业实用专利 $\ln PU_{Ft}$			
	(7)	(8)	(9)	(10)	(11)	(12)	(13)
Adj. R²	0.5851	0.5687	0.9124	0.5631	0.7015	0.7070	0.8027
F	0.5473	0.5294	0.8949	0.5631	0.6744	0.6804	0.7829
F	7.4131	14.5043	52.1329		13.1783		
DW	1.2984	1.3833	1.2960	0.4473	0.6929	1.1436	2.1214
AIC	2.2895	2.3283	0.8872	3.1531	2.9259	2.9074	2.5567

从表 3.12 看出，在 $\ln L_t$ 参与下，模型的 AIC 值比较大，而且 Adj. R² 也比较小，同时，$\ln FDI_t$ 对各项专利产出都有正的直接作用，$Share_t$ 都是负的。

从内资企业看，在 $\ln L_t$ 和 $\ln FDI_t$ 的组合下，内资企业发明专利（A_0）不显著，AIC 居于较高的水平，但低于 $\ln FDI_t$ 作用的（2）水平。在（2）在中加入 $Share_t$ 后（3）的参数有较大改进，Adj. R² 有较大幅度上升，AIC 值也有较大幅度下降。对于内资企业实用专利（$\ln PU_{Nt}$）也是类似特点，当把 $Share_t$ 加入（5）后得到（6），（6）的 Adj. R² 最高，AIC 值最低，因此，（6）是解释 FDI 对内资企业实用专利最佳模型。FDI 对内资企业专利具有正的直接作用，而 FDI 的负溢出效应提高了专利技术水平（A_0）。

从 FDI 企业看，FDI 对企业发明专利和实用专利的作用机制有所不同。对于 FDI 企业发明专利（$\ln PI_{Nt}$），在 $\ln L_t$ 和 $\ln FDI_t$ 的组合下，（7）中内资企业发明专利（A_0）不显著，AIC 居于较低的水平，低于（8）的水平。在（8）中加入 $Share_t$ 后，（9）的参数有较大改进，Adj. R² 有较大幅度上升，AIC 值大幅度下降至最低水平。对 FDI 企业实用专利（$\ln PU_{Ft}$）来说，FDI 作用机制却有所不同，首先，在 $\ln FDI_t$ 作用下，（10）的 A_0 不显著，DW 比较低，AIC 比较高；当把 $Share_t$ 加入（10）后得到（11），（11）的 Adj. R² 最高，AIC 值有所降低；在 $\ln L_t$ 和 $\ln FDI_t$ 的组合下，（12）中 FDI 企业实用专利（A_0）不显著，AIC 进一步降低；但（12）的 DW 值比较低，在（12）加入 AR（1）后，$\ln L_t$ 项已不显著，但（13）的 Adj. R² 达到最高，AIC 值降至最低值，说明，FDI 企业实用专利具有自我增长机制,同时 FDI 具有直接的显著作用,A_0 也不显著,即使如此,(13)最好地提示了 FDI 企业实用专利的生成机制。

表 3.13 是根据表 3.11 和表 3.12 中 AIC 值最小的模型的 $\ln FDI_t$ 系数和 $Share_t$ 系数按(3.13)式计算的结果。从表 3.13 可以看出,总体上,FDI 对发明专利效应高于整体专利的效应水平,而 FDI 对实用专利的效应低于整体水平,这主要是在专利生成结构中发明专利大部分来自 FDI 企业。从内资企业看,FDI 对国内发明专利的作用也高于国内实用专利的水平,而从 FDI 企业看,FDI 对国外发明专利有极高的作用,而 FDI 对国外实用专利产生只有直接作用,没有溢出效应,δ 为负值,这在一定程度上说明,FDI 企业抑制实用专利的生产。

表 3.13　　FDI 对内资企业与 FDI 技术创新的综合效应系数(δ)

专利名称	δ 值	专利名称	δ 值
整体专利	0.481	国内实用专利	0.783
发明专利	0.502	国外发明专利	4.350
实用专利	0.194	国外实用专利	-2.353
国内发明专利	0.906		

不难看出,FDI 对中国汽车产业技术创新具有系统的促进作用,FDI 的进入直接推动中国汽车产业的专利产生,间接作用却是负的。在中国汽车产业创新体系中,对汽车产业影响较大的是商标和专利,而中国汽车产业的发明专利大部分来自 FDI 企业。中国虽然已是汽车产销第一大国,但自主开发能力不强,中国尚未实现从汽车制造大国到创新大国的转变,即使拥有一定的知识产权,质量也不高。2005 年,全国生产轿车的主要企业有 29 家,共生产轿车 201.9 万辆,还不及国外一个轿车厂的生产规模,每个生产企业都达不到经济规模,而且这 29 家生产企业除奇瑞和吉利公司外,都与国外汽车企业合资或合作,其核心技术大部分来源于国外。其中,采用日本技术的有 12 家、德国技术的有 3 家(其中含一汽集团吸收技术)、美国技术的有 3 家、韩国技术的有 3 家、法国技术的有 1 家、意大利技术的有 1 家,还有几家企业同时采用了多国技术。所以说,中国轿车产业尚未完全形成整车开发能力。原本通过合资企业引进技术来提高中国轿车生产企业的自主开发能力,从而带动整个中国轿车产业发展的初衷

并没有实现。跨国公司的技术转移并没有给中国汽车产业技术创新带来实质性的提高，反而通过对核心技术的掌握牵制合资公司的产品开发，从而导致了中国轿车产业越来越依赖跨国公司的专利技术。另外，即使有些生产企业进行了技术引进，但根本上没有进行消化吸收和创新，从而陷入了"引进—国产化—再引进"的怪圈。这就是中国轿车产业经过多年的发展仍然缺少整车开发的自主知识产权的原因所在。但也应看到，随着FDI进入，在竞争、合作和示范中，FDI汽车技术也不断溢出，如果没有FDI作用和技术溢出，奇瑞QQ和吉利的奇迹产生是不可想象的，同样地，没有FDI零配件企业参与，奇瑞QQ和吉利数量和质量仍是难以确保的。

第五节　FDI对汽车产业技术进步与创新溢出效应分析

一　基本结论

各种检验的结果都显示出同一种规律，FDI的直接作用是正效应，间接溢出效应是却是负的。这表明，FDI对中国汽车产业技术和技术创新具有正负两重影响，正的影响是FDI的进入直接促进了我国技术进步和创新能力，提高了劳动生产率，增加了产能，而FDI对技术进步和技术创新具有负效应，也就是说，FDI对技术进步和技术创新具有挤出效应。这一点在轿车业中较为明显。

可以看到，FDI企业技术的确高于内资企业，技术创新能力也是如此。在分工上大体形成，FDI企业搞发明专利、核心技术，而内资企业搞实用专利、外围技术创新的分工格局。FDI的进入带动了新的汽车制造设备和工艺进入中国汽车产业，而中国具有较强的国产化能力，基于资产的硬技术溢出是比较明显的。然而，FDI企业利用品牌和发明专利垄断中国汽车产业核心技术，使中国汽车核心技术过度依附跨国汽车公司，造成汽车技术"空心化"。跨国公司既有硬的一手，更有软的一手。

总体上，FDI对中国汽车产业技术进步和技术创新的作用是正效应。赵增耀和王喜（2007）的实证研究也表明，汽车产业FDI的大规模进入，带来了中国汽车产业的迅速发展，在产销量、技术水平、进入壁垒、市场集中度方面带来显著变化，并对自主开发企业产生了明显的溢出，最终实现自主创新。应当讲，汽车产业"市场换技术"并没有人们所想象得那样完全失败了。由于引进 FDI 前中国汽车产业与国外汽车产业技术水平存在较大差距，首先的还不是软技术，而是制造水平。在这种情况下，"市场换技术"，先硬后软，是一个必不可少的过程。通过 FDI 引进，带动国产化，快速提高制造水平。奇瑞和吉利证明，FDI 技术溢出对自主品牌产生并大规模制造起到重要作用。当然，跨国公司之所以是成为跨国公司，必要条件正是在于其核心技术垄断优势，真正的核心技术是不可能引进，更不可能通过 FDI 溢出得到，这是基本的结论。

真正的核心技术是不可能通过 FDI 溢出得到的，这是可以得到证实的。Cannice 等（2003）调研了在亚洲地区投资的 9 家美国高技术公司（其中有 6 家在中国大陆投资），结果显示，其中，6 家企业转移了非核心技术，3 家转移了非独立技术（必须结合其他技术才能生产）。即使在利用 FDI 中获益匪浅的汽车、电子等行业，跨国公司对高端技术和核心技术也进行了封锁。Blomstrom 和 Sjoholm（1999）曾在研究中提到，本地资本参与到外商投资的项目中，能够学习到 FDI 企业所拥有的技术，从而促进溢出效应的吸收。这使得很多发展中国家政府在引入 FDI 时，都鼓励 FDI 以合资企业的形式进入本国。一些研究发现，很多 FDI 企业由于害怕技术泄露，尤其是在一些法制不是很完善的国家，从而拒绝采用合资的方式进入引资国，只选择建立独资子公司的方式进行投资。Mansfield 和 Romero（1980）的研究中也表明，跨国企业通过独资子公司网络转移其技术要远比向合资企业转移技术迅速得多。Dimelis 和 Louri（2002）采用希腊制造业企业截面数据进行了研究，结果证明虽然同一行业中各本地企业的劳动生产率都会受到 FDI 企业中 FDI 参与程度的影响，但外资控股较少的企业所产生的溢出效应要大于外资控股较多的企业。这就不难理解，跨国公司在中国汽车产业核心技术的垄断和独资化趋势。

随着 FDI 大举进入中国汽车产业，技术进步和自主知识产权成为一个汽车产业竞争优势的核心基础已是不争的事实。世界各大跨国汽车公司为了维护其在国际汽车市场上的竞争优势，凭借其在知识产权方面的垄断优势，把以专利技术为核心的知识产权战略作为在中国投资的重要内容加以实施。在此情况下，中国汽车产业必须建立自主知识创新的研发体系。显然，中国汽车产业知识产权建设面临的形式是十分严峻的，与汽车工业发达国家相比，不仅表现为具有自主知识产权的专利产品数量少，而且在知识产权的管理和维护能力方面也有较大差距。

二 因素分析

1. 跨国公司研发不足

20世纪80年代中期到90年代中期,中国轿车生产的集中度很高,市场竞争很不充分,德国大众汽车公司和上海汽车总公司合资成立的上海大众汽车公司市场地位突出。1983年4月,第一辆桑塔纳轿车在上海组装成功,1985年3月上海大众汽车有限公司正式成立。此后,上海大众在长达十多年的时间里,在中国的轿车市场上占据着垄断地位,20世纪80年代末期,桑塔纳轿车几乎占有国内同档轿车100%的市场份额;20世纪90年代初期占有90%左右的市场份额,直到20世纪90年代中期,仍然占有60%以上的市场份额。到1998年3月,上海大众在中国已累计生产了100万辆桑塔纳系列轿车。其间,1995年上海第二代桑塔纳轿车(桑塔纳2000)下线和投入市场。从1983年到1999年长达16年的时间内,上海大众的主导产品一直是第一代桑塔纳,车型几乎没有什么变化。

上海大众这种基于市场垄断地位而产生的行为,长期受到国内多方面舆论批评,包括中方合作者上海汽车总公司,也对其不愿转移先进车型的行为不满意。1998年,上汽公司与美国通用汽车公司合资成立了上海通用汽车公司,其中一个重要原因,是通用愿意将较新的车型放在中国生产。

FDI企业在研发上投入的不足也不利于轿车工业研发技术的提高。从表3.14中可以看出,FDI企业与全国平均水平和内资企业水平相比,差距很大,2002年数值甚至更低。

表3.14　　汽车产业研究与开发费用占销售收入的比例一览　　单位:%

年份	总体水平	内资企业	港澳台合资企业	外商投资企业
1992	0.59	0.70		
1998	1.39	1.42	1.35	1.31
1999	2.33	2.37	1.66	2.29
2000	1.90	1.74	1.42	2.41
2001	1.38	1.26	1.58	1.65
2002	1.45	1.59	1.23	1.04

资料来源:根据历年《中国汽车工业年鉴》数据计算。

从2013年看,内资企业的研究与发展人员比重为74.04%,港澳台商投资企业和外商投资企业的研究与发展人员比重分别为2.96%和14.28%;内资企业的研究与发展经费支出比重为72.32%,港澳台商投资企业和外商投资企业的研究与发展经费支出比重分别为1.77%和22.04%;另外,内资企业的研究与发展经费支出占其工业增加值的比重为9.64%,港澳台商投资企业和外商投资企业的比重分别为9.57%和6.2%。这表明FDI企业并没有注重在中国的研究与开发经费的投入,也进一步证明了FDI企业的主要关键技术开发和研究在母公司的总部,而不是在中国所设的研发机构,以防止技术外溢发生。这些都不利于中国汽车产业的发展和核心竞争力的提高。在中外合资的过程中,一方面由于产业政策和高额关税造成了行业竞争不足和高额利润长期存在,这导致跨国公司缺乏技术创新的动力;另一方面由于FDI方为了保持自己的竞争优势而采取各种措施防范技术外泄。多年以来,在合资企业中外资方的技术溢出效应并不明显,新产品的开发速度始终较慢,使中国的自主轿车水平与世界水平的差距较大。

2. 自主品牌结构较畸形

自主品牌来源于自主创新。合资企业做得最多的是对引进汽车产品的国产化。如果没有自己的创新,就不会有专利,也就没有自主知识产权。跨国公司在我国汽车产业具有不同的战略导向。从2005年看,载货汽车和客车的自主品牌产量分别高达94%和95%,基本由内资企业所控制,轿车业却有很大的不同,82%产量来自外国品牌,基本由跨国汽车公司所控制(见表3.15)。

表3.15　　　　　　　　我国汽车品牌数比较　　　　　　　单位:个、%

类型	品牌总数	自主品牌数	自主品牌产量百分比	外国品牌数	外国品牌产量百分比
载货汽车	97	88	94	9	6
客车	158	120	95	38	5
轿车	60	24	18	36	82
汽车合计	315	232	59	83	41

资料来源:王福民:《汽车产业新时期的应对策略》,《时代汽车》2005年第8期。

显然,轿车企业研发能力薄弱、投入不足仍是中国汽车产业发展的突出问题。没有自己的知识产权,改装和 KD 之风严重,许多产品方案受外方技术制约,自主开发能力难以提升。合资企业对外方的依赖度相当高,有不少企业还停留在产品的国产化、图纸转化工作上。即使红旗轿车,也是在吸收奥迪和克莱斯勒的基础上作局部改动形成的产品,产品设计理念不是源于国内技术人员,所做的工作仅是装配或修改部分设计方案避免其国际专利而已。中国大型国有成分的汽车集团已失去自主研发能力,已有的自主产权品牌如上海、红旗也随之退出市场。

20 世纪 90 年代中期以后,随着中国加入 WTO,多家跨国公司的进入使得市场竞争加剧。同时,奇瑞 QQ 和吉利等自主品牌兴起,使跨国汽车的市场份额有所下降、轿车集中度有所降低。这种市场结构变化使得 FDI 企业行为也随之发生了变化,加快了轿车产品的更新换代。1997 年以后,上海大众和一汽大众的车型明显增多,而且上海大众几乎每年都有新车推出。其他轿车生产厂家如东风神龙从 1995 年的富康投产(富康 1.36 升)到富康 1.68 升只用了两年时间,并且不断加强技术更新,随后又推出三厢富康 988、自动变速富康等。2000 年以后,各大厂商纷纷推出自己的新车型,如奥迪 A6、帕萨特 BS、通用别克 GLB、夏利 2000、雅阁 3.0、富康世纪潮、赛欧 S—RV、红旗明仕加长车等大量新品种。仅 2002 年,全国轿车整车投放新产品已达 38 种。

3. 核心技术较难从跨国公司技术转移和技术溢出中获得

FDI 对中国汽车产业技术进步和创新能力提升的影响程度与技术本身所属的原创程度、对企业的重要性及当地企业的吸收能力相关。从技术的层次来讲,核心技术较难从技术溢出中得到。相对于发明专利而言,实用专利技术水平较低、难度较小,内资企业较容易通过 FDI 企业的生产和销售直接获得这类技术信息,并在"干中学"与"看中学"中促进这类技术创新能力的提升,而发明专利技术因其难度较大外溢相对较小。技术优势是跨国公司在中国竞争中获胜的决定性因素,能否维持和垄断这种优势在很大程度上决定了其经营成败。因此,跨国公司以先进技术维持竞争优势,必然会采取措施对先进的技术进行有效控制,防止其泄露和外溢。根据弗农的产品生命周期理论,跨国公司转移的技术一般是成熟技术,在进行技术转移的同时,跨国公司通过研发活动进行技术的升级换代,而技术的接受方常常是处在跨国公司价值链的低端。FDI 对中国汽车产业核心技术创新能力提升的作用较小,而且在某种程度上发明创新能力的培育存在某种"挤出效应"。不愿合资搞研发,提升自主创新能力,是由 FDI 企业的本质属性所决定的。中国内资汽车企业难以通过跨国公司的技术转让和 FDI 的技术外溢获得具有核心竞争力的技术。

三 几点启示

1. 必须大力提高员工技术素质

FDI 对汽车技术创新能力提升的影响程度还与内资企业的吸收能力相关。与发明专利相比,由于外观设计、实用新颖专利技术水平较低、难度较小,故内资企业较容易通过 FDI 企业的示范效应、模仿效应、竞争效应和产业关联效应来获得技术外溢,进而提升这类技术的创新能力。而发明专利因其在市场竞争中的重要性和模仿难度大等使技术较难被外溢,在一定程度上还存在某种技术"挤出效应"。尽管,核心技术较难从跨国公司技术转移和技术溢出中获得,但溢出总是会发生的,溢出效应很大程度上取决于职工素质。

员工技术素质是汽车产业技术基础的重要组成部分,包括技术人员的素质、工人技术水平、科研人员的能力等。一般来说,越先进的技术,往往越需要高水平科学技术人员、管理人员、操作人员才能掌握和有效利用。而产业竞争力是以高素质的人才作为基础。汽车制造业要实规模经济,不仅需要高素质的操作人员,而且需要高素质的管理人员,尤其是在全球采购、全球生产的形势下,对管理人员的要求更高。各企业通过并购、联合等形式组成新的战略集团,集团内的协调与有效运作是规模经济能否实现的关键。不同地区、不同企业的人员素质、管理者的能力和水平决定集团的竞争力,最终决定集团的成败。汽车制造业实现产品和服务的差异化也是由人员推动的。一线人员是否具有相应的水平和能力将决定产业的竞争力。技术水平的提升与人员素质的联系更加紧密。所以,提高人员素质也是汽车企业获得、利用和吸收 FDI 技术的有效途径之一。

2. 必须从战略高度上充分重视汽车产业的知识产权问题

从某种意义上讲,中国汽车工业在国际汽车市场上竞争胜败的关键因素之一,就在于能否建立一个合理、完善的知识产权制度,并通过知识产权保护形成一个公平、合理的创新环境,一个激励汽车科技成果转化和产业化的创新机制。加强与技术创新有关的知识产权保护工作,通过知识产权保护和管理促进原创性创新,研发具有自主知识产权的核心技术,已成为中国汽车产业一个急需解决的问题。

在中国轿车产业发展中，资本投入少，造成技术装备相对落后。国内多数企业没有制定完备的知识产权策略，而具有系统知识产权策略的跨国公司受到中国巨大的消费容量和购买力的诱惑进入中国后，往往是产业未到专利先行。核心技术保护已成为跨国公司进入中国市场的重要武器。在新形势下，跨国公司凭借知识产权优势、知识产权侵权诉讼来构筑新的技术壁垒，以占据更多的市场份额。很多国内企业专利申请意识很淡薄，不知道如何从技术上去保护自己，有些汽车生产企业以及零部件制造企业还不了解专利知识，一些从事技术创新并应该申请专利的企业却没有去申请。这些都不利于中国汽车产业自主知识产业的建设。

3. 必须培育国内企业的自主创新能力

自主创新包括原始创新、集成创新和消化吸收再创新，它不仅包括完全依靠自己的独立创新，也包括对引进技术的消化、吸收再创新和合作创新。在经济全球化进程日益加快的背景下，利用 FDI 已经成为东道国获得先进技术的重要渠道，也是发展中国家发挥后发优势的主要途径。基于 FDI 提升中国汽车技术创新能力的关键在于通过对引进技术的消化吸收，促进自主创新能力的形成。政府可通过政策措施，引导中国汽车企业建立自主研发体系，加大对核心技术的研发投入，不断提高国内企业的核心技术水平。从价值链角度看，传统产业存在高附加值环节，高新技术产业存在低附加值环节。中国应加强对来华外商投资的产业引导，鼓励外商投资附加值更高的生产环节上，不断提高利用 FDI 的质量和水平，从而可进一步扩大 FDI 对中国汽车技术创新能力提升的促进作用。这种创新能力的提升是中国汽车产业持续发展的动力源泉。

第四章　FDI 对中国汽车产业市场结构的影响

汽车市场结构是指在特定的市场中，汽车企业之间在数量、份额、规模上的关系，以及由此决定的竞争形式。跨国汽车公司以其垄断优势和内部化优势，无论是从跨国公司追求更高投资收益出发，还是从东道国试图利用跨国公司的优势资源的目的考虑。二十多年来，FDI 对中国汽车产业的市场结构产生了重大影响，直接影响中国汽车产业的结构竞争力。

第一节　跨国公司进入对市场结构的影响

一　市场结构理论回顾

在产业经济理论中，一般将市场结构的决定因素概括为：规模经济、产品差异、进入壁垒、企业合并和市场集中度、政府政策等。贝恩是产业组织理论的先驱者之一。1956 年，贝恩最早系统化地提出了进入壁垒的概念，并将进入壁垒的形式概括为三大类：绝对成本优势、产品差异优势、规模经济优势（Bain，1956）。斯蒂格勒认为，进入壁垒就是指在每一产量或部分产量中，必须由寻求进入的厂商承受，而已有厂商不必承担的生产成本。即已有厂商相对于新进入厂商所拥有的优势（如在市场需求、成本条件等方面）就是进入壁垒的表现形式，且是已有厂商拥有长期垄断性收益的基础。所以，如果没有这种市场条件的不对称，已有厂商和新进入厂商所面临的需求和经营成本都相同，那么也就不会存在行业的进入壁垒了（Stigler，1968）。

德姆赛兹则将进入壁垒的存在与政府的行为、势力相联系。他认为，导致生产成本增加的政府对自由市场经济的任何限制都会产生进入壁垒。也就是说，凡不是由市场自然产生的政府限制活动所造成的经营成本的额外增加，这就表明存在进入壁垒（Demsets，1982）。德姆赛兹还提出"所有权进入壁垒"的概念。按照这一概念，只要产权存在，壁垒就存在，壁垒的撤除有可能损害原有厂商，而这一损害并不是天然正当的。德姆赛兹还认为"所有权进入壁垒"不是保护原有厂商，就是保护新进入厂商，问题不在于是否应该有这种保护，而在于以总效率提高为标准，判断给予哪一方以什么样的保护。以泰勒尔《产业组织理论》教科书的出版为标志，产业组织理论在方法上引入了博弈论（Tirole，1988）。新产业组织理论的兴起，在很大程度上要归功于博弈论，尤其是非合作博弈在经济学中的应用。作为以相互独立但又相互依存的个体间竞争和冲突为基本分析对象的数学理论，博弈论为研究厂商的市场行为提供了良好的模型背景，特别对寡占行业来说尤为适合。近年来，博弈论模型几乎触及了市场研究的各个方面，如市场卡特尔和价格联盟、价格歧视、一体化、产品差异、不完全信息、技术创新竞争和市场出清机制等，并取得了实质性成果。

二 FDI 对市场集中度的影响

FDI 对东道国产业的市场结构的影响，主要体现在市场集中度的变化上，市场集中的较大变化标志着市场结构的类型发生变化。

从短期分析看，FDI 在进入东道国的初始阶段建立企业会增加东道国相关市场的企业数量，具有短期的降低市场集中度的作用，却有助于加强东道国产业的市场竞争。而外国公司在并购进入的情况下，如果不发生产出和销售量的增长，集中度也都不会发生变化，但是如果兼并进入导致产量或者销售量的变化，那么对集中度就会产生一定的影响。尤其是当跨国公司兼并东道国产业前几个大企业时，在短期内产业集中度会发生显著变化。

从长期分析看，FDI 并购进入和新建进入都可能使东道国的市场结构特别是产业的市场集中度发生较大变化。一般来说，寡占的产业市场结构是推动跨国公司对外跨国投资的直接起因，投资国的高度集中的市场结构促进了对外直接投资的进程。这是因为获得寡占的市场利润是跨国公司进入东道国市场的重要动因，这也是在高集中度、高产品差异度的产业，无论在国际化产业市场还是在一国市场，跨国直接投资的比重都是极高的原因。同时，FDI 促进了东道国的产业集中度的提高，因为跨国公司拥有的独特优势足以保证跨越东道国产业市场的进入壁垒，取得明显高于东道国市场原有企业的市场竞争力。

外国公司进入以后，可能会使东道国市场集中度有一定程度的提高，但是在一些情况下FDI进入是促进竞争的。①东道国原有的市场是建立在高度不完全竞争或者是政策性的垄断的基础之上；②东道国相关产业市场结构是一种过度竞争的结构和市场格局；③如果是采取外资收购东道国效率低下的企业，那么FDI进入也会促进竞争；④东道国相关产业出现较为严重的供大于求的过剩状况。当然，对东道国市场竞争产生不利影响的主要是市场集中度发生极大变化，利用市场势力干预价格和产量。

在资本全球化的趋势下，FDI对市场集中度的影响程度的决定因素是多方面的。①产业国际化使得跨国公司越来越多地使用FDI作为国际化经营的最高形式。国际化经营程度最高的产业往往是大规模的跨国并购集中的行业，使东道国的行业市场集中度与国际产业市场集中度具有较大的相似性。②交叉跨国投资的规模。特别是发达国家的交叉跨国投资使少数的寡头厂商控制主要的市场份额获取长期垄断利润的局面逐渐被打破，替而代之的是寡头厂商之间竞相采取渗透式的对其他寡头厂商的原有市场实施竞争性的并购投资或者新建投资，从而使世界产业的市场竞争成分更加激烈。③不同国家的跨国寡头厂商竞相对外投资使跨国公司在产业的市场结构中相互依赖性大大增强。作为一个整体的多个跨国公司在东道国市场中的市场份额提高，同时，多个跨国公司在东道国利益的不同而引发相互激烈竞争，对优化市场结构有积极作用。

三 跨国公司的差异化战略对市场结构的影响

波特教授曾提出了著名的"三种竞争策略"，即低成本策略、差异化策略和重点策略。其中，差异化策略是企业国际竞争中最常用的也是最重要的策略。产品差别化也是企业非价格竞争的重要形式，它对市场结构的影响尤其突出。

差异化战略对市场结构的影响主要体现在通过改变市场格局从而改变市场集中度和提高市场进入壁垒这两方面。一方面，差异化战略的实施使得原先统一的大市场被分割成消费者需求特性各异的若干子市场，企业在各自有效细分目标子市场上的集中度较以往的市场集中度来说高得多。市场差别化程度越高，各子市场相互之间的界限越明显，使得单个子市场的总容量不断减小，从而导致企业在细分目标子市场上的集中度明显提高，企业在子市场的垄断能力得到加强。差异化战略的实施使得中小企业克服相对大企业在经济规模上的劣势，从而获得与大企业相抗衡的能力。另一方面，产品差别化可以造成长期进入壁垒。对消费者而言，产品差异化是指一个行业中相互竞争的厂商所提供产品的不完全替代，能相互区别以及消费者能对不同的品牌形成特殊偏好的程度。产品差别化的核心内容是在位厂商在市场中拥有新进入厂商所没有的消费者偏好。消费者的忠诚和偏好优势是时间的函数，存在着所谓的聚合效应，因而市场中在位厂商进入的时间越长，消费者对其产品的偏好也越稳定。许多跨国汽车公司在未进入中国之前就开始大做广告，从而获得先发优势。

广告是跨国公司用来实施差异化战略的重要手段，以高密度的广告投放来提高市场的差异化壁垒。施马伦西（Schmalensee，1974）认为企业因广告获得优势主要是由于广告对需求不对称的影响；广告能加强消费者对产品和品牌的认同和偏好。而品牌偏好则是基于产品质量或企业的服务信誉，这些偏好从长期角度反映了对现有品牌能提供更大价值的信念（德姆塞茨，1982）。广告形成差异化的主要表现如下。①通过广告加强了消费者偏好性质的产品差别化壁垒，阻止其他品牌的广告对其消费者的侵蚀，以巩固消费者的忠诚度。②广告提高了绝对成本壁垒和消费者转换成本。在位的国外品牌进行大规模的广告保卫战的情况下，其他品牌要成功地进入市场，首先要获得消费者的忠诚度，而这必须比在位的国外品牌投入时所付出的广告成本多。③广告形成了规模经济壁垒。广告有很强的规模经济效应，产品的产量越大，单位成本分担的广告成本就越小。如果进入者产量没有达到在位者的规模，则单位产品所含的广告成本就要高于在位者。进入者要想达到与在位者相同的规模经济，成功地实现市场进入，则它为实现进入的资本需要达到在位生产规模的资本还得加上比在位者更多的广告费用，而这必然会提高进入的资本门槛。

四　FDI 对中国汽车市场结构可能发生的影响

跨国公司进入，由于不同的行业原有市场结构、进入方式的不同以及投资规模的不同，最终在市场上表现出来的结果也不一样。也就是说，跨国公司进入中国，对市场集中度的影响可能会有不同的情况发生。

1. 市场集中度明显上升

跨国汽车公司在华投资提高了市场集中度主要有两种情况：一是跨国

公司的投资规模巨大，导致产量超过国内厂商所生产的数量；二是因为跨国公司所生产的产品在国内是全新的产品。从影响效果看，跨国公司以横向并购方式进入导致市场集中度提高较为明显。跨国公司经常把主要目标集中在处于生存困难的企业。因为在并购过程中，许多企业的领导人急于摆脱困境不惜大量让渡股权，低价甚至无偿出让品牌、商业信誉、原材料、供货渠道、产品销售网络等无形资产，使跨国公司在极短的时间内就可成为行业中的前几位企业。

2. 集中度下降

这种情况多半原先是行政性完全垄断或寡头垄断行业中发生，这在中国汽车产业中表现得尤为突出。在国家的行政保护下，仅有一家或少数几家（一汽、二汽）在位企业，从而形成行政垄断或寡头垄断的市场结构。随着国家对汽车产业的逐步放开，FDI 不断涌入，使得原有的高度垄断格局被打破，跨国汽车公司对各地纷纷合资、"绿地投资"方式建厂。目前跨国公司进入中国市场的方式还是以合资新建为主。跨国公司汽车产业投资规模都比较大，一般与在位企业不相上下。这将直接导致市场上竞争者的数量增加，市场集中度下降，产业组织状况变得更为分散。有时出现大型跨国寡头厂商的竞相投资，若进入的厂商相当多，也会抑制市场集中度的提高。当各地竞争引进 FDI，重复建设项目，分散的 FDI 也是导致汽车市场集中度降低的原因的之一。

3. 市场集中度的变化不大

如果跨国公司采取并购的方式进入，而且投资的规模并不大，使得被并购的企业尤其是没有引起前几名企业的规模发生明显的变化，只是起到维持其市场地位的作用，这时跨国公司的进入行为对市场集中度没有产生明显影响；另一种情况可能是跨国公司采取合资新建的方式，但是由于投资规模相对前几名在位企业来得小，跨国公司的进入没有使得原有企业市场份额的位次发生变化，也就不会对市场集中度指标产生很大影响。

第二节 研究现状

一 国际研究概况

FDI 对产业集中度影响研究的集大成者是邓宁。邓宁（1979）对 FDI

的市场结构效应及其因果关系做出了权威的解释。他提出了目前在学术界居于主导地位的"二阶段"市场结构效应模型：①进入中的结构效应，即FDI进入中对东道国产业市场结构的影响，表现在产业结构中厂商数量、规模分布格局、产品和加工技术以及进入壁垒上；②进入后的结构效应即其他国际竞争寡头的市场反应，在东道国的其他国外分支机构和当地厂商的行为。

在此后的1993年，邓宁（1993）研究了FDI影响东道国市场集中度的决定因素。他认为FDI与东道国产业市场集中度变化之间的关系主要取决于三个因素：①直接投资企业取得规模经济效应的可能性；②东道国市场同类产品进口竞争状况和当地企业同类产品的市场竞争力；③东道国当地企业和其他先进入跨国公司在东道国国内市场及国际市场上的地位。

弗农（1974）和劳尔（Lall，1979）研究了直接投资进入的阶段特征及其对东道国市场结构的影响。FDI进入方式包括新建投资或兼并收购进入、初次进入或第二阶段进入。就初次进入而言，弗农认为，东道国原有厂商的市场份额将随着跨国公司的进入而下降。劳尔却有不尽相同的观点。他认为，跨国公司的进入，不管是初次进入还是第二阶段进入，都将因其拥有的更大规模、资本密集程度更高的技术、工艺、更多样化的产品及在融资、技术、营销等方面的优势使跨国公司在东道国市场占更高份额的可能性更大（Lall，1979）。

从理论和逻辑的角度讨论FDI进入与东道国市场集中度之间的关系时，大多数经济学家认为：①在跨国公司进入东道国市场之初，通常会促进竞争，从而使市场集中度下降；②一旦跨国公司实现进入并站稳脚跟，则由于跨国公司独具的所有权优势，就可能对新进入者或潜在进入者构筑起新的行业进入壁垒；③在对FDI阻截进入的同时，又可能在行业内通过跨国公司较高经营效率和具有进攻性的市场活动，有意或无意地逐步排挤出相对弱小的竞争者，结果这又导致东道国产业集中度的提高。

现实情况是，在发达国家FDI导致市场集中度增加的结论尚未一致。这当中既有导致东道国市场集中度的下降、竞争程度的提高，也有相反的结果。但在发展中国家FDI导致东道国市场集中度增加的结论还是相对明确的（见表4.1）。

表 4.1 　　　　　　　集中度与 FDI 的相关性研究

主要研究者	研究国别	方法	检验结果
纽法默	巴西	跨部门计量分析	正相关关系
布偌莫斯特恩	墨西哥	回归分析	正相关关系
维尔莫	巴西	回归分析	正相关关系
劳尔	马来西亚	回归分析	正相关关系

资料来源：张纪康：《直接投资与市场结构效应》，上海财经大学出版社 1999 年版，第 105 页。

二　国内研究概况

张纪康（1999）通过统计研究发现，在 FDI 进入与东道国的目标产业集中度之间，存在明显的相关关系。在发展中国家，如巴西、墨西哥、秘鲁、智利、马来西亚，这种迹象更是明显。而从不同发展程度的国家比较看，在同样的 FDI 进入下，发达国家的市场集中度变化略弱于发展中国家。

姜德波和王家新（2002）研究了 FDI 对中国产业集中度影响的演变过程。他指出，FDI 进入之初一般会使国内市场集中度降低，从而促进市场竞争。同时，在中国有两种情况导致跨国公司在华新建投资提高了市场集中度：一是跨国公司的产量超过国内厂商所生产的数量，二是跨国公司生产的产品在国内是全新的产品。其中，后者更加普遍。20 世纪 90 年代中期以后，跨国公司以并购方式进入中国市场的案例增加，大大降低了外商投资的进入门槛，在极短的时间内增加了外商的市场份额，提高了产业集中度。

杨丹辉（2004）实证研究了跨国公司进入对中国市场结构变动的影响。他的分析表明跨国公司凭借其规模、技术、营销等方面的竞争优势，实现了对中国市场上进入壁垒的突破与重建，并通过一系列的竞争行为，对中国产业组织结构产生了不可忽视的影响。一方面，跨国公司进入提高了中国部分行业的市场集中度，促进了中国产业组织结构的优化；另一方面，跨国公司的市场势力不断增强，产业控制程度有所提高，并在一定程度上拉大了中国市场结构的二元级差。

魏澄荣（2005）对跨国资本进入对福建省产业集中度影响做了实

证分析。研究指出，随着跨国资本的大举进入，福建省市场过度竞争导致产业集中度下滑的趋势得到了有效遏制。尽管目前跨国资本的进入与福建省产业集中度的正相关效应尚不显著，但从趋势看，跨国资本的进入对提高福建省的产业集中度将起到很大的作用，并存在"控市"的可能性。然而对跨国公司市场准入实行完全的或大规模的限制是不现实的，从而正确的政策选择应该是尽快发展壮大能与跨国公司抗衡的国内竞争者。

三 国内对 FDI 引起中国汽车市场结构研究

国内从产业组织的角度专门研究 FDI 对中国汽车产业市场结构的影响的文献并不多，而且主要是采用定性研究或案例研究的方法，定量研究的则更少。张纪康（1999）以中国汽车产业为例分析了跨国公司进入及其市场效应，认为跨国公司进入对中国汽车产业结构的影响，主要表现为本地市场的被动国际化，或者说是中国汽车产业市场越来越成为国际寡头相互竞争的领地。在这一过程中，生产集中度得到了显著提高，形成了若干竞争性寡头厂商，并且提高了市场进入壁垒。

吴定玉和张治觉（2004）在《外商直接投资与中国汽车产业市场集中度：实证研究》一文中通过对 FDI 与中国汽车产业市场集中度关系的实证检验，研究 FDI 与中国汽车产业市场集中度的相关性，并得出 FDI 与中国汽车产业市场集中度的回归模型。结果表明，FDI 在一定程度上促进了中国汽车产业集中度的提高，提高了汽车产业集中度的进入壁垒。吴定玉（2004）在《外商直接投资对中国市场结构的影响》一书中，对外商直接投资与中国汽车产业市场结构进行专章研究，结果发现，FDI 在一定程度上促进了中国汽车产业市场集中度的提高，同时也提高了中国汽车产业的进入壁垒。

张宏（2006）也对跨国公司对中国汽车产业的市场结构的影响进行了研究，结果发现，FDI 对中国汽车产业市场集中度、进入壁垒产生了较明显的影响，同时，由于受国际汽车产业市场结构对中国的传导影响，中国汽车产业市场结构已由计划经济时期的行政垄断转向以市场竞争为基础的寡头垄断，但目前中国汽车产业市场结构还存在明显的不足，主要是市场集中度偏低、缺乏有效的退出机制和规模经济还不明显。

第三节 集中度与市场结构类型

一 集中度的概念和含义

在市场经济体制下,企业扩大规模的主要动因是对规模经济的追求。企业在竞争外力的作用下,都力求把自己的企业规模扩展到单位产品的生产成本和销售费用达到最小水平、最优规模的水平。在市场容量有限的情况下,这种企业规模的扩大,往往导致了生产的集中。

在产业组织理论中,产业是一组企业的集合,这组企业生产的产品具有充分的替代弹性。而市场是指一组特定的买者和卖者,在买者看来,这组卖者的产品具有充分的替代弹性。所以,只要替代弹性的确定是统一的,市场划分和行业的划分就是一致的。由于产业是从卖方的角度定义的,因此产业集中等同于行业集中、市场集中。

市场集中度主要反映一个产业内现有企业之间的竞争和垄断程度。市场集中度是表示在特定的市场中,卖者或买者具有怎样的相对规模结构的指标。它反映特定市场的集中程度,与市场中垄断力量的形成密切相关。一般而言,集中度越高,领先厂商的市场势力越大,垄断程度越高,竞争程度越低。市场集中度分为卖方集中度和买方集中度。由于研究中有关买方的资料难以统计和测量,加上绝大多数产业买方购买相对分散,单个或少数买者并不足以影响市场运行的最终结果,因而对市场集中度的研究一般从卖方的角度加以刻画和分析。

市场集中度与市场效益的关系是现代产业组织理论中的第一个研究对象。经济学家大量的研究表明,市场结构中产业集中度高的产业和市场结构中规模最大的企业与利润率之间存在着正相关关系。一般而言,产业利润率随着市场集中度的提高而增加,利润率随企业规模扩大而增加。

二 市场集中度的测定方法

所谓市场集中度是指特定市场的集中程度,即大企业在某产业市场上的占有率。市场集中度分为绝对集中度和相对集中度。市场绝对集中度,又称为市场集中度、产业集中率,是最基本的衡量市场集中度的指标,最简单方便,也最常用。通常用在市场上规模处于前几位企业的有关数值

(销售量、产量、资产和职工人数)占整个市场的份额来表示。一般以销售额、生产量进行分析,计算公式为:

$$CR_n = \sum_{i=1}^{n} x_i / \sum_{i=1}^{N} x_i \qquad (4.1)$$

(4.1)式中,CR_n 表示 N 个企业中的前 n 家最大企业的有关数值(x)占全部的比重。式中 n 的取值取决于研究的需要,通常计算 CR_4 或 CR_8。

这个指标同时反映了企业数目及其规模分布这两个决定市场结构的重要方面。国内外许多专家和学者在研究市场集中度时,都经常使用这个指标。不过产业集中度指标也有一些不足之处。第一,市场集中度不能反映最大几家企业的个别情况。比如,两个产业(市场)的 CR_4 均为 80%,可能一个产业前四家企业的市场份额相当,而另一个产业则是最大一家企业占据了 40% 的份额,其余三家企业的份额平均分布。前者表明这四家企业实力相当,共同左右市场的运行,而后者企业实力悬殊,第一家企业居于主导地位。第二,市场集中度难以反映市场容量增长、企业兼并所导致的规模和分布的变动情况。例如,某个产业 CR_3 达到 50%,而自第四家企业起各个企业份额极小,这时倘若前三家企业中有任意两个企业发生兼并,必然会导致兼并后企业实力明显增强,对产业的支配力大幅上升,而这一点从 CR_4 统计数据中几乎得不到反映。

三 市场结构

市场结构是指规定构成市场的卖者相互之间、买者相互之间以及卖者和买者之间等诸关系的因素及其特征。这些关系在现实市场中的综合表现为市场的竞争和垄断关系。因此,市场结构是一个反映市场竞争和垄断关系的概念。市场结构是决定市场的价格形成方式,从而决定产业组织的竞争性质的基本因素。

一般认为,企业追求垄断地位的行为、企业的推销活动、市场的进入壁垒以及一些金融方面的因素会促进市场集中,而市场的扩大、国家的反垄断法令和政策则会阻碍市场集中。产品差异化是企业在竞争中实现其最大利润的主要手段,通过研究开发等手段都可以实现产品的差别化。进入壁垒是指产业内已有企业对准备进入或正在进入该市场的新企业所拥有的优势,它是影响市场垄断和竞争关系的一个重要因素,同时也是影响市场结构的主要因素,而规模经济、费用、产品的差异化和国家政策法规都是形成市场进入壁垒的主要因素。

决定市场结构最重要的因素有集中度、产品差异度和新企业的进入壁垒,这些因素是相互影响的。当决定市场结构的某一个主要因素发生变化时,就会导致市场结构中其他因素的变动,从而使该产业整个市场结构的特征发生变化。例如,当市场需求的增长率大幅度上升时,若其他条件相同,则会使新企业的进入壁垒降低;使卖者的集中程度下降;使整个市场结构更具有竞争的性质。根据竞争和垄断程度的不同,并参照厂商数目、产品差别程度、进入市场的难易程度以及厂商对产量和价格的控制程度等因素,一般把市场分为四种类型。

(1) 完全竞争市场

完全竞争又叫纯粹竞争,是指不受任何障碍和干扰,没有外力控制的竞争类型,完全竞争市场是不存在垄断、竞争程度最高的市场。

(2) 完全垄断市场

完全垄断,简称垄断或独占,定义为没有相近替代品的某种产品的唯一生产者。完全垄断市场是一种不存在任何竞争的市场类型。在完全垄断市场上,作为该种产品的唯一生产者,不必考虑其他厂商削减其价格的可能性。实际上,垄断厂商本身就构成一个行业,因为在该市场上只有它一家厂商。

(3) 垄断竞争市场

垄断竞争市场是一种既有垄断因素又有竞争因素;既不同于完全垄断又不同于完全竞争的一种垄断和竞争并存的市场类型,它是处于完全竞争与完全垄断之间但更接近于前者的一种市场。

(4) 寡头垄断市场

寡头垄断是一种同时包含垄断因素和竞争因素,但更接近于完全垄断的市场结构。其一个显著特征是一个行业中的少数几个垄断厂商进行着激烈的竞争。寡头垄断是一个较为普遍的市场组织。

四 产业集中度与市场结构分类

市场结构是指在某一产业中企业总体规模分布与生产集中状况。市场结构一般用市场集中度指标来度量和分类。

1. 贝恩的市场结构分类

根据 C_4（前4位）和 C_8（前8位企业）集中度，贝恩把市场分为六个类型（见表4.2）。

表 4.2　　　　　　　　　贝恩市场结构分类

市场结构	CR_4（%）	CR_8（%）
寡占 I 型	$75 \leq CR_4$	—
寡占 II 型	$65 \leq CR_4$	$85 \leq CR_8$
寡占 III 型	$50 \leq CR_4 < 65$	$75 \leq CR_8 < 85$
寡占 IV 型	$35 \leq CR_4 < 50$	$45 \leq CR_8 < 75$
寡占 V 型	$30 \leq CR_4 < 35$	$45 \leq CR_8 < 45$
寡占 VI 型	$CR_4 < 30$	$CR_8 < 40$

资料来源：Bain, J.S., *Industrial Organation* (2nd edn)，New York：John Wiley & Sons, 1968.

2. 植草益市场结构分类

在贝恩依据产业集中度对市场结构分类的基础上，著名产业组织学家植草益根据产业集中度数值，运用日本1963年的统计数据，对市场结构进行了划分（见表4.3）。

表 4.3　　　　　　　　　植草益的市场结构分类

市场结构 粗分类	市场结构 细分类	CR_4
寡占型	极高寡占型	$70\% < CR_4$
寡占型	高中寡占型	$40\% < CR_4 < 70\%$
竞争型	低集中型	$20\% < CR_4 < 40\%$
竞争型	分散竞争型	$CR_4 < 20\%$

资料来源：植草益：《产业组织论》，卢东斌译，中国人民大学出版社1988年版。

基于集中度，汽车产业可能存在六个市场类型（见表4.4）。一个极端市场是完全垄断，只有一个厂商，在市场不开放的情况下，市场价格完全由一个厂商操控；另一个极端市场是完全竞争市场，至少有50个以上的汽车厂商，在市场不开放的情况下，由一个厂商价格变化引起市场价格变化是微不足道的。在这两个极端类型之间存在四个类型。国外汽车产业主要是主导厂商型，其次是紧密寡头型。

表 4.4 主要市场类型

市场类型	主要条件
完全垄断	一个厂商占有100%的市场份额
占有厂商（或主导厂商）	一个厂商占有的市场份额在50%—100%，没有与之相抗衡的厂商
紧密寡头	前四位厂商共同占有60%—100%的市场份额，它们之间容易串谋固定价格
松散寡头	前四位厂商共同占有最高40%的市场份额，它们之间串谋固定价格是不可能
垄断竞争	存在许多有实力的竞争对手，任一厂商都不能占有10%以上的市场份额
完全竞争	至少存在50个以上的竞争者，任一厂商的市场占有率均微不足道

第四节 中国汽车市场集中度演变进程与市场类型

一 中国汽车市场集中度演变进程

在中国汽车产业发展过程中形成第一汽车集团、上海汽车工业集团和东风汽车集团（第二汽车集团）三个重要的汽车集团。目前中国汽车市场形成了"3+X"的市场格局，三个重要的汽车集团的集中度（CR_3）变化表示了中国汽车产业结构演化。以（4.1）式计算得表4.5，中国汽车市场集中度演变进程分为三个阶段。

表 4.5 中国汽车产业产量集中度演化 单位:%

年份	CR_1	CR_2	CR_3	年份	CR_1	CR_2	CR_3
1955	100.00	100.00	100.00	1963	85.84	93.16	99.02
1956	100.00	100.00	100.00	1964	86.42	91.73	97.01
1957	100.00	100.00	100.00	1965	84.25	90.63	96.42
1958	93.26	94.88	96.44	1966	83.39	90.86	95.03
1959	83.96	90.11	94.82	1967	73.93	82.31	87.16
1960	77.11	84.67	90.69	1968	66.53	76.35	85.32
1961	31.85	57.81	75.23	1969	70.18	78.09	85.84
1962	78.05	91.10	95.72	1970	57.59	65.81	73.50

续表

年份	CR_1	CR_2	CR_3	年份	CR_1	CR_2	CR_3
1971	54.05	63.06	71.37	1994	16.67	30.64	40.91
1972	51.75	62.43	70.29	1995	15.18	27.66	39.29
1973	49.74	59.48	68.14	1996	17.34	30.98	41.33
1974	38.27	51.16	62.14	1997	16.99	31.65	41.65
1975	43.07	53.26	61.75	1998	17.77	32.28	41.81
1976	48.96	59.73	68.18	1999	18.69	32.66	43.89
1977	34.81	44.59	52.23	2000	16.77	27.49	44.75
1978	39.06	47.95	55.23	2001	18.86	36.63	48.10
1979	38.89	50.38	61.24	2002	18.88	37.28	48.31
1980	36.77	52.41	64.61	2003	18.54	36.72	47.91
1981	33.40	54.10	62.60	2004	17.89	35.15	47.80
1982	30.42	50.30	57.62	2005	17.07	33.01	46.08
1983	27.01	45.67	51.91	2006	17.22	33.39	39.74
1984	23.42	40.63	46.00	2007	17.58	34.07	47.07
1985	19.93	35.63	40.45	2008	18.42	34.52	48.65
1986	16.85	31.12	35.81	2009	20.20	34.13	47.92
1987	14.40	27.50	32.50	2010	19.82	34.39	48.47
1988	14.52	27.73	34.28	2011	21.57	38.18	51.12
1989	14.84	28.25	36.59	2012	23.11	39.05	52.76
1990	15.31	28.96	39.10	2013	23.44	39.50	52.92
1991	15.88	29.75	41.43	2014	23.77	39.96	53.09
1992	16.47	30.51	43.25	2015	23.84	39.58	51.14
1993	17.83	31.54	41.18				

资料来源：①1995—1992 年数据来自：张宏《跨国公司与东道国市场结构》，经济科学出版社 2006 年版，第 112 页。

②1992—2001 年数据来自：吴定玉《外商直接投资对中国市场结构的影响》，经济科学出版社 2006 年版，第 143 页。

③2002—2005 年 CR_3 值来自：刘洪德《中国汽车产业组织系统研究》，经济科学出版社 2007 年版，第 100 页。

④2006—2015 年 CR_1、CR_2 和 CR_3 值按"中国汽车工业协会"数据计算，2002—2004 的 CR_1 和 CR_2 数据为差值数据。

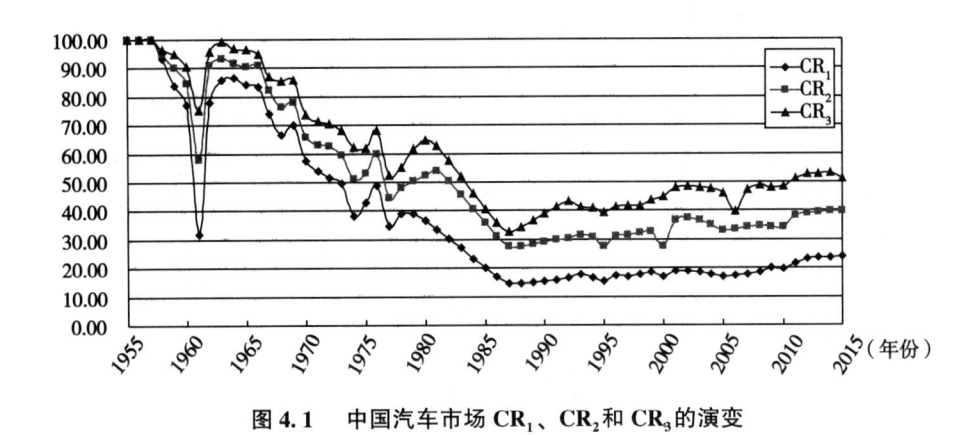

图 4.1　中国汽车市场 CR_1、CR_2 和 CR_3 的演变

1. 自主发展阶段（1955—1983 年）——CR_3 不断下降

1955—1983 年是中国汽车产业的自主发展阶段，这一阶段正处在我国计划经济体制时期。因此，这时中国汽车产业集中度变化并不是市场竞争和市场调节的产物，而完全是政府有关项目决策和计划管理的结果。

中国汽车产业在开始时就表现出高集中度的寡头垄断市场结构。1955—1957 年第一汽车制造厂的生产集中度达到 100%。到 1960 年，其一家厂商集中度也在 80% 以上，显示出独家垄断势力。虽然，在 20 世纪整个 60 年代一汽份额一直处于下降趋势，但其市场份额大都在 70% 以上。这无论从理论上讲，还是实际上讲，一汽都处于主导厂商位置。进入 20 世纪 70 年代，尽管一汽市场份额降到 60% 以下，甚至达到 30% 左右，但三厂商集中度大都在 60% 以上。按贝恩和植草益的市场分类，仍属于极高寡占型市场结构。也就是说在改革开放前，中国汽车产业三厂商集中度较高，尽管经历逐步下降，但仍在寡头垄断市场结构的集中度范围内。保持这种集中度格局主要是第一汽车制造厂的作用。

1982 年中国汽车产量仅为 19.6 万辆，汽车生产企业却有 58 个，每个厂家的平均产量不足四千辆。在众多的汽车生产企业中，具有一定规模的只有一汽、二汽两家。一汽的生产能力也仅为 8 万辆左右，而 1980 年美国的汽车产量已达到 800 万辆。与公认的单个轿车企业的最小经济规模 30 万辆相比，中国汽车产业远没有达到规模经济水平的要求。FDI 进入前，中国汽车产业的市场集中度较低，且生产集中的趋势极为缓慢。

2. 转型发展阶段（1983—1992年）——CR_3不断下降

1983—1992年是我国处在由计划经济体制向市场经济体制转变的时间。这个时期的汽车市场集中度在1980—1983年冲高后继续下降。20世纪80年代初期，为适应市场需求的变化，汽车工业及时调整了产品结构，注重了微型车、轻型车和重型车的产品开发，先后建立了一个微型车生产基地（天津汽车厂）、两个装配点（柳州拖拉机厂和国营伟建机械厂）和四个轻型车生产基地（东北、北京、南京和西南），并集中投资建成了上海大众、一汽大众、东风神龙、天津夏利等具备15万辆以上规模的轿车生产基地，形成了比较完整的产品系列和生产布局。

到20世纪80年代中后期，中国载货汽车产量和品种基本满足了国内市场的需求，轿车市场的供需矛盾也得到一定程度的缓解。到20世纪90年代初，中国汽车生产能力比70年代末增长了几乎10倍，1992年，全国汽车年产量首次超过100万辆。汽车的生产厂家由1982年的50多家上升为140多家。显然，1980—1983年集中度下降的主要原因是各地兴建了一批汽车厂，使CR_3不断下降；同时，这一时期所引进FDI的规模比较小，在区位优势地区进行试探性投资和布点，也是导致汽车市场集中度下降的一个重要原因。

3. 调整与整合阶段（1992—现在）——CR_3趋于平稳

在合资企业尚处于建设阶段，有些项目在分期建设中，生产能力尚未完全形成，生产规模小且相当分散，因此，在随后的几年中国汽车市场集中度有所下降。1992年以后，FDI大量进入中国，汽车产业FDI也有较大规模进入，集中度又开始上升。这主要是合资企业开始进入了大批量生产阶段，凭借其产品质量和品牌优势，大量挤占原本由中小企业占有的市场，一批劣质企业被淘汰，尤其是2001年随着国内外企业的兼并和重组，大型汽车企业集团相继形成，逐步形成了规模最大的一汽、上汽和东风三大集团，使得中国汽车产业建立在规模优势竞争基础上的市场集中度明显提高；同时，由于国民经济的增长和消费者收入水平的提高，人们对汽车产品的需求显著增加，使得主要生产厂商的规模经济效应得以形成和实现，从而汽车产业的市场集中度稳步提高。

截至2008年底，中国共有117家汽车整车制造厂和467家汽车改装厂，较2007年整车制造厂的数量没有变化，汽车改装厂的数量减少了42家。但年产量超过10万辆的整车企业仅15家，年产量过万辆的仅39家。

尽管企业数量众多，但很少具备规模效益，而且还有新的企业加入竞争大军之中。CR_3 从 2008 年后又略有上升。

2015 年，全行业市场集中度继续保持较高水平，其中，汽车销量排名前十位的生产企业依次为：上汽、东风、一汽、长安、北汽、广汽、华晨、长城、江淮和吉利，分别销售 586.35 万辆、387.25 万辆、284.38 万辆、277.65 万辆、248.90 万辆、130.31 万辆、85.61 万辆、85.27 万辆、58.79 万辆和 56.19 万辆。与上年同期相比，一汽销量略有下降，其他企业呈一定增长，吉利和江淮增速更快。2015 年，十家企业共销售 2200.70 万辆，占汽车销售总量的 89.47%。前三企业上汽、东风和一汽的 CR_3 值 55.14%，比 2008 年的 48.65% 略有上升，已占半壁江山。

规模经济方面，中国现有汽车制造企业数量仍然偏多，大多数企业年产量低于 1 万辆，尚未实现最小的经济规模。经验分析表明，随着 FDI 进入规模的持续扩大和跨国公司之间寡占反应策略的实施，FDI 进入引起了各国跨国公司对中国汽车产业投资进入的"跟进效应"，行业中企业数目的增加，竞争加剧。同时，跨国公司之间的竞争以及巨额投资提升了我国产业的最小经济规模。而中国目前汽车企业数量过多，绝大部分企业无法实现规模经济效应，企业面临的有限市场规模约束了企业生产规模的扩大和规模经济效应的实现。

总体上来说，中国汽车产业市场集中度仍然偏低，与世界主要汽车生产国相比，仍然存在较大差距，1997 年美国汽车工业产量排名前三位的企业产量在总产量中所占比重高达 98.9%，韩国为 97.1%，而中国仅为 41.7%。尚处于成长阶段的中国汽车产业市场集中度提升速度要明显快于汽车工业发展已步入成熟期的美日等主要汽车生产强国。

二 轿车市场集中度

20 世纪 80 年代中期到 90 年代中期，中国轿车生产的集中度很高，市场竞争很不充分，上海大众汽车公司市场地位尤其突出。1983 年 4 月，第一辆桑塔纳轿车在上海组装成功，1985 年 3 月上海大众汽车有限公司正式成立。此后，上海大众在长达 10 多年的时间里，在中国的轿车市场上占据着垄断地位。20 世纪 80 年代末期，桑塔纳轿车几乎占有国内同档轿车 100% 的市场份额。20 世纪 90 年代初期 CR_3 占有 85% 左右的市场份额，直到 20 世纪 90 年代末期，仍然占有 60% 以上的市场份额。然而，进入 21 世纪以来，由于跨国汽车公司在全国一些地方建立合资企业，北京等地轿车产量大量攀升，CR$_3$ 呈现出递减趋势，使市场结构发生转折性变化。

1998 年和 2005 年的前十名厂商的销售量以及市场份额进行比较，可以发现，在这 7 年间，上海大众没有大的增长，然而整个轿车市场规模在上升，也就是说以前占半壁江山的上海大众，2005 年仅占 1/10。1988 年在位厂商市场份额格局发生较大变化，市场份额的下降是很普遍的现象，不仅上海大众、天津夏利、一汽大众、神龙汽车轿车生产企业也是如此。而一汽红旗、北京吉普、西安秦川、广州标致、长安铃木、贵州云雀已在 2005 年开除出前 10 名。而上海通用、北京现代、广州本田等跨国汽车公司异军突起，占据中国轿车市场重要席位，作为民族品牌的奇瑞、吉利轿车也挤入中国轿车前十强（见表 4.6）。

表 4.6　　1998 年、2005 年、2008 年我国轿车前 10 名厂商市场销售量及市场份额　　　　单位：万辆、%

排序	1998 年 企业	销售量	份额	2008 年 企业	销售量	份额	2012 年 企业	销售量	份额
1	上海大众	23.50	46.24	一汽大众	49.89	15.16	上海通用	126.99	11.82
2	天津夏利	9.97	19.61	上海大众	47.81	14.52	一汽大众	123.87	11.53
3	一汽大众	6.60	12.99	上海通用	40.85	12.41	上海大众	107.09	9.97
4	长安铃木	3.62	7.13	一汽丰田	34.77	10.56	北京现代	68.81	6.40
5	神龙汽车	3.34	6.56	东风日产	31.88	9.68	东风日产	64.22	5.98
6	一汽红旗	1.73	3.40	奇瑞汽车	28.66	8.71	长安福特	49.18	4.58
7	北京吉普	0.92	1.81	广州本田	27.74	8.43	吉利	46.01	4.28
8	西安秦川	0.50	0.99	北京现代	25.33	7.70	神龙	44.00	4.10
9	广州标致	0.26	0.51	吉利汽车	22.18	6.74	奇瑞	40.66	3.78
10	贵州云雀	0.12	0.23	长安福特	20.08	6.10	一汽丰田	37.33	3.47

资料来源：《2009 年中国汽车工业年鉴》。

2012 年，销量排名前十位的轿车生产企业依次为：上海通用、一汽大众、上海大众、北京现代、东风日产、长安福特、吉利、神龙、奇瑞和一汽丰田，分别销售 126.99 万辆、123.87 万辆、107.09 万辆、

68.81万辆、64.22万辆、49.18万辆、46.01万辆、44万辆、40.66万辆和37.33万辆。与上年同期相比，东风日产、奇瑞和一汽丰田有所下降，其他企业呈一定增长，其中，一汽大众、北京现代和长安福特增速更为明显。2012年，上述十家企业共销售708.16万辆，占轿车销售总量的65.91%。值得一提的是，2012年日系车企表现总体不佳，与上年同期相比，除东风本田外，其他日系车企销量均呈一定下降，其中，长安铃木降幅最为明显。

据中国汽车工业协会统计，2012年前十大轿车品牌销量排名依次是：福克斯、赛欧、凯越、朗逸、捷达、帕萨特、科鲁兹、宝来、悦动和瑞纳，分别销售29.64万辆、27.97万辆、27.71万辆、24.67万辆、24.25万辆、23.33万辆、23.26万辆、22.27万辆、21.48万辆和20.50万辆。与上年同期相比，朗逸微降，其他品牌呈不同程度增长，其中，福克斯、赛欧、帕萨特和瑞纳增速尤为明显。2012年，上述十个品牌共销售245.08万辆，占轿车销售总量的22.81%。

2015年，轿车销量排名前十位的品牌依次是：朗逸、轩逸、英朗、速腾、桑塔纳、捷达、朗动、卡罗拉、科鲁兹和福克斯。其中，德系品牌最多，共有4个，其次为美系，共有3个，日系有2个，韩系有1个。2015年，上述十个品牌销量均超过20万辆，分别达到37.91万辆、33.41万辆、29.02万辆、27.99万辆、27.62万辆、27.49万辆、26.71万辆、25.43万辆、24.61万辆和24.61万辆，与上年同期相比，福克斯和桑塔纳销量下降较快，科鲁兹、捷达和速腾降幅略低，其他品牌呈一定增长，卡罗拉和英朗增速更快。2015年，上述十个品牌共销售284.80万辆，占轿车销售总量的24.30%，占外国品牌轿车销售总量的30.67%。

2015年，销量排名前十位的中国品牌轿车依次是：EC7、逸动、F3、悦翔、远景、奔腾、风云、速锐、D50和金刚。分别销售20.62万辆、18.23万辆、13.89万辆、12.37万辆、12.20万辆、9.28万辆、6.38万辆、6.05万辆、6.02万辆和5.74万辆，与上年同期相比，金刚、速锐和奔腾销量有所下降，其他品牌各有增长，其中，远景、风云和D50增速较为明显。2015年，上述十个品牌共销售110.78万辆，占轿车销售总量的9.45%，占中国品牌轿车销售总量的45.58%。

新进入的厂商中，表现最好的是上海通用和广州本田，它们最早进入市场，且都在1999年前后产出新车型，经过三年左右的努力，销量均突破5万辆。上海通用和广州本田除了品牌的优势以外，能够在较短的时间内胜出的主要原因还在于在位厂商落后的竞争策略。由于在1999年以前成立的厂商生产的车型大多引进较早，车型较为落后，虽然有所改进，但是改进的程度以及新款的更进都不能满足日益变化的市场需求。而上海通用和广州本田引进的车型都是当时国际畅销的车型，性价比明显优于其他在位厂商的老车型。因此，在以后的轿车市场中，新车型和新品牌渐渐成为竞争的主流。

一汽夏利、奇瑞汽车、吉利汽车充分发挥国产化率高、生产成本低的特点，同时针对市场需求推出改型的新款车型，它们并没有过多的分散，进行品牌扩张，也没有受到中高端市场的诱惑而过度扩张。相反，长安铃木也是经济型轿车的主力企业，曾经在经济型轿车生产排名位居第二，然而在其控股股东长安集团与福特汽车合作之后，长安集团将更多的精力投放到中高档轿车的生产上。长安集团的品牌扩张影响了长安铃木的品牌专业化，使得长安铃木在产品价格、产品款式上的竞争力受到影响，从而在2005年被挤出前十强。

高集中度并非市场充分竞争的结果。除了轿车产业较高的行政性进入壁垒外，轿车产业的市场结构区域化现象也比较突出，轿车制造厂所在地区的份额较高。20世纪90年代中后期以来，随着中国政府产业政策允许同行业有更多的跨国公司进入，这种状况得到了一定程度的改善。世界许多著名的汽车跨国公司相继进入中国市场，原来已经进入的也增加了投资力度，竞争日趋激烈，市场集中度下降。特别是中国加入世贸组织之后，市场集中度（CR_3）更是大幅下降。统计表明，1998—2008年，中国轿车市场CR_3已由78.84%下降至48.65%。

轿车行业在FDI进入前属于典型的国家垄断行业。1981年FDI企业进入前，由于计划经济体制，由国家主导建设的一汽二汽"双占寡头"的生产集中度高达54.1%。1978年之后开始引入FDI，但是由于改革开放初期中国政府引资的倾向是，一个行业中只引进少数几家跨国公司，以便为国内企业留下市场空间。1990年以前，国内生产轿车的跨国公司只有德国大众、美国克莱斯勒和标致—雪铁龙三家公司，具有较高的市场集中度。20世纪80年代末期，上海桑塔纳轿车几乎占有国内同档轿车100%的市场份额，20世纪90年代初期还占有90%的市场份额。由于1994年中国颁布了《汽车工业产业政策》，对新设立的轿车厂商进行严格的审批控制，生产集中度在1992—1996年依然呈上升趋势，这期间仅批准了几家企业生产轿车，截至1998年进入中国市场的也只有八家跨国公司。市场竞争主体的这种格局决定了轿车较高的市场集中度，其中，上海桑塔纳具有先入优势，产量稳步提升，市场占有率远高于其他厂商。1998年以后大型跨国汽车公司开始进入，轿车市场集中度开始持续下降，2005年后又有所回升，其表现出与中国汽车工业明显不同的特点（见图4.2）。

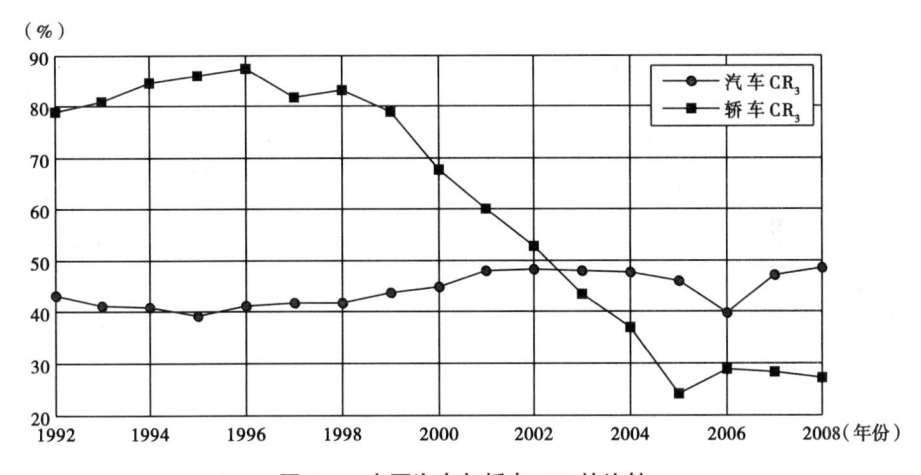

图 4.2 中国汽车与轿车 CR_3 的比较

资料来源：根据各年《中国汽车工业年鉴》及中宏产业数据库有关数据计算。

三 中国汽车产业市场结构类型

1. 整车

总体来看，中国的整车生产企业数量超过100家，如果按照企业集团来统计约80家。以表4.6数据计算上汽、一汽和东风这三家企业集团的生产集中度由1998年的49.3%降为2008年的48.65%；2008年中国汽车工业的 CR_4 为57.80%，CR_8 为78.07%。2014年，上汽销量突破500万辆，达到558.37万辆，东风、一汽、长安分别达到380.25万辆、308.61万辆和254.78万辆，市场份额分别为24%、16%、13%和11%，CR_4 为64%，较2008年提升了6个百分点。依据贝恩（Bain）对产业垄断和竞争类型的划分，中国汽车工业属于高中寡占型。这种类型的特点是企业数目较多且规模较小。对于汽车这样存在明显规模经济的行业来说，这意味着存在过度进入的问题。而汽车工业发达国家的市场结构一般属于极高寡占型，即少数几家企业占据市场份额的绝大部分。

对于汽车产业，市场集中度越高，市场结构越完善，垄断性也越强，容易产生高额利润，对行业影响越大；相反，产业集中度越低，说明市场结构不完善。目前，世界汽车工业发达国家的前三家汽车生产企业集中度都很高，美国为80%、日本为70%、法国和意大利基本上是100%，而我国汽车工业的三家龙头企业，即上汽、一汽、东风的集中度还不到50%（见表4.7）。可见，与先进汽车制造工业国家相比，我国的差距还很大。

表4.7　　　　　　2008年前10家企业汽车销量及占有率　　　　单位：辆、%

整车	企业名称	销量	市场占有率	整车	企业名称	销量	市场占有率
1	上海汽车工业（集团）总公司	1720639	18.34	6	广州汽车工业集团有限公司	525979	5.63
2	中国第一汽车集团公司	1532923	16.40	7	奇瑞汽车股份有限公司	356093	3.81
3	东风汽车公司（集团口径）	1320594	14.13	8	金杯汽车股份有限公司	250051	2.68
4	重庆长安汽车股份有限公司	861377	9.22	9	哈尔滨哈飞汽车工业集团有限公司	223802	2.39
5	北京汽车工业控股有限责任公司	771639	8.26	10	浙江吉利控股集团有限公司	221823	2.37

资料来源：《2009年中国汽车工业年鉴》。

进一步看，美国经过一个世纪的发展，市场已相当成熟，其集中度很高，规模也基本稳定。与美国汽车产业的集中度相比，中国汽车工业水平差距很大。1960年美国汽车产量790.2万辆，三大汽车生产厂家通用、福特和克莱斯勒的产量分别超过400万辆、200万辆和100万辆，CR_3为88.7%。由表4.8可以看到，美国这三项指标均远远高于2008年中国汽车工业的同类指标。1903年，以美国福特汽车公司成立为标志，美国的汽车工业开始起步，仅仅过了12年，福特公司的汽车产量达到了年产100万辆的水平。随后的二十年，美国又涌现了通用和克莱斯勒等大型汽车公司，并在1928年，通用汽车公司的汽车产量首次超过福特，成为美国最大的汽车生产厂家，并一直保持到现在。1960 年后，美国的汽车年产量基本保持在 1000 万辆左右，CR_3 在 80% 以上。2008 年我国汽车工业规模和集中度远低于美国 1960 年的水平。

表 4.8　　　　　　　　　中美汽车工业集中状况比较　　　　　　单位：万辆、%

国家	中国（2008 年）		美国（1960 年）	
	名称	产量	名称	产量
前三个汽车厂	上汽	172.2	通用	>400
	一汽	150.4	福特	>200
	东风	132	克莱斯勒	>100
合计		454.6		>700
全国总产量		934.5		790.2
CR_3		48.6		88.7

资料来源：《汽车及相关工业统计手册》及相关资料。

2. 细分汽车市场结构

（1）轿车

中国轿车业的市场结构类型与整体汽车产业截然不同。2008 年中国轿车销量和产量分别为 675.6 万量和 673.8 万量，结构系数也相差不大，两者大体相当。而 1996 年轿车生产集中度最高值与 2008 年相比，生产集中度已发生根本性变化。以表 4.9 数据计算，2008 年销量排名前 4 位轿车企业市场集中度（CR_4）为 33.47%，而没有厂商的市场占有率是大于 10% 的，十家企业总销量占有率 63.38%。据中国汽车工业协会统计分析，2014 年，销量排名前十位的轿车生产企业依次为：一汽大众、上海通用、上海大众、北京现代、东风日产、神龙、长安福特、东风悦达、一汽丰田和广汽本田，分别销售 158.66 万辆、146.52 万辆、143.63 万辆、85.25 万辆、75.20 万辆、59 万辆、58.47 万辆、50.91 万辆、44.21 万辆和 42.27 万辆，十家企业共销售 864.12 万辆，占轿车销售总量的 69.82%，比 2008 年上升了 6.44%。按植草益的市场结构分类，中国轿车市场由极高寡占型结构转向低集中竞争型市场结构，中国轿车市场结构已发生了根本性变化。更准确地说，中国轿车市场类型介于垄断竞争与松散寡头之间，既存在许多有实力的竞争对手，又难以串谋固定价格。

表 4.9　　　　　　　2008 年前 10 家企业轿车产销量占有率　　　　　　单位:%

企业名称	销量占有率	市场占有率	地区	产品名称
一汽大众汽车有限公司	9.54	9.89	武汉	捷达、宝来、速腾、高尔夫、迈腾、新宝来、奥迪 A4、奥迪 A6
上海大众汽车有限公司	9.56	9.47	上海	桑塔纳、帕萨特、POLO 两厢、高尔两门、POLO 三厢、帕萨特领驭、明锐、朗逸、CROSS POLO、晶锐
上海通用汽车有限公司	8.02	8.10	上海	凯迪拉克、凯迪拉克赛威、别克君威、凯越、赛欧、乐风、乐驰、君越、林荫大道
东风汽车有限公司 东风日产乘用车公司	6.34	6.32	广州	蓝鸟、阳光、天籁、颐达、轩逸、骊威、新天籁
奇瑞汽车股份有限公司	5.59	5.68	合肥	旗云、QQ、东方之子、A520、A1、A3
广汽本田汽车有限公司	5.54	5.50	广州	雅阁、思域、锋范、飞度两厢
北京现代汽车有限公司	5.13	5.02	北京	索纳塔、伊兰特、御翔、悦动、领翔
一汽丰田汽车销售有限公司（含天津一汽丰田，四川一汽丰田）	5.13	5.02	天津	威驰、花冠、皇冠、锐志、普锐斯、卡罗拉
浙江吉利控股集团有限公司	4.39	4.40	临海	美人豹、优利欧、自由舰、吉利金刚、熊猫、吉利远景、海迅、海域、海尚、海锋、海悦、金鹰、TX4
长安福特马自达汽车有限公司	3.92	3.98	重庆	蒙迪欧、蒙迪欧致胜、新嘉年华、福克斯、马自达 3、马自达 2、沃尔沃 S40
合计	63.16	63.38		

资料来源:《2009 年中国汽车工业年鉴》及相关资料。

(2) SUV

中国 SUV 的市场结构类型与整体汽车市场结构类型明显不同。2008 年中国 SUV 销量和产量分别为 44.77 万辆和 44.80 万辆。前十个企业中,东风本田汽车有限公司、长城汽车股份有限公司和奇瑞汽车股份有限公司的市场占有率都大于 10%,SUV 市场是比较集中的 (见表 4.10)。以表 4.10 数据计算,2008 年前四个企业的市场集中度 (CR_4) 为 52.31%,CR_8 为 77.7%。按植草益的市场结构分类,中国 SUV 市场为高中寡占型。前四位厂商共同占有超过 50% 的市场份额,接近 60%,比较接近紧密寡头市场,有串谋固定价格可能性。

在目前汽车市场中,SUV占乘用车的比重越来越大,使市场竞争更加激烈。数据显示,2014年SUV销量排名前十的车型分别是哈弗H6、途观、CR-V、ix35、翼虎、RAV4、奇骏、瑞虎3、奥迪Q5、CS35。这十款车销量均超过10万辆,销量合计达1556799辆,占SUV总销量的38%,较2013年前十车型集中度(47.4%)大幅下降,较2008年的85.22%更是下降一半有余。这表明市场仍旧不成熟,以及竞争愈加激烈。

表4.10 　　　　2008年前十家国产SUV销量及市场占有率　　　　单位:%、辆

生产企业	销量	占有率	生产企业	销量	占有率
东风本田汽车有限公司	80622	18.01	东风汽车有限公司东风日产乘用车公司	27982	6.25
长城汽车股份有限公司	62212	13.90	成都新天地汽车有限责任公司	27147	6.06
奇瑞汽车股份有限公司	50155	11.20	湖南长丰制造股份有限公司	26060	5.82
北京现代汽车有限公司	41208	9.20	一汽丰田汽车有限公司	18382	4.11
东风悦达起亚汽车有限公司	32500	7.26	荣成华泰汽车有限公司	15261	3.41

资料来源:《2009年中国汽车工业年鉴》。

(3) MPV

2008年中国MPV销量和产量分别为19.73万辆和19.17万辆。在前十名企业中,江淮瑞风和上海通用的市场份额均接近20%;广汽本田和东风汽车的市场份额也均超过了10%(见表4.11)。以表4.11数据计算,2008年销量排名前4位MPV企业市场集中度(CR_4)高达62.39%,CR_8为87.45%。按贝恩市场结构分类为寡占Ⅲ型,按植草益的市场结构分类为高中寡占型。MPV前四位厂商共同占有超过60%的市场份额,为紧密寡头市场,有串谋固定价格的可能性。

2014年中国MPV车型销量前十排名分别是五菱宏光、欧诺、菱智、宝骏730、景逸、风光330、GL8、威望M20、杰德、瑞风。销量分别为75万辆、13.8万辆、12.52万辆、12.01万辆、11.57万辆、9.04万辆、8.11万辆、8.05万辆、7.16万辆和6.32万辆,合计163.58万辆,占MPV总销量的85.45%,比2008年的91.55%下降6.1个百分点。

表 4.11　　　　　2008 年前十家 MPV 企业销量及占有率　　　　单位：辆、%

名次	企业名称	销量	市场占有率	名次	企业名称	销量	市场占有率
1	江淮瑞风	36304	18.39	6	华晨金杯	12079	6.12
2	上海通用	36286	18.38	7	上海大众	12028	6.09
3	广汽本田	28872	14.63	8	第一汽车	5986	3.03
4	东风汽车	21692	10.99	9	东南汽车	4172	2.11
5	奇瑞汽车	19369	9.81	10	长安福特马自达	3918	1.98

（4）交叉车

2008 年中国交叉车产量为 106.07 万辆。在前十个企业中，上海通用五菱汽车股份有限公司占有 51.43%，重庆长安汽车股份有限公司接近 15%，哈尔滨哈飞汽车工业集团有限公司也超过了 10%，中国交叉车市场更集中（见表 4.12）。以表 4.12 数据计算，2008 年销量排名前 4 位交叉车企业市场集中度（CR_4）为 83.41%，CR_8 为 99.56%。按贝恩市场结构分类为寡占 I 型，按植草益的市场结构分类为极高寡占型。交叉车前四位厂商共同占有超过 80% 的市场份额，为紧密寡头市场，有串谋固定价格可能性。

据中国汽车工业协会统计数据，2014 年销量排名前十位的交叉型乘用车生产企业依次是：上汽通用五菱、长安汽车、重庆力帆、东风汽车、金杯汽车、北汽股份、福建新龙马、一汽集团、北汽福田和浙江飞碟。2014 年交叉型乘用车销售 133.17 万辆，前十企业占交叉型乘用车销售总量的 97.45%。

表 4.12　　　　2008 年前十家交叉型乘用车企业产量及占有率　　　　单位：辆、%

企业名称	产量	占有率	企业名称	产量	占有率
上汽通用五菱汽车股份有限公司	545509	51.43	南京长安汽车有限公司	48383	4.56
重庆长安汽车股份有限公司（本部）	155060	14.62	江西昌河汽车股份有限公司	37049	3.49
哈尔滨哈飞汽车工业集团有限公司	109885	10.36	一汽吉林汽车有限公司	18168	1.71
东风渝安车辆有限公司	74255	7.00	北京汽车制造厂有限公司	4531	0.43
河北长安汽车有限公司	67694	6.38	东南（福建）汽车工业有限公司	181	0.02

(5) 客车

2005年中国客车销量和产量分别为26.71万辆和26.91万辆。在前十个企业中，金杯汽车股份有限公司市场份额为20.59%，东风汽车有限公司和安徽江淮汽车有限公司合计超过20%，东风汽车股份有限公司的市场占有率也大于10%，中国客车的市场更集中（见表4.13）。以表4.13数据计算，2005年销量排名前4位客车市场集中度（CR_4）为49.24%，CR_8为71.25%。按贝恩市场结构分类为寡占Ⅳ型，按植草益的市场结构分类为极高寡占型。

表4.13　　　　2005年前十家客车企业销量及市场占有率　　　　单位：辆、%

企业名称	销量	市场占有率	地区
金杯汽车股份有限公司	55000	20.59	长春
东风汽车股份有限公司	34100	12.77	武汉
安徽江淮汽车集团公司	22700	8.50	合肥
跃进汽车集团有限公司	19700	7.38	南京
江铃汽车控股有限公司	19400	7.26	南昌
北汽福田汽车股份有限公司	14200	5.32	北京
东南（福建）汽车工业有限公司	13500	5.05	福州
郑州宇通集团有限公司	11700	4.38	郑州
金龙联合汽车工业（苏州）有限公司	10200	3.82	上海
中国第一汽车集团公司	8800	3.29	长春

据中国汽车工业协会统计分析，2014年，客车行业骨干企业继续稳居主导。客车销量排名位居前十位的企业依次是：华晨金杯、江铃、郑州宇通、南京依维柯、北汽福田、金龙联合、厦门金旅、苏州金龙、保定长安和上汽商用车公司，销量分别为11.65万辆、6.88万辆、6.14万辆、4.40万辆、3.81万辆、3.50万辆、2.92万辆、2.56万辆、1.76万辆和1.59万辆。2014年，前十家企业共销售45.21万辆，占客车销售总量的79.16%，市场占有率较2005年的78.36%（以表4.13计算）下降不到1个百分点。

(6) 货车

2005年中国货车销量和产量分别为26.71万辆和26.91万辆，前十个企业中，北汽福田汽车股份有限公司市场份额接近20%；东风汽车股份有限公司接近15%；中国第一汽车集团公司的市场占有率超过10%，中国货车的市场也相对比较集中（见表4.14）。以表4.14数据计算，2005年销量排名前4位货车市场集中度（CR$_4$）为50.77%，CR$_8$为66.79%。按贝恩市场结构分类为寡占Ⅲ，按植草益的市场结构分类为高中寡占型。

表4.14　　　　2005年前十家货车企业产量及市场占有率　　　　单位：辆、%

企业名称	销量	市场占有率	地区
北汽福田汽车股份有限公司	282400	19.33	寿光市
东风汽车股份有限公司	212700	14.56	武汉
中国第一汽车集团公司	148700	10.18	长春
安徽江淮汽车集团公司	97900	6.70	合肥
长安汽车（集团）有限公司	82300	5.63	重庆
跃进汽车集团有限公司	55400	3.79	南京
江铃汽车控股有限公司	51200	3.50	南昌
一汽红塔云南汽车制造有限公司	45300	3.10	曲靖
上海通用五菱汽车股份有限公司	44200	3.03	柳州
华源凯马汽车制造有限公司	42400	2.90	北京

2014年中国货车销量前十企业分别为：北汽福田、江铃控股、安徽江淮、东风汽车、金杯汽车、长城汽车、庆铃汽车、重庆力帆、重庆长安、南京依维柯。北汽福田汽车股份有限公司市场份额接近17.95%，江铃控股有限公司占10.82%，安徽江维汽车集团公司占10.57%，东风汽车股份有限公司占9.66%，排名前4位货车市场集中度（CR$_4$）为49%。按贝恩市场结构分类为寡占Ⅲ，按植草益的市场结构分类为高中寡占型。

四　中国汽车产业集中度特点

经过改革开放后发展，中国汽车产业集中度表现出独特的二元结构：轿车集中度低而其他车型集中度较高。

1. 基于汽车厂商的生产集中度偏低

世界汽车工业强国无一例外地选择了集中化集团战略。美国、日本、德国、法国、意大利等汽车工业强国的汽车产业集中度都在逐步提高，集中化都已达到很高水平（见表4.15）。

第四章 FDI对中国汽车产业市场结构的影响　　133

表4.15　　　　　　　　1997年世界汽车强国生产集中度　　　　　单位：万辆，%

国家	汽车厂商	汽车产量）	生产集中度
美国	通用、福特和克莱斯勒	1124	93
日本	丰田、日产、本田和三菱	777	70
德国	大众、奔驰、宝马和欧宝	440	87
法国	标致—雪铁龙和雷诺	378	98.7
意大利	菲亚特	174	95.6

资料来源：刘洪德：《中国汽车产业组织系统研究》，哈尔滨工程大学管理科学与工程系博士学位论文，2004。

2008年，中国销量排名前十位的企业中，上汽、一汽、东风、长安、北汽、广汽六大集团销量均超过50万辆，分别达到172.06万辆、153.29万辆、132.06万辆、86.14万辆、77.16万辆和52.60万辆，东风和北汽增势较为明显（见图4.3）。前10家企业累计销售汽车778.49万辆，占汽车销售总量的82.99%。

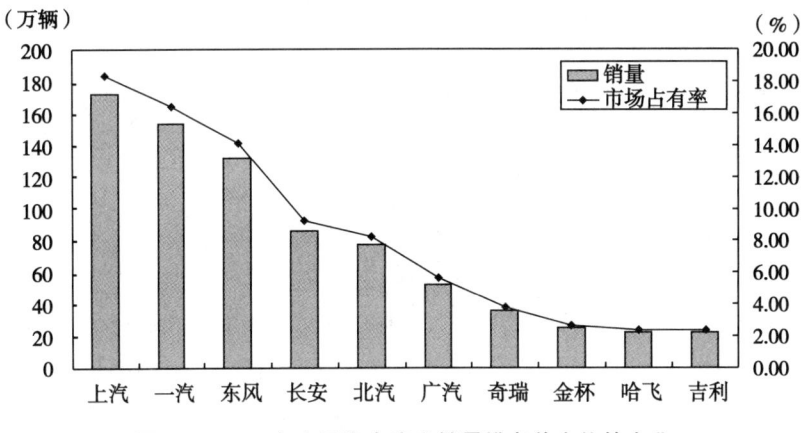

图4.3　2008年中国汽车产业销量排名前十位的企业

据中国汽车工业协会统计数据，2014年汽车销量排名前十位生产企业分别为上汽、东风、一汽、长安、北汽、广汽、华晨、长城、奇瑞和江淮，分别销售558.37万辆、380.25万辆、308.61万辆、254.78万辆、240.09万辆、117.23万辆、80.17万辆、73.08万辆、48.61万辆和46.47万辆（见图4.4），上述十家企业累计销售2107.66万辆，占汽车总销量的89.72%。与2008年相比，2014年中国汽车产业更集中。2014年中国汽车产业基于集团计算的 CR_3 值只有 59.18%，而 2003 年美国、日本、韩国的 CR_3 值分别为 98.9%、63.1% 和 97.1%。显然，中国汽车产业还没有达到集中度化生产的要求。

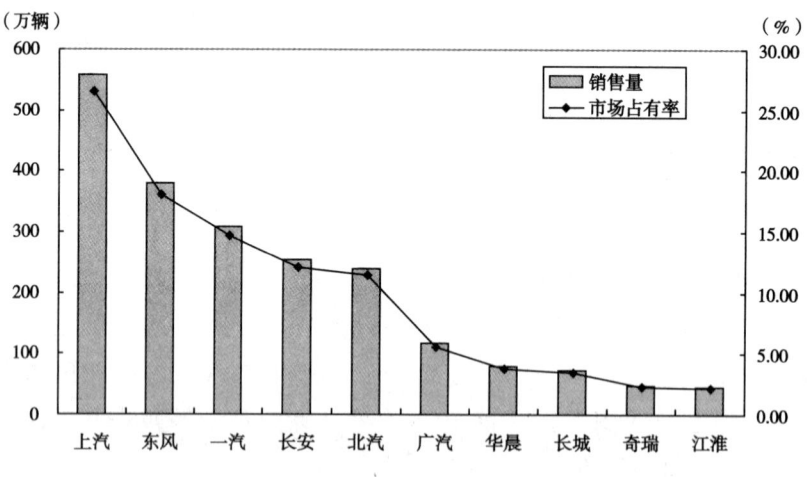

图 4.4　2014 年中国汽车产业销量排名前十位的企业

2. 分车型集中度较高

2008 年中国汽车工业的 CR_4 为 58.10%，轿车市场 CR_4 为 33.77%，低于总体水平。同年，SUV 企业市场 CR_4 为 69.17%；货车 CR_4 为 50.7%；客车 CR_4 为 49.23%，这三类高于轿车 CR_4 水平低于总体水平。而 2008 年 MPV 的 CR_4 为 62.39%；交叉车 CR_4 为 85.4%，远高于总体水平。由于轿车占汽车产业比重较高，其集中度低会影响整个汽车产业集中度，轿车业集中度与交叉车集中度形成鲜明的对比，两者是完全不同的市场类型。

进一步来看，中国汽车产业绝大部分产品具有寡头结构的特征。一般来说，需求增长较快的车型如轻型车，由于各地方投资热情高涨，企业数和产量同时快速增长，所以生产和市场集中度较低。而需求增长缓慢的车型如中型载货汽车，原来已经有较大规模的生产能力，新增能力较小，生产和市场集中度相应高一些。一个反常的现象是，改革开放以后，需求增长越快的车型，集中度反而越低。从 1999 年到 2005 年，中型载货汽车和中型客车的集中度有较大幅度的下降；微型载货汽车集中度下降也比较明显，而轻型客车和大型客车的集中度有大幅提升，各车型的集中度变化比较明显，有的变化更为强烈。从 2005 年看，重型载货汽车、微型客车、微型载货汽车和中型载货汽车的集中度大于 75%，为贝恩寡占 I 型，植

续表

年份 企业	2000	2001	2002	2003	2004	2005
神龙汽车	8.5	7.4	7.2	5.2	3.5	4.4
长安铃木	7.7	6.0	5.7	5.1	4.4	2.9
奇瑞	0.4	4.0	4.5	4.3	3.4	6.0
吉利		1.7	3.9	3.8	3.8	4.7
东风日产			3.6	3.3	2.4	5.0
一汽海南			1.0	2.8	2.6	2.4
北京现代			0.1	2.6	5.7	7.4
一汽轿车	2.5	2.4	2.4	2.6	2.0	1.9
江苏悦达起亚		0.9	1.4	2.6	2.5	3.5
一汽丰田			0.2	2.5	3.1	4.3
南京菲亚特			2.1	1.9	1.4	1.3
金杯			0.8	1.3	0.4	0.5
长安福特					1.9	2.1
东南汽车					1.6	1.5
其他	1.7	2.7	1.0	4.8	11.9	12.8

第五节 FDI 对中国汽车产业集中度的影响及相关性检验

一 FDI 对中国汽车集中度影响

从市场占有率的分布情况来看，外商投资企业一直保持较快较稳的增长，至 2005 年其市场占有率几乎达到 50%，显示出国内外汽车企业"强强联手"的特点，以及国际化型企业整体上对市场的特别关注和偏爱。有限责任公司和股份有限公司市场发展一般，有限责任公司在企业数量大幅增加的条件下并没有拓展市场份额的增长。而私营企业的市场发展势头迅猛，挖掘的潜力和空间较大，国有企业则呈现快速下降的趋势，2005 年其市场占有率约占外商投资企业的 1/5。若把外商投资企业和港澳台商投资企业合在一起，FDI 企业的市场占有率由 2000 年的 36.97% 上升到草益极高寡占型，中型客车、轻型客车和大型客车的集中度仍大于70%，仍为植草益极高寡占型（见表4.16）。

表4.16 1999年、2005年中国汽车产业分车型集中度（CR₄）对比　　　单位:%

类型	1999年	2005年	增量
重型载货汽车	97.19	95.32	-1.87
中型载货汽车	99.02	77.16	-21.86
轻型载货汽车	60.84	58.14	-2.7
微型载货汽车	91.57	84.66	-6.91
大型客车	62.51	72.49	9.98
中型客车	84.36	70.01	-14.35
轻型客车	61.98	72.74	10.76
微型客车	88.71	93.20	4.49

资料来源：刘洪德：《中国汽车产业组织系统研究》，经济科学出版社2007年版，第100页。

3. 集中度趋势多样化

虽然中国汽车产业发展迅速，但仍抵挡不住外国汽车企业的挑战。中国加入WTO以后，关税逐年递减，对汽车工业产生极大的冲击，降价似乎成为汽车企业的必经之路。从表4.17来看，日系和韩系轿车开始发力，所占市场份额不断扩大，尤其是北京现代，截至2005年，已位居第四。从厂家排名来看，上海通用以稳步的增长方式上升到第一位，而上海大众和一汽大众的市场份额逐年下滑，到2005年由原来的第一、第二位下降为第二、第三位。各汽车品牌降价大概都有以下特点，就是降价幅度大、降价次数多、降价不分季节；知名企业率先打价格战，降价的影响力一次比一次弱，降价并没有带来预期的销量增长。

表4.17　　　　　2000—2005年汽车企业乘用车市场占有率　　　　单位:%

年份＼企业	2000	2001	2002	2003	2004	2005
上海大众	36.3	31.9	26.6	20.1	14.1	7.9
一汽大众	18.1	18.1	18.2	15.1	11.9	7.6
上海通用	5.0	8.1	9.7	10.2	10.2	10.5
广州本田	5.3	7.1	4.0	5.9	8.0	7.3
天津一汽	14.7	9.8	7.7	5.8	5.2	6.0

2005年的51.88%,占了中国汽车市场的半壁江山(见表4.18)。

表4.18　　2000—2005年中国不同汽车制造企业群的市场占有率分布　　单位:%

企业类型	2000年	2001年	2002年	2003年	2004年	2005年
外商投资企业	32.23	32.84	33.31	42.63	45.08	47.96
港澳台商投资企业	4.74	4.18	4.13	4.40	4.11	3.92
股份有限公司	10.57	12.45	11.82	10.37	12.24	11.69
有限责任公司	11.44	13.10	18.22	12.82	20.82	15.27
私营企业	2.51	3.71	4.95	5.40	7.82	9.03
国有企业	25.48	23.33	18.96	17.93	7.22	8.92
其他	13.04	10.49	8.61	6.44	2.73	3.22

资料来源:陈芳、赵彦云:《中国汽车制造企业群的国际竞争力评价与分析》,《统计研究》2007年第5期。

20世纪90年代中期以前,中国轿车生产的集中度很高,市场竞争很不充分。随着FDI企业进入,打破了上海大众垄断地位。2005年全国合资整车企业产品结构中自主品牌(非合资品牌)占52%,合资品牌占48%,其中通用最高,占11%;大众次之,占9%;日产占5%。2005年,中国销量排名前十位的轿车企业中,上海通用、上海大众、一汽大众、北京现代和广州本田五大集团销量均超过20万辆,分别达到29.85万辆、24.47万辆、23.83万辆、22.46万辆和20.32万辆;天津一汽夏利为19万辆;自主品牌的奇瑞和吉利分别位居第7位和第9位。因此,CR_5全是国外品牌。以表4.9数据计算,CR_{10}为63.16%,其中,自主品牌占9.93%。2005年全国合资轿车企业产品结构,自主品牌占28%,国外品牌占72%。2009年销量前三名依次被一汽大众、上海大众与上海通用夺得,接下来是北京现代、东风日产、比亚迪、奇瑞、广州本田、一汽丰田、吉利,分别销售70.81万辆、66.92万辆、66.82万辆、52.1万辆、45.93万辆、44.84万辆、40.93万辆、33.72万辆、33.47万辆、32.91万辆和32.91万辆,共销售488.54万辆,占销售总额的65%,其中,自主品牌占29.67%,比2005年略有上升。

二　FDI与中国汽车集中度的相关性

随着FDI大量进入中国汽车产业,中国汽车产业市场集中度发生了较大变化。由于 FDI 进入的汽车细分领域不同，不同的主导产品市场的集中度也不同，演化趋势也有明显的差异。总体上，1992 年以来，中国汽车产业的集中度呈上升，轿车业的集中度却呈下降趋势，这有升有降的变化与跨国公司布局与战略有较大的关系。

对于中国汽车产业，1990—2008 年，CR_3 与 FDI 的相关系数为 0.5581，具有显著的正相关关系（见图 4.5）。进一步从（4.1）式看，FDI 每增加 1 亿美元，中国汽车产业 CR_3 值就在 41% 的基础上增加 0.225 个百分点。整体上看，FDI 进入对中国汽车制造业集中度的回升具有积极的作用。

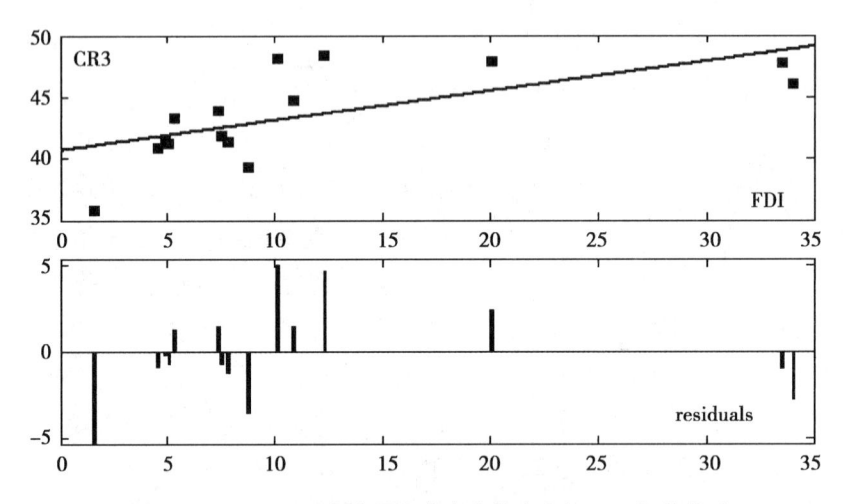

图 4.5 1990—2008 年中国汽车产业集中度与 FDI 相关关系

$$CR_{3,t} = 41.0311 + 0.2251 FDI_t + u_t \quad (4.1)$$
$$(36.8917) \quad (2.9588)$$

Adj. R^2 = 0.3408，AIC = 5.088，F = 8.755，DW = 1.3879。

然而，对于轿车产业来说，大型跨国汽车公司在全国一些地区如广东省、海南省、北京等布点，使一汽、二汽和上汽的地位发生相对改变，后发地区兴起降低了轿车 CR_3 值。1992—2008 年，轿车 CR_3 与 FDI 的相关系数为负 0.8661，具有较高的负相关关系（见图 4.6）。从（4.2）式看，FDI 每增加 1 亿美元，中国轿车业 CR_3 值在 91% 的基础上降低 1.9 个百分点。显然，FDI 进入极大地降低了中国轿车制造业集中度。

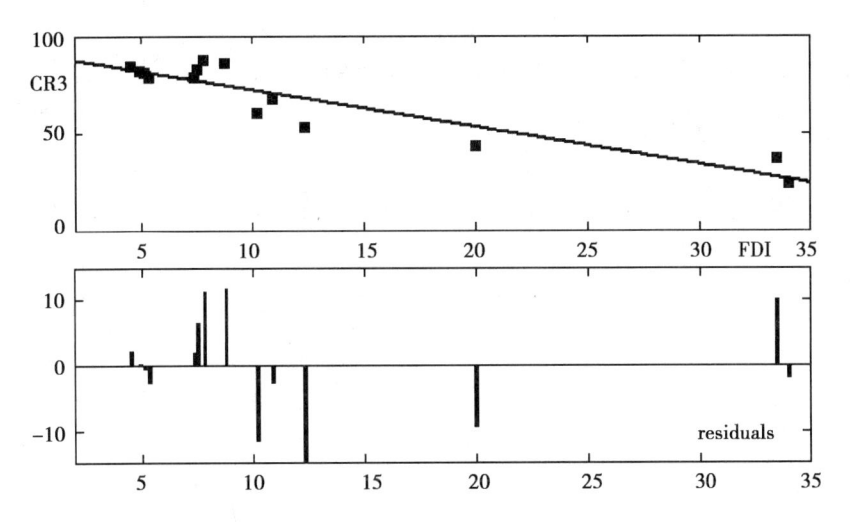

图 4.6　1992—2008 年中国轿车业集中度与 FDI 相关关系

$$CR_{3,t} = 91.0267 - 1.9095 FDI_t + u_t \quad (4.2)$$
$$(24.5795)\ (-8.0436)$$

Adj. R^2 = 0.83050，AIC = 7.2518，F = 64.7001，DW = 1.0828

三　小样本因果检验方法

从 (4.1) 式、(4.2) 式看，FDI 与中国汽车产业市场集中度具有高度相关关系，FDI 对中国汽车产业市场集中度变化具有较高的解释力。但是，两式的 DW 值比较小，具有严重的自相关现象发生，有伪回归的可能性。理论上，市场集中引起 FDI 集中，FDI 集中又引起市场集中度的变化，具有双向因果关系。对于中国汽车产业，FDI 与其市场集中度变化是否具有因果关系尚需检验，由于时间序列样本较小，选用小样本因果检验。

设有两个变量 y 和 x，当检测 y 是否是 x 的原因时，首先以 x 建立自回归稳移动平均模型 [ARMA (p, q)]：

$$x_t = \varphi_1 x_{t-1} + \varphi_2 x_{t-2} + \cdots + \varphi_p x_{t-p} + u_t + \theta_1 u_{t-1} + \cdots + \theta_q u_{t-q} + \varepsilon_{t1} \quad (4.3)$$

(4.3) 式中，p、q 为模型真实的滞后长度，由 AIC 准则确定，并设最小值为 AIC_1，现把 y 的一阶滞后项加入 (4.3) 式，得：

$$x_t = \varphi_1 x_{t-1} + \varphi_2 x_{t-2} + \cdots + \varphi_p x_{t-p} + \psi_1 y_t + \psi_1 y_{t-1} + u_t + \theta_1 u_{t-1} + \cdots +$$

$\theta_q u_{t-q} + \varepsilon_{t2}$ (4.4)

由 (4.4) 式确定最上的 AIC_2，计算 $CE = AIC_1/AIC_2$。当 $AIC>0$ 时，若 $CE<1$，说明 y 没有提高了 x 的解释能力，y 是构成 x 的原因；若 $CE>1$，说明 y 没有提高了 x 的解释能力，y 是构成 x 的原因。CE 越大，说明因果关系越强（周建，2005）。当 $AIC<0$ 时，若 $CE<1$，说明 y 提高了 x 的解释能力，y 是构成 x 的原因；若 $CE>1$，说明 y 没有提高 x 的解释能力，y 不是构成 x 的原因。

同样地，以 y 建立自回归稳移动平均模型 [ARMA (p, q)]：

$y_t = \varphi_1 y_{t-1} + \varphi_2 y_{t-2} + \cdots + \varphi_p y_{t-p} + u_t + \theta_1 u_{t-1} + \cdots + \theta_q u_{t-q} + \varepsilon_{t3}$ (4.5)

(4.5) 式中，p、q 为模型真实的滞后长度，由最小 AIC 准则确定，并设最小值为 AIC_3，现把 y 的一阶滞后项加入 (4.5) 式，得：

$y_t = \varphi_1 y_{t-1} + \varphi_2 y_{t-2} + \cdots + \varphi_p y_{t-p} + \psi_1 x_t + \psi_1 x_{t-1} + u_t + \theta_1 u_{t-1} + \cdots + \theta_q u_{t-q} + \varepsilon_{t4}$ (4.6)

由 (4.6) 式确定最小的 AIC_4，计算 $CE = AIC_3/AIC_4$。若 $CE<1$，说明 x 没有提高 y 的解释能力，x 不是构成 y 的原因；若 $CE>1$，说明 x 提高了 y 的解释能力，x 是构成 y 的原因。CE 越大，说明因果关系越强。

一般而言，ARMA (p, q) 要求 y 和 x 是平稳变量，若 y 和 x 不是平稳变量时，需要进行差分变成平稳变量，然而差分会损失原变量信息。在协整理论支持下，即使 y 和 x 是非平稳变量，只要 ε_{t1}、ε_{t2}、ε_{t3}、ε_{t4} 是平稳序列，那么 (4.3) 式、(4.5) 式 x、y 与其滞后期之间有长期均匀关系，(4.4) 式、(4.6) 式 x、y 与其滞后期和 x、y 之间有长期均匀关系，也就是 y 是引起 x 变化的原因，x 是引起 y 变化的原因。

四 小样本因果检验结果

1. 中国汽车

1990—2008 年中国汽车的市场集中度 CR_3、FDI 经其 HP 滤波后的 CR_3 值 HP_1 和 FDI 值 HP_2 更平滑，时间趋势更明显（见图 4.7）。

（1）单整性检验

由于中国汽车 CR_3（$x = HP_1$）和 FDI（$y = HP_2$）为非平稳变量，因此，有可能出现因数据的非平稳性而造成所谓的"伪回归"现象。CR_3 和 FDI 的相互作用是否具有长期协整关系，必须先对数据进行单整检验，所

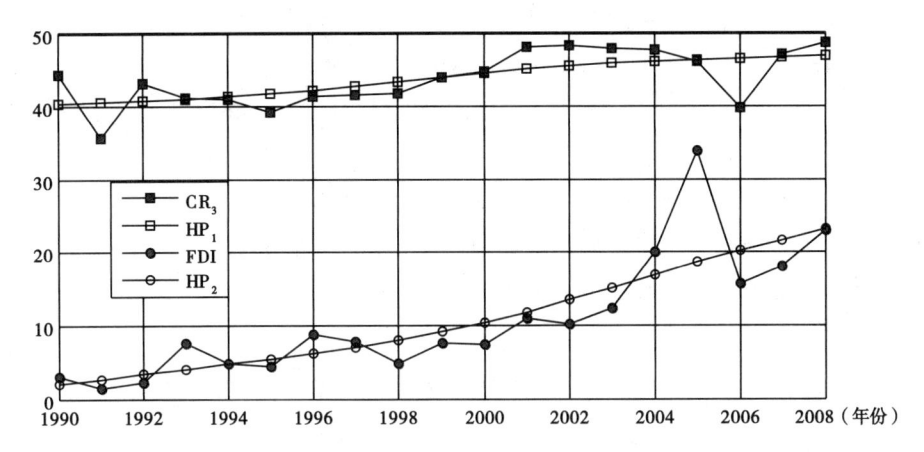

图 4.7　1990—2008 年中国汽车产业 CR₃、FDI 及其 HP 滤波值

使用的方法是 DF 单位根检验。在表 4.19 中,括号内为 t 统计量值,显著性水平为 5%(下同),可以看出,随着变量 x_t 和 y_t 的差分阶数上升,DF 方程式的调节 R^2 和 DW 值也上升,DF 值在下降,二阶差分变量的 DF 方程的 DW 在 2 附近,已没有自相关。以麦金农临界值判定,x_t 和 y_t 都是非平稳的变量,一阶差分也是非平稳的变量;而二阶差分都是平稳变量,因此它们属于二阶单整变量,即 $x_t—I(2)$,$y_t—I(2)$。

表 4.19　x、y 的单位根及单整检验

变量	检验方程	Adj. R^2	DW	DF	MacKinnon critical value (5%)
x_t	$\Delta x_t = -2.2413 + 0.0641 x_{t-1}$ $(-3.3938)\ (4.2025)$	0.5433	0.1873	4.2025	-3.0818
y_t	$\Delta y_t = 0.34863 + 0.14506 y_{t-1}$ $(17.1801)\ (3.3937)$	0.9545	0.5113	17.1801	
Δx_t	$\Delta^2 x_t = 0.1014 - 0.1337 \Delta x_{t-1}$ $(3.0702)\ (-2.2843)$	0.2449	0.2392	-2.2843	-3.1003
Δy_t	$\Delta^2 y_t = 0.1053 + 0.0573 \Delta y_{t-1}$ $(1.4430)\ (1.5154)$	0.0906	0.2892	1.5154	
$\Delta^2 x_t$	$\Delta^3 x_t = 0.0096 - 0.2154 \Delta^2 x_{t-1}$ $(2.6206)\ (-3.7283)$	0.5397	1.3087	-3.7283	-3.1483
$\Delta^2 y_t$	$\Delta^3 y_t = 0.0265 - 0.1688 \Delta^2 y_{t-1}$ $(2.4524)\ (-4.1139)$	0.5914	1.5520	-4.1139	

(2) FDI 变量是否为汽车市场集中度变化的原因

当没有 FDI 进入时，汽车市场集中度的 ARMA 模型：

$$x_t = 1.8585x_{t-1} - 0.8560x_{t-2} + 1.9077MA(1) + 0.9465MA(2) + \varepsilon_{1t}$$
$$(18.95) \quad (-8.62) \quad (43.39) \quad (21.09)$$

Adj. R^2 = 0.99996, AIC = -5.1509, DW = 0.8313 （4.7）

（4.7）式中，因 CR_3 使用的是 HP 值，Adj. R^2 很高，但 DW 值小于 1，说明还有重要的解释变量未进入 RAMA 模型。

当把 y_{t-1} 和 y_{t-2} 加入 （4.7） 式后变为：

$$x_t = 2.0988x_{t-1} - 1.0958x_{t-2} + 0.9465MA(2) - 0.2227y_{t-1} + 0.248106y_{t-2} + \varepsilon_{2t}$$
$$(137.31) \quad (-71.21) \quad (-20.83) \quad (-15.76) \quad (15.23)$$

（4.8）

Adj. R^2 = 0.999997, AIC = -7.6084, DW = 1.9186

（4.8）式的 Adj. R^2 有所提高，DW 值接近 2，AIC 值有大幅度下降，CE = 0.6770<0，说明，y_{t-1} 和 y_{t-2} 对 x 的变化的原因。进一步对 （4.8） 式进行协整检验，ε_{2t} 进行 DF 方程：

$$\Delta\varepsilon_{2t} = -1.0006\varepsilon_{2, t-1}$$ （4.9）

Adj. R^2 = 0.999991, t = -1278.397, AIC = -8.2234, DW = 1.9466, DF = -1278.397, 5% Critical Value = -1.9677

（4.9）式的协整临界值 $C_{0.05}$ = -4.9743，而 DF 值远小于 $C_{0.05}$ 值，（4.8）式表示的是一个协整系统。对于 （4.9） 式 $\partial x_t/\partial y_{t-1} < 0$，$\partial x_t/\partial y_{t-2} > 0$，但 $\partial x_t/\partial y_{t-1} + \partial x_t/\partial y_{t-2} > 0$，说明，当 FDI 增加时，其集聚效应更明显，FDI 进入是促进中国汽车市场集中度提高的原因。

(3) 集中度提高是否引起 FDI 进入

在没有 x 输入时，y 的 ARMA 模型：

$$y_t = 2.5961y_{t-1} - 1.6854y_{t-2} + 0.7962MA(1) + 0.5435MA(2) + \varepsilon_3$$
$$(18.55) \quad (-10.27) \quad (3.88) \quad (3.22)$$

Adj. R^2 = 0.99995, AIC = -2.6550, DW = 0.7297 （4.10）

（4.10）式中，因 FDI 使用的是 HP 值，Adj. R^2 很高，但 DW 值小于 1，说明还有重要的解释变量未进入 RAMA 模型。

当把 x_t 和 x_{t-1} 加入 （4.10） 后变为：

$$y_t = 2.3299 y_{t-1} - 1.3885 y_{t-2} - 0.9788 MA(2) + 0.7813 x_t - 0.7874 x_{t-1} + \varepsilon_{4t}$$
$$(152.41) \quad (-78.60) \quad (-18.25.20) \quad (38.822) \quad (-38.70)$$

Adj. $R^2 = 0.99999$, AIC $= -7.0502$, DW $= 2.4504$ \hfill (4.11)

(4.11) 式的 Adj. R^2 有所提高，DW 值超过 2，AIC 值有大幅度下降，CE $= 0.3765 < 0$，说明，x_t 和 x_{t-1} 是引起 y 的变化的原因。进一步对 (4.11) 式进行协整检验，ε_{4t} 进行 DF 方程：

$$\Delta \varepsilon_{4t} = -1.2269 \varepsilon_{4,t-1} \hfill (4.12)$$

Adj. $R^2 = 0.6141$, $t = -4.370$, AIC $= -7.5925$, DW $= 2.1717$, DF $= -4.3701$, 5% Critical Value $= -1.9677$

由于 (4.12) 式的 DF 值小于 5%水平的临界值，ε_4 为一个平稳过程。而 (4.11) 式的协整临界值 $C_{0.05} = -4.9743$，而 DF 值远大于 $C_{0.05}$ 值，(4.11) 式表示的不是一个严格的协整系统。对于 (4.11) 式 $\partial x_y / \partial x_t > 0$，$\partial y_t / \partial x_{t-1} < 0$，但 $\partial y_t / \partial x_t + \partial y_t / \partial x_{t-1} < 0$，说明，当集中度增加时，其滞后效应对 FDI 进入产生不利影响。

2. 中国轿车

中国轿车市场集中度与 FDI 之间具有相反的变动趋势。1992—2008 年中国轿车的集中度 CR_3、FDI 经 HP 滤波后的 CR_3 值 HP_3 和 FDI 值 HP_4 更平滑，时间趋势更明显（见图 4.8）。

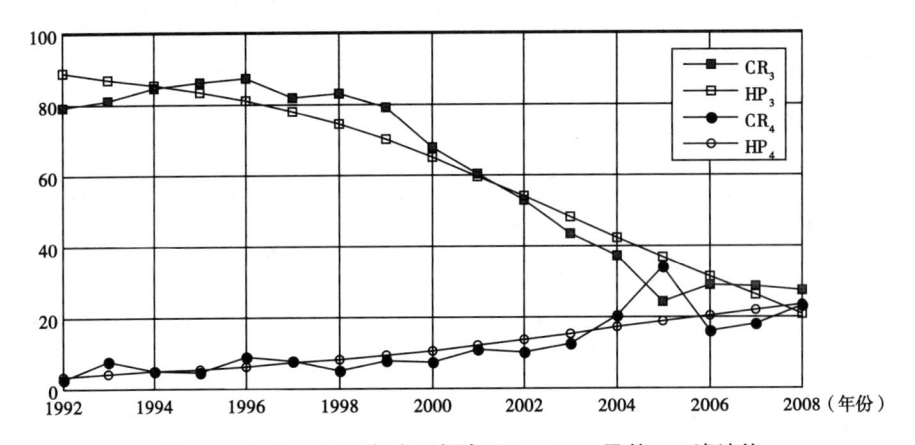

图 4.8 1992—2008 年中国轿车 CR_3、FDI 及其 HP 滤波值

(1) 单位根及单整检验

由于中国轿车 CR_3 ($x = HP_3$) 和 FDI ($y = HP_4$) 为非平稳变量，CR_3

和 FDI 的相互作用是否具有长期关系，为协整系统，必须先对数据进行单整检验，所使用的方法是 DF 单位根检验。在表 4.20 中，括号内为 t 统计量值，显著性水平为 5%，可以看出，随着变量 x_t 和 y_t 的差分阶数上升，DF 方程式的调节 R^2 和 DW 值也上升，DF 值在下降，二阶差分变量的 DF 方程的 DW 值仍比较小。从麦金农临界值判定，x_t 和 y_t 都是非平稳变量，一阶差点分也是非平稳变量；而二阶差分都是平稳变量，因此，它们属于二阶单整变量，即 x_t—$I(2)$，y_t—$I(2)$。

表 4.20   x、y 的单位根及单整检验

变量	检验方程	Adj. R^2	DW	DF	MacKinnon critical value (5%)
x_t	$\Delta x_t = -9.6645 + 0.0576 x_{t-1}$ $(-33.9813)\ (14.3717)$	0.9536	0.5493	14.3717	−3.1801
y_t	$\Delta y_t = 1.1202 + 0.1061 y_{t-1}$ $(11.78318)\ (15.721)$	0.9609	0.7636	15.7218	
Δx_t	$\Delta^2 x_t = -0.4527 - 0.03067 \Delta x_{t-1}$ $(-1.6805)\ (-0.6446)$	0.0694	0.4104	−0.6446	−3.2195
Δy_t	$\Delta^2 y_t = 0.1546 + 0.0229 \Delta y_{t-1}$ $(1.1637)\ (0.4153)$	0.0211	0.4385	0.4153	
$\Delta^2 x_t$	$\Delta^3 x_t = -0.5370 - 0.0943 \Delta^2 x_{t-1}$ $(-10.018)\ (-10.2021)$	0.9279	0.9547	−10.2021	−3.2695
$\Delta^2 y_t$	$\Delta^3 y_t = 0.2590 - 0.1071 \Delta^2 y_{t-1}$ $(10.1522)\ (-10.4514)$	0.9311	0.8796	−10.4514	

(2) FDI 变化是否会引起轿车集中度变化

对于 x 的变化除了自身机制外可能还由 FDI 变化引起。在没有 FDI 影响下的轿车集中度的 ARMA 模型：

$$x_t = 1.9946 x_{t-1} - 1.0011 x_{t-2} + 0.9076 MA(1) + \varepsilon_1 \qquad (4.13)$$
$$\quad\ (16.32)\ \ (-11.78)\qquad (5.84)$$

Adj. $R^2 = 0.999943$，AIC $= -0.9523$，DW $= 0.6453$

(4.13) 式中，MA(2) 过程不显著，Adj. R^2 很高，但 DW 值小于 1，说明还有重要的解释变量未进入 RAMA 模型。

把 y_{t-1} 和 y_{t-2} 加入 (4.13) 式后变为：

$$x_t = 2.6730 x_{t-1} - 1.6783 x_{t-2} + 0.86512 MA(1) + 1.8835 y_{t-1} -$$
$$\quad\ (36.08)\ \ (-22.68)\qquad (7.06)\qquad\quad (-6.80)$$

第四章 FDI 对中国汽车产业市场结构的影响

$$1.9641 y_{t-2} + \varepsilon_2 \tag{4.14}$$
(4.53)

Adj. $R^2 = 0.999994$,AIC $= -3.1683$,DW $= 1.8562$

（4.14）式的 Adj. R^2 有所提高，DW 值接近 2，AIC 值有大幅度下降，CE $= 0.3005 < 0$，说明，y_{t-1} 和 y_{t-2} 对 x 的变化的原因。进一步对（4.14）式进行协整检验，ε_2 进行 DF 方程：

$$\Delta \varepsilon_{2,t} = -1.1109 \varepsilon_{2,t-1} \tag{4.15}$$

Adj. $R^2 = 0.5477$,t $= -3.4805$,AIC $= -3.9079$,DW $= 2.3133$,DF $= -3.4805$,5% Critical Value $= -1.9755$

由于（4.15）式的 DF 值小于 5% 水平的临界值，ε_2 为一个平稳过程。同时，（4.15）式的协整临界值 $C_{0.05} = -5.1313$，而 DF 值远大于 $C_{0.05}$ 值，（4.14）式表示的不是一个严格的协整系统。对于（4.14）式 $\partial x_t / \partial y_{t-1} > 0$，$\partial x_t / \partial y_{t-2} < 0$，但 $\partial x_t / \partial y_{t-1} + \partial x_t / \partial y_{t-2} < 0$，说明，当 FDI 增加时，其集聚效应比较明显，FDI 进入是降低中国轿车市场集中度的原因。

3. 轿车集中度下降是否引起 FDI 进入

FDI 变化的变化除了自身机制外可能还与轿车业集中度下降有关。在没有 x 输入时，y 的 ARMA 模型：

$$y_t = 2.5889 y_{t-1} - 1.6779 y_{t-2} + 0.9898 MA(1) + \varepsilon_3 \tag{4.16}$$
$$(19.31) \quad (-10.64) \quad (28637.87)$$

Adj. $R^2 = 0.999951$,AIC $= -2.7071$,DW $= 0.4367$

（4.16）式中，因 FDI 使有的是 HP 值，Adj. R^2 很高，但 DW 值小于 1，这说明还有重要的解释变量未进入 RAMA 模型。

当把 x_t 和 x_{t-1} 加入（4.16）后变为：

$$y_t = 1.9158 y_{t-1} - 0.9597 y_{t-2} + 0.9899 MA(1) - 0.1928 x_t + 0.1919 x_{t-1} + \varepsilon_4$$
$$(42.70) \quad (-19.36) \quad (25705.74) \quad (-18.92) \quad (18.9728)$$
$$\tag{4.17}$$

Adj. $R^2 = 0.999999$,AIC $= -6.2199$,DW $= 2.1945$

（4.17）式的 Adj. R^2 有所提高，DW 值超过 2，AIC 值有大幅度下降，CE $= 0.43525 < 0$，说明，x_t 和 x_{t-1} 是 y 的变化原因。进一步进行协整检验，ε_4 进行 DF 方程：

$$\Delta \varepsilon_{4,t} = -1.2045 \varepsilon_{4,t-1} \tag{4.18}$$

Adj. $R^2 = 0.6050$, $t = -3.915$, AIC $= -6.9915$, DW $= 1.94463$, DF $= -3.9159$, 5% Critical Value $= -1.9755$

由于（4.18）式的 DF 值小于 5% 水平的临界值，ε_4 为一个平稳过程。同时，（4.18）式的协整临界值 $C_{0.05} = -5.1313$，而 DF 值远大于 $C_{0.05}$ 值，（4.17）式表示的不是一个严格的协整系统。对于（4.17）式 $\partial x_t / \partial y_{t-1} > 0$，$\partial x_t / \partial y_{t-2} < 0$，但 $\partial x_t / \partial y_{t-1} + \partial x_t / \partial y_{t-2} < 0$，这说明，当集中度下降时，其滞后效应对 FDI 进入产生不利影响。

无论是汽车还是轿车，其市场集中度与 FDI 之间互为因果关系。从协整角度看，FDI 是引起中国汽车集中度变化的长期原因，即中国汽车产业市场集中度对 FDI、轿车市场集中度与 FDI 之间不存在长期严格的因果关系。值得一提的是，一般而言 ARMA 模型要求平稳变量，不存在协整检验，但 VAR 模型也有协整检验，而对于 ARMA 模型还没有协整检验方法。这里所采用的是严格的 EG 两步法，有的未能通过协整检验。如果按一般方法，只要模型残差序列为平稳序列即通过单位根检验，模型变量之间就存在协整关系[①]。因此，无论是汽车还是轿车，其市场集中度与 FDI 之间互为长期因果关系。

第六节　FDI 对中国汽车产业市场结构影响

中国汽车产业，尤其是轿车产业是伴随着对外开放而发展起来的。FDI 的进入对中国汽车市场结构产生了直接的影响，这反映出 FDI 对汽车产业成长的影响既有积极的一面，也有不利的一面。

一　FDI 对中国汽车产业市场结构的积极影响

1. FDI 对汽车规模经济的影响

改革开放以前，中国国内汽车制造企业达 200 多家，平均年生产规模为 200 多辆，最小的企业年产仅十多辆，规模经济效应根本无法实现。随着德国大众、美国通用等跨国公司的进入，中国的汽车制造业发生了根本性的变化。经过一段时期的竞争，国内汽车制造业优胜劣汰，存活企业的生产规模普遍扩大。

---

① 高铁梅：《计量经济分析方法与建模》，清华大学出版社 2006 年版，第 156 页。

汽车产业达到规模经济的水平时才会有效推动市场集中。政策决策者的目标是既要利用规模经济，又要保持市场的充分竞争。在市场需求规模不变的情况下，随着FDI进入汽车产业，使行业内企业数量增加，平均的企业规模就有下降的可能。然而，市场开放除了带来FDI之外，也带来了更新的技术和开拓更大市场的需求。更新的技术使生产可能性曲线有了外移的可能，更大的需求则从需求方面为扩大规模提供了条件。因此，FDI对汽车规模经济产生积极的影响。

汽车产业是典型的规模经济性行业。按国际水平，一个汽车企业年产量为20万辆才能达到盈亏平衡点，30万辆才具有竞争力，25万辆才不会有被兼并的危险。而中国轿车企业绝大多数没有达到年产量30万辆的经济规模，达不到经济规模必然导致成本加大、竞争力减弱。因此，扩大企业的生产规模、降低成本是由汽车产业特点决定的。兼并尤其是横向兼并就显得更重要。大企业之间联盟有利于提高竞争力，占领更大的市场。美国通用在上海投资十多亿美元生产别克轿车，设计年生产能力15万辆，基本接近了最小有效规模。

2. FDI对市场集中度的影响

由于中国的经济结构完整、部门比较齐全，FDI进入汽车产业使国内市场集中度有所提高。而对轿车产业来说，集中度反而降低，促进市场竞争。开始，中国的汽车工业也是一个典型的幼稚行业，FDI所带来的产品一般是国内空白的产品。20世纪80年代德国大众进入中国汽车市场之时，基本上垄断了中国的中档轿车市场。20世纪90年代末，三资企业实现的销售收入约占整个行业的65%，创造的利润占整个汽车产业的80%以上。

中国汽车工业的市场集中度CR_4已达59.6%，CR_8为77.4%。这按照贝恩对市场结构的分类方法属于寡占Ⅲ型。表面看来中国汽车产业是个较高集中的行业，但是由于汽车产业的特殊性，对比国外来说还是有差距的，与汽车制造工业先进的国家相比，中国差距仍未有较大的缩小。几个发达的汽车工业大国如美国、日本、德国等前八家企业的市场集中度基本都在90%以上。这说明中国的汽车工业虽然已经达到了一定的规模，但是规模效应还不突出。中国汽车工业的市场集中度从2000年开始逐步提高，目前，中国汽车工业持续了它的扩张步伐。由于汽车工业是典型的追求规模经济的产业，所以各国的汽车工业都带有寡占的特点，中国的汽车工业也不例外。

在跨国公司刚刚开始进入中国，一个行业中只有一两家跨国投资企业时，的确存在跨国公司的市场集中度很高的问题。上海大众汽车公司，在较长时间内几乎是中国中档轿车的唯一生产企业，产品价格也处于相对高位，但是随着众多跨国公司来华投资，它们之间的竞争十分激烈，一汽捷达、二汽富康都与上海桑塔纳展开竞争，桑塔纳的市场占有率开始下降。尽管中国汽车生产企业的研发能力与跨国公司还无法相比，2005年的数据表明，中国汽车产业自主创新能力及劳动生产率出现转折，开始逐步上升。

显然，在国家宏观调控之下，中国汽车产业进入了一个新时期，汽车产业多年处在中（上）集中寡占型，也就是寡占Ⅲ型，没有进一步得到提高。因为在汽车产业中，同时使企业利润增加、提高竞争力，想解决这些问题，优化产业组织结构就极为重要。退出壁垒的提高是中国汽车产业集中度偏低的主要因素之一。政府应制定合理的退出机制，降低退出壁垒。同时，加速汽车企业的兼并重组，培养汽车龙头企业，提高竞争力。中国要把最有力的资源、人才等有利的因素聚集起来，实现大规模、高密集型的产业模式，应该调动一切有利因素，最大限度地实现企业的重组，使中国的汽车产业向高度集中寡占型乃至极高寡占型转变。

3. 跨国汽车公司的集聚效应促进了汽车企业行为的市场化和效率的提高

轿车产业属于政府管制的行业，在改革开放初期一直到20世纪90年代初，轿车产品的销售价格一直受到政府的管制。随着FDI的逐渐进入，在20世纪90年代初期，尤其是1992年以后，国内已有七八家轿车生产企业，轿车产量也有较大幅度的提高，企业之间开始形成竞争，轿车市场开始由卖方市场向买方市场转变。1994年1月29日，国务院办公厅发出《关于调整轿车价外税费的通知》，国产轿车价格由国家计委会同有关部门提出调整方案报国务院批准后执行。自1994年9月20日起，国家对国产轿车实行指导价，在国家规定的准出厂价格和浮动幅度内，由企业制定具体价格。此后，轿车产业的竞争随着更多跨国公司的进入变得越来越激烈，产量也越来越多，导致生产能力过剩。产品的价格水平开始由市场需求状况来决定，轿车企业的行为也进一步市场化了，企业之间为争夺市场份额展开价格战，降价销售，或者利用营销等各种市场行为及手段进行竞争。FDI企业在定价策略、销售策略、广告宣传、技术开发与创新等方面的市场行为，在维护其市场地位的同时，也间接地为国内其他同类企业起到了一定的示范作用。此外，从企业内部效率来看，FDI 进入后，轿车市场的竞争日益激烈，市场结构的变化以及 FDI 企业先进的管理理念和管理模式迫使企业纷纷加强组织与管理，以求能够在竞争中生存和发展下去，内部效率显著提高。

总之，FDI 进入中国汽车产业，影响和改变了汽车产业的市场结构、所有制结构，并对该产业的发展产生了一系列的积极影响。中国轿车工业在产业组织、综合技术水平等各方面的提高更为显著。由于中国的资本和技术稀缺，在 FDI 进入之前，中国汽车企业产业组织结构存在"散、乱、差"的问题。FDI 进入后，推动了企业的合并和资产重组，企业的平均生产规模有了很大的提高，出现了一汽、上汽、东风等多个企业集团，在纵向一体化和规模经济收益等方面均有了显著的进展。产业产能的大幅度提高，使市场竞争加剧、市场集中度下降，逐渐由原来的行政垄断向垄断竞争的市场结构转变。另外，跨国公司加速了中国汽车产业集群效应的形成，提高了企业之间的生产专业化分工与协作水平，如日本三大汽车公司集聚广州，吸引了国际著名的零部件供应商，尤其是日本厂商进来生产汽车零件。因此，整车厂和落户广州及周边地区的近百家汽车零部件企业一起形成了一个广州的汽车产业集群，促进企业间专业化分工与协作效率的提高，促进产业组织的发展合理化。

二 对汽车产业的不利影响

1. 国内市场为跨国公司投资企业所操控

跨国公司在资金规模、技术水平和品牌等方面具有相对的竞争优势，排挤并淘汰了部分国内汽车企业，拥有了大部分的市场份额。虽然这个份额由多家来自不同母公司的企业分享，所构成的市场是竞争性的，而非垄断性的，但这种竞争局面基本上是跨国公司之间的竞争。即使在许多合资企业中，中方持有多数股份，但外方在企业决策上的实际影响力大大超过中方。这是因为核心技术、销售渠道和关键岗位的人选等往往是由外方控制。轿车产业中排名前 10 位的大企业，跨国公司投资企业都占据着四分之三以上的席位。

2. 跨国汽车公司提高了中国汽车市场进入壁垒

市场进入壁垒是指在位企业相对于潜在进入者的优势，表现为在位企业可以持续地把价格提高到完全竞争水平以上，而没有引起新厂商进入的变化。市场进入壁垒包括成本优势、规模经济和产品差异化壁垒。绝对成本优势表现在跨国公司拥有高度垂直一体化的全球生产体系，其子公司产品的原料来源、中间投入品的获得都比普通厂商更为容易，并且享有价格优势。相对成本优势主要表现在跨国公司的研究开发、广告、营销等费用可以在更大的范围内分摊。显然，区别于当地企业只能基于国内要素禀赋配置资源，跨国公司可以更充分地利用全球化资源降低生产成本，具有明显的成本优势，从而提高了中国民营汽车企业进入的成本壁垒。这一点，对中国自主品牌汽车产生和发展带来较大挑战。

3. 自主开发能力不足，不利于产业核心竞争力的培养和提高

FDI 的目的，是借助中国广阔的汽车市场容量和丰富廉价的劳动力，突破中国高关税和进口数量的限制，占据中国汽车市场并从中获取高额利润，而非培育中国的汽车工业。因此，FDI 在技术方面实行较为严格的控制，并在很大程度上限制中方自主研发能力的提高，而没有真正将先进技术转移到中国，以致国产轿车经过 20 多年的发展依然没有形成较强的独自开发能力，核心技术仍控制在外商手里。技术力量薄弱、自主研发能力低下、开发周期长等因素仍将有可能拉大中国汽车与国际轿车的差距，核心技术的缺乏严重制约汽车产业国际竞争力的提升。

总体上，与主要发达国家市场经济比较，中国汽车工业的市场集中度较低，轿车市场集中度更低，组织结构分散。这种分散化格局的形成是与传统的计划经济体制和转型期中国经济的固有特点紧密联系在一起的，也与跨国汽车公司进入有直接关系，它不仅导致规模经济效益的缺失，而且也加剧了生产能力过剩和市场的过度竞争状况，不利于中国汽车产业竞争力的提高。

虽然中国汽车产业的市场集中度呈逐年上升趋势，但是，相对于发达国家来说，中国汽车产业的集中度还是比较低的。这说明中国的汽车产业还存在着过度竞争的现象，这样的集中度结构对于 FDI 的吸引是非常有利的。但是在当前国际市场激烈的竞争格局中，中国汽车产业只有形成了合理的集中度，才能有合理的有效竞争。中国政府应该建立合理的产业政策和竞争政策，吸引 FDI 的流入，促进跨国公司向中国转让先进技术。同时，利用 FDI 提高该产业的市场集中度，使其达到一个合理的高度，从而从整体上提升中国汽车产业的竞争水平。虽然，FDI 的大量进入势必会形成一种垄断格局，但是控制垄断的最好方法就是竞争。所以，中国政府只

要不是保护有限的少数跨国汽车厂商在中国投资，就可避免国外投资者在中国的垄断。

中国汽车产业的市场集中度与吸引 FDI 之间存在一定的互动作用，市场集中度的变化也直接影响吸引 FDI 数量的增减。同时，中国汽车产业市场集中度的持续变化说明汽车产业竞争已过度充分。这对于降低轿车价格、自主创新和 FDI 企业投放新车型是有利的，但中国汽车产业分散生产，尤其轿车东西南北都在生产，分散了资源，没有形成聚合力，规模集聚竞争力低。因此，中国虽是汽车大国，但不是汽车强国的原因也部分在此。显然，提高汽车产业的市场集中度，调控汽车产业吸引 FDI 的数量和分布，调整 FDI 带来中国汽车轿车业的竞争格局是十分必要的。

第五章　FDI 对中国汽车产业空间集聚的影响

汽车产业具有生产过程可分性与集成化生产的特点，同时因其产业关联性强、带动量大，而吸引 FDI 集聚。FDI 空间分布加速了中国汽车制造业与配套企业集群，使中国汽车产业空间分布发生了较大变化。由于中国汽车地区分布比较分散，没有一个地区拥有两个大的汽车企业，因此，汽车产业空间分布也是汽车产业生产组织结构优化的重要标志。同时，在 FDI 参与下中国汽车产业的空间分布结构是否具有显著的集聚性，这是决定中国汽车产业空间结构竞争力的重要方面，也是国际竞争力的决定因素之一。

第一节　产业集聚与汽车产业空间集聚

一　产业集聚概念

汽车工业是一个国家工业化水平的代表性产业，其产业链长、产业关联度大，对相关产业和整个国民经济有巨大的带动作用，而且中国是世界上为数不多的汽车潜在需求巨大的市场之一，正是基于汽车工业的这种产业特性和发展潜力，国家将汽车工业确定为国民经济发展的支柱产业。

所谓产业集聚实际就是一种新的空间产业组织形式，是产业发展过程中出现的特定领域内一定数量的企业在一定地域范围内的集中，并产生集聚效应的一种现象。在集聚区内，产业链较长，其中，既有主导产业，又有为主导产业提供配套服务的企业和机构；既有上游企业如零部件、机械设备制造商，也有下游的分销渠道和顾客；既有生产性企业，也有服务性企业和机构，如大学、科研机构、培训教育机构、专业媒体和贸易联盟等。如美国的微电子、生物技术、风险资本集聚在硅谷；汽车设备与零部件集聚在底特律；飞机设备生产与设计集聚在西雅图；影视娱乐业集聚在好莱坞；等等。可以说，产业集聚是许多国家发展特定产业的方向，也是提高本地区竞争优势的有利途径。

20世纪70年代末以来，一些经济学家将空间维度引入现代主流经济学，一些经济地理学家将主流经济学的研究方法和分析工具引入经济地理学研究，现代经济学和地理学的交融促使新经济地理学逐渐发展起来。其中，最为典型的代表是克鲁格曼，他以传统的收益递增为理论基础，引入地理区位等因素，分析了空间结构、经济增长和规模经济之间的相互关系，提出了新的空间经济理论。通过其新理论，克鲁格曼发展了集聚经济的观点。他的工业集聚模型假设一个国家有两个地区，有两种制造业生产活动，在规模经济、低运输费用和高制造业投入的综合作用下，地区将会形成专业化分工和地区产业集聚（Krugman，1991）。这从理论上证明了工业活动倾向于空间集聚的一般性趋势，并阐明由于外在环境的限制，如贸易保护、地理分割等原因，产业区集聚的空间格局可以是多样的，特殊的历史事件将会在产业区形成的过程中产生巨大的影响力。现实中产业区的形成具有路径依赖性，而且产业空间集聚一旦建立起来，就倾向于自我延续下去。克鲁格曼的模型为产业政策扶持提供了理论依据，产业政策有可能成为地方产业集聚诞生和不断自我发展的促成因素。另外，他的垄断竞争模型在融合传统经济地理学理论的基础上，综合考虑多种影响因素，如收益递增、自组织、向心力和离心力等的作用，证明低运输成本、高制造业比例和规模有利于区域集聚的形成。

波特把集聚概括为"企业族群"，是指某一特定领域内互相联系的、在地理位置上集中的公司和机构的集合。波特是从企业竞争力的角度来说明产业集聚现象，认为产业集聚有助于提高企业的竞争力。他认为，在经济全球化的过程中，一些地区内由于产业集聚而形成的产业群可以从三方面影响企业和区域的竞争力：一是提高企业的生产率；二是指明了创新方向和提高创新速度；三是促进新企业的建立，从而扩大和加强集群本身。波特在《国家竞争优势》中提出"金刚石理论"，他认为，要素禀赋、需求状况、相关和辅助产业、公司的策略结构和竞争是各国各地区某一产业的竞争优势所在，这些也是产业集聚的重要因素。显然，波特的理论中，产业集聚会构筑竞争优势，竞争优势来源于集聚效应。

波特在竞争优势理论的分析框架下，重构了有关产业集聚的新竞争经济理论。区域内的企业之间是独立的、非正式的关系，它不同于科层制组织或垂直一体化组织，而是一种松散的价值链体系。它作为一种空间组织形式所具有的效率、灵活等特性可以产生竞争优势。他认为规模报酬递增必须在动态的竞争观念中，才能真正确立其优势，如果和过去要素禀赋理论一样在静态的竞争观念中使用的话，则会出现偏差。

邓宁 1998 年总结了 20 世纪 90 年代末期 FDI 区位理论的发展新趋势，把 FDI 引入波特的"金刚石理论"中，从而产生邓宁——波特金刚石模型。FDI 进入后通过参与和影响要素、需求状况、相关和辅助产业、公司的策略结构和竞争，加速地区产业集聚，提升地区集聚竞争力。

应当看到，产业的空间集聚是产业集群的明显特征之一。这里使用的产业空间集聚概念是同产业集中的概念相匹配的。产业集中和分散是市场垄断程度高低的反映。不同的产业由于利用规模经济和范围经济的可能性不同，产业集中程度有很大差异。衡量产业集中度的指标仍分为绝对集中度和相对集中度指标。一般来说，规模经济显著的部门，例如汽车、钢铁、石油化工等产业形成较高的集中度，即空间集聚程度高。新技术时代需求多样化和生产多样化突出了范围经济的重要性，导致了产业非集中化的趋势。

产业空间集聚是生产力实现空间布局上的优化，是各种生产要素在一定地区或范围内的大量聚集和有效集中。在经济地理、经济学和贸易研究的相关文献中，学者们用集聚经济理论解释了为什么某些产业会在地理上集中于一些地方（Ellision G. Glaeser, 1998）。"新经济地理"学者对分析产业空间集聚表现出浓厚的兴趣。分析产业空间集聚水平的方法一般采用产业集中的计量方法，例如，可以使用集中指数，计算出产业集中的主要区域；也可以用区位商和专门化指数，计算出某区域某产业部门的集中程度。产业空间集聚的定量分析有助于理解产业的移动和产业空间集中的变化。

二 汽车产业集聚

汽车工业是规模经济效应最显著的产业之一。学习效果与累计产量正相关，单位时间内规模越大，学习效果越明显。汽车工业的规模效益本质上来源于社会化大生产条件下的大规模生产和专业协作，以及在此基础上的技术进步。生产集中度的提高使采用先进高效生产工艺和减少单位产品成本成为可能，也为实现零部件企业专业化和标准化创造了条件。衡量规模经济的一个重要尺度是最小经济规模。最小经济规模是指平均成本曲线达到最小值的产量。从规模经济的定义可以知道，规模经济实际上描述了长期平均成本曲线随产量增加而下降的趋势。当规模经济被穷尽的时候，长期平均成本曲线呈水平状，通常将可以穷尽规模经济的最小产量称为最小经济规模。从边际成本角度来分析，这时的规模是最小经济规模，因为成本降低到极限。

厂商为追求利润最大化，必然努力使自己达到规模产量，以获得规模效益和学习效益，增强成本优势。新厂商的过度进入意味着现有厂商市场份额的减少，规模效益和学习效益降低，也给潜在企业起了不好的示范作用。原有厂商会利用自身在成本、销售渠道、品牌等方面的优势，为进入者设置障碍。

近半个世纪以来，汽车产业不断发展，已成为现代经济增长的主导产业和支柱产业之一。据统计，世界上50家最大的公司中，汽车公司就占了近20%，其他企业也大都是与汽车工业相关的石化企业和机械企业。另外，不管是在美国、日本、德国、法国和瑞典等发达国家，还是在多数汽车工业的后起发展国家，如韩国、巴西和西班牙，汽车公司往往是这些国家中最大的企业，汽车工业产值一般占到国民经济总产值的10%—15%。汽车工业之所以能在短短的50年内造就出如此多的大企业、创造出如此巨大的财富，这与其具有较强的关联作用分不开的。

汽车作为一种高度深加工的最终产品，位于产业链条的末端，或者说位于产业金字塔的顶端，同其他消费品相比，汽车不仅有着庞大的关联作用，而且集成了大量高新技术。因此，汽车工业可以作为衡量一个国家工业水平高低的标志性产业。汽车产品由上万个零部件组成，在生产过程中要采用各种不同的加工工艺，因此产品生产链长，需要消耗诸多其他工业产品，如钢铁、有色金属、橡胶、玻璃、电子、石油、化工、机械等，从而带动冶金、制造、化工等上游产业的发展；同时也会带动商业、交通运输、公路建筑、能源、维修、保险、旅游等下游产业的发展。

目前全球汽车产业较发达的地区主要集中在日本和欧美等国，其汽车产业多是以产业集聚的模式来发展的，如日本的丰田城、美国的底特律汽车城和德国南部的汽车工业区。在汽车产业集群内，"核心企业"主要进行专业化整车生产，而其他企业则是为其生产某种产品，或零部件，或是为其提供原材料、燃料或其他服务。"世界汽车之都"的底特律，其汽车产量占美国汽车总产量的1/4,作为美国的第五大城市,全市440万人中约90%就业于汽车产业。

日本丰田市,即丰田城,原本是一个老的军事要镇。自20世纪30年代末期以来,随着丰田公司的许多工厂及协作厂布局在此,该地区得到快速发展。丰田市总人口达到28万,其中,仅丰田汽车公司的雇员、家属就占了一半多,已经成为全球四大汽车城之一。目前在丰田市,丰田汽车公司拥有10个汽车厂,可生产几十个系列轻、重型汽车。在丰田公司的250个主要供货商中,有50个总部设在丰田城内,其余的在丰田城都设有车间,协作厂的数量达到1000多家。此外,大多数供货商位于离丰田城不到35公里的区域内,形成一个庞大的汽车产业集聚区。

2007年丰田公司共生产950万辆汽车,比通用汽车公司多21.3万辆,成为全球最大的汽车产业集聚区。当然,在汽车销量上,通用汽车公司仍以3000辆的微弱优势领先丰田公司,使通用公司保有世界最大汽车制造商的称号达77年。丰田公司还表示,2007年是公司连续第六年收益创纪录,汽车出口和海外生产的汽车均大幅增长。目前,两大汽车公司在美国欧洲等发达国家市场以及印度、中国等发展中国家市场都在展开竞争。

从一些发达国家的汽车产业发展来看,汽车产业的集聚化发展已成为当今汽车产业发展的主流趋势,而且一般来讲,这些国家的汽车产业都是采用"中心卫星型"的模式发展。众多的国际性汽车大公司都希望通过集聚化的企业布局获取由此所带来的外部效应。这些大的汽车公司从自身利益出发,降低成本,甩掉包袱,大量采用零部件外购的方式生产整车,同时注重不断完善与集群内其他企业之间的协作关系,建立良好、密切的伙伴关系,努力培植集聚区内相互信任的氛围,从而产生较强的地域根植性。这就为汽车产业的再造提供了基础,汽车产业也应当顺应这种集聚化发展的潮流,通过产业集聚整合资源,增强竞争力。

第二节 中国汽车产业集聚与区域分布特点

一 中国汽车制造分布总体特征

中国处于国民生活由温饱型向小康型的过渡阶段,汽车等耐用消费品市场需求大规模增长,必然吸引大量企业进入。但原有计划经济体制并未完全退出，导致汽车产业体制的"非均衡"。这种特殊的制度结构和利益驱动导致了汽车产业高行政进入壁垒，阻碍竞争。行政分权、财政"分灶吃饭"和市场分割，增加了当地税收和当地就业机会的激励，促进和鼓励了许多汽车企业的诞生。这种体制，实际上形成了较高的行政区划壁垒，生产要素的合理流动受到限制、产品市场被分割、地方保护主义盛行，造成一些得到保护的规模小效率低的企业能够得以生存，整个汽车产业则出现生产分散化，达不到规模经济的基本要求。投资审批权下放地方后，为了突破中央政府审批的限制，使得小规模汽车企业大量重复上马，各地产品结构雷同，价格竞争严重。然而，汽车产业并没有向民营资本开放，在FDI准入情况下，各地纷纷吸引FDI，更加快了汽车产业空间格局的变化。

由国有经济发展而来的三大汽车集团与地区较有规模的汽车企业重组扩张，属于不同职能部门的企业其区位变化具有不同的特点。在汽车集团总部方面，除东风汽车公司总部迁到武汉之外，其余集团的总部都没有区位变动，目前三大集团的总部为长春、上海、武汉。在生产基地方面，计划经济时期形成的生产基地区位没有变化。

进入20世纪90年代，中国汽车集团生产基地的选择有两个特点。一个是为了占领更大的市场份额，汽车产业需要接近市场，各大汽车集团通过兼并重组不断增加自己的生产基地，如一汽集团现有七大生产基地，几乎覆盖整个中国市场，上汽的生产基地主要集中在长江以南地区，沈阳的金杯汽车公司由于业绩一直不佳，所以整合后成为上海通用汽车公司的东北生产基地。另一个特点是，不同汽车集团的同种车型的生产基地呈分散状态，不会选择在同一区位，如一汽集团的轿车生产基地在长春，上汽集团的轿车生产基地绝不会在长春，而是选择了沈阳。

值得注意的是中国汽车产业民营企业在加快发展。在中国稍微放松对民营资本进入整车业的限制后，就出现了发展比较成功、速度较快的民营企业。吉利和奇瑞的迅速发展不仅改变了中国汽车市场结构，还影响了中国汽车产业的空间结构。

中国汽车企业生产基地的选择并没有完全按照市场规律。从2008年整车市场销量看，中国十个汽车企业的分布比较分散，分布在不同的10个省区市，长三角地区最为集中，其次是东北地区，北京、华中武汉、西南重庆和广东分别具有一个前十强汽车企业分布。2008年整车市场销量为 938 万辆，其中，前十强企业销量为 327.89 万辆，市场集中度为 81.984%，进一步计算 CR_4、CR_8 分别为 54.91% 和 76.68%，属于比较高的集中程度。

二 中国汽车制造区域分布与特点

目前从中国各省市地区汽车产量来看，在当地汽车产业核心企业的带领下，中国已经形成几大汽车生产区域，它们是以一汽集团总部所在地——长春市为核心的东北地区；以北京市、天津市为核心的京津地区；以上海市为核心的长江三角洲；以广州为核心的珠江三角洲；以湖北省和重庆市为核心的中西部地区。与美国和日本相比，中国汽车制造业比较分散，但现阶段的中国汽车工业表现出明显的地域集中特点，一种产业集聚的趋势初步显出轮廓。中国汽车主要集中在泛长三角、泛珠三角、东北地区、京津冀地区、华中地区和西南地区等六大区域。泛长三角包括上海、浙江、江苏和安徽；泛珠三角区包括广东、广西和海南；东北三省为辽宁、吉林和黑龙江；京津冀即北京、天津和河北；华中地区包括湖北、湖南和江西；西南地区包括重庆、四川和云南。

1. 泛长江三角洲

目前，上海市是中国最大的轿车生产基地。上海有全国三大汽车集团之一的上汽集团，有中国最大的中德轿车合资企业上海大众，有投资最大、成长最快的轿车合资企业上海通用。上汽集团及其合作伙伴积极参与国际、国内汽车产业的兼并重组，不仅重组了山东整车及发动机项目、沈阳金杯通用汽车项目，还参与了对韩国大宇汽车集团的并购。2008 年上海汽车工业集团公司汽车销量达到 182.6 万辆，主要车型为桑达纳、帕萨特、高尔夫、途安、POLO 和别克；上海通用、上海大众销量分别为 45.86 万辆和 50.1 万辆，居全国轿车销量的第一和第二位，份额分别为 10.712% 和 8.779%。

位于上海西北郊安亭国际汽车城的上海大众，是上汽集团与德国大众成立的轿车生产企业，双方的投资比例各占 50%。位于上海市浦东金桥出口加工区的上海通用，由上汽集团与美国通用汽车成立。上海通用汽车拥有金桥、烟台、沈阳三大生产基地。其中，金桥基地的生产能力为年产 32 万辆整车、10 万台自动变速箱、20 万台发动机。上海通用汽车年总产能可达到 48 万辆，其规模与实力在国内汽车企业中位居前列。

位于杭州的民营企业吉利控股集团是中国自主品牌汽车的主力军。建于 1986 年，资产总额已经超过 50 亿元。自 1997 年进入汽车制造领域以来，凭借灵活的经营机制和不断的创新观念，快速成长为中国经济型轿车的主力品牌。2005 年在国内销量达到 18.16 万辆轿车，市场占有率达到 5.650%，在国内轿车市场位居第 9 位。吉利已跻身中国国内汽车制造企业"3+6"主流格局。

江苏省有南汽集团、春兰汽车、上汽仪征、扬州亚星和盐城的东风悦达起亚。这一区域形成密集的汽车工业园区。值得一提的是南京长安汽车有限公司主要产品奥拓和羚羊，2008 年销量达 86.2 万辆，在中国交叉车市场占有率为 7.13%，居第四位。

安徽汽车产业的龙头企业是奇瑞汽车有限公司和江淮汽车集团。2005 年奇瑞的主要车型为奇瑞 QQ、A5、东方之子、云奇和瑞虎；江淮汽车的车型为瑞风、格尔发重卡康玲、威玲、帅玲，中卡亮剑等，产量分别为 18.92 万辆和 15.43 万辆。2005 年奇瑞汽车已跻身中国国内汽车制造企业"3+6"主流格局，在轿车市场的占有率为 6.816%，位居第 6 位。安徽汽车产业以自主品牌为主，拥有自主知识产权，在对外出口和对外投资没有限制，这是安徽提升汽车产业国际竞争力的优势所在。安徽鼓励汽车生产企业通过技术授权或海外直接投资的方式，针对东南亚、非洲和欧美等重点市场，加快国际化进程；积极寻求在日本、欧洲和美国的汽车产业发达区域建立研发中心；积极创造条件，扩大整车及零部件产品的出口。

泛长江三角经济区，集聚了通用、福特、大众以及菲亚特、现代起亚 5 家国际汽车公司，有全国三大汽车集团之一的"上汽集团"；还有民营汽车企业浙江吉利汽车集团，是全国聚集轿车整车生产基地最集中的地区。近几年，该区轿车整车的市场占有率，在全国各大汽车集聚区中，稳居第一位。

2. 珠江三角洲

以广州为中心的珠江三角洲经济圈具有优越的经济环境，是全国最大的轿车消费市场。广汽集团于 2000 年重组，现拥有全资或控股企业 100 多家，其中，包括广州本田、广州本田二厂、广州五十铃、广州丰田、羊城汽车公司、五羊本田、东风汽车城用车工厂、骏威客车、宝龙汽车厂等重头企业，集聚了日本的丰田、日产和本田，总资产达 180 亿元。2008 年广汽集团整车销售量为 60.74 万辆，位居全国第 4 位，市场份额为

6.48%,同年广州本田销量为30.6万辆,东风日产乘用车销量为15.75万辆,分别居中国乘用车销量的第5位和第6位,市场占有率分别为7.19%和5.57%;广州本田占中国MPV市场的17.4%,位居第二位。

近年来,珠三角的汽车制造业发展十分迅速。除广东外,广西已发展成为中国交叉车的最大生产基地。上汽通用五菱汽车股份公司交叉车产品销售量达26.48万辆,在中国交叉车市场占有率为31.84%,居第一位;微型货车销售量为45474辆,在中国微型货车市场占有率为19.48%,居第二位。

海南汽车工业经过多年努力,成为海南省的支柱产业。从2000年起,元创、威昌、瑞利、六合、全兴等8家台资汽车配件公司先后落户海南马自达工业园,与海南马自达结成上下游产业关系,海南汽车产业成为后起之秀。2005年一汽海南汽车公司的普力马销量为15009辆,占中国MPV市场的9.48%,居全国MPV市场的第5位。

珠江三角洲经济区,日本本田、日产和丰田三大汽车公司,相继进入,集聚广州。目前,该区轿车整车的市场占有率在全国各大汽车集聚区中,仅居第四位,但随着日产、丰田加大投资后,珠三角经济区在中国汽车产业中的地位将会上升。

3. 东北区

东北地区各省都有核心汽车企业,汽车制造业对当地经济有强大拉动作用。吉林省是中国汽车工业的摇篮,到2003年底,有规模以上企业212家,其中,整车制造企业3家;专用车制造企业14家;汽车零部件企业195家,从业人员17万人,资产总额1064亿元。2003年完成工业总产值1248亿元、销售收入1175亿元、利润97.5亿元、税金41亿元,分别占全省工业的50%、47%、61%和52%。其中,一汽集团到2003年底已形成年产100万辆汽车的整车生产能力,生产汽车94万辆,其中,轿车57万辆。在吉林省内实际生产各类汽车64.06万辆,其中,轿车35万辆,轿车市场占有率位居国内第2位,中重型车占有率连续3年保持国内第1位,轻微型车进入同行业前5位。

黑龙江的哈尔滨有吉林通田、哈尔滨轻型车厂和著名的自主开发汽车产品哈飞汽车。哈飞2002年产能力已经达到30万辆,2004年生产汽车20.6万辆,产销量名列国内汽车厂家第七位,并且成功借壳上市。

东北区,跨国汽车公司有大众、丰田、宝马相继进入该区合资发展,是全国三大汽车集团之一的"一汽集团"的所在地，有哈飞、华晨等国内著名的汽车企业。近几年，该区轿车市场占用率在全国各大汽车集聚区中，居第二位。东北地区作为新中国的"工业摇篮"，拥有钢铁、能源、化工、重型机械、造船、飞机、军工等重工企业，为汽车产业的发展创造了基础优势和发展潜力。在汽车科研与人才培养方面，吉林省也领先全国，有吉林大学汽车工程学院，是中国汽车工业人才培养和科学研究的重要基地。

4. 京津冀区

京津冀经济区，克莱斯勒、丰田公司进入较早，近年又有韩国现代、德国奔驰进入该地区，合资发展。目前，该区轿车整车的市场占有率在全国各大汽车集聚区中，居第二位。

目前，北京汽车已经形成以轻型商用车为龙头，轿车、重型车和多功能运动车型全面跟进的产品格局。北京现代是2002年由中韩双方各出资50%共同设立，2003年实现产销5万辆，目前15万辆扩能改造已经完成；北汽福田以全系列商用车为发展方向，年产12万辆轻型卡车和5万辆中重型卡车，2005年形成21万辆整车和25万台发动机的生产能力；北京吉普以轻型越野车为主导产品，年生产能力为8万辆，2003年三菱公司的越野车及SUV产品，通过产品结构全面升级，形成了有竞争力的、定位准确的豪华高、中档产品结构，解决了产品老化和长期不换代问题。2005年北京汽车工业控股公司主要产品帕杰罗、切诺基、BJ2032、BJ6430、福田欧曼、北汽福田等产品销量达59.73万辆，占中国汽车整个市场的8.83%，仅次于一汽车集团，居第二位。

天津汽车工业目前有全资子公司17家、集体企业7家、中外合资与合作公司23家、股份公司1家和国有、集体企业合资公司2家。核心企业是天津丰田、天津一汽、一汽华利，主导产品是夏利轿车。自15万辆夏利轿车扩建项目的建成，天津汽车工业形成了23万辆汽车生产能力。1998年夏利产量突破10万辆，2005年天津一汽产量18万辆。2005年天津一汽夏利轿车销量为19万量，占全国基本型乘用车的市场份额6.72%，居全国第6位；同年，天津一汽丰田汽车有限公司生产普拉多11898辆，占中国SUP市场的6.11%，居全国SUP市场的第6位。

河北是中国SUV的重要生产基地，在全国10强SUV生产企业中有2个企业在河北保定。2005年，长城汽车股份公司和河北中兴汽车制造有限公司 SUV 产品销售量分别为 28462 辆和 7840 辆，分别占 SUV 市场的 14.62%和 4.03%，居第 1 位和第 10 位；同年，长城汽车股份公司还产销 36017 辆轻型货车，占中国轻型货车市场份额的 4.22%，居中国轻型货车中企业前十强第 8 位。

京津地区有众多有实力的汽车零部件企业，如天津电装、爱信、富士通天电子、东海理化、矢崎汽配、天津斯坦雷、丰田一汽（天津）模具、天津丰田纺织汽车部件、天津丰通汽配、天津丰田通商钢业、天津丰通再生资源利用、摩托罗拉（天津）、天津津丰、天津星光、北京蒙诺、万都（北京）汽车底盘系统公司、万都北京研究所等企业。北京与天津，作为中国环渤海经济区中两个最重要的城市，既有资源优势，又有便捷的交通网络，具有发展汽车产业较大的潜力。

5. 华中区

湖北的汽车制造业生产相对集中，生产基地已具规模，以东风汽车公司为主体，军工、地方企业为依托，从十堰、襄樊到武汉，从宜昌、荆州到黄石的两条汽车工业长廊已具规模。湖北有东风汽车、神龙汽车、三江航天集团、湖北省汽车集团等整车企业 9 家，总产能 50 万辆，其中，东风和神龙的产能分别是 30 万辆和 15 万辆，2004 年东风生产货车、轿车和客车共 30.84 万辆；神龙汽车生产轿车 8.8 万辆。世界跨国汽车公司 PSA 标志雪铁龙集团、日产和本田的合资使湖北汽车工业跃上了一个更高的发展平台。武汉已形成了"重、中、轻、轿、微、专、农"全系列车型的格局。地区有众多有实力的汽车零部件企业，有神龙汽车襄樊零部件工厂、法雷奥汽车空调、荆州恒隆、湖北法雷奥车灯等企业；武汉地区还拥有武汉理工大学、华中科技大学、湖北汽车工程学院等高等院校，在汽车技术研究、汽车人才的培养方面有着得天独厚的优势。

江西是汽车制造业比较强的省份，主要生产交叉型乘用车和客车。江西汽车制造业的主力是江铃汽车股份公司。2005 年江铃汽车产销 17426 辆 SUV 汽车，占全国 SUV 汽车市场的 8.90%，居第 5 位；产销 19400 辆客车，占客车市场的 7.26%，居第 5 位；产销 51200 辆货车，占货车市场的 3.47%。同年，昌河汽车股份公司产销 51883 万辆交叉型乘用车，占全国交叉型乘用车市场的 6.24%，居第五位。

湖南是华中地区汽车制造相对比较弱的省份，但也有特点。2005 年，湖南长丰汽车公司 SUV 销售量为 24170 辆，占 SUV 市场的 13.48%，居第

3 位；湖南江南汽车公司生产中型客车 6056 辆，占中型客车市场的 9.78%，居第四位；同年，郴州吉奥汽车有限公司产销 2930 辆微型货车，占 1.25%，居中微型货车第 10 位，进入前 10 强。

6. 西南区

重庆有中国最大的微型车生产企业长安汽车。长安集团拥有长安汽车股份有限公司、控股 51% 的长安铃木汽车公司和控股 50% 的长安福特公司等子公司。2005 年长安汽车公司，销量为 63.11 万辆，占全国整车市场份额的 10.95%，位居第四位。重庆还拥有商用车生产企业庆铃汽车、重庆宇通客车厂、重庆重型汽车、重庆铁马、重庆力帆、重庆红岩汽车、重庆长安跨越、重庆正浩嘉陵（冰淇淋车）等汽车企业。其中，重庆力帆 2005 年销售中型货车 4532 辆，市场占有率为 2.29%，居全国中型货车前十强之第九位；同年重庆红岩汽车有限公司生产 10859 辆重型货车，销售 8475 辆，占 4.71%，居重型货车市场第 5 位。

四川在中型货车制造方面具有一定优势。2005 年四川银河汽车集团有限公司和成都王牌汽车有限公司分别产销中型货车 11824 辆和 11251 辆，分别占中型货车市场份额 5.99% 和 5.70%，分别居中型货车前 10 强的第 4 位、第 5 位。

云南汽车产业以一汽红塔云南汽车制造有限公司为代表。一汽红塔云南汽车制造有限公司是由拥有中国汽车第一品牌的第一汽车集团和拥有中国烟草第一品牌的云南红塔集团强强联合，公司具有商用车和乘用车两个平台。商用车有小解放、解放小卡、解放微卡、红塔金卡、红塔微卡等轻型卡车及工程车系列产品 600 多个品种；乘用车有微轿、轻客、MPV、SUV 系列产品。公司轻卡产品面向全国销售的同时，已出口越南、缅甸、老挝等十多个国家和地区，已建设成中国第一汽车集团在西南最大的汽车基地。2005 年，一汽红塔汽车制造有限公司生产 45300 辆货车，销售 47000 辆，占货车市场的 3.23%，居全国货车市场第 8 位。此外，昆明云内动力股份有限公司是生产汽车发动机的专业厂家，其与德国 FEV 发动机技术公司合作，通过多年努力，开发出了拥有自主知识产权、从自有生产线下线、具有国际先进水平的节能、环保型 D16TCI、D19TCI 轿车柴油机。该产品属国家《汽车产业政策》鼓励发展的产品，其排放达到欧 IV 标准；功率、扭矩、油耗、噪声指标达到国际同类型产品先进水平，可适用于轿车、SUV、MPV、高档商用车等车型。2005 年云内动力产销 19.35

万台发动机，占全国发动机市场的 4.09%，跻身前 10 强。

三　汽车产业区域结构及演化

目前，中国汽车产业发展已形成六大板块为代表的汽车产业集群化发展趋势。这六大区域的汽车产业集群已初具雏形，各具特点与优势（见表 5.1）。

1. 泛长江三角。目前上海是中国最大的轿车生产基地，上汽集团拥有上海大众、上海通用两大轿车合资生产企业和上海股份汽车公司。总体上，这个区域的生产能力是最强的，其优势主要集中在大型客车上，占全国的近 60%；中型客车、轿车也居中六区之首；排气量 1.0 升及以下轿车的 70% 集中在这个区域。

2. 泛珠江三角洲。以广州为中心，正在建设黄埔、花都和南沙开发区三大汽车生产基地，广州汽车集团是珠三角汽车产业集群的主体，日系车主要集聚于此。此区域的汽车生产能力居第五位，其优势主要集中在公路客车上，约占全国的 1/4，排气量 1.6—2.5 升轿车居第二位。

3. 东北区。吉林有全国三大汽车集团之一的一汽集团；黑龙江省有哈飞汽车集团；辽宁省则有华晨汽车；德国宝马与华晨合资建立的华晨宝马也位于沈阳。此区域的公路客车最具优势，约占全国的 1/4；小型（9—20 座）客车占一半有余；排气量 2.5 升以上轿车居第二位。

4. 京津冀区。目前北京已形成北京现代、北京吉普和北汽福田各具特色的三大板块；天津也有天津丰田、天津一汽、一汽夏利等核心整车企业。此区域载货汽车占全国 22.62%，稳居六区之首；排气量 2.5 升以上轿车和排气量 1.0—1.6 升轿车份额也居六区之首；改装汽车、越野汽车均比重第二位。

5. 华中区。东风汽车集团及其旗下的众多合资企业是华中地区的产业集群主体，近年来陆续与日产、本田等开展合资合作，武汉汽车产业集群初具规模。此区是中国越野汽车主要生产地，中型（20—40 座）客车、载货汽车比较具有优势。

6. 西南区。重庆拥有中国最大的微型车生产企业长安汽车集团，还有诸如重庆重型汽车集团等汽车生产企业。相对而言，该区是六区中最弱的地区，其公路客车、排气量 1.0 升及以下轿车生产方面比较具有优势，均居六区第二位。

表 5.1　2005 年中国六区域主导车型的产能结构　单位:%

汽车类型	京津冀	东北区	泛长三角	华中区	泛珠三角	西南区	合计
公路客车	10.05	20.95	14.05	9.97	23.75	16.79	95.56
小型（9—20座）	11.56	51.79	15.61	13.23	0.04	0.66	92.89
中型（20—40座）	1.76	21.21	31.97	18.06	2.26	12.85	88.11
大型（40座及以上）	1.03	6.91	57.67	0.34	1.94	0.26	68.15
载货汽车	22.62	13.86	10.16	19.37	3.49	9.04	78.54
越野汽车	39.30	0.00	0.00	59.50	0.00	1.20	100.00
改装汽车	11.69	11.23	18.11	11.54	5.85	11.13	69.55
轿车	18.47	13.33	32.59	8.98	16.67	5.22	95.26
排气量1.0升及以下	0.00	0.00	70.57	1.22	9.15	19.06	100.00
排气量1.0—1.6升	27.97	14.76	19.20	12.49	11.56	3.53	89.51
排气量1.6—2.5升	10.60	13.77	39.12	7.39	24.93	4.19	100.00
排气量2.5升以上	41.72	27.77	20.30	4.38	5.83	0.00	100.00

从 1980 年以来，较大规模的 FDI 入驻汽车产业，大型跨国汽车集团进入中国轿车企业，同时，随着国家汽车产业政策的出台和实施，各地在汽车产业生产方面展开竞争，区域布局和力量对比发生了较大变化。1980 年，六区排名从高到低依次为东北区、华中区、京津冀、泛长三角、西南区和泛珠三角；到 2014 年，六区排名为泛珠三角、东北区、京津冀、西南区、华中区和泛长三角。泛珠三角地区由第六名上升到第一名；东北区由第一名下降为第二名；泛长三角由第四位下降为第六位；京津冀位次不变；西南区上升一位（见表 5.2）。进一步计算，从 1980 年到 2014 年，京津冀份额下降 1.54 个百分点；华中区下降 8.53 个百分点；东北区下降了 19.69 个百分点；泛长三角下降 0.80 个百分点；同期，西南地区上升 9.42 个百分点；泛珠三角上升 16.84 个百分点；另外，全国其他地区下降 4.30 个百分点。

表 5.2　1980—2014 年中国主要汽车生产区的产量结构及演化　单位:%

年份	京津冀	东北区	泛长三角	华中区	泛珠三角	西南区	合计
1980	16.52	34.88	11.16	19.08	1.49	2.16	85.29

续表

年份	京津冀	东北区	泛长三角	华中区	泛珠三角	西南区	合计
1981	17.69	37.26	7.85	23.83	0.74	1.76	89.13
1982	17.28	34.96	7.29	28.75	0.82	2.04	91.14
1983	16.56	34.17	8.05	29.37	0.96	1.75	90.86
1984	16.06	35.05	9.01	27.09	1.83	2.28	91.32
1985	18.11	31.98	9.33	24.60	2.93	4.37	91.32
1986	22.07	28.02	8.33	26.56	3.06	3.81	91.85
1987	22.57	26.18	9.09	25.29	4.15	5.11	92.39
1988	22.13	28.00	8.72	22.51	4.17	6.08	91.61
1989	22.29	25.10	8.69	24.24	4.35	6.41	91.08
1990	24.08	20.07	10.59	24.72	5.00	6.54	91.00
1991	23.97	20.26	10.82	21.41	6.37	7.00	89.83
1992	23.55	20.79	12.00	18.62	6.30	7.90	89.16
1993	20.49	18.95	12.73	19.06	6.84	9.34	87.41
1994	21.49	17.96	13.71	17.53	7.18	9.62	87.49
1995	22.40	18.01	11.85	14.77	7.10	10.42	84.55
1996	20.53	20.65	10.45	13.99	6.58	10.77	82.97
1997	18.14	19.67	8.94	16.08	7.08	11.90	81.81
1998	15.08	20.37	9.88	18.06	7.56	10.97	81.92
1999	15.02	22.87	7.46	17.59	6.42	13.61	82.97
2000	12.01	25.54	7.33	16.29	8.18	15.10	84.45
2001	9.59	26.02	9.34	17.97	8.21	13.14	84.27
2002	9.71	24.31	10.68	19.23	7.95	12.32	84.20
2003	14.25	21.84	11.27	13.45	9.55	11.08	81.44
2004	18.35	17.99	11.38	12.13	12.29	10.29	82.43
2005	19.43	16.96	13.57	10.95	14.93	9.11	84.95
2006	18.75	16.05	12.94	11.23	15.90	8.63	83.50
2007	16.72	15.72	12.17	11.30	17.05	9.30	82.26
2008	17.43	14.90	11.10	11.16	17.85	9.51	81.95
2009	17.31	13.76	11.97	10.77	17.45	9.68	80.94
2010	16.16	14.22	12.33	11.59	15.60	9.95	79.85
2011	16.20	13.54	12.38	9.91	16.71	10.27	79.01
2012	16.21	12.96	11.70	8.85	16.53	12.53	78.78

续表

年份	京津冀	东北区	泛长三角	华中区	泛珠三角	西南区	合计
2013	15.96	12.80	10.78	10.29	17.98	12.32	80.13
2014	14.98	15.19	10.36	10.55	18.33	11.58	80.99

资料来源：根据《中国统计年鉴》各年数据计算所得。

改革开放以来，中国汽车产业空间结构发生变化，重心在发生转移。京津冀、泛长三角相对稳定，东北区和华中区大幅下降，泛珠三角份额呈现出大幅上升，西南区也明显上升，2004 年以后中国主要汽车生产区域的产量结构处于相对均衡状态，在 10%—20% 波动（见图5.1）。显然，中国主要汽车产量从空间集中走向相对分散状态，与其比较优势相匹配。

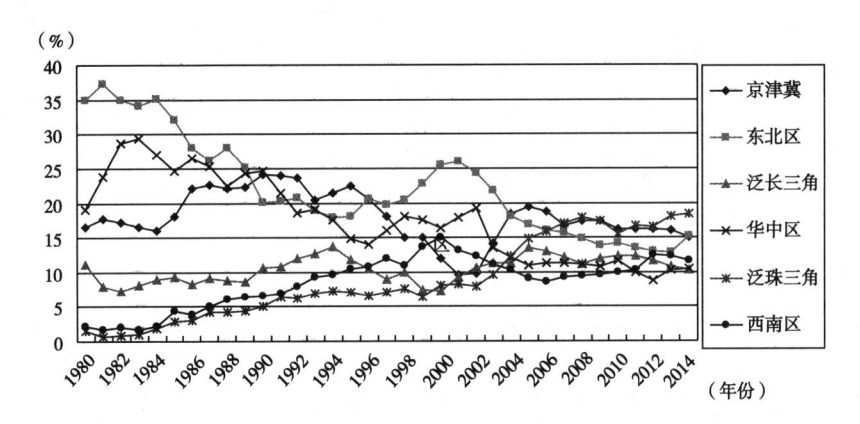

图 5.1　1980—2014 年中国主要汽车生产区域的产量结构演化

从投入产出看，由于同技术水平和生产结构不同，六区投入产出优势有明显不同。从职工人数、企业数、资产的份额比较，泛长三角均是最高的，东北区次之，最弱的是西南区，其次是泛珠三角。以销售收入份额与资产份额比值看，从 2002 年到 2005 年京津冀由 0.99 上升到 1.21；华中区由 1.31 上升到 1.40，而东北区由 1.50 下降到 1.14；泛长三角、泛珠三角均小于 1；西南区不足 0.4。再以销售收入份额与人数份额比值看，从 2002 年到 2005 年京津冀由 0.89 上升到 1.24；华中区由 1.31 上升到 1.66，而东北区由 1.83 降到 1.49，泛长三角、泛珠三角均小于 1；西南区不足 0.3。综合来看，东北区具有比较优势，但有下降趋势；京津冀具有比较优势，且优势上升，而华中区优势最强，且有上升趋势，泛长三角、泛珠三角和西南区不具有比较优势。

表 5.3　　　　2002—2005 年中国主要汽车产业区域的结构　　　　单位：%

区域	人数占比				企业数占比			
	2002 年	2003 年	2004 年	2005 年	2002 年	2003 年	2004 年	2005 年
京津冀	9.08	8.62	8.76	8.75	11.65	11.06	10.48	10.46
东北区	15.22	13.78	12.92	13.09	11.81	10.68	10.42	10.07
泛长三角	23.03	24.60	27.06	27.53	28.68	30.98	33.67	33.81
华中区	14.18	13.51	11.98	10.89	15.38	15.84	14.02	14.22
泛珠三角	7.08	7.97	8.08	8.61	8.24	8.30	8.48	8.53
西南区	13.40	13.50	13.28	13.11	4.69	4.65	4.55	4.30

区域	资产占比				销售收入占比			
	2002 年	2003 年	2004 年	2005 年	2002 年	2003 年	2004 年	2005 年
京津冀	8.14	8.00	8.44	9.00	8.08	8.72	9.36	10.89
东北区	18.47	18.24	17.82	17.11	27.79	27.52	23.88	19.54
泛长三角	27.81	28.24	28.81	28.19	19.43	18.79	18.73	20.48
华中区	14.15	13.77	13.32	12.97	18.53	17.90	17.67	18.13
泛珠三角	8.13	8.74	8.94	9.56	7.62	8.30	8.84	8.39
西南区	9.73	9.59	9.35	9.19	2.97	2.58	2.92	3.18

目前，中国汽车产业六大区域各具特点与优势。其中，长江三角洲是一个集多种功能于一体的汽车综合产业区，在全国处于领先地位。珠江三角洲以广州为中心，其中广州汽车集团是珠江三角洲汽车产业集群的主体，日系车主要集中在此。东北地区聚集了一汽集团、哈飞汽车集团、华晨汽车等，汽车零部件企业实力较强。可见，中国汽车产业空间集群已经初步形成，但与发达国家成熟的汽车产业集群相比，仍有很大的差距。未来，随着中国汽车产业空间结构进一步的优化，产业空间集群发展将成为带动汽车产业发展的动力。

四　FDI 对汽车产业区域分布结构的影响

从中国汽车产业集群的分布上可以看出，跨国汽车公司进入中国汽车的空间战略框架已基本形成（见表 5.4）。进入泛长江三角经济区的"6+

3"大公司数量最多,比较集中,而泛珠三角是清一色的日系整车企业,体现出日企"围团大战"的战略构想。其他区域,"6+3"大公司、日系和韩系均有零星分布。

表 5.4　　　　　　六区域占全国分大类汽车市场
前 10 位的汽车生产企业及 FDI 来源

区域	整车企业	FDI 来源
泛长三角	上海通用汽车有限公司(1)、上海大众汽车有限公司(1)、奇瑞汽车有限公司(1)、浙江吉利控股有限公司(1)、浙江吉奥汽车有限公司(2)、安徽江淮汽车集团公司(3)、东风悦达起亚汽车公司(3)、上海通用汽车有限公司(3)、上海大众汽车有限公司(3)、南京长安汽车有限公司(4)、上海汽车集团股份有限公司(4)、安徽江淮汽车集团公司(5)、跃进汽车集团有限公司(5)、金龙联合汽车工业(苏州)有限公司(5)、安徽江淮汽车集团公司(6)、跃进汽车集团有限公司(6)	大众、通用、菲亚特、起亚、福特
泛珠三角	广州本田汽车有限公司(1)、东风日产汽车有限公司(1)、广州本田汽车有限公司(2)、一汽海南汽车股份公司(3)、上海通用五菱汽车股份有限公司(6)	丰田、本田、日产、现代、日本马自达
东北地区	一汽大众汽车有限公司(1)、金杯汽车股份有限公司(3)、哈飞汽车股份公司(4)、中国第一汽车集团公司(4)、金杯汽车股份有限公司(5)、中国第一汽车集团公司(5)、中国第一汽车集团公司(6)	大众、奥迪、通用、宝马、马自达、大宇、三菱、铃木
京津地区	北京现代汽车股份有限公司(1)、天津一汽夏利汽车股份有限公司(1)、长城汽车股份有限公司(2)、北京奔驰汽车有限公司(2)、天津一汽丰田汽车有限公司(2)、北京现代汽车股份有限公司(2)、河北中兴汽车制造有限公司(2)、梅赛德斯—奔驰(中国)有限公司(4)、北京汽车工业控股有限公司(4)、北汽福田汽车股份有限公司(5)、华源凯马汽车制造有限公司(6)	大发、丰田、现代、戴—克、奔驰、三菱
华中地区	神龙汽车有限公司(1)、东风本田汽车有限公司(2)、湖南长丰汽车有限公司(2)、江铃汽车股份有限公司(2)、东风汽车股份有限公司(2)、东风汽车股份有限公司(3)、上海通用五菱汽车股份有限公司(4)、昌河汽车股份有限公司(4)、东风汽车股份有限公司(4)、东风汽车股份有限公司(5)、江铃汽车控股有限公司(5)、东风汽车股份有限公司(6)、江铃汽车控股有限公司(6)	PSA、日产、本田、雷诺
西部地区	长安汽车集团(3)、长安汽车股份有限公司(4)、长安汽车(集团)有限公司(6)、一汽红塔云南汽车制造有限公司(6)	铃木、福特、通用、大宇

注:(1)—基本型乘用车,(2)—SUV,(3)—MPV,(4)—交叉乘用车,(5)—客车,(6)—货车。

资料来源:《中国汽车工业地图 2006—2007》。

从资源配置的角度分析，一定的资源配置方式总是要求与相应的财产组织制度相匹配，所有制结构与所有制效率并非一成不变。由于 FDI 的进入，原有的所有制结构被打破，所有制效率也发生了变化。这就要求依据新的所有制效率不断进行创新选择，在动态的均衡中使各种资源空间配置趋于优化。从这个角度而言，所有制作为一种决定其他资源配置效率的基础性的制度资源，而所有制结构中不同财产组织形式的运行效率的不同，必然会导致市场结构的变动。同理，空间结构也处在动态之中，市场经济体制的选择、竞争行业的拓宽、空间结构的变化，会使所有制结构发生变化。随着 FDI 进入发展，传统公有产权组织形式与单一的所有制结构，已变得越来越无竞争力，对资源的配置效率低下，亏损面不断扩大，与 FDI 企业的效率形成了强烈的反差。

从参与度看，FDI 企业人数、企业数、销售收入和资产参与度最高的地区是泛珠三角，其次是京津冀和泛长三角，这三个区域高于全国平均水平。这说明这三区的 FDI 企业密集度比较高，对汽车生产、布局起重要作用，相反，东北区、西南区低于全国平均水平，尤其是西南区的 FDI 企业分布较少（见表 5.5）。华中区的企业数的份额低于全国水平，而其他三个指标高于全国平均水平。从投入产出看，销售收入的参与度最高，其次是资产，人数的参与度比较低，这表明，FDI 企业比内资企业更具有效率，而且 FDI 相对具有资产密集特点，而内资企业具有劳动密集特点。汽车产业 FDI 分布与全国 FDI 分布一样，主要集中在沿海地区，泛珠三角、泛长三角和京津冀，不仅有较高的参与度，还有较高的效率。

表 5.5　　　　　　　2005 年各个区域 FDI 企业参与度（贡献）　　　　　　单位：%

区域	人数占比	企业数占比	资产占比	销售收入占比
京津冀	36.49	23.43	55.95	63.07
东北区	18.84	17.77	34.68	41.02
泛长三角	29.02	18.62	44.91	50.56
华中区	30.71	9.04	44.59	61.31
泛珠三角	50.86	33.00	68.93	79.36
西南区	9.01	8.91	20.34	27.35
全国	26.67	18.56	42.20	51.02

即使从投入产出可以初步揭示出 FDI 企业的效率,但各指标差异较大,没有比较统一的标准,技术水平可以弥补这个缺陷。以(3.34)式计算得出,从总体上,整车、改装车和汽车零部件及配件制造中 FDI 企业技术水平都高于总体水平,也高于内资企业水平(见表 5.6)。在整车中,京津冀的 FDI 企业技术水平最高,其次是泛长三角,再次是华中区,而东北区、泛珠三角和西南区的技术水平低于总体水平,西南区的技术水平最低;同时,京津冀、泛珠三角和西南区的 FDI 企业技术水平低于内资企业。在改装车中,华中区的 FDI 企业的技术水平最高,其次是泛珠三角,其他地区 FDI 企业低于总水平,尤其西南区的技术水平最低;同时,只有华中区和泛珠三角 FDI 企业的技术水平高于内资企业。在汽车零部件及配件制造中,京津冀的 FDI 企业的技术水平最高,其次是泛珠三角,东北区居第三;同时,东北区、华中区、泛珠三角和西南区 FDI 企业的技术水平低于内资企业。

表 5.6　　　　　　　　　2005 年各个区域技术水平

区域	整车			改装			汽车零部件及配件制造		
	全部	FDI 企业	内资 企业	全部	FDI 企业	内资 企业	全部	FDI 企业	内资 企业
京津冀	0.4397	0.4368	0.4621	0.4755	0.2092	0.5422	0.3497	0.3953	0.2898
东北区	0.2406	0.3023	0.2245	0.2559	0.1111	0.3318	0.3518	0.3279	0.3720
泛长三角	0.3366	0.3762	0.2982	0.3150	0.2902	0.3159	0.2580	0.2795	0.2474
华中区	0.2972	0.3685	0.2166	0.5206	2.3385	0.3669	0.3405	0.2855	0.3572
泛珠三角	0.3314	0.2928	0.4407	0.8576	1.5182	0.2460	0.4325	0.3790	0.5158
西南区	0.5772	0.0446	0.5928	0.4000	0.0327	0.6141	0.3032	0.1568	0.3132
总水平	0.3153	0.3560	0.2850	0.4477	0.7965	0.3582	0.3069	0.3194	0.3035

从趋势看,2002—2005 年,六个汽车集聚区的技术水平均有不同程度的提高,技术在进步。其中,东北区的技术水平最低,但提高最快,泛珠三角技术水平最高,增长也比较快,华中区具有较高的技术初期水平,增长却最慢(见表 5.7)。从国外看,汽车的空间集聚度越高,技术进步越快,竞争力也越强;反之,技术进步越快,汽车的空间集聚度越高。以此来看,泛珠三角、东北区的集聚度在加速,华中区的集聚

度提高最快。

表 5.7　　　　　　2002—2005 年各个区域技术水平及增长率

区域	2002 年	2003 年	2004 年	2005 年	增长率（%）
京津冀	0.2926	0.2794	0.3646	0.3381	6.2458
东北区	0.1897	0.1928	0.2823	0.2214	8.8367
泛长三角	0.2137	0.2265	0.2477	0.2492	5.3257
华中区	0.2502	0.2645	0.2958	0.2595	1.7570
泛珠三角	0.2837	0.3086	0.3438	0.3601	8.3062
西南区	0.2360	0.2451	0.2827	0.2894	7.1875
全国	0.2330	0.2414	0.2869	0.2691	5.4150

第三节　汽车产业空间集中度

产业地区集中度是产业经济学中衡量空间结构最常用的指标。产业空间集聚水平的高低实质上就是产业分布的不均匀程度。空间集聚水平越高，产业布局越不均匀，反之，则布局越均匀。汽车产业在不同地区空间集中度指标分别是一个地区、三个地区等所占份额，以初步反映产业在最大几个省市的空间集聚程度。

一　时序集中度

1992—2014 年中国汽车产业的空间集中度数据，包括了 CR_1、CR_3、CR_4、CR_7 四个指标（见表 5.8）。1980—2014 年前 8 名省市的集中度 CR_8 由 87.67% 下降到 69.32%；前 4 名的 CR_4 由 69% 下降到不足 40%。中国汽车的三个地区的集中度 GR_3 在 1980—1992 年保持在 50% 以上，随后下降到 30% 以下，不足三分之一。相对来说，一个地区的集中度 GR_1 的波动性更大，1981 年高达 34.36%，2009 年仅为 9.21%。很明显，中国汽车产业 CR_1、CR_3、CR_4、CR_8 四个指标随时间呈现不同程度的下降，这说明，中国汽车产业生产发生了空间分散。

表 5.8　　　　　1980—2014 年整个汽车产业的集中度　　　　单位:%

年份	CR_1	CR_3	CR_4	CR_8	年份	CR_1	CR_3	CR_4	CR_8
1980	30.24	60.49	69.31	87.67	1998	13.80	37.98	47.16	75.41
1981	34.36	72.53	78.56	92.49	1999	15.04	40.67	51.14	77.50
1982	31.04	73.45	79.26	93.22	2000	15.60	40.04	49.04	74.20
1983	28.99	69.80	75.39	90.32	2001	16.69	39.40	49.61	74.70
1984	27.34	63.65	69.69	85.27	2002	15.89	39.90	50.02	73.54
1985	22.34	55.37	62.85	79.86	2003	14.41	36.72	45.02	66.80
1986	24.61	58.43	66.43	85.23	2004	10.96	32.09	40.11	63.50
1987	23.53	54.35	62.48	83.17	2005	10.29	28.97	36.36	62.83
1988	19.82	49.08	57.86	79.45	2006	9.39	27.46	35.09	63.60
1989	21.84	50.92	59.39	81.67	2007	9.24	27.35	35.51	65.10
1990	22.15	53.58	62.59	83.42	2008	9.44	27.28	35.51	65.42
1991	18.13	46.42	55.38	79.40	2009	9.21	26.87	35.46	65.78
1992	14.18	40.71	50.18	75.90	2010	9.30	27.13	35.76	65.36
1993	14.80	38.45	47.82	75.30	2011	10.40	27.90	36.07	65.48
1994	13.83	37.72	47.23	77.78	2012	10.50	29.09	37.71	64.58
1995	12.22	35.31	45.78	77.61	2013	10.26	28.34	36.79	64.61
1996	15.74	39.77	49.35	81.16	2014	10.43	30.18	39.32	69.32
1997	14.72	39.18	49.33	79.12					

资料来源:根据《中国汽车工业年鉴》各年相关数据计算。

总的来看,2005 年前,各项集中度呈现出明显的下降趋势,而 2005 后各项集中度相对稳定(见图 5.2)。当然,各项集中度具有不同的下降幅度,1980—2014 年,CR_1、CR_3、CR_4 和 CR_8 的下降幅度分别为 19.82%、30.30%、29.99% 和 18.35%。比较明显的是,CR_3 下降幅度最大。即使前三甲地区在汽车产业的地位也不稳定,前 4 名地区的集中度下降到全国的一半以下,前 8 名地区的集中度不足 80%,这都说明了中国整个汽车产业形成了一定的空间集聚后由于竞争加强而下降。这与国际汽车产业先进国相比差距较大,FDI 企业到处布点,在中国遍地开花,这也导致很大程度上难以获得同发达汽车产业国一样的空间集聚效应。

从 CR_3 看,中国汽车产业的空间集中度较低,三者汽车产能比较接近,竞争也很激烈,还很难预测谁会是市场霸主。与国外先进汽车生产国

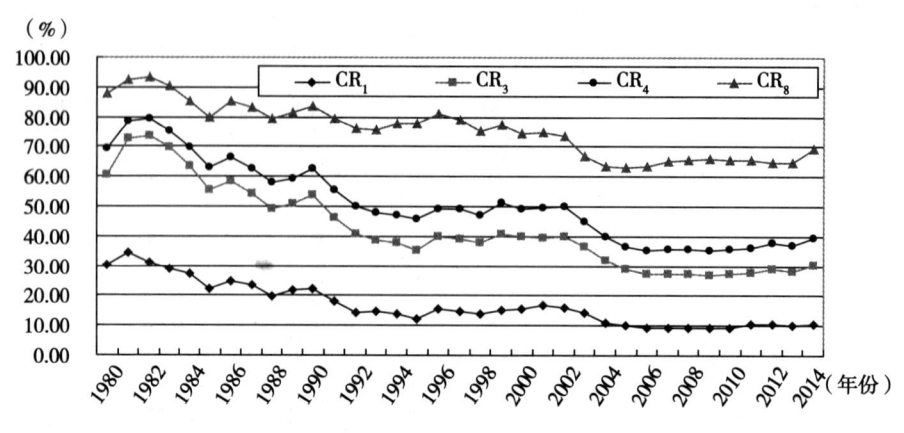

图 5.2　1980—2014 年中国主要汽车生产地区集中度

家的汽车产业集中度相比,在国内占有相对优势的地区还是有很大差距的。美国、日本和欧洲国家及地区在 1995 年 CR_3 都超过了 60%。其中,韩国、法国、意大利的 CR_3 都在 90% 以上(见表 5.9)。由此可见,我国整个汽车产业虽然在一些地区形成了集聚,但是集中度还远远落后于发达国家。这主要同中国汽车产业重复建设,造成企业数量多而规模小,且分布分散有直接关系。

表 5.9　　　　1995 年部分国家的汽车产业集中度　　　　单位:%

国别	美国	日本	德国	韩国	法国	意大利
CR_3	78.8	60.9	75.3	91.1	99.2	95.4

资料来源:张仁琪:《世界汽车工业》,中国经济出版社 2001 年版,第 120 页。

1980—2014 年,中国产业产量的空间集中度地区构成发生较大变化。从 CR_3 看,中国汽车产业的前三位集中地区主要是吉林、上海、湖北和北京交替(见表 5.10)。1980—2014 年,吉、沪、鄂、京的上榜次数分别为 33、20、19、22 次,还有渝 8 次、粤 3 次和桂 1 次。吉林、湖北和北京在 1980—1994 年间保持了前三甲。这主要是因为三省的汽车发展根基较好、技术领先、管理水平较高等各方面优势较为明显。从 2002 年后湖北退出了前三甲,上海从 1995 年首次进入前三甲,2010 年后沪、吉、渝、桂、粤出现在前三甲。这说明,全国汽车产业的比较优势在动态变化之中,较多地区汽车产量比较接近,珠三角优势已凸显出来。

表 5.10　　1980—2014 年我国汽车产业不同集中度的地区构成

年度	CR$_3$	年度	CR$_3$	年度	CR$_3$	年度	CR$_3$
1980	吉-鄂-京	1989	鄂-京-吉	1998	沪-吉-鄂	2007	吉-沪-粤
1981	吉-鄂-京	1990	鄂-京-吉	1999	吉-沪-渝	2008	粤-吉-沪
1982	吉-鄂-京	1991	鄂-京-吉	2000	吉-渝-沪	2009	京-沪-渝
1983	吉-鄂-京	1992	鄂-吉-京	2001	吉-沪-鄂	2010	沪-吉-渝
1984	吉-鄂-京	1993	鄂-吉-京	2002	吉-鄂-沪	2011	沪-渝-吉
1985	吉-鄂-京	1994	吉-鄂-京	2003	吉-沪-渝	2012	沪-渝-桂
1986	鄂-吉-京	1995	吉-京-沪	2004	吉-沪-京	2013	沪-京-粤
1987	鄂-京-吉	1996	吉-京-沪	2005	京-吉-沪	2014	沪-吉-渝
1988	鄂-吉-京	1997	沪-吉-鄂	2006	京-沪-吉		

二　小类产业集中度

从主导产品分类看，中国汽车小类产业空间集中度差异很大。主要表现在，2005 年公路客车、载货汽车、改装汽车和轿车的空间集中度相差不大，CR$_5$ 在 60%，CR$_7$ 在 70% 左右，而越野汽车 CR$_3$ 就高达 95%。在公路客车内部，小型客车的集中度相对低，中型和大型客车的集中度较高，CR$_7$ 达 94%，但大型客车 CR$_1$ 是中型客车的两倍，大型客车更集中。在轿车内部，排气量 1.0 升及以下、排气量 2.5 升以上轿车的集中度相当，CR$_1$ 在 40%、CR$_7$ 高达 100%（表 5.11）。这说明，中型客车、大型客车、小排气量和大排气量轿车的生产具有鲜明的地域集聚特点。

表 5.11　　2005 年我国汽车小类产业不同集中度　　单位:%

	CR$_1$	CR$_3$	CR$_5$	CR$_7$
公路客车	22.55	50.15	63.54	73.73
小型（9—20 座）	29.75	53.71	70.83	82.77
中型（20—40 座）	20.62	56.53	80.85	94.60
大型（40 座及以上）	47.48	77.62	88.38	94.66
载货汽车	18.98	44.81	60.16	72.70
越野汽车	35.57	94.88	98.61	99.95
改装汽车	17.61	37.56	54.28	67.23
轿车	16.26	41.03	58.79	72.84

续表

	CR_1	CR_3	CR_5	CR_7
排气量1.0升及以下	40.16	89.25	99.62	100.00
排气量1.0—1.6升	16.48	39.01	56.02	70.03
排气量1.6—2.5升	33.87	70.72	83.51	92.83
排气量2.5升以上	41.52	79.41	91.35	99.80

三 所有制汽车制造集中度

FDI企业进入促进汽车企业体制发生转换。FDI等非国有经济的迅速发展以及资源配置效率的提高，使汽车所有制的结构正向着适合汽车生产发展的方向发展。目前，汽车产业原来的公有经济一统天下开始逐渐分化并朝着多种所有制企业共同发展的格局演化。以汽车产业从业人员为代表集聚变量，这种所有制结构下的细分汽车产业空间集中度也明显不同。

1. 汽车产业

从CR_1看，国有和集体职工的空间集中度吉林最高，股份制和股份合作浙江最高，其他企业职工江苏最多。从CR_5看，国有、股份制和FDI企业差不多，不论所有制，鲁上榜5次，苏上榜5次，浙上榜4次，鄂、川均上榜3次，渝、吉上榜2次。总体上，山东是汽车产业人数主要集中的地方，江苏、湖北、浙江和四川也是汽车从业人数比较集中的地方。FDI企业职工集中度CR_1值比较低，以上海最多，而FDI企业的CR_3上升较快，在CR_5中也只处在52.59%的水平（见表5.12）。

表5.12 2005年我国汽车产业不同所有制企业职工的空间集中度   单位：%

企业类型	CR_1 数值	CR_1 地区构成	CR_3 数值	CR_3 地区构成	CR_5 数值	CR_5 地区构成
国有	15.87	吉	37.82	吉-鄂-渝	50.29	吉-鄂-渝-鲁-沪
集体	24.81	吉	47.53	吉-鲁-苏	60.63	吉-鲁-苏-沪-川
股份制	16.36	浙	35.24	浙-苏-鲁	52.05	浙-苏-鲁-渝-鄂
股份合作	35.86	浙	51.87	浙-鲁-苏	61.60	浙-鲁-苏-川-桂
FDI企业	13.90	沪	37.01	沪-鄂-粤	52.59	沪-鄂-粤-苏-浙
其他	13.87	苏	40.35	苏-豫-鲁	57.82	苏-豫-鲁-浙-川

2. 汽车整车制造

汽车整车制造的不同类型企业职工的地区集中度差别很大，而地区频数的差别不大。其他企业的人数集中度是最高的，主要集中在江苏，其次是股份合作和集体企业，二者 CR_5 都高达 90% 以上，股份制集中度最低，CR_1 不足 13%，CR_5 不足 50%。相比而言，国有职工集中度还低于 FDI 企业水平（见表 5.13）。从 CR_5 看，不同所有制企业集中地分散性不大，苏、鄂、渝均上榜 3 次，赣、川、京、鲁各上榜 2 次。总体上，除 CR_1 外其他企业外的不同性企业的集中度差别不大，在 CR_5 中它们的差距却大幅扩大，但地域特征不强。对于 FDI 企业，从 CR_1 到 CR_5，集中度提升幅度还相对较小，湖北、上海的 FDI 职工人数集中最多。

表 5.13　2005 年我国不同所有制整车制造企业职工的空间集中度　　单位:%

企业类型	CR_1 数值	地区构成	CR_3 数值	地区构成	CR_5 数值	地区构成
国有	21.60	吉	44.88	吉-鄂-赣	57.38	吉-鄂-赣-渝-京
集体	27.40	津	69.43	津-黑-苏	90.29	津-黑-苏-鲁-鄂
股份制	12.02	渝	33.84	渝-京-苏	49.20	渝-京-苏-鲁-辽
股份合作	29.96	甘	70.62	甘-晋-豫	92.24	甘-晋-豫-冀-川
FDI 企业	26.45	鄂	47.45	鄂-沪-赣	61.66	鄂-沪-赣-桂-粤
其他	81.60	苏	92.73	苏-黔-渝	97.77	苏-黔-渝-川-湘

3. 改装车制造

改装车制造的不同类型企业职工的地区集中度差别较大，而地区频数差别也大。从 CR_1 看，集体企业人数集中度是最高的，主要集中在山东，其次是其他汽车企业的人数集中度也主要集中在山东，国有和股份制二者最低，也集中在山东，在 CR_1 中除股份合作企业职工最多的集中在辽宁外，其他都集中在山东（见表 5.14）。从 CR_3 看，股份合作只分布在辽、鲁、川等地；集体企业和其他企业的集中度也高达 93% 以上，不同所有制企业集中地分散性不大，鲁上榜次数 6 次，四川达 3 次，地域特征较强；对于 FDI 企业，从 CR_1 到 CR_5，集中度提升了 1 倍，鲁、黑、闽三地集中了改装车人数的 66%。

表 5.14　2005 年我国不同所有制改装车制造企业职工的空间集中度　　　单位:%

企业类型	CR₁ 数值	CR₁ 地区构成	CR₃ 数值	CR₃ 地区构成	CR₅ 数值	CR₅ 地区构成
国有	23.88	鲁	48.79	鲁-渝-皖	64.36	鲁-渝-皖-苏-鄂
集体	68.28	鲁	89.07	鲁-川-辽	95.25	鲁-川-辽-陕-冀
股份制	22.18	鲁	50.76	鲁-苏-渝	66.03	鲁-苏-渝-皖-鄂
股份合作	33.27	辽	82.34	辽-鲁-川	100.00	辽-鲁-川-沪-浙
FDI 企业	40.22	鲁	66.31	鲁-黑-闽	80.29	鲁-黑-闽-粤-川
其他	60.38	鲁	81.65	鲁-苏-皖	93.43	鲁-苏-皖-粤-鄂

4. 零配件

零配件制造的不同类型企业职工地区集中度差别较小,地区频数相对集中。从 CR₁ 看,股份合作的人数集中度是最高的,主要集中在浙江;居第二位的是集体企业,吉林分布最多;FDI 企业、国有企业和其他企业职工集中度均在 20% 以下（见表 5.15）。从 CR₅ 看,只有股份合作人数集中度在 70% 以上;其次是集体企业,达到 65%;其他类型企业在 50%—60%,苏上榜 5 次,鲁和浙上榜 4 次,沪为 3 次,地域特征较强;对于 FDI 企业,从 CR₁ 到 CR₅,集中度提升了近 3 倍,沪、粤、苏三地占了 FDI 企业总零配件人数的 42.06%。

表 5.15　2005 年我国不同所有制汽车零配件制造企业职工的空间集中度　　　单位:%

企业类型	CR₁ 数值	CR₁ 地区构成	CR₃ 数值	CR₃ 地区构成	CR₅ 数值	CR₅ 地区构成
国有	13.86	鄂	36.96	鄂-吉-沪	52.37	鄂-吉-沪-渝-辽
集体	30.24	吉	50.48	吉-鲁-苏	65.19	吉-鲁-苏-沪-渝
股份制	24.01	浙	42.83	浙-鄂-苏	57.23	浙-鄂-苏-渝-鲁
股份合作	43.68	浙	60.53	浙-鲁-苏	70.74	浙-鲁-苏-桂-川
FDI 企业	16.51	沪	41.90	沪-粤-苏	58.19	沪-粤-苏-浙-津
其他	15.92	豫	42.06	豫-浙-苏	57.44	豫-浙-苏-鲁-川

5. 修理

汽车修理企业在全国 31 个省区市都有分布,但不同类型企业职工地区集中度差别较大,而地区频数相对集中。从 CR₁ 看,集体企业人数的集中度最高,主要集中在山东;居第二位的是股份合作,上海分布最多;FDI 企业、国有企业、股份制企业和其他企业职工集中度均在 20% 以下（见表 5.16）。从 CR₅ 看,只有国有企业人数集中度低于 50%,FDI 企业也比较低,股份合作企业达到70%以上,其他类型企业在55%—70%,鲁、京上榜5次,沪、粤榜4次,地域特征较强。对于FDI修理企业,从CR_1到CR_5,集中度提升了3.25倍,粤、沪、京、浙和鲁五地占了FDI企业总人数的52.61%。

表5.16　2005年我国不同所有制汽车修理企业职工的空间集中度　　　单位:%

企业类型	CR_1 数值	CR_1 地区构成	CR_3 数值	CR_3 地区构成	CR_5 数值	CR_5 地区构成
国有	17.46	京	30.67	京-粤-沪	40.67	京-粤-沪-津-闽
集体	28.84	鲁	46.65	鲁-浙-晋	63.00	鲁-浙-晋-京-黑
股份制	15.23	沪	37.87	沪-鲁-粤	57.16	沪-鲁-粤-浙-京
股份合作	22.63	沪	52.40	沪-鲁-京	70.57	沪-鲁-京-辽-粤
FDI企业	16.18	粤	36.60	粤-沪-京	52.61	粤-沪-京-浙-鲁
其他	15.92	豫	42.06	豫-浙-苏	57.44	豫-浙-苏-鲁-川

总之,所有制结构与集中度之间有着密切的关系。在处于转轨时期的中国汽车产业的空间结构变化过程中,所有制改革和对外开放度的不断深化扮演了重要角色。所有制结构的变化推进汽车空间集中度的变化,反过来汽车空间集中度的变化引起所有制结构变化。FDI在改装汽车制造中的分布最高,汽车整车制造的FDI企业集中度次之,修理业最少。FDI对空间分布结构的影响是通过改变所有制结构来间接实现的。

第四节　中国汽车产业空间集聚强度

集聚是一种特殊的分布,具体说是一种分形分布,而自相似性是分形结构的质的表现形式。产生负幂律的机理则是分形结构的自相似性。用分维测定产业集聚是一种有效方法[①]。

一　分形分布与自相似

1. 分形分布

分形最明显的特征是自相似性(无标度性)。通常所说的自相似可以

[①] 胡珑瑛、蒋樟生:《产业集聚的分形研究》,《管理世界》2007年第3期。

分为两类：一类是完全相似，由数学模型生成，如科契曲线等；另一类就是自然界中的分形，如蜿蜒曲折的海岸线、云彩的形状等。其相似性并不是严格的，只是在一定的标度内才具有自相似性，它们具有统计意义下的自相似性，通常称为随机分形或无规则分形。因这种随机分形有比较复杂的表现形式，所以将其局部放大一定倍数不一定会简单地和整体完全重合。

在具有分形性质的物体上任选一局部区域，由于其自身具有自相似性，对它进行放大后，得到的放大图形会显示出原图的形态特性，即它的形态、内在的复杂程度、不规则形等各种特性，与原图相比均不会发生变化，这种特性称为无标度性。但是，对于自然界的很多现象并不是无限的自相似。其自相似性有一定的标度范围，只有在它的标度范围内具有相似性。

分形分布的关键参数是分形维数。所谓分形维数，是描述非规则集合对象时所产生的非整数维。豪斯道夫维数：

$$D = \lim \ln N(r) / \ln(1/r) \tag{5.1}$$

(5.1) 式中，r 为盒子尺度；D 为几何对象维度；N 为覆盖他所需要的盒子数。

根据分形理论中豪斯道夫维数的定义，选定一个产业集聚地区，利用一定的尺度标准对产业集聚区域内的产业规模（人数、产值等）空间结构进行度量，统计出这一尺度标准下的地区的个数。根据分形维数定义可以得出在 NI 与 r 之间应该存在如下的关系：

$$N(r) \propto r^d \tag{5.2}$$

(5.2) 式中，当 $d<0$ 时，为负幂分布。令 $d = 1/D$，d 表示空间集聚度。

$$N(r) = A/r^D \tag{5.3}$$

对 (5.3) 式两边取自然对数，转化为线性方程：

$$\ln N(r) = A - D \ln r \tag{5.4}$$

(5.4) 式中，$N(r)$ 为整个研究体系中累计的地区数目；r 为反映集聚效应水平的综合值或规模尺度的标准；A、D 为待定的参数，D 表示分形维数。

汽车产业是一种规模集聚发展的产业。D 值越大，d 值越小，分布越分散，中间（人数、产量）规模的地区越多，规模分布较为不合理，地区人数规模等级差异越小,越不利于汽车产业的集聚发展;反之,D 值越小,d 值越大,表明(职工、产量)规模集中,中间规模的地区越少,处于大规模地区和小规模地区之间的中等地区缺位,规模分布差异越大,对产业集聚程度越高,汽车产业发展越有利。

负幂律则是分形系统的定理表现形式。对于平均分布,维数为2。豪斯道夫维数为分数的物体或现象即为分形。严格地说,在确定一个物体或现象是否是分形时,除了看其豪斯道夫维数值以外,还必须看其是否具有自相似性和标度不变性。分形维数值 D 的变化代表着产业集聚规模结构的变化。

(1)当 $D \to \infty$ 时,$d \to 0$,所有的地区产业规模一样大。这是个完全竞争分布,地区竞争产量相当,任一地区的产能变化都不足以影响总产量变化。

(2)当 $D \to 0$ 时,$d \to \infty$,只有一个地区生产汽车,在封闭的情况下是一个完全垄断的市场。这是一个极端分布。

(3)当 $D>2$ 时,也就是 $0<d<0.5$ 该地区汽车规模结构体系趋向较为分散,中间位序的。

(4)当 $1<D<2$ 时,也就是 $0.5<d<1$ 该汽车规模结构体系较为集中,具有分形分布,具有显著集聚效应(英国海岸线的分形维数1.25)。

2. 自相似性

自相似性可以是数学意义上的严格自相似,也可以是统计意义上的自相似,自然界中的大多数分形是统计自相似的。分形理论的核心原理是自相似原理,其核心思想是"元素映现系统整体",因此,"自相似""元素映现整体"可抽象为具有通用意义的方法论,进而以其理论去指导实践中的具体应用。

对于产业集聚的空间规模结构来说,在一定的尺度范围内也表现出分形特征,即相似性。产业集聚效应的相似性分析为分析产业集聚效应提供了有力支持,而产业集聚规模的无标度性,为更高一个层次集聚规模结构提供研究问题的思路,从而定量分析的产业空间集聚度。根据分形的相似性特征,产业集聚中的任何一个细分子产业或不同类企业在空间分布表现出统计意义上的相似性。相似度定义为:

$$S(x, y) = (\sum_{i=1}^{N} x_i y_i) / \sqrt{\sum_{i=1}^{N} x_i^2 \sum_{i=1}^{N} y_i^2} \times 100 \tag{5.5}$$

(5.5) 式中，$x_i = X_i / \sum_{i=1}^{N} X_i$，$y_i = Y_i / \sum_{i=1}^{N} Y_i$，它们分别是为变量 X 和 Y 的结构系数。相似度为 0—1 之间的数，相似度越接近 1，两者相似性越高。

3. 集聚统计

集聚是空间分布不平衡的体现。从统计上看，集聚的主要表现是集聚分布不服从正态分布，然而，集聚分布还不完全是显著的非正态分布。因此，我们采用一种普适性的集聚指数测度汽车产业集聚的显著性[①]：

$$\gamma_{ks} = \frac{n}{6} |S(K-3)| - \chi^2(2) \tag{5.6}$$

（5.6）式中，$S = \left[\frac{1}{n-1}\sum_{i=1}^{n}(x_i - \bar{x})^3\right]/\delta^3$，$K = \left[\frac{1}{n-1}\sum_{i=1}^{n}(x_i - \bar{x})^4\right]/\delta^4$，S 表示地区分布的偏度，n 为地区数，$\bar{x}$ 为平均值，σ 为标准差。S 度量分布的不对称性，S 的绝对值越大，分布就越不对称。K 表示地区分布的峰度，其度量的是分布的胖瘦或扁平程度。正态分布的 K 为 3，当 K>3 时，分布两侧比正态分布更陡峭，称为超峰分布。

最严格的 $\chi^2(2)$ 分布的显著性水平是 0.1%，即 $p\{\chi^2 > \chi^2_\alpha(2)\} = 0.1\%$。当 $5.99 < \gamma_{KS} < 9.21$ 时，那么变量空间分布是弱集聚；当 $9.21 < \gamma_{KS} < 13.80$ 时，变量空间集聚为中等集聚；当 $13.8 < \gamma_{KS} < 18.42$ 时，变量空间分布为强集聚，而当 $\gamma_{KS} > 18.42$ 时，变量空间分布为强集聚。

表 5.17 自由度为 30 的 χ^2 临界值

集聚分级	弱集聚	中等集聚	强集聚	超强集聚
显著性水平	5%—1%	1%—0.1%	0.1%—0.01%	>0.01%
临界值区间	5.99—9.21	9.21—13.80	13.80—18.42	>18.42

二　汽车产业分布

随着大量 FDI 企业的涌现，加剧了汽车市场竞争的激烈程度。国有企

[①] 赵果庆、罗宏翔：《中国制造业集聚：度量与显著性检验——基于集聚测量新方法》，《统计研究》2009 年第 3 期。

业市场份额的下降,市场竞争主体行为方式的转变以及市场资源配置作用的发挥,使中国的汽车空间结构得到进一步的优化。与此同时,在由计划经济向市场经济的转换过程中,随着市场经济的发展,越来越缺乏竞争力的传统公有产权组织形式以及单一的所有制结构,已变得不适应汽车产业发展的要求。资源配置方式的创新和市场结构的变化,必然要求改变大一统的公有产权制度和单一的所有制结构,实行与市场经济发展要求相一致,并与市场结构相适应的多元产权主体相容、多种所有制共存的所有制结构。不同所有制在空间分布深刻地影响着汽车产业的空间集聚。

从所有制看,2005—2012年,汽车制造业分不同所有制企业的职工人数地区结构系数分布呈现出非正态分布,具有肥尾现象。全部企业、国有、集体、股份制、股份合作企业、FDI企业和其他企业分布都表现出相似的特点:一是超峰;二是偏移(见图5.3、图5.4)。以(5.4)式计算,国有、集体、股份合作企业、FDI企业和其他企业与全部企业的相似度,2005年分别为57.70%、74.35%、72.51%、87.21%和93.74%;2012年分别为83.37%、75.95%、93.51%、84.38%和83.20%,具有较高的自相似性,同时,全部企业、国有、集体、股份制、股份合作、FDI和其他企业在2005年与2012年的相似度分别为97.59%、78.50%、59.39%、70.95%、93.91%和89.68%,体现出较高的相似性,FDI企业的相似性居首位。

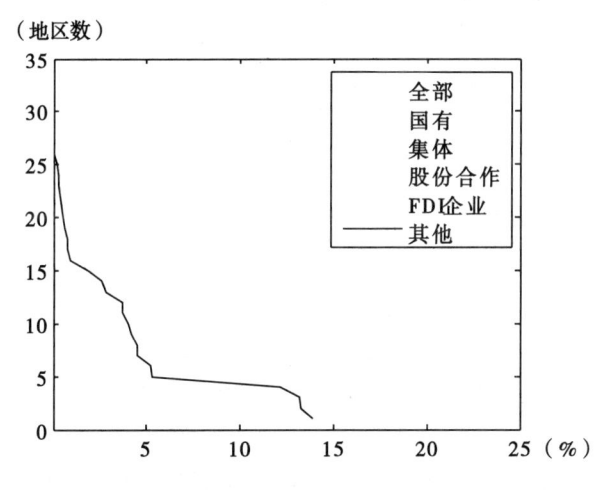

图5.3 2005年地区汽车产业职工人数比重分布

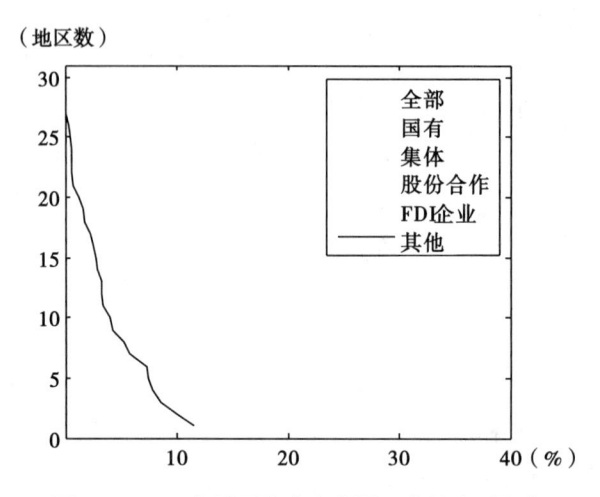

图 5.4 2012 年地区汽车产业职工人数比重分布

从时序看，1980—2014 年，汽车产量地区结构系数分布也呈现出非正态分布，具有肥尾现象，仍具有超峰和偏移两个特征、具有自相似结构（见图 5.5）。可以从图 5-6 看出，1990 年以前有少数地区份额在 15% 以上，而 2006—2010 年已没有一个地区份额超过 10%；2010—2014 年有一个地区超过 10%。其实集中度是根据拖尾部分的不同地区份额计算的，1992—2008 年中国汽车产业集中度下降，正是分布中拖尾缩短之故。

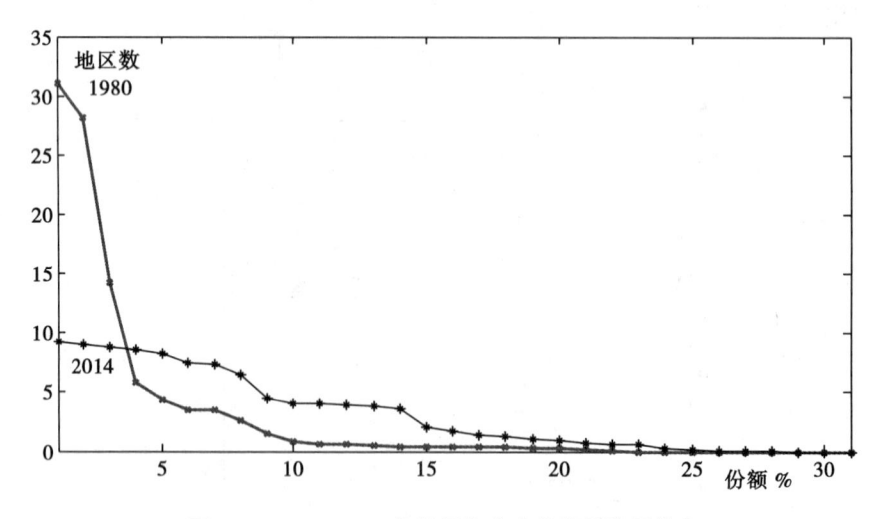

图 5.5 1980—2014 年地区汽车产业产量比重分布

1980—2014 年，31 个地区汽车产量分布的大体形状没有发生变化，但前几个地区份额在减小,有向均值运动的趋势(见图5.6)。

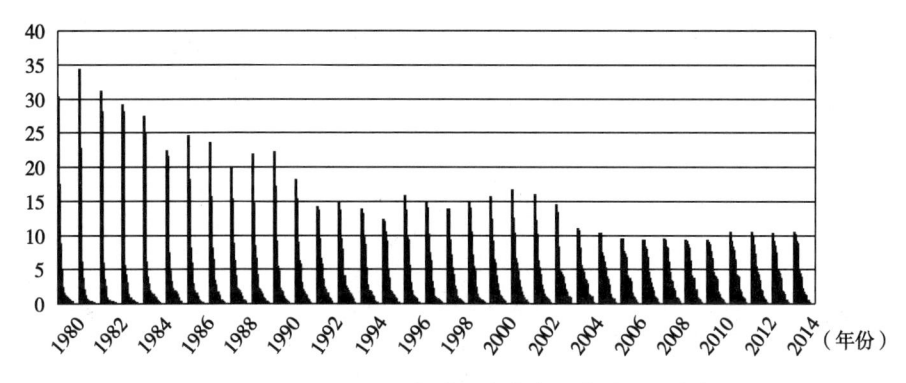

图5.6 1980—2014年地区汽车产业产量比重分布

随着时间的推移,中国汽车产业不同年份的相似性也发生变化。以1980年为基准,各年相似度呈现出下降趋势,1981年与1980年的相似性系数高达98.76%,而2012年与1980年的相似性系数最低,仅为64.82%,随后有所反弹,但2014年与1980年的相似性系数也仅为69.63%(见表5.18)。这表明,目前中国汽车产业空间分布与改革开放之初的空间分布发生了较大变化。

表5.18 1981—2014年与1980年的中国汽车产业空间分布的相似性系数 单位:%

年份	系数	年份	系数	年份	系数	年份	系数	年份	系数	年份	系数
1980	100.00	1986	91.40	1992	88.48	1998	74.45	2004	75.34	2010	70.10
1981	98.76	1987	88.46	1993	87.46	1999	77.03	2005	73.25	2011	66.64
1982	97.04	1988	89.35	1994	85.76	2000	76.15	2006	69.36	2012	64.82
1983	96.52	1989	88.22	1995	80.07	2001	80.34	2007	69.40	2013	65.41
1984	96.93	1990	88.45	1996	81.03	2002	81.14	2008	68.66	2014	69.63
1985	95.84	1991	87.71	1997	75.87	2003	79.61	2009	66.27		

从所有制看,不同类型企业之间的相似度差别较大,股份合作与国有的相似度最低,仅为28.75%,其次是股份合作与集体的相似度为34.41%,股份合作与FDI企业分布的相似度低于50%,除此之外,不同类型企业之间的相似度都在50%以上。然而,整体与不同类型企业的相似性较高,最低的也有71.88%(见表5.19)。可见,从所有制角度看,汽车产业中,部分与整体、部分与部分之间广泛存在着较高的相似性。

表 5.19　2005 年中国汽车产业不同所有制企业人数空间分布的相似矩阵　　单位:%

	全部	国有	集体	股份合作	股份制	FDI 企业	其他
全部	100	83.37	75.95	71.88	93.99	84.38	83.21
国有		100	80.99	28.75	66.40	72.51	52.69
集体			100	34.41	58.95	53.67	59.37
股份合作				100	83.56	48.84	69.28
股份制					100	70.79	86.29
FDI 企业						100	61.92
其他							100

再从细分产业看,2005 年不同细分车型规模结构有较高的相似度(见表 5.20)。从细分产业之间相似度看,汽车零配件与修理产业人数空间分布的相似度高达 100%;改装汽车制造和汽车整车制造的人数空间分布的相似度最低,为 61.41%,而细分子产业与汽车产业之间分布有较高的相似度,改装汽车制造与汽车产业的相似度也有 76.61%。可见,从细分产业看,汽车产业中,部分与部分、部分与整体之间有较高的相似性。

表 5.20　　2005 年中国汽车细分产业人数空间分布的相似矩阵　　单位:%

	汽车产业	改装汽车制造	零配件	修理	汽车整车制造
汽车产业	100.00	76.61	94.76	94.76	90.00
改装汽车制造		100.00	73.15	73.15	61.41
零配件			100.00	100.00	78.71
修理				100.00	78.71
汽车整车制造					100.00

三　集聚强度检测与检验

1. 按时序检测

以(5.4)式估计,中国汽车产业产量空间分布的分维值在 1980—1984 年小于 1;1985—2002 年分维值在 1—2 之间,从 2003 年起上升到 2 以上,2014 年达 2.3231,同时,空间集聚指数由改革开放初期的 1 以上逐步下降到 0.5 以下,分形集聚的特点随之消退(见表 5.21)。这期间,参数估计的 R^2 逐步上升,对分形集聚估计的可信度也随之提高。进一步以（5.5）式计算，汽车产业空间集聚指数的统计检验值表现出下降趋势，对空间集聚指数下降趋势更明显，1980—1991 年汽车产业空间分布呈超强集聚，1991 年后汽车产业空间集聚指数呈波动态状态，2001—2003 年汽车产业呈中等—中强聚（见表 5.21）。显然，1980—2014 年我国汽车产业产量空间分布是一种负幂结构，但其空间聚集性减弱。这意味着，中国汽车产业的分形集聚程度较弱，且下降速度更明显。

表 5.21　　1980—2014 年中国汽车空间分布分维估计与集聚指数

年份	D	d	γ_{KS}	R^2	年份	D	d	γ_{KS}	R^2
1980	0.9445	1.0588	132.5035	0.4656	1998	1.8925	0.5284	3.0485	0.7744
1981	0.7393	1.3526	137.7130	0.3975	1999	1.7609	0.5679	6.1341	0.7419
1982	0.7356	1.3594	112.3978	0.3965	2000	1.8645	0.5363	9.4098	0.7584
1983	0.7863	1.2718	114.1399	0.4092	2001	1.8297	0.5465	14.7254	0.7468
1984	0.8988	1.1125	111.7780	0.4414	2002	1.8490	0.5408	12.0035	0.7432
1985	1.1567	0.8645	78.5400	0.5232	2003	2.0906	0.4783	13.7250	0.7746
1986	1.1091	0.9017	64.9964	0.5315	2004	2.5098	0.3984	2.4120	0.8707
1987	1.2242	0.8169	60.4115	0.5683	2005	2.6312	0.3800	2.7647	0.9110
1988	1.4397	0.6946	35.4447	0.6317	2006	2.6840	0.3726	3.3578	0.9171
1989	1.3412	0.7456	50.0175	0.5995	2007	2.6247	0.3810	3.6635	0.9082
1990	1.2614	0.7928	49.6100	0.5810	2008	2.5807	0.3875	3.7757	0.9003
1991	1.5542	0.6434	25.1288	0.6687	2009	2.5896	0.3862	3.6996	0.8969
1992	1.8398	0.5435	7.8369	0.7468	2010	2.6081	0.3834	3.6696	0.9015
1993	1.8704	0.5346	7.7462	0.7495	2011	2.5836	0.3871	3.3371	0.8985
1994	1.8665	0.5358	2.3192	0.7566	2012	2.5713	0.3889	2.7405	0.8997
1995	1.9138	0.5225	1.7388	0.7718	2013	2.5645	0.3899	3.2975	0.9002
1996	1.7025	0.5874	4.9596	0.7295	2014	2.3231	0.4305	3.4049	0.8587
1997	1.7528	0.5705	4.1151	0.7370					

2. 按所有制

2005 年和 2012 年全部汽车产业不同所有制企业人数也是负幂分布。2005 年，国有汽车企业职工人数的空间分布的集聚度最强，全部和其他集聚度较弱，国有、集体、股份合作制和 FDI 企业呈集聚分形分布。2012

年，全部、股份合作制和 FDI 企业职工人数的空间分布为非集聚分形分布，国有、集体和其他企业职工人数呈集聚分形分布。从 2005 年到 2012 年，全部、集体和其他企业的集聚强度上升，而国有、股份合作制和 FDI 企业集聚强度有较大幅度下降。FDI 企业空间分布的集聚强度下降对汽车产业产生重要影响，主要表现在，FDI 企业空间分布相对分散，带动了其他企业的集聚。

表 5.22　　　2005 年中国汽车产业分所有制企业人数空间分布分维估计与集聚指数

年份	所有制	D	d	R^2
2005	全部	2.9466	0.3394	0.9326
	国有	0.7713	1.2965	0.3778
	集体	1.6628	0.6014	0.6653
	股份合作制	1.4440	0.6925	0.6385
	FDI 企业	1.8972	0.5271	0.7358
	其他	2.6110	0.3830	0.8774
2012	全部	2.6736	0.3740	0.8694
	国有	1.9772	0.5058	0.6840
	集体	1.2977	0.7706	0.5382
	股份合作制	2.0212	0.4948	0.7114
	FDI 企业	2.0721	0.4826	0.8044
	其他	1.8008	0.5553	0.7239

从集聚度看，中国汽车产业产量的空间集聚水平并不高，总体的集聚已不显著，这主要是因为中国巨大的汽车消费市场、高额的利润回报促使许多省市的汽车项目纷纷上马，以此作为带动当地经济发展的引擎，许多原来汽车产业外的企业也受利益驱使，纷纷涉足汽车产业，这无疑造成了中国汽车产业空间集聚度水平不高的结果。同各不同类型企业相比，整个汽车企业人数空间集聚程度要高一些，其中，国有企业集聚水平高于各类型企业的水平。这主要是因为中国汽车产业中长期垄断的是国有企业，现在大型汽车企业都是国有控股企业。这就造成了国有控股企业职工集聚程度明显高于整个汽车产业的独特局面。这也是中国汽车生产企业规模扩张动力不足的原因之一。从动态趋势上看，中国汽车产业的集聚程度是下降

的，说明汽车产业的资源向非优势省市扩散，这不利于形成一些具有规模大、竞争力强的核心企业和相关配套产业的强集聚区。

第五节　FDI 对汽车集聚强影响与实证

一　FDI 对汽车产业区域分布影响

各地区对 FDI 的吸收能力不同，FDI 企业的集聚对地区汽车产业的空间分布产生影响。从资源配置的角度分析，一定的资源配置方式总是要求与相应的组织制度相匹配。由于 FDI 的进入，汽车产业原有的所有制结构被打破，不同所有制企业分布对汽车集中度也有不同的影响。为了分析 FDI 企业分布对区域集中度影响，把内资企业（非 FDI 企业）从全部企业中分离出来，分别计算集中度以比较 FDI 企业对汽车产业及子产业空间分布集中度的影响。

总体上，对于汽车产业，京津冀、华中区和泛珠三角的 FDI 企业产量份额高于其全部企业和内资企业产量份额。说明 FDI 进入提高了这些区域，尤其是泛珠三角的产能份额，而在东北区和西南区的 FDI 企业份额低于内资企业，FDI 企业进入使产量份额下降；FDI 对泛长三角区的汽车产业份额影响甚微。对于汽车整车业，FDI 企业入驻提高京津冀、泛长三角、华中区和泛珠三角区的产量份额，提高了市场竞争力；而对于东北区和西南区而言，FDI 进入反而降低了内资企业产量份额水平。对汽车改装车而言，FDI 企业极大地提高了泛珠三角的产量份额，其他区域的 FDI 企业分布却降低了内资企业产量份额。对修理业而言，FDI 企业入驻有助于提高泛珠三角、泛长三角，以及西南区的产量份额；FDI 企业分布却降低了京津冀内资企业产量份额，对华中区、东北区影响较小。

进一步看，对京津冀区，FDI 企业进入提高了其汽车整车、汽车改装车和零配件份额，提高了其汽车产业的产量份额。对于东北区，FDI 企业分布略提高了零配件修理份额，而使汽车整车和汽车改装车产量份额下降，使其汽车产业的竞争力下降。对于泛长三角，FDI 企业提升了汽车改装车、修理业的产量份额，却又降低了汽车改装车份额，总体上 FDI 企业分布对其汽车产业产量份额的影响不明显。对华中区，FDI 企业主要分布于汽车整车和零配件业，提高了其汽车产业产量份额。对泛珠三角 FDI 企业分布全面提升了各细分汽车产业的产量份额，极大地提高了其汽车产业产量份额和竞争力。西南区是六区中最弱的区域，所进入 FDI 企业规模小，数量小，在 FDI 企业分布中没有比较优势，致使该区汽车比较能力下降（见表 5.23）。

表 5.23　　2005 年 FDI 对不同区域的汽车产业产量结构的影响　　单位：%

细分汽车产业	范围	京津冀	东北区	泛长三角	华中区	泛珠三角	西南区
汽车产业	全部	13.04	14.51	28.25	11.49	13.02	6.56
	FDI 企业	16.12	11.67	28.00	13.81	20.26	3.52
	内资企业	9.83	17.47	28.51	9.08	5.49	9.73
汽车整车	全部	14.41	19.92	21.97	15.15	12.87	6.48
	FDI 企业	15.00	13.91	26.25	19.01	17.87	3.54
	内资企业	13.54	28.73	15.69	9.49	5.54	10.81
汽车改装车	全部	6.05	4.95	15.02	4.98	30.51	9.24
	FDI 企业	1.03	2.66	0.72	2.96	65.74	7.59
	内资企业	9.52	6.53	24.89	6.38	6.18	10.38
零配件	全部	12.75	9.04	42.08	7.31	8.49	6.00
	FDI 企业	22.70	9.20	38.70	5.24	13.34	2.43
	内资企业	5.48	8.92	44.55	8.83	4.95	8.61
修理	全部	16.45	6.21	28.41	4.42	8.81	7.46
	FDI 企业	14.88	6.53	34.77	0.62	16.98	10.21
	内资企业	16.70	6.16	27.38	5.03	7.48	7.01

显然，FDI 企业在不同区域分布引起了所有制结构的变化，又进一步引起国内产量结构的变动。由于汽车市场竞争主体向多元化的转变，而各竞争主体的目标函数和由此决定的市场行为是不同的，市场竞争的主体和市场行为发生了变化。在市场的资源配置作用和竞争机制开始发挥作用的条件下，汽车产业产能的区域结构也会相应地发生变化。一般来讲，FDI 企业等非国有企业的目标是明确和唯一的，就是实现利润最大化；而国有企业的目标是模糊的、多元化的乃至相互冲突的，国有企业的目标实际上就是政府管理者或企业管理者的目标。汽车企业的空间布局行为必然要服从于其根本的经营目标，在目标函数的支配下，企业的空间布局行为存在

着相应的差别。

在相同的区域，FDI 企业因有先进的技术、管理理念、营销方式等，节约成本、提高收益，有利于提高产量份额。FDI 企业呈现出较强的发展势头，不仅数量取得发展，而且综合实力也不断提高，越来越成为汽车产业中一支重要力量。如泛长三角区 FDI 企业与内资企业已平分秋色，京津冀和泛珠三角的 FDI 企业的实力已明显强于内资企业。通过合资、合作等方式参与，FDI 企业成为国有企业产权结构多元化过程中所需资金和技术的重要提供者。跨国公司先进的技术知识和管理模式等都会对国有企业的行为方式产生重要影响。在产权体制和运作体制未能完全变革的情况下，因受到体制方面的制约，国有企业市场竞争力和创新能力不足，如中国大型汽车产业基地的轿车品牌不振、自主产权品牌很少，与 FDI 企业形成了强烈的反差。在这种情况下，FDI 进入必然引起投资主体的改变，区域对汽车产能竞争更加激烈。

二 FDI 企业对中国汽车产业集中度影响

究竟 FDI 对中国汽车产业集中度有何影响？在统计数据中剔出 FDI 企业相应数值后再计算集中度发现，中国汽车职工、企业数、资产和销售收入的 CR_1、CR_3、CR_5 和 CR_7 都有不同程度的提高（见表 5.24）。扣除 FDI 企业后，汽车制造业集中度反而有所提高，这种事实足够表明，FDI 企业的参与降低了汽车产业集中度。这应当与各地区引进 FDI 力度和跨国公司的战略布局有密切关系。FDI 企业分散，可在各省区市对 FDI 的竞争中获得更优惠利益，促进了当地资源形成和优化，但总体不利于中国汽车产业的集聚发展，难形成聚合竞争力。在一盘散沙的布局中，一汽、二汽等大型汽车集团也纷纷在全国布点，分散资源，难以做大做强。在跨国公司对中国汽车分而制之的战略下，群雄四起，后起之秀的涌出反而使上海、湖北、吉林三大地区动态优势下降。

表 5.24　　　　2005 年 FDI 对不同中国汽车产业集中度的影响　　　　单位：%

变量	范围	CR_1	CR_3	CR_5	CR_7
职工	全部（包含 FDI 企业）	11.31	29.15	46.15	57.36
	内资企业	13.13	33.13	49.78	60.39

续表

变量	范围	CR_1	CR_3	CR_5	CR_7
企业数	全部（包含FDI企业）	18.59	36.98	49.50	59.61
	内资企业	20.11	38.33	50.27	59.07
资产	全部（包含FDI企业）	12.23	34.91	49.45	62.66
	内资企业	15.62	36.14	54.58	65.51
销售收入	全部（包含FDI企业）	10.72	30.50	47.08	61.39
	内资企业	13.66	38.93	54.07	63.93

从细分汽车产业看，中国汽车无论是汽车制造，还是整车制造、改装车、零配件和修理业在剔出FDI企业职工人数后的CR_1、CR_3、CR_5和CR_7都有不同程度的提高（见表5.25）。这从另一种角度证实，FDI企业的参与降低了汽车产业集中度。当然，FDI对不同集中度的影响不同，对CR_1、CR_3的影响较强，对CR_5和CR_7的影响幅度小一些。如修理业FDI企业分布降低了CR_1和CR_3值，却提高了CR_5和CR_7值。进一步看，FDI对整车制造和改装车集中度影响较大，FDI进入加剧了地区之间的竞争。

表5.25　　2005年FDI对中国汽车产业及子产业集中度的影响　　单位:%

细分汽车产业	范围	CR_1	CR_3	CR_5	CR_7
汽车制造	全部	11.3142	29.1454	46.1488	57.3591
	内资企业	13.1289	33.1262	49.7768	60.3919
整车制造	全部	18.4182	39.8748	51.3899	61.9344
	内资企业	25.1075	41.9868	55.7557	66.1347
改装车	全部	25.0167	42.8291	56.3241	66.9706
	内资企业	25.3698	44.9055	60.3667	71.4406
零配件	全部	17.2106	34.1813	48.8998	60.5728
	内资企业	20.1770	37.0765	52.3446	63.5670
修理	全部	12.1206	32.7630	49.0375	57.9258
	内资企业	12.5346	33.3228	48.5961	57.0672

FDI进入后引起汽车产业的集中下降。如果没有FDI进入，中国汽车产业会达到更高的水平，不仅如此，中国汽车产业集中度的地区构成

也有一些变化。对于 CR_1 的前一个地区没有变化，但 CR_3 的第二、第三地区位次就有明显变化，第二到第四个地区的位次变化就更加明显。从 CR_5 看，在汽车制造业中，扣除 FDI 企业后吉林由第三位上升至第二位，山东由第五位上升到第三位，湖北则由第二位降到第五位。然而，FDI 进入对修理业的地区位次影响较小，改装车业地区位次没有发生变化（见表 5.26）。

表 5.26　　　2005 年 FDI 参与中国汽车产业及子产业职工人数集中度的地区构成

细分汽车产业		CR_1	CR_3	CR_5
汽车制造	全部	浙	浙-鄂-吉	浙-鄂-吉-苏-鲁
	内资企业	浙	浙-吉-鲁	浙-吉-鲁-苏-鄂
整车制造	全部	吉	吉-鄂-苏	吉-鄂-苏-京-渝
	内资企业	吉	吉-鄂-苏	吉-鄂-苏-渝-京
改装车	全部	鲁	鲁-苏-鄂	鲁-苏-鄂-皖-渝
	内资企业	鲁	鲁-苏-鄂	鲁-苏-鄂-皖-渝
零配件	全部	浙	浙-苏-鄂	浙-苏-鄂-鲁-沪
	内资企业	浙	浙-鄂-苏	浙-鄂-苏-鲁-吉
修理	全部	京	京-沪-鲁	京-沪-鲁-粤-浙
	内资企业	京	京-鲁-沪	京-鲁-沪-粤-浙

三　FDI 对汽车制造集聚度影响

从细分汽车产业看，在剔除 FDI 企业职工人数后，中国汽车无论是汽车制造，还是整车制造、改装车、零配件和修理业的分维有不同程度的下降，空间集聚度有不同程度的提高（见表 5.27）。这表明，FDI 企业的参与降低了汽车产业集聚度，对整车制造更明显，对修理业影响不大。

表 5.27　　　2005 年 FDI 对中国汽车产业及子产业职工人数空间集聚度的影响

细分汽车产业	全部与内资企业	回归方程	R^2	D	集聚指数
汽车制造	全部	$\ln N(x) = 4.3985 - 1.6285\ln x$	0.5610	1.6285	0.6140
	内资企业	$\ln N(x) = 4.3544 - 1.6023\ln x$	0.5932	1.6023	0.6241

续表

细分汽车产业	全部与内资企业	回归方程	R^2	D	集聚指数
整车制造	全部	$\ln N(x) = 4.6380 - 1.7832\ln x$	0.6049	1.7832	0.5608
	内资企业	$\ln N(x) = 4.8616 - 1.6317\ln x$	0.6180	1.6317	0.6129
改装车制造	全部	$\ln N(x) = 5.1181 - 2.0905\ln x$	0.6539	2.0905	0.4784
	内资企业	$\ln N(x) = 5.8719 - 2.0708\ln x$	0.6854	2.0708	0.4829
零配件	全部	$\ln N(x) = 4.9275 - 1.9513\ln x$	0.6105	1.9513	0.5125
	内资企业	$\ln N(x) = 4.8769 - 1.9258\ln x$	0.6206	1.9258	0.5193
修理	全部	$\ln N(x) = 3.2789 - 1.0009\ln x$	0.7154	1.0009	0.9991
	内资企业	$\ln N(x) = 3.2775 - 0.9984\ln x$	0.7239	0.9984	1.0016

FDI 企业的参与对汽车产业集聚性质没有引起实质改变，但按主导产品分类产业的各子产业集聚度和性质却有较大差别。首先，改装车制造业集聚指数小于 0.5，是非集聚分形分布，而其他均大于 0.5，具有集聚分形分布的特点；其次，整车制造、零配件和修理业的集聚程度高于平均水平，修理业的集聚程度最高（见图 5.7）。

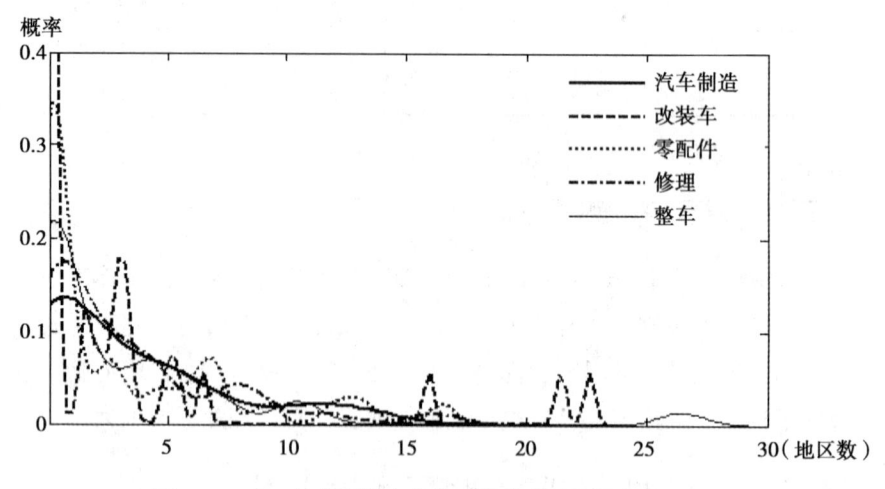

图 5.7　2005 年中国汽车产业产量分布结构的核密度估计

四　FDI 对空间集聚的影响实证分析

从 2005 年的一个截面看，FDI 企业参与的确降低了中国汽车产业的空间集中度和集聚度。空间集中度和集聚度都是测度汽车产业分布的，集中度是地区分布结构中结构系统由大到小排列的前几位之和，图 5.7 所示的是分布的拖尾部分之和。显然，集中度只有集聚分布的粗糙描述，而基于负幂分布的集聚度是一种整体的刻画，具有标度不变性的特点。对于中国汽车产业，空间集中度和集聚度具有相似的变化趋势，以此作为被解释变量，以 FDI 及其平方项作解释变量进行实证分析。

1. 单整检验

1992—2008 年 d（HP 值）、CR_3（HP 值）、FDI、FDI^2 序列具有一定的趋势，需要进行单整检验。从表 5.28 看，d_{HP}、CR_3、FDI、FDI^2 各变量的单位根检验的 DF 值大于 5%临界值，其为非平稳变量；一阶单整的 DF 值仍大于 5%临界值，CR_3、FDI、FDI^2 各变量为非单整变量；一阶单整的 DF 值均小于 5%临界值，d_{HP}、CR_3、FDI、FDI^2 各变量为一阶单整变量。

表 5.28　1992—2008 年集聚指数、CR_3、FDI、FDI^2 序列的单位根和单整检验

	变量	d_{HP}	CR_{3HP}	FDI	FDI^2
单位根	差分次数	0	0	0	0
	滞后变量阶数	1	1	1	1
	DF	2.8646	0.6445	-1.1366	1.3827
	5%临界值	\multicolumn{4}{c}{-3.1003}
一阶单整	差分次数	1	1	1	1
	滞后变量阶数	1	1	1	1
	DF	-1.2060	-2.0378	-2.8711	-1.7992
	5%临界值	\multicolumn{4}{c}{-3.1222}
二阶单整	差分次数	2	2	2	2
	滞后变量阶数	1	1	1	1
	DF	-6.8623	-8.0185	-7.4658	-7.1376
	5%临界值	\multicolumn{4}{c}{-3.1801}

2. FDI 对集中度的影响

先建立以 FDI 为单一解释变量的估计式：

$$CR_{3,t} = 42.5576 - 0.3628 FDI_t + u_1 \qquad (5.7)$$
$$\quad (31.0755) \quad (-4.2528)$$

Adj. R^2 = 0.5496, F = 18.0865, DW = 0.9941, AIC = 5.2553

从（5.7）式看出，FDI 对 CR_3 有负的影响，FDI 每增加 1 亿美元，CR_3 在 42.56 的固定水平基础上下降 0.36 个百分点。然而，（5.7）式 DW 值不足 1，具有自相关现象，还存在一些重经因素的影响。在（5.7）式中加入 FDI_t^2 项后的回归式：

$$CR_{3,t} = 46.0676 - 0.9790FDI_t + 0.0173FDI_t^2 + u_2 \qquad (5.8)$$
$$\quad\quad (36.5412) \quad (-5.2885) \quad\quad (3.6179)$$

Adj. R^2 = 0.8626, F = 44.9566, DW = 1.5728, AIC = 3.6275

与（5.7）式相比，（5.8）式技术性能有较大改善。主要表现在，Adj. R^2、DW 值较大幅度的上升，而 AIC 有较大幅度下降。显然，FDI_t^2 也是 CR_3 变化的一个原因，所不同的是，FDI_t^2 是阻碍 CR_3 下降的，FDI_t^2 每上升一个单位，CR_3 上升 0.017 个百分点。当然，DW 值还不够高，为此，再用 MA 过程对（5.8）式进行修正后的回归式：

$$CR_{3,t} = 46.4096 - 1.0436FDI_t + 0.0187FDI_t^2 + [MA(2) = -0.9594] + u_3$$
$$\quad\quad (36.5412) \quad (-5.2818) \quad (3.4093) \quad\quad (-4.9239)$$

Adj. R^2 = 0.9136, F = 50.4018, DW = 2.3602, AIC = 3.2091 $\qquad (5.9)$

（5.9）式的统计参数比（5.8）式已有所改善，Adj. R^2、DW 值继续上升，而 AIC 有一定幅度下降。进一步的协整检验，DF 方程式：

$$\Delta u_3 = -1.1821 u_{3,t-1} \qquad (5.10)$$

Adj. R^2 = 0.59076, DW = 1.9452, AIC = 2.8529, DF = -4.3321，5% Critical Value = -1.9677

从（5.10）式检验结果看，DF 值小于 5% 水平麦金龙临界值，u_3 是平稳的，同时，DF 值略大于 $C_{0.05}$ = -4.3593，但小于 $C_{0.1}$ = -3.7802。因此，（5.8）式中所揭示的 CR_3、FDI_t、FDI_t^2 各关系为长期协整关系。进一步，当 FDI>56.8182 后，由于 FDI_t^2 对 CR_3 起加速作用，CR_3 开始上升。这意味着，FDI 进入引起 CR_3 下降，只是一个历史的过程。

3. FDI 对空间集聚度的影响

以 FDI 作解释变量，FDI 对汽车产业空间集聚度的决定的基础方程式为：

$$d_t = 0.3599 - 7.78 \times 10^{-4} FDI_t + u_1 \qquad (5.11)$$
$$\quad (163.2713) \quad (-5.6686)$$

Adj. $R^2=0.5496$, $F=32.1338$, $DW=0.8621$, $AIC=-7.6080$

从（5.11）式看出，FDI 对 d 有负的作用，FDI 每增加 1 亿美元，d 在 0.36 的基础上下降 7.78×10^{-4}。但（5.11）式 DW 值比较低，具有自相关现象，还受一些重要因素的影响。当在（5.11）式中加入 FDI_t^2 项后的回归式：

$$d_t = 0.3712 - 2.631\times10^{-3}FDI_t + 4.87\times10^{-5}FDI_t^2 + u_2 \quad (5.12)$$
$$(116.4890) \qquad (-5.6208) \qquad (4.03817)$$

Adj. $R^2=0.8575$, $F=43.1382$, $DW=1.5833$, $AIC=-8.3329$

（5.12）式的统计参数比（5.11）式有较大改善，Adj. R^2、DW 值较大幅度的上升，而 AIC 有一定幅度下降。显然，FDI_t^2 是阻止 d 下降的一个原因，FDI_t^2 每上升一个单位，d 上升 4.78×10^{-4}。当然，DW 值还不够高，为此，再用 MA 过程进行修正后：

$$d_t = 0.37182 - 2.776\times10^{-3}FDI_t + 5.18\times10^{-5}FDI_t^2 +$$
$$(125.9860) \qquad (-5.8111) \qquad (3.9012)$$
$$[MA(2)=-0.9799] + u_3$$
$$(-2269.979) \qquad\qquad\qquad\qquad\qquad (5.13)$$

Adj. $R^2=0.9136$, $F=43.1382$, $DW=2.3602$, $AIC=-8.522$

（5.13）式的统计参数比（5.12）式已有所改善，Adj. R^2、DW 值继续上升，而 AIC 有一定幅度下降。协整检验的 DF 方程式：

$$\Delta u_3 = -1.1402 u_{3,t-1} \qquad (5.14)$$

Adj. $R^2=0.5771$, $DW=1.9897$, $AIC=-9.18166$，5% 水平临界值为 1.9677，$ADF=-4.2171$

从（5.14）式检验结果看，DF 值小于 5% 水平麦金龙临界值，u_3 是平稳的，而 DF 值略大于 $C_{0.05}=-4.3593$，小于 $C_{0.1}=-3.7802$。因此，（5.13）式中所揭示 5% 水平上 d、FDI_t、FDI_t^2 各关系为长期协整关系。进一步，当 FDI>54.0541 后，FDI 对空间集聚起加速促进作用，聚集度 d 开始上升。

随着 FDI 影响的加深，中国汽车产业的空间集聚效应总体上是减弱的。这种汽车产业的空间集聚效应与 FDI 有很大的关联性。已有的统计资料表明，FDI 在数量迅猛增长的同时，反而相对均衡地进入中国汽车弱势地区，一些汽车制造后起之秀不断涌现，在泛珠三角地区表现得更为突出。实证表明，FDI 在地理空间上的分布状况使中国汽车产业空间集聚下降，但到一定程度后又随 FDI 扩大而反弹上升。这意味着，FDI 进入引起汽车产业集聚强度下降，只是一个历史的过程。

第六节　FDI 汽车制造业对中国汽车制造空间集聚的影响实证
——基于 2003—2008 年空间面板数据

一　文献综述

中国汽车区位分布呈现出不均衡与集聚性的特点，空间因素已引起了广泛关注。世界汽车制造业空间组织经过初始分散阶段、大规模生产初期的高度集中阶段、"核心—边缘"结构阶段和网络化分散阶段（刘卫东、薛凤旋，1998）。中国制造业空间分布却经历了集中到分散演化。F. S. Sit 和 Weidong Liu（2000）分析了 20 世纪 50 年代以来，尤其 20 世纪 80 年代到 20 世纪末，中国汽车产业空间结构发生变化，大量 FDI 进入情况下 FDI 产业发展的路径依赖。颜炳祥和任荣明（2007）分别利用地点系数法和集群指数法计算了中国汽车产业 2002—2004 年的三类 LQ 系数和地理集中指数，结果表明汽车产业的集聚程度与汽车工业的发展高度正相关，中国部分地区的汽车产业已经出现了集聚现象，但汽车产业整体的集聚程度偏低，整体产业布局比较分散。何婷婷（2008a）利用集中度、基尼系数、赫芬达尔指数几个指标，对中国整个汽车产业的集聚性进行了统计研究，结论表明，中国汽车产业已显现出一定的空间集聚，主要集中在汽车工业根基较好或经济发展水平较高的地区，但集聚水平提高的速度较慢，目前还处于空间集聚的初级阶段。何婷婷（2008b）从各地区汽车产业以及集群竞争力同空间集聚水平结合来看，汽车产业以及集群竞争力强的省区市大都是汽车产业空间集聚的上位区域，两者之间存在着一定的对应关系。

显然，学术界对中国汽车业空间集聚有一种共识，但空间集聚是否显著尚无定论。更重要的是，目前的研究还未涉及 FDI 汽车制造业对中国汽车制造业和内资汽车制造业空间分布的影响。尽管和国际上通行的发展轨迹有所差异，但是经历了几十年的发展后，中国汽车工业出现空间集群化效应。直观上，目前基本形成了长三角、东北、环渤海、华中、珠三角和西南六大空间集群区域，但这种空间集群划分仍有待证实。

近几年，FDI 空间分布与效应受到关注。科格林（Coughlin, 2000）最早运用空间计量经济学方法对美国在华直接投资区位分布进行了研究，发现一个省区市所吸引的 FDI 与周围省区市的 FDI 呈现正相关关系；Ng 和 Tuan（2003）分析了 20 世纪 80 年代以来制造业的 FDI 在中国区位分布。他们认为，由香港—珠江三角洲所构成的所谓"中心—外围"格局成功促进了来自香港地区及世界其他地区的 FDI 流入珠江三角洲，诠释了聚集效应在吸引 FDI 中的重要性。王剑（2004）、王立平等（2006）基于省级截面数据对 FDI 区位的空间计量分析证实，除了传统区位条件之外，省份间的空间溢出效应显著影响了 FDI 的区位分布；李国平等（2007）、苏樑芳等（2008）运用省级空间面板数据模型进行的研究也得出了类似的结论；何兴强、王利霞（2008）运用空间面板计量方法，对 1985—2005 年我国大陆 30 个省区市的 154 个地级及以上城市的 FDI 区位分布的空间效应进行检验，发现样本城市的 FDI 之间存在显著的空间效应，周边城市的 FDI 增量可以增加某城市的 FDI 流入量；罗雨泽、朱善利等（2008）采用大数据样本研究了 FDI 外溢效应在空间上的分布规律以及比邻效应；冯涛、赵会玉等（2008）运用空间统计学分析了中国大陆 31 个省级区域和八大区域的 FDI 聚集特征及其影响因素，表明影响外商直接投资的因素在地理空间上的非均衡集聚导致了迥然不同的区域引资格局。FDI 对中国产业分布产生显著影响，这已是定论。

空间集聚是汽车制造业在一定地域范围内的集中、聚合。一般而言，对空间数据进行分析，主要是要了解研究对象在空间上的分布特征和空间依赖性。空间依赖性是指空间中存在的现象并非独立存在，与相邻空间单元中的现象存在着某种空间关联性。安赛林（Anselin, 1998）认为，由于受到地域分布连续空间过程的影响，许多区域经济现象在空间上具有自相关性。这种空间相关性在汽车制造业分布上具体表现为，一个地区汽车制造业的发展不仅取决于自身区位条件，还会受到相邻地区的汽车制造业影响。所不同的是，中国汽车制造业空间分布受内资汽车制造业和 FDI 汽车制造业共同影响。

可以推论，FDI 汽车制造业是影响中国汽车制造业空间分布的重要因素。基于这个假设，首先检验中国汽车制造业包括内资汽车和 FDI 汽车制造业的空间集聚强度与显著性，利用空间统计方法对中国汽车制造业空间集群进行划分与可视化，利用空间计量经济学方法对中国汽车制造业空间效应、FDI 汽车制造业空间溢出进行估计。

二 中国汽车制造业：数据与 FDI 企业贡献

1. 数据来源

2003—2008 年汽车制造业的数据来自《中经网数据库》。在统计数据上，中国汽车制造业可以分成 FDI 产业与内资产业两个子系统，其中，FDI 汽车制造业数据为外商和中国港澳台投资企业；内资汽车制造业数据为全部汽车制造业数据减去相应的外商和中国港澳台投资汽车制造企业数据所得。

2. 数据特征

从表 5.29 可以看出，汽车制造业的不同表现出不同的分布和发展态势。先从产值平均值看，从 2003 年到 2008 年，汽车制造业产值增加了 2.75 倍，内资汽车制造业增加 2.40 倍；FDI 汽车制造业增加 3.18 倍，明显高于内资汽车制造业，处在高速扩张期。FDI 汽车制造业占汽车制造业产值比重由 2003 年的 44.73% 上升到 51.79%，已占到中国汽车制造业的半壁江山。从极差看，由于在 2003 年、2008 年各类汽车制造业的产业最小值为零，31 个省区市中至少有一个地区没有汽车制造业分布。这样，出现全部汽车制造业产值极差最高，FDI 汽车制造业次之，内资汽车制造业最低的格局。

中国各类汽车制造业的分布有较大差异（见表 5.29）。从偏度和峰度看，内资企业的偏度和峰度在上升，而 FDI 企业在下降，全部企业的峰度从 2005 年开始小于 3，而内资企业和 FDI 汽车制造业表现出超峰分布。2003—2008 年，内资汽车制造业和 FDI 汽车制造业空间分布的 JB（Jarque-Bera）值大于 5% 水平的临界值 5.99，全部汽车制造业空间分布的 JB 值却从 2005 年后小于临界值，为正态分布；同时，内资汽车制造业 JB 值有所上升，全部汽车制造业 JB 值有所下降，FDI 汽车制造业 JB 值出现波动，2005 年后了出现了回升，很明显，从 2003 年到 2008 年，中国 FDI 汽车制造业离散系数高于内资汽车制造业，全部汽车制造业离散系数最低。这说明全部汽车制造业空间非均衡性有所收敛，集聚程度下降，而内资汽车制造业集聚程度值却有所上升。

表 5.29　　　　　　　　2003—2008 年中国汽车制造业分布数据描述性统计　　　　平均值单位：千元

	年份	平均值 ($\bar{x}$)	最大值 (max)	最小值 (min)	标准差 (s^2)	偏度 (s)	峰度 (k)	JB	离散系数 ($s^2/\bar{x}$)
全部企业	2003	26760977	$1.37×10^8$	0	33762059	1.9075	6.4067	33.7893	1.2616
	2004	31971775	$1.36×10^8$	24862	37011119	1.3641	4.1069	11.1961	1.1576
	2005	35648602	$1.26×10^8$	9917	37965946	0.9179	2.5585	4.6047	1.0650
	2006	48006166	$1.53×10^8$	14759	50625370	0.8635	2.3701	4.3651	1.0546
	2007	63840501	$2.11×10^8$	7734	67751524	0.9213	2.5651	4.6293	1.0613
	2008	73583475	$2.49×10^8$	0	78187563	0.9847	2.7907	5.0660	1.0626
内资企业	2003	14790813	63253128	0	17363979	1.3757	3.8121	10.6295	1.1740
	2004	16557067	74106133	24862	20008278	1.6167	4.6716	17.1132	1.2084
	2005	17868030	76052092	9917	21301633	1.6192	4.6285	16.9711	1.1922
	2006	21959845	$1.08×10^8$	14759	26446840	1.7651	5.6223	24.9796	1.2043
	2007	29666038	$1.41×10^8$	7734	34608671	1.6615	5.3470	21.3776	1.1666
	2008	35472838	$1.90×10^8$	0	43019178	1.9090	6.7544	37.0352	1.2127
FDI 企业	2003	11970164	$1.22×10^8$	0	24673273	3.3375	14.4208	226.0298	2.0612
	2004	15414708	$1.11×10^8$	0	25311141	2.3447	8.3313	65.1170	1.6420
	2005	17780572	97792443	0	26140356	1.8143	5.5411	25.3465	1.4702
	2006	26046321	$1.40×10^8$	0	37194632	1.7788	5.4583	24.1533	1.4280
	2007	34174463	$1.97×10^8$	0	48844859	1.8461	5.9355	28.7397	1.4293
	2008	38110636	$2.33×10^8$	0	54752657	1.9649	6.6535	37.1891	1.4367

3. FDI 汽车制造业贡献

FDI 汽车制造业对全国汽车制造业的产值、人员和资产参与度有较大差异（见表 5.30）。从产值看，2003 年福建、上海、广东、天津、广西、青海、江西、吉林、北京 9 个地区的产值参与度高于全国平均水平，2008 年广东、天津、上海、黑龙江、福建、辽宁、北京、湖北、广西、吉林、江西 11 个地区高于全国平均水平。从人员看，福建、上海、广东、天津、江西、广西、北京、河北、安徽 9 个地区，2008 年广东、天津、福建、上海、江西、黑龙江、湖北、辽宁、北京、江苏、广西 11 个地区高于全国平均水平。从资产参与度来看，福建、上海、广东、广西、北京、天津、江西、青海、河北 9 个地区，2008 年广东、天津、黑龙江、福建、北京、辽宁、江西、广西、上海、湖北 10 个地区 FDI 汽车制造业资产参与度高于全国平均水平。FDI 汽车制造业参与度较高的地区主要分布在东部、东北和中部地区，西部较少。

从总体上看，2003—2008 年 FDI 汽车制造业对中国地区汽车制造业产值、资产和人员参与度分别上升 7.06 个、16.62 个和 13.25 个百分点。具体看，2003—2008 年 FDI 汽车制造业对中国地区汽车制造业产值参与度西藏、宁夏和新疆为 0，产值依存度 20 个地区有不同程度上升，8 个地区有不同程度下降，资产依存度 24 个地区有不同程度上升，4 个地区有不同程度下降；人员依存度 21 个地区有不同程度上升，7 个地区有不同程度下降。2003—2008 年产值参与度上升的前五个地区为黑龙江、辽宁、湖北、天津、陕西，依次上升为 67.17 个、43.87 个、38.96 个、34.89 个、22.93 个百分点；资产依存度上升前五个地区为湖北、黑龙江、天津、广东、江苏，依次上升 37.7 个、36.61 个、28.15 个、25.78 个和 24.54 个百分点；人员依存度上升前五个地区为黑龙江、辽宁、湖北、天津、江苏，依次上升 69.82 个、48.02 个、44.37 个、30.12 个和 24.79 个百分点。2003—2008 年产值参与度下降的前三个地区为福建、青海和内蒙古，依次下降 26.61 个、22.4 个、9.36 个百分点；资产依存度下降前三个地区为福建、贵州、内蒙古，依次下降 9.03 个、2.43 个和 1.25 个百分点；人员依存度下降前三个地区为上海、贵州和青海，依次下降 23.04 个、21.94 个和 16.61 个百分点。可以看出，FDI 汽车制造业在地区汽车制造业的参与度有所变化，东部地区除上海有所下降外，大部地区还在上升，中部地区次之，西部上升较少；东部仍是 FDI 汽车制造业集聚的主要空间。

表 5.30　　　　2003 年、2008 年 FDI 汽车制造业对中国地区汽车制造业产值、资产和人员参与度　　　　单位:%

地区	产值 2003	产值 2008	人员 2003	人员 2008	资产 2003	资产 2008	地区	产值 2003	产值 2008	人员 2003	人员 2008	资产 2003	资产 2008
北京	44.83	60.60	27.36	39.16	50.14	64.50	河南	25.21	18.51	6.60	17.54	26.42	23.26
天津	55.15	90.04	41.16	69.31	48.38	78.50	湖北	21.28	60.24	3.69	41.39	4.56	48.93
河北	28.06	24.28	23.64	28.11	28.20	29.58	湖南	5.81	6.25	3.52	8.11	4.81	8.91
辽宁	17.39	61.26	17.55	40.36	13.58	61.60	内蒙古	23.32	13.96	13.30	12.05	27.12	22.18

续表

地区	产值 2003	产值 2008	人员 2003	人员 2008	资产 2003	资产 2008	地区	产值 2003	产值 2008	人员 2003	人员 2008	资产 2003	资产 2008
上海	89.00	81.12	61.17	60.11	80.28	57.24	广西	53.89	58.64	29.86	37.31	50.76	57.30
江苏	21.75	44.05	13.76	38.30	18.43	43.22	重庆	24.49	36.37	10.39	16.42	14.33	25.24
浙江	8.88	20.06	8.11	21.73	9.29	23.09	四川	15.25	20.00	5.11	10.14	15.39	21.27
福建	93.34	66.73	73.69	64.66	88.42	73.43	贵州	17.45	8.38	5.94	3.51	27.27	5.33
山东	12.17	17.33	13.37	21.80	12.55	16.14	云南	2.32	1.09	2.14	2.72	4.26	2.79
广东	88.79	94.43	55.66	81.44	71.41	92.78	西藏	0.00	0.00	0.00	0.00	0.00	0.00
海南	1.31	10.12	5.43	24.11	2.40	15.61	陕西	0.00	22.93	0.00	22.66	0.00	16.41
山西	6.59	19.17	6.35	10.78	3.47	13.83	甘肃	32.25	33.43	1.24	13.19	3.02	15.01
吉林	48.24	56.81	8.75	18.20	26.96	40.41	青海	53.11	30.71	5.50	20.75	33.86	17.25
黑龙江	3.97	71.14	8.06	44.67	6.97	76.79	宁夏	0.00	0.00	0.00	0.00	0.00	0.00
安徽	27.20	34.52	19.52	26.84	20.29	30.55	新疆	0.00	0.00	0.00	0.00	0.00	0.00
江西	50.15	50.64	37.35	45.58	44.75	58.67	全国	44.73	51.79	18.66	35.28	32.33	45.58

三 中国汽车制造业：空间集中、集聚与自相关

1. 集中度

产业集聚是经济主体的空间集中，是经济主体之间距离的缩短和空间范围的缩小。汽车制造业地区集中度是反映汽车制造业空间分布结构的重要方法和指标。其可以初步来衡量汽车制造业的空间集聚程度，用某几个地区汽车制造产值占全部地区汽车制造产值总产值的比重来表示。集中度越大，表明地区汽车制造专业化分工优势越明显、集聚倾向越明显。

对于中国大陆 31 个省区市，汽车制造业集中度：

$$CR_n = \sum_{i=1}^{n} X_i / \sum_{i=1}^{31} X_i \quad (5.15)$$

(5.15) 式中，CR_n 表示某产业前 n 个地区有关数值占所有地区相应数值比重。式中 n 的取值取决于计算需要，通常 n=4 或 n=8。它同时综合反映了地区数目及其规模分布这两个决定空间结构的重要方面。

从表 5.31 的数据可知，从全部汽车制造业看，2003—2008 年 CR_1、CR_3、CR_4 和 CR_8 数值有不同程度下降，上海由 2003 年的第一位退居第

五位,吉林从 2004 年稳居第一位,广东从 2005 年开始保持在第二位,山东从 2007 年上升到第三位,2008 年天津进入前 8 强,北京退出前 8 强。从内资汽车制造业看,对比 2003 年和 2008 年 CR_1 值有明显上升、CR_3 略有不同程度上升,而 CR_4 和 CR_8 数值有所下降,吉林从 2003—2004 年的第一位退居 2006—2008 年的第三位,山东从 2005 年起稳居第一位,浙江从 2006 年起上升到第二位,2008 年河南进入前 8 强,北京退出前 8 强;再从 FDI 汽车制造业看,2003—2008 年 CR_1、CR_3、CR_4 和 CR_8 数值有不同程度下降,上海由 2003—2004 年的第一位退居第二位,广东从 2005 年开始保持在第一位,吉林和湖北从 2004 年起分别稳居第三、第四位,2003—2008 年,FDI 汽车制造业前 8 强地区没有变化,只是位次出现了调整。这几方面表明,在 FDI 汽车制造业参与下地区汽车制造集中度发生了较明显变化,前 8 强位次也发生变化,广东和上海位次明显上升,但同时吉林也在上升。

从表 5.31 中不难看出,FDI 汽车制造业集中度高于内资汽车制造业、全部汽车制造业。这表明,FDI 产业的参与降低了中国汽车制造业集中度。著名产业组织学家植草益根据产业集中度的值,对市场结构进行了划分,假定产值份额与市场份额相当,那么中国汽车制造业 CR_4 小于 40%,属于低集中空间竞争型;内资和 FDI 汽车制造业为高中寡占型。也就是说,中国汽车制造业仍处在空间竞争状态。

表 5.31 2003—2008 年我国汽车制造业产值空间集中度及地区构成 单位:%

	年份	CR_1	CR_3	CR_4	CR_8	CR_8 地区构成
全部汽车制造业	2003	16.55	38.97	46.14	69.65	上海、吉林、湖北、江苏、广东、山东、浙江、北京
	2004	13.74	34.43	42.30	69.58	吉林、上海、湖北、广东、山东、江苏、北京、浙江
	2005	11.42	30.44	38.82	67.45	吉林、广东、上海、山东、江苏、湖北、浙江、北京
	2006	10.31	30.01	38.85	66.52	吉林、广东、上海、山东、湖北、江苏、浙江、北京
	2007	10.65	30.52	39.70	65.83	吉林、广东、山东、上海、湖北、浙江、江苏、北京
	2008	10.90	31.79	39.50	65.84	吉林、广东、山东、湖北、上海、江苏、浙江、天津

续表

	年份	CR_1	CR_3	CR_4	CR_8	CR_8地区构成
内资汽车制造业	2003	13.80	34.90	44.76	69.70	吉林、湖北、江苏、山东、浙江、重庆、辽宁、北京
	2004	14.44	38.31	47.78	69.61	吉林、山东、浙江、江苏、湖北、北京、重庆、安徽
	2005	13.73	38.64	48.35	67.32	山东、吉林、浙江、江苏、重庆、湖北、安徽、北京
	2006	15.91	38.38	47.66	67.71	山东、浙江、吉林、江苏、湖北、安徽、重庆、北京
	2007	15.37	37.05	45.90	66.15	山东、浙江、吉林、江苏、湖北、重庆、安徽、北京
	2008	17.26	37.93	46.41	67.28	山东、浙江、吉林、江苏、湖北、重庆、安徽、河南
FDI汽车制造业	2003	32.93	62.60	68.40	83.51	上海、吉林、广东、福建、北京、湖北、江苏、天津
	2004	23.25	51.00	59.78	80.52	上海、广东、吉林、湖北、北京、辽宁、天津、江苏
	2005	17.74	44.45	53.74	78.77	广东、上海、吉林、湖北、北京、天津、江苏、辽宁
	2006	17.36	43.61	52.82	77.85	广东、上海、吉林、湖北、北京、天津、江苏、辽宁
	2007	18.63	44.15	53.09	76.51	广东、上海、吉林、湖北、天津、辽宁、江苏、北京
	2008	19.73	43.71	52.69	77.01	广东、上海、吉林、湖北、天津、江苏、北京、辽宁

2. 集聚度

产业集中度是产业集聚最基本的测量方法，即第一代有产业集聚测量方法[1]。汽车制造业是一种规模集聚发展的产业。汽车制造业集中度值越大，越偏离平均分布（正态分布），中间规模的地区越小，规模分布较为不合理，越不利于集聚发展；反之，集中度值越小，表明汽车制造业规模越分散，中间规模的地区越多，规模分布差异越小，产业集聚程度越低。

产业集聚反映工业产业规模空间分布的非平衡性，集聚度越高，非平衡性也越高。然而，用产业集中度还不能进行显著性检验。从理论上，变量在空间的分布仅是平均分布、随机分布和集聚分布三个状态，而当样本足够大时，平均分布趋于正态分布。在空间上，如果汽车制造业在空间上

---

[1] 乔彬等，2007。

不是均匀分布（正态分布）的，那么可能会出现随机分布或集聚分布。

用表5.29中的峰度、偏度数据，以（5.6）式进行计算，2003—2008年中国汽车制造业的集聚强度持续减小，2004年后集聚呈不显著状态，而正好相反，内资汽车制造企业集聚强度由2003年不显著转为2004年后集聚显著状态，FDI汽车制造业一直处在强集聚状态，2003—2006年呈减小趋势，2006—2008年又有所回升（见表5.32）。总体上，在FDI产业参与下，中国汽车制造业空间集聚强度已变得不显著，制造能力有空间扩散趋势。

表5.32　　　　2003—2008年中国汽车制造业产值空间集聚强度

年份	全部汽车制造业	内资汽车制造企业	FDI汽车制造业
2003	33.5740	5.7721	196.9387
2004	7.8008	13.9625	64.5848
2005	2.0939	13.6238	23.8190
2006	2.8103	23.9146	22.5925
2007	2.0701	20.1474	28.0000
2008	1.0647	37.0299	37.0905

3. 空间自相关性检验

如果说汽车制造业分布具有一定程度空间相关性，也就是说一个地区制造业与一个或多个邻地区汽车制造业之间相关，那么就可以进一步揭示汽车制造业的空间地区间集聚状况。因此，为了探讨汽车制造业空间集群分布，需要检验汽车制造业的空间自相关性。这里我们采用相关系数检验研究地区汽车制造业产值（y_i）与其空间相关产值（$W_{ij}^q y_i$）之间的自相关系数，计算公式：

$$r_{(y, W_q y)} = \frac{\sum_{i=1}^{n}(y_i - \overline{y_i})(W_{ij}^q y_i - \overline{W_{ij}^q y_i})}{\sqrt{\sum_{i=1}^{n}(y_i - \overline{y_i})^2 \sum_{i=1}^{n}(W_{ij}^q y_i - \overline{W_{ij}^q y_i})^2}} \quad (5.16)$$

（5.16）式中，W_{ij}^q（$q=1, 2, \cdots, 6$）为稀疏矩阵。当空间单元i与空间单元j相邻接，W_{ij}不为零，当空间单元i与空间单元j不相邻接，W_{ij}为零，对角线上的元素为零（王立平、万伦来，2008）。标准的一阶到五阶相近W_{ij}分别为：

$$W_{ij}^1 = \begin{cases} 1 \\ 0 \end{cases}, W_{ij}^2 = \begin{cases} 0.5 \\ 0 \end{cases}, W_{ij}^3 = \begin{cases} 0.3333 \\ 0 \end{cases}, W_{ij}^4 = \begin{cases} 0.25 \\ 0 \end{cases}, W_{ij}^5 = \begin{cases} 0.2 \\ 0 \end{cases}, W_{ij}^6 = \begin{cases} 0.1667 \\ 0 \end{cases}$$

当空间单元 i 与空间单元 j 相邻接，W_{ij} 不为零，当空间单元 i 与空间单元 j 不相邻接，W_{ij} 为零。W_{ij}^q（$q=1, 2, \cdots, 6$）为稀疏矩阵。

由中国大陆 31 个省区市政府所在地经度和纬度（来自 Goole Earth）计算可得 W_{ij}^q 的相邻稀疏矩阵结构图（见图 5.8）。

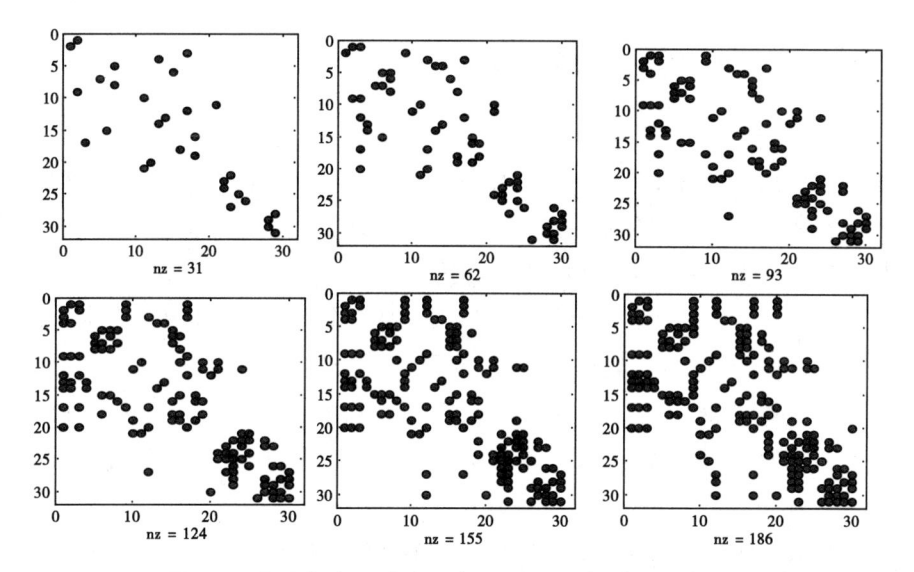

图 5.8　中国大陆 31 个省区市 1—6 阶相邻稀疏矩阵结构

对 31 个省区市来说，n=31，自由度为 30。因此，在 0.5% 显著性水平上，当 $r_{(y, wq_jy)} > 0.349$，则自相关性显著；当 $r_{(y, wq_jy)} < 0.349$，则自相关性不显著。

表 5.33 报告的是以（5.16）式计算的 2003—2008 年中国各类汽车制造业平均产值对数值空间自相关系数。可以看出，各类汽车制造业平均产值对数的 1—6 阶相邻相关系数都大于 5% 的临界值，呈现显著性。全部汽车制造业和 FDI 汽车制造的 5 阶相邻相关系数最高，而内资汽车制造业两阶相邻相关系最高。进一步比较看出，FDI 汽车制造业的空间相关系数高于全部汽车制造业空间相关系数，而内资汽车制造业的空间相关系数则低于全部汽车制造业空间相关系数。这说明，FDI 汽车制造业参与提高了

中国汽车制造业的空间依赖程度。

表 5.33　　　　2003—2008 年中国汽车制造业对数平均
产值空间自相关系数

项目	$r_{(\ln y, W_{ij}^1 \ln y)}$	$r_{(\ln y, W_{ij}^2 \ln y)}$	$r_{(\ln y, W_{ij}^3 \ln y)}$	$r_{(\ln y, W_{ij}^4 \ln y)}$	$r_{(\ln y, W_{ij}^5 \ln y)}$	$r_{(\ln y, W_{ij}^6 \ln y)}$
全部汽车制造业	0.6762	0.6876	0.6926	0.6939	0.6941	0.6738
内资汽车制造业	0.6045	0.6680	0.6406	0.6420	0.6469	0.6518
FDI 汽车制造业	0.6512	0.6193	0.6671	0.6799	0.6968	0.6700

四　中国汽车制造业的空间集群

1. 相关图

中国汽车制造业具有空间正相关，这可以进一步根据空间自相关把各类汽车制造业的空间分布为四类集群：第一象限，汽车制造业的一个高产值地区与其多个相邻高产值地区的集群即高—高型集群（HH 集群）；第二象限，汽车制造业的一个低产值地区与其多个相邻高产值间构成的集群即低—高型集群（LH 集群）；第三象限，一个汽车制造业的低产值地区与其多个相邻低产值地区的集群即低—低集群（LL 集群）；第四象限，一个汽车制造业的高产值地区与其多个相邻低产值地区的集群即高—低型集群（HL 集群）。

以表 5.33 中 2003—2008 年各类汽车制造业对数平均产值空间自相关系数的最大值计算 HH 群、LH 群、LL 群和 HL 群地区数量，全部汽车制造业分别为 16、4、7 和 4 个地区（图 5.9），内资汽车制造业年为分别为 16、5、6 和 5 个地区（图 5.10），FDI 汽车制造业分别为 16、3、3 和 9 个地区（图 5.11）。相比较而言，各类汽车制造业的 HH 类地区数量相当，FDI 汽车制造业的 LL 群数量最多，说明 FDI 汽车制造业空间更集聚、空间效应更集中。

2. 集群构成

表 5.34 所列的分别是图 5.9、图 5.10 和图 5.11 的地区构成与份额。HH 集群地区数量最多，比重最大，相对集中在东北、华中、京津冀、长三角和珠三角地区，占全部汽车制造业的 87.30%，占内资汽车制造业的 82.54%；占 FDI 汽车制造业的 92.28%；HL 集群也比较重要，主要分布

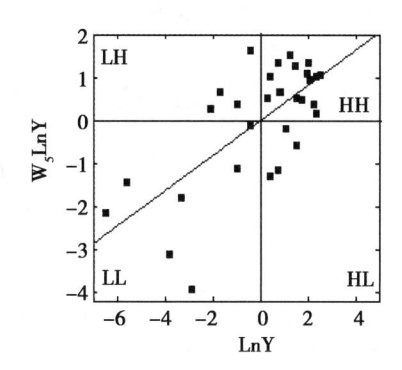

图 5.9 全部汽车制造业空间相关图

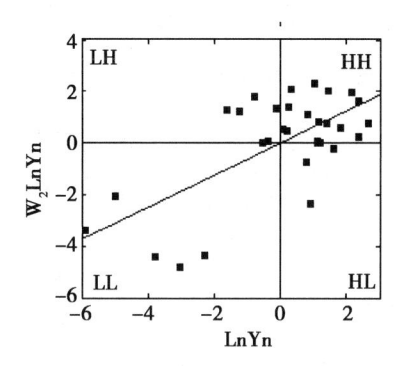

图 5.10 内资汽车制造业空间相关图

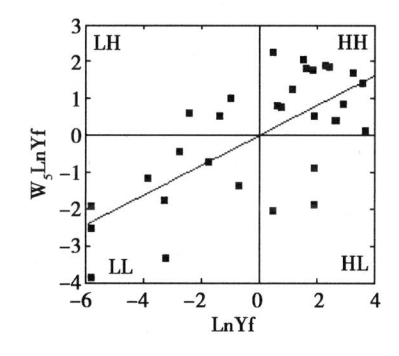

图 5.11 FDI 汽车制造业空间相关图

在西部的广西、重庆、四川、陕西地区，占全部汽车制造业的 10.35%；HL 集群的地区汽车制造业水平较低，但相邻地区制造业水平较高，容易得到空间溢出效应；而 LL 是汽车制造业最不发达的区域，主要是云南、新疆、甘肃、青海、西藏、宁夏等西部地区，其占汽车制造业的份额只有1%左右。

从四类群看，HH群和LL群是两个重要集群，HH集群是中国汽车制造业的核心极，在空间分布中有较多有能力转移和空间效应；而LL集群则很难得到HH集群的空间辐射，这个"穷人"俱乐部的成员大多数是西部地区。

表5.34　2003—2008年中国FDI工业C1和C2分类空间集聚分类　　　　单位:%

集群		地区	比重
全部汽车制造业	HH	吉林、上海、广东、山东、湖北、江苏、浙江、北京、天津、辽宁、安徽、河南、河北、福建、江西、湖南	87.30
	LH	黑龙江、山西、内蒙古、贵州	1.27
	LL	海南、云南、新疆、甘肃、青海、西藏、宁夏	1.08
	HL	广西、重庆、四川、陕西	10.35
内资汽车制造业	HH	山东、浙江、吉林、江苏、湖北、安徽、北京、辽宁、河北、四川、上海、湖南、天津、江西、广东、海南	82.54
	LH	福建、云南、黑龙江、山西、贵州	2.67
	LL	内蒙古、新疆、甘肃、青海、西藏、宁夏	0.81
	HL	河南、重庆、广西、陕西	13.98
FDI汽车制造业	HH	广东、上海、吉林、湖北、天津、北京、江苏、辽宁、山东、福建、浙江、安徽、江西、河北、河南、黑龙江	92.28
	LH	湖南、内蒙古、山西	0.32
	LL	贵州、陕西、海南、青海、甘肃、云南、西藏、宁夏、新疆	0.34
	HL	重庆、广西、四川	7.03

3. 集群空间可视化

把表5.34中各类汽车制造业地区集群在空间展开后，显示出各类汽车制造业具有相似的空间分布结构（图5.12—图5.14）。总体上我国汽车制造业，无论是内资汽车制造业，还是FDI汽车制造业，主要集中东部沿海地带，西部和北部相对较少。对比图5.13、图5.14不难看出，在FDI空间分布影响下，内资汽车制造业空间分布发生了一些变化，如内蒙古由LL型变为LH型，河南由HL型变成HH型，福建由LH型变为HH型，云南由LH型变为LL型；从图5.14来看，FDI汽车制造业的HH型集群是连片的，加上作为HL型的广西、四川和重庆连片区域更大，贵州、陕西、海南、青海、甘肃、云南、西藏、宁夏、新疆所形成的区域难以得到 FDI 汽车制造业空间关联效应。

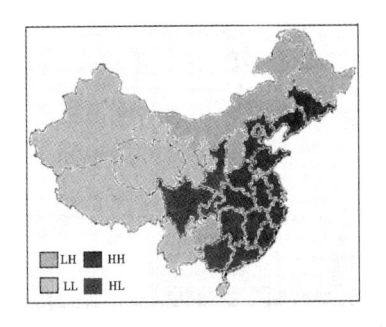

图 5.12　全部汽车制造业集聚空间分布

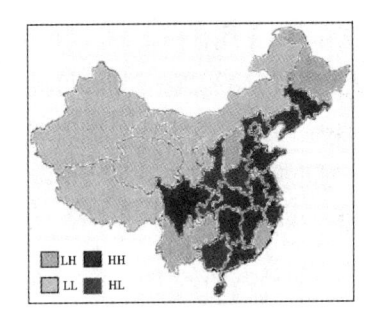

图 5.13　内资汽车制造业集群空间分布

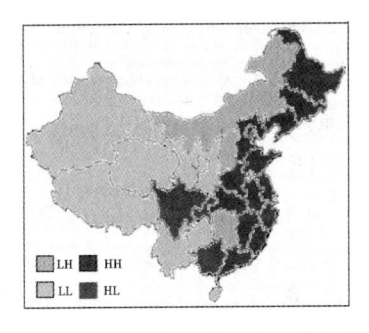

图 5.14　FDI 汽车制造业集群空间分布

总体上，FDI 汽车制造业集聚在东部沿海地带，中南部地区已形成一个有承接 FDI 汽车制造转移和溢出效应的地带，而西部、北部却距离 FDI 汽车制造业集聚带较远，形成中心—外围结构。Arrow（1971）与 Findlay（1978）认为，外商直接投资的外溢发生机理与疾病传染原理相似，距离

FDI越近的企业，与之接触越频繁、外溢的速度也就越快、吸收的外溢效应也就越高。一些研究已经表明，外商直接投资外溢效应存在空间差异，外资企业处于集聚地区要比处于分散地区具有更大的技术转移效应（Thompson，2002）。西部一方面距离FDI汽车制造业集聚中心较远，另一方面有中部隔离带存在，这是FDI汽车制造业难以西进的主要原因。

五 计量实证模型

1. 汽车制造业空间面板计量模型

从世界范围内看，沿海地区因有便利的出海港口，是产业集聚的主要地区，并对相邻地区产生明显的空间效应。根据地理规律，空间相邻辐射具有一定的限度，超过一定距离后辐射强度衰减为零。中国汽车制造业主要集聚在沿海地区，其空间效应具有一定的区域性，难以辐射到遥远的内地。中国汽车制造业的空间效应不仅空间相邻可关，还可能与地区到沿海的距离有关；同时，由于空间异质性，还可能表现出不同的区域性，不同区域因此可能有不同的空间效应。因此，为了全面识别不同的、最佳而全面的空间效应模式，构造空间面板模型：

$$\ln YA_{t,i} = \lambda w_{ij}^q \ln YA_{t,i} + \gamma D + \varphi_1 D_e + \varphi_2 D_m + \varphi_3 D_w + \varphi_4 D_{em} + \varphi_5 D_{ew} + \varphi_6 D_{mw} + u_{t,i} \tag{5.17}$$

（5.17）式中，$YA_{t,i}$为全部汽车制造业的产值（包括内资产业和FDI产业），$D = 10000/d$（d为省区市到沿海的距离），w_{ij}^q为q阶空间相邻矩阵，$q(1, 2, \cdots, 6)$表示式空间相邻的阶数，D_e、D_m、D_w分别表示东部地区、中部和西部地区的虚拟变量，D_{em}、D_{ew}、D_{mw}分别表示中东部、东西部和中西部地区的虚拟变量。

2. FDI汽车制造业空间溢出效应的计量估计模型

中国汽车制造业空间效应构成可以分为内资汽车制造业和FDI内资产业空间效应两部分，由此可以计量估计两者对中国汽车制造业发展的贡献，计量模型为：

$$\ln YA_{t,i} = \lambda_1 w_{ij}^q \ln Yn_{t,i} + \lambda_2 w_{ij}^q \ln Yf_{t,i} + \gamma D + \varphi_1 D_e + \varphi_2 D_m + \varphi_3 D_w + \varphi_4 D_{em} + \varphi_5 D_{ew} + \varphi_6 D_{mw} + u_{t,i} \tag{5.18}$$

（5.18）式中，$Yn_{t,i}$、$Yf_{t,i}$分别表示内资汽车制造业和FDI汽车制造业的产值。$q = 0, 1, 2, \cdots, 6$，表示式空间相邻的阶数。

3. FDI 汽车制造业空间溢出效应面计量模型

不管什么技术，都有一个空间外溢效应。跨国汽车企业已成为中国汽车企业的一个有机组成部分，在轿车产业领域跨国汽车公司是主导力量。在统计上，中国汽车制造业可以分成 FDI 企业与内资企业两个子系统，具有不同的生产函数。为了进一步证实 FDI 企业的空间溢出效应，把 FDI 企业生产率溢出效应分为以资产（如设备、生产工艺）为载体的技术溢出和以人员（技术诀窍）为载体的技术溢出。一般而言，FDI 企业是通过物化硬技术和人化软技术的溢出来提高东道国产业的生产率，而 FDI 企业资产占总资产的比重和 FDI 企业从业人员占总从业人员比重表示的就是 FDI 企业对内资企业的间接作用即溢出效应。FDI 企业资产占总资产比重和从业人员占总从业人员比重分别是 FDI 企业的两种参与程度。理论上，汽车制造业中 FDI 企业资产比重越高，物化技术溢出的可能性越大，FDI 企业职工人数比重越大，FDI 企业职工与内资企业相互接触概率越大，FDI 企业核心技术空间扩散和溢出的可能性越大（赵果庆，2010）。当然，在一定程度上，FDI 硬技术和软技术的区分是相对的，这也意味着，FDI 硬技术和软技术对内资产业的空间溢出并非是完全独立的，而是相互作用的，有时是互为条件的。估计 FDI 产业溢出效应的空间面板模型：

$$\ln Yn_{t,i} = \ln B_{t,i} + \lambda w_{ij}^q \ln Yn_{t,i} + \eta_1 w_{ij}^q share_k + \eta_2 w_{ij}^q share_l + \eta_3 f(\cdot) + \gamma D + \varphi_1 D_e + \varphi_2 D_m + \varphi_3 D_w + \varphi_4 D_{em} + \varphi_5 D_{ew} + \varphi_6 D_{mw} + u_{t,i} \quad (5.19)$$

（5.19）式中，$Share_k$ 为 FDI 汽车制造业资产占汽车制造业总资产的比重，表示为资产转移承载的硬技术。如汽车制造设备及工艺技术等（物化技术）溢出的增长效应，$Share_l$ 为 FDI 汽车制造业人员占汽车制造业全部人员的比重，表示 FDI 企业人员空间流动所为承载的软技术（非物化技术）溢出的增长效应，$f(\cdot) = f(w_{ij}^q share_k, w_{ij}^q share_l)$ 表示 FDI 汽车制造业资本和人员空间溢出的混合效应，包括加和效应和耦合（乘积）效应。$q = 0, 1, 2, \cdots, 6$，其中，$q = 0$ 表示没有空间相邻的原变量。

六 模型估计结果

1. 汽车制造业

当把 $q = 1, 2, \cdots, 6$ 的 $w_{ij}^q \ln YA_{t,i}$ 分别代入（5.18）式，以 Adj. R^2 最高和 AIC 最小判别，最优模型：

$$\ln YA_{t,i} = 0.9667 w_{ij}^4 \ln YA_{t,i} + u_{t,i} \quad (5.20)$$
$$(54.8736)$$

Adj. $R^2 = 0.4373$，AIC $= 3.9479$，样本数为 186。

对于全部汽车制造业，4 阶相邻地区空间边际效应为 0.9667，也就是说相邻四个地区的汽车制造业增长 1，该地区就增长 0.9667。在（5.20）式中分别加入当把 $q = 1, 2, 3, 5, 6$ 时的空间变量，再以 Adj. R^2 最高和 AIC 最小判别，得：

$$\ln YA_{t,i} = 0.3882 w_{ij}^1 \ln YA_{t,i} + 0.5717 w_{ij}^4 \ln YA_{t,i} + u_{t,i} \quad (5.21)$$
$$(3.5708) \quad\quad\quad (5.1134)$$

Adj. $R^2 = 0.5113$，AIC $= 3.8916$

从 Adj. R^2 和 AIC 看，在（5.21）式优于（5.20）式，这说明，汽车制造业空间效应以 4 个相邻地区空间效应为主，以 1 阶相邻地区空间效应为辅。也就是，中国汽车制造业空间效应更合理的模式应是在相邻 1 个地区与 4 个相邻地区的空间组合效应。

当在（5.21）式中加入 D 后，得（5.22）式：

$$\ln YA_{t,i} = 0.3629 w_{ij}^1 \ln YA_{t,i} + 0.5578 w_{ij}^4 \ln YA_{t,i} + 0.0088 D + u_{t,i}$$
$$(3.5483) \quad\quad\quad (4.9422) \quad\quad\quad (2.7094) \quad (5.22)$$

Adj. $R^2 = 0.5276$，AIC $= 3.8631$

（5.22）式中，D 的 t 统计量在 5% 的水平上显著，表示距离沿海越近，汽车制造业增长越快。这表明，濒临沿海是引起汽车制造业空间效应的决定因素，距离沿海越远，汽车制造业越难发展。

表 5.35 报告的是，在（5.21）式中进一步分别加入（5.21）式中各个虚拟变量后的估计结果。表 5.36 中，（2）和（5）的 Dum 变量 t 值小于 5% 水平的临界值，说明中部与中西部的空间效应不是显著的模式；（1）、（3）、（4）和（6）的 Dum 变量 t 值大于 5% 水平的临界值，说明东部、西部、东中部和中西部的空间效应是显著的模式，其中，东部和东中部的 Dum 变量系数为正值。这意味着东部和东中部地区对汽车制造业空间效应起促进作用；而空间效应对西部和中西部对汽车制造业起抑制作用。表 5.35 中，（1）、（4）和（6）的 Adj. R^2 值和高于（5.22）式 Adj. R^2 值，AIC 值低于（5.22）式 AIC 值，因此，（1）、（4）和（6）更能解释全部汽车制造业的空间效应。东部、东中部、中西部在汽车制造业中的效应明显不同，空间效应发生在东部、东中部之间，中西部却不利于

汽车制造业空间效应发挥。

表 5.35　2003—2008 年全部汽车制造业空间效应的区域模式识别

Variable	$\ln YT_{i,t}$											
	东部		中部		西部		东中部		东西部		中西部	
	(1)		(2)		(3)		(4)		(5)		(6)	
	系数	t 值	系数	t 值	系数	t 值	系数	t 值	系数	t 值	系数	t 值
$w_{ij}^1 \ln YT_{i,t}$	0.3507	3.3170	0.3858	3.5506	0.3740	3.4808	0.3610	3.3704	0.3867	3.5483	0.3636	3.4293
$w_{ij}^4 \ln YT_{i,t}$	0.5589	5.1622	0.5871	5.2188	0.6082	5.4632	0.5204	4.6811	0.5618	4.9423	0.6541	5.8664
Dum	0.9814	3.6650	-0.3393	-1.1566	-0.5490	-2.4512	0.8812	2.8519	0.1260	0.5215	-0.7382	-3.3728
Adj. R²	0.5423		0.5122		0.5243		0.5296		0.5094		0.5374	
AIC	3.8316		3.8951		3.8701		3.8589		3.9009		3.8421	
样本	186		172		161		162		157		157	
地区数	31		30		30		29		28		28	

2. FDI 汽车制造业空间效应

在估计 FDI 汽车制造业空间效应之间首先以内资汽车制造业建成立基础方程。当把 $q = 1, 2, \cdots, 6$ 的 $w_{ij}^q \ln Yn_{t,i}$ 分别代入（5.19）式，以 Adj. R² 最高和 AIC 最小判别，最优模型：

$$\ln YA_{t,i} = 0.5693 w_{ij}^2 \ln Yn_{t,i} + 0.4960 w_{ij}^6 \ln Yn_{t,i} + u_{t,i} \quad (5.23)$$
$$\quad\quad\quad (5.1613) \quad\quad\quad\quad (4.5881)$$

Adj. R² = 0.5113，AIC = 3.8916

（5.23）式表明，仅以内资汽车制造业角度分析时，内资汽车制造业的 2 阶、4 阶相邻空间变量的组合解释全部汽车制造业空间分布，其中，又以内资汽车制造业 2 阶相邻空间变量的边际效应为主。再考虑 FDI 汽车制造空间变量时，当在（5.23）中分别加入当 $q = 1, 2, 3, 5, 6$ 的 $w_{ij}^q \ln Yf_{t,i}$ 时，以 Adj. R² 最高和 AIC 最小判别，得：

$$\ln YA_{t,i} = 0.3593 w_{ij}^2 \ln Yn_{t,i} + 0.4639 w_{ij}^6 \ln Yn_{t,i} + 0.2561 w_{ij}^1 \ln Yf_{t,i} + u_{t,i}$$
$$\quad\quad (2.8675) \quad\quad\quad (4.3829) \quad\quad\quad (3.2636)$$
$$(5.24)$$

Adj. R² = 0.5271，AIC = 3.86415

从 Adj. R² 和 AIC 看，（5.24）式优于（5.23）式，这说明，FDI 汽车制造业的 1 阶空间变量是导致全部汽车制造业空间效应的一个决定因素，比较而言，内资汽车制造业更是决定全部汽车制造业的重要因素。

当在（5.24）式中加入 D，得（5.26）式：

$\ln YA_{t,i} = 0.2519 w_{ij}^2 \ln Yn_{t,i} + 0.5286 w_{ij}^6 \ln Yn_{t,i} + 0.2574 w_{ij}^1 \ln Yf_{t,i} +$
　　　　　（1.9035）　　　　（4.8802）　　　　（3.3186）

$0.0079D + u_{t,i}$ 　　　　　　　　　　　　　　　　　　　　　（5.25）
（2.3052）

Adj. R^2 = 0.5380，AIC = 3.84612

（5.25）式中，D 的 t 统计量在 5% 的水平上显著。这表明，在 FDI 汽车制造业参与下，距离沿海仍是引起汽车制造空间效应的决定因素。

表 5.36 报告的是，在（5.25）式中分别加入（5.19）式中各个区域虚拟变量后的估计结果。

表 5.36　　　2003—2008 年 FDI 汽车制造业与内资汽车
制造业空间效应的区域模式

Variable	东部 (1)		中部 (2)		西部 (3)		东中部 (4)		东西部 (5)		中西部 (6)	
$\ln YT_{i,t}$	系数	t 值	系数	t 值	系数	t 值	系数	t 值	系数	t 值	系数	t 值
$w_{ij}^2 \ln Yn_{i,t}$	0.2488	1.9964	0.3593	2.8935	0.2836	2.0960	0.2874	2.2166	0.3956	3.1471	0.1942	1.4826
$w_{ij}^6 \ln Yn_{i,t}$	0.5554	5.2829	0.4729	4.5045	0.5940	4.3017	0.5134	4.7525	0.3546	2.9831	0.7611	5.6596
$w_{ij}^1 \ln Yf_{i,t}$	0.2115	2.7559	0.2733	3.4951	0.2155	2.5949	0.2078	2.5440	0.2826	3.5761	0.1938	2.4727
Dum	1.0351	3.7514	-0.6020	-2.0821	-0.4215	-1.4602	0.6735	1.9601	0.4968	1.9663	-0.9186	-3.4306
Adj. R^2	0.5586		0.5356		0.5300		0.5343		0.5344		0.5374	
AIC	3.8004		3.8513		3.8632		3.8540		3.8538		3.8421	
样本	186		172		161		162		157		157	
地区数	31		30		30		29		28		28	

表 5.36 中，(3)、(4) 和 (5) 的 Dum 变量 t 值小于 5% 水平的临界值，说明在 FDI 汽车制造业的空间效应影响下，西部、东中部和东西部在全部汽车制造空间效应中不是显著的模式，而（1）、（2）和（6）的 Dum 变量 t 值大于 5% 水平的临界值，说明在 FDI 参与下东部、中部和中西部的空间效应是显著的模式。其中，东部的 Dum 变量系数为正值，这意味着空间效应对东部和东中部地区对汽车制造业起促进作用，空间效应对中部和中西部对汽车制造业起抑制作用。

表5.36中，（1）的Adj. R^2值高于（5.25）式Adj. R^2值，AIC值低于（5.24）式的AIC值，因此，（1）更能解释FDI汽车制造参与下全部汽车制造业的空间效应。东部FDI汽车制造业对汽车制造业空间效应发挥着更重要的影响。

3. FDI汽车制造业对内资制造业的空间溢出效应

先把$q = 1, 2, \cdots, 6$的$w_{ij}^q \ln Yn_{t, i}$代入（5.17）式，剔除t值小于5%水平临界值项后得基础模型：

$$\ln Yn_{t, i} = 0.4092 w_{ij}^2 \ln Yn_{t, i} + 0.5632 w_{ij}^4 \ln Yn_{t, i} + u_{t, i} \quad (5.26)$$
$$(3.1932) \qquad (4.4891)$$

Adj. $R^2 = 0.4434$，AIC $= 3.8292$

（5.26）式表明，内资汽车制造业的2阶、4阶相邻空间变量的组合对内资汽车制造业空间分布有44%的解释力，其中，2阶相邻空间变量对内资汽车制造业分布的边际效应更突出。

表5.37报告的是，当在（5.26）式中分别加入$q = 0, 1, 2, 3, 5, 6$的$w_{ij}^q share_l$和$w_{ij}^q share_k$时，FDI汽车制造业的空间溢出效应的估计结果。

表5.37 2003—2008年FDI汽车制造业对内资汽车制造业增长的空间溢出效应面板数据估计

Variable	W_{ij}^0 系数	t值	W_{ij}^1 系数	t值	W_{ij}^2 系数	t值	W_{ij}^3 系数	t值	W_{ij}^4 系数	t值	W_{ij}^5 系数	t值	W_{ij}^6 系数	t值
$w_{ij}^2 \ln Yn_{t, i}$	0.4135	3.1904	0.3569	2.9719	0.3902	2.9258	0.3595	2.6995	0.3698	2.6931	0.3566	2.6482	0.3878	2.8325
$w_{ij}^4 \ln Yn_{t, i}$	0.5652	4.4845	0.4824	4.0825	0.5626	4.4751	0.5545	4.4227	0.5593	4.4500	0.5430	4.2987	0.5536	4.3405
$w_{ij}^q share_l$	-0.0013	-0.2490	0.0295	5.2919	0.0044	0.5286	0.0126	1.3425	0.0090	0.8066	0.0158	1.2571	0.0070	0.4531
Adj. R^2	0.4405		0.5146		0.4412		0.4458		0.4423		0.4451		0.4409	
AIC	3.8396		3.6976		3.8384		3.8302		3.8364		3.8834		3.8388	
$w_{ij}^2 \ln Yn_{t, i}$	0.4291	3.2714	0.3582	3.0246	0.3699	2.7771	0.3263	2.4533	0.3126	2.2524	0.3253	2.3925	0.3507	2.4961
$w_{ij}^4 \ln Yn_{t, i}$	0.5609	4.4636	0.4800	4.1202	0.5650	4.5044	0.5619	4.5193	0.5754	4.6048	0.5595	4.4844	0.5620	4.4790
$w_{ij}^q share_k$	-0.0048	-0.7311	0.0403	5.8034	0.0114	1.0763	0.0239	2.1000	0.0234	1.7578	0.0248	1.7722	0.0176	1.0153
Adj. R^2	0.4419		0.5273		0.4438		0.4535		0.4496		0.4498		0.4435	
AIC	3.8370		3.6710		3.8336		3.8161		3.8232		3.8229		3.8343	

以Adj. R^2最高和AIC最小判别，基于FDI汽车制造业人员比重和资

产比重的 1 阶相邻空间溢出分别是最佳的；相对来说，基于 FDI 汽车制造业资产比重变量的溢出最优的。同时看出，没有空间相邻，也就是地区内的溢出不显著。这就是说，FDI 汽车制造业的溢出是通过空间关联方式在地区间溢出的。然而，$w_{ij}^1 share_l$ 与 $w_{ij}^1 share_k$ 是高度相关的，只能用其线性组合或非线性组合变量来替代。

对于（5.27）式以（$w_{ij}^1 share_l + w_{ij}^1 share_k$）/2 表示空间 1 阶相邻就业人数参与度和资产参与度的平均值，结果显示加和平均变量的 t 值大于 5% 水平的临界值。

$$\ln Yn_{t,i} = 0.3541 w_{ij}^2 \ln Yn_{t,i} + 0.4762 w_{ij}^4 \ln Yn_{t,i} + 0.0361(w_{ij}^1 share_k +$$
$$(2.9817) \qquad (4.0737) \qquad (5.7105)$$
$$w_{ij}^1 share_l)/2 + u_{t,i} \qquad (5.27)$$

Adj. $R^2 = 0.5250$，AIC = 3.6760

对于（5.28）式以 $w_{ij}^1 share_l \cdot w_{ij}^1 share_k$ 表示就业人数参与度和资产参与度耦合（coupling）效应即连乘变量，表示技术通过固定资产溢出和通过人员溢出相互作用，结果显示连乘变量的 t 值大于 5% 水平的临界值。

$$\ln Yn_{t,i} = 0.3581 w_{ij}^2 \ln Yn_{t,i} + 0.5499 w_{ij}^4 \ln Yn_{t,i} + 4.13 \times 10^{-4} w_{ij}^1 share_k \cdot$$
$$(2.9326) \qquad (4.6176) \qquad (4.6196)$$
$$w_{ij}^1 share_l + u_{t,i} \qquad (5.28)$$

Adj. $R^2 = 0.4988$，AIC = 3.7297

比较（5.27）式和（5.28）式的 Adj. R^2 值和 AIC 值，（5.27）式优于（5.28）式，但是（5.27）式 Adj. R^2 值和 AIC 值与仍不如表 5.37 中 $w_{ij}^1 share_k$ 对应式，因此，加入 D 后重新估计，得（5.29）式：

$$\ln Yn_{t,i} = 0.4031 w_{ij}^2 \ln Yn_{t,i} + 0.4501 w_{ij}^4 \ln Yn_{t,i} + 0.0409 w_{ij}^1 share_k -$$
$$(3.1976) \qquad (3.7510) \qquad (5.8766)$$
$$3.27 \times 10^{-3} D + u_{t,i}$$
$$(-1.0377) \qquad (5.29)$$

Adj. $R^2 = 0.5275$，AIC = 3.6759

（5.29）式中，D 的 t 统计量在 5% 的水平上不显著，FDI 汽车制造业硬技术溢出对内资汽车制造发展与地区与沿海距离关系不显著。进一步以各区域虚拟变量代替（5.29）式中 D 后的估计结果显示，表 5.38 中（1）—（6）式的 Dum 变量 t 值小于 5% 水平的临界值，说明 FDI 汽车制造业硬技术溢出对内资汽车制造发展不存在显著的区域模式。也就是，在内资汽车制造业空间决定下的 FDI 汽车制造业的空间溢出仅与地区的地理位置有关，没有区域性溢出特点。

表 5.38　　2004—2008 年 FDI 汽车制造业对内资汽车制造业增长的空间溢出效应的区域模式识别

Variable	东部 (1)		中部 (2)		西部 (3)		东中部 (4)		东西部 (5)		中西部 (6)	
	系数	t 值	系数	t 值	系数	t 值	系数	t 值	系数	t 值	系数	t 值
$w_{ij}^2 \ln Yn_{t,i}$	0.3541	2.8893	0.3692	3.0906	0.4636	0.1379	0.4014	3.0637	0.3937	0.1297	0.4141	0.1241
$w_{ij}^4 \ln Yn_{t,i}$	0.4830	4.0660	0.4764	4.0813	0.3481	0.1464	0.4547	3.7540	0.4276	0.1400	0.3894	0.1317
$w_{ij}^1 share_k$	0.0400	5.5024	0.0406	5.8317	0.0443	0.0074	0.0427	5.6026	0.0417	0.0073	0.0412	0.0069
Dum	0.0361	0.1366	-0.2000	-0.7574	0.3751	0.2535	-0.2553	-0.7747	0.1570	0.2320	0.3352	0.2296
Adj. R^2	0.5248		0.5262		0.5304		0.5263		0.5259		0.5302	
AIC	3.6817		3.6786		3.6698		3.6785		3.6793		3.67018	

第七节　FDI 对中国汽车产业空间集聚的影响评价

从发达国家汽车产业发展的经验可以看出，汽车产业的发展过程中存在一个高空间集中度的产业发展阶段。改革开放以来，在相关政策的大力支持和"以市场换技术"思想的指导下，中国当地汽车企业和跨国汽车企业集团合资，基本解决了中国汽车产业发展资金短缺和技术落后的问题，使中国汽车产业得到了迅速发展。然而，多元化主体的跨国公司的空间割据，导致长期以来，中国汽车制造业地方保护主义盛行，空间集中度较低，没有优胜劣汰机制，规模效益不高。

其一，FDI 汽车产业的参与使中国汽车产业集聚强度越来越小，显著性下降。国内大多数企业很难趁市场扩张的时机快速发展，更难通过横向兼并重组的形式扩大自身规模、加速资本集中。FDI 流入中国汽车产业减弱了中国汽车产业集聚强度，但 FDI 汽车制造业的空间溢出带动当地汽车制造业的发展，是中国汽车业发展区别于世界制造强国汽车发展经验的一个显著特点。

其二，FDI 汽车制造业对内资汽车制造业具有显著的空间效应和溢出效应，相对以人员为载体的溢出来说，以资产为载体的空间技术溢出突出。然而，一个 FDI 汽车制造业所在地区的技术溢出不显著，对最相邻的一个地区内资汽车制造业却产生硬技术溢出，而且这种溢出不具有区别性特点，也就是说，FDI 汽车产业溢出的空间半径十分有限。根据空间效应，中国汽车制造业基本形成了长三角、东北、环渤海、华中、珠三角和西南六大空间连片的集群区域。绝大部分西部地区难以得到东部 FDI 汽车制造业的空间溢出效应。这也是西部地区汽车产业难以发展的一个重要原因。

FDI 是通过空间途径影响汽车产业集聚的。FDI 进入中国汽车制造业导致了外部性的出现，而外部性通过空间传导促进了内资汽车制造业发展，却导致中国汽车制造业空间集聚下降；反过来中国汽车产业空间集聚的下降，引起地区之间竞争，又进一步吸引了更多的 FDI 进入，二者相互作用，共同促进了一个地区的汽车制造业的加速形成和发展。从 FDI 汽车制造业集聚的形成机理来看，一是空间外部性，二是由 FDI 带来的技术外部性（技术外溢），这也是促进中国汽车制造业发展的一个重要源泉。然而，FDI 带来的技术外溢不能直接对所在当地内资企业产生效应，而是通过空间相邻机制对周边一个相邻地区的内资企业产生效应，溢出范围十分有限。

研究表明，在沿海以及相邻地区，FDI 汽车制造业聚集带已形成，具有了中心—外围空间结构。这意味着，本地区吸引 FDI 汽车制造业的增加只能够带动相邻地区吸引更多的 FDI 汽车制造业入驻。可以预见，FDI 汽车制造业空间聚集效应和溢出效应发挥，沿海汽车制造业聚集带仍是制造业 FDI 入驻的主要目标地区，中部次沿海区域的 FDI 汽车制造业会增加，而西部的 FDI 汽车制造业转移仍继续稀少，东部与西部、中部与西部的差距将持续，甚至扩大。目前 FDI 汽车制造业有扩散趋势，但又表现出重新集聚的趋势，而内资汽车制造业的集聚程度在上升。因此，中国因势利导，制定有效的分类政策，这既有利中国民族汽车品牌的培育，又能促进中国汽车制造集聚分布。

第六章　世界汽车工业发展模式与中国借鉴

后发展中国家的汽车工业有两条发展道路：一条是日韩式道路，通过自主开发，发展民族工业，成为先发国家跨国公司的竞争对手；另一条以拉美国家为代表，走合资道路，沦为跨国公司的附庸。这两种发展的模式的分水岭关键在于是否有自主创新能力。目前，中国汽车发展模式既不是日韩模式，也不像"巴西模式"，但更具有"巴西模式"的倾向，然而是否能走出一条中国特色的汽车发展模式，要取决于未来的自主研发变数。

第一节　世界主要国家汽车产业发展模式

一　发展模式

1. 自由竞争模式

这种模式以社会自发性发展和政府无为而治为基本特征，主要通过企业自由竞争方式调节社会生产和需求，实现汽车工业发展。典型代表性国家是美国，简称为"美国模式"。

自由竞争模式处在世界汽车工业不发达的早期。虽然西欧汽车产业起步较早，但缺乏社会化发展的条件。全球其他地区汽车工业处于空白，没有外来竞争之忧，这是美国汽车工业自由竞争的时代背景。对中国来说，美国当时发展的国际环境和机遇已经不复存在。即使现在，美国也没有完全走这条路。

2. 自主发展模式

这种模式要点是基本依靠国内资源，建立一个比较完整的汽车工业体系，包括自主开发能力、民族品牌、整车制造能力、国内的零部件供应体系。在产业升级和技术能力的提高过程中，虽然也通过技术引进等方式借助外部力量，但基本上是排斥 FDI 的，强调自主发展和政府引导成为其基本特征。政府鼓励引进国外先进技术和管理经验，但强调国家建立独立自主的汽车工业体系和自主品牌开发能力，严格市场准入、排斥外国资本。政府对汽车发展、消费需求制定系统的导向政策，引导市场需求和生产，限制无序竞争。这以日本、韩国为典型，简称为"日韩模式"。

"自主发展模式"的主要特征是产业链条完整，形成了一定的自主发展能力和拥有自主知识产权的品牌。这也是人们对此模式的最推崇之处。如韩国在短期内，主要依靠自身力量建立起在国际市场上有一定影响力的汽车工业。但是随着时间的推移，韩国模式的问题和弊端日益显露出来。韩国汽车工业在产业价值链向高端（即研发能力、品牌）提升的过程中尽管付出了高昂的代价，其地位仍十分脆弱。过小范围的产业分布使其成本降低存在着难以克服的技术上的障碍。最有问题的是作为模式"特色"的政府主导或扶持。所谓政府主导，就是政府运用其强制性力量，全力支持少数大型企业在短期内形成一定的国际竞争力，采取的手段包括国内严格的行业准入政策、银行的大量低息贷款、各种形式的补贴等。这些在20 世纪七八十年代被当作行之有效的手段，到了 20 世纪 90 年代却越来越多地与高成本、高风险、僵化、贪污腐败等联系在一起。大宇公司的破产和被收购则宣布了一个神话的破灭。不顾客观经济条件的制约而盲目采用完全自主模式，很容易犯"大跃进"式的错误。

3. 完全开放模式

这种模式以全面对外开放、依赖 FDI 为基本特征。国家全面对外开放汽车市场，依赖 FDI，不追求建立民族汽车工业体系和发展自主品牌。将汽车产业定位于全球产业链分工的地区制造商角色。汽车产业和市场基本为外资所控制，代表国家有巴西、加拿大、墨西哥等，称为"巴西模式"。

选择"完全开放模式"国家的汽车产业，其发展目标集中在通过发展汽车产业实现宏观经济增长目标，不单纯追求汽车产业链在国内的完整，如自主开发能力和民族品牌，而是在全球汽车产业价值链分工体系中扮演部分产品地区制造商的角色。通过汽车工业、其他相关工业和汽车服务业的发展，创造数量众多的就业岗位，以解决就业问题，增加政府的财政收入。其具体做法，一是吸引国际上主要的汽车制造企业（整车、零部件）在本国投资，借助其资金、技术、管理经验、国际营销渠道等资源发展本土的汽车产业，目标是成为跨国公司某些产品的地区性生产基地和跨国公司全球战略的重要组成部分；二是开放国内市场，基于产品品种的差异而采取大进大出方式，并努力实现净出口；三是国家注意发挥自身优势，形成具有一定特色的汽车工业，如西班牙紧凑型轿车的发展。

二　不同汽车产业发展模式比较

1. 产业发展环境不同

自由竞争模式处在世界汽车工业发展的早期。全球其他地区的汽车工业还没有发展，也没有外来竞争对手。自主发展模式处于世界汽车工业发展的成长期。日、韩汽车发展时期，虽然美国、欧洲汽车工业已经强大，但美、欧自身和世界其他地区的市场空间还相当广阔，加上日、韩国家小，市场有限，美、欧企业无意强行进军日、韩市场。"巴西模式"处在发达国家汽车工业发展的成熟期，巴西等各国面临外部强大竞争压力，内部缺乏发达的工业基础，政府希望借助外商带动国内汽车发展，扩大出口。

2. 政府作用不同

自由竞争模式以社会自发性发展和政府无为而治为基本特征。自主发展模式下政府对汽车发展、消费需求制定系统的导向政策，引导市场需求和社会生产，限制无序竞争，运用其强制性力量，全力支持少数大型企业在短期内形成一定的国际竞争力，严格市场准入、排斥外国资本。完全开放模式以政府全面对外开放、依赖FDI为其基本特征，将汽车产业定位于全球产业链分工的地区配套能力的角色，汽车产业和市场基本为跨国公司控制。

3. 产业发展目标不同

自由发展模式的目标是通过社会自发性发展形成完整的汽车产业体系。自主发展模式的主要发展目标是形成一定的自主开发能力，拥有自主知识产权。完全开放模式下，国家通过发展汽车产业，实现宏观经济增长目标，不单追求汽车产业链在国内的完整，通过汽车工业、相关工业和汽车服务业的发展，创造数量众多的就业岗位，以解决就业问题和增加政府的财政收入。

4. 产业发展路径不同

自由竞争模式主要通过企业自由竞争方式调节社会生产和需求实现汽车工业发展。自主发展模式是基本依靠国家自主发展和政府引导来建立一个比较完整的汽车工业体系，包括自主开发能力、民族牌、整车制造能力、国内的零部件供应体系。完全开放模式的具体做法是吸引国际上主要的汽车制造企业（整车、部件）在本国投资，目标是成为跨国公司某些产品的地区性生产基地和跨国公司全球战略的配套能力。

三　FDI、技术选择与汽车产业发展模式

从 FDI 角度看，作为传统汽车生产国的发达国家基本上是按自主开放模式发展自己的汽车品牌，而作为后起之秀的发展中国家，如巴西、墨西哥则是按 FDI 主导型、共同经营型或两者兼而有之的模式来发展国内的汽车品牌，但均是引进国外汽车品牌，没有属于自己的民族汽车品牌。日本和韩国，作为汽车工业的后起国，坚持推行自主开放模式，形成了自己的汽车品牌，创造了汽车产业界的神话。

1. 产业主导型模式

产业主导型发展模式的主要特征是自主开放，也称自主开放型模式。它是在政府的积极推动、干预与扶持下，走消化吸收、开发自主知识产权产品，同时积极参与国际分工而发展民族汽车品牌的道路。其主要特点：一是汽车品牌发展进程中，一切重大问题都是自主决定的，尤其是自主开发能力；二是对外开放，鼓励 FDI 进入，引进消化国外技术，发展民族汽车品牌；三是政府在汽车工业发展过程中给予一定的扶持，直接推动汽车品牌的发展；四是在大集团战略的指导下，通过汽车的分类定点生产，直接推动汽车生产企业的兼并与重组，提高汽车品牌的集中度与生产规模。这种模式的主要代表是后发的日本和韩国，其基本不采用 FDI 方式，而是通过技术引进和合作，技术具有自主性和独立性。

2. FDI 主导型模式

FDI 主导型模式或称依附型发展模式，是在本国汽车产业比较落后的情况下，为了开发出本国的汽车品牌，主要依靠吸引国外汽车公司投资建厂来发展本国汽车产业。不求所有，但求所在，从而发展本国的汽车工业。采取与 FDI 企业共同经营或由 FDI 主导是这一模式的主要特征。其主要特点：一是利用本国廉价的劳动力成本和优惠的投资政策吸引跨国公司办厂；二是通过学习国外汽车公司的先进生产技术和管理方法，来为以后本国汽车品牌的发展做积累。

显然，当一个国家的汽车工业比较落后时，它只能靠引进一些汽车大

国的先进技术、设备、管理、资金等来发展本国的汽车工业。在经营过程中，各种重大问题都是共同决策、共担风险或是由 FDI 主导的。各类合资、外商独资或外商控股的汽车企业都属于此种模式。这种模式简单易行、政府负担轻、短期效益可观，但缺乏控制权的发展必然带来长期被动。"巴西模式"是这种模式的代表。

3. 混合型模式

共同经营模式或称半自主半依附式，是在国家高关税的保护之下，鼓励跨国公司通过直接投资或合资形式进行本土化生产，形成多家跨国公司的品牌竞争局面。其主要特点：一是采用较高汽车进口关税和较优惠的直接投资政策，吸引跨国汽车公司来东道国生产各自品牌的汽车，形成一国之内多个洋品牌竞争的局面；二是通过积极的汽车出口政策导向来推动国内生产的汽车出口，从而促进国内汽车品牌的发展，并积极参与国际竞争；三是根据各自的国情选择适当的方式来发展本国汽车品牌；四是注重汽车研发能力的培育与提高。

第二节 日韩汽车产业发展模式

一 日本

1. 日本汽车产业的发展

日本一直被认为是后起国家中发展汽车工业成功的典范。日本的汽车制造开始于 1904 年东京汽车厂成立。当时日本政府出于军事需要，对汽车厂商进行了扶持，推动了早期日本汽车产业的发展，日本国内出现了众多汽车制造商。1924 年美国通用、1927 年美国福特相继在日本以 CKD 方式组装汽车。1933 年和 1937 年，日产汽车公司和丰田汽车公司先后成立。

虽然到 1941 年时，日本的汽车产量已经达到 4.6 万辆，但直到 1945 年日本战败以前，日本的汽车工业始终是国防工业的一部分，其产品主要以军用卡车为主，整个汽车工业的技术体系尚未形成。"第二次世界大战"以后，日本汽车市场被美国和欧洲小型廉价车占领，虽然日本政府以高关税和严禁国外资本渗透的方式保护国内汽车产业，但是除实力相对雄厚的丰田能靠自身力量开发生产国产轿车外，众多小企业为了生存，纷纷采取与国外企业联手搞"事业合作"或"技术合作"。

日本汽车产业真正发展壮大是在引进欧美技术以后。在政府的积极扶持之下，日本汽车工业以卡车生产为起点，在引进国外汽车产品和技术的基础上，正式启动了汽车工业的全面发展。经过20世纪50年代的技术引进消化阶段，20世纪60年代，日本进入高速普及轿车时期，日本汽车在迅速成长壮大；自主创新能力快速提高；开始自主设计生产新车型，企业间大量重组。日本的汽车产量相继超过了意大利（1962年）、英国（1966年）和德国（1967年）。到了20世纪70年代，世界石油危机爆发，日本汽车凭借其油耗低的小型轿车进行了大规模的海外扩张。1964年，日本的汽车出口仅占世界汽车出口总量的3.8%，10年后这一数字升至26.2%，并于1974年超过联邦德国，成为世界上最大的汽车出口国。1980年，日本汽车总产量达到1104万辆，超过美国成为世界最大的汽车生产国。

进入20世纪90年代，日本汽车产业发展逐渐放缓，许多企业出现了开工不足、生产力闲置的情况，日本汽车企业成为欧美汽车集团的兼并对象，但经过调整和再创新，以丰田为代表的日本汽车企业在油价高涨、消费者环保意识增强的大环境下，结合自己的优势，在新一代节能环保技术方面积极开拓创新，开始逐渐走出发展的低谷，进行新一轮的扩张。1994年，美国从日本手里夺回世界汽车产量第一的宝座并一直保持到现在。日本汽车工业占GDP的10%以上；就业人口的10%也都从事与汽车有关的工作；巨额的对外贸易顺差也主要来自汽车的出口。

2. 引进与创新结合的技术道路

战后初期，日本汽车生产技术，同欧美主要汽车国相比，是相当落后的。要在短期内消除这一差距，达到世界先进水平，从国外引进先进技术是主要途径。1951—1959年，日本先后从美国、英国以及意大利引进405项先进技术。这对加速汽车工业发展和促进汽车工业技术研究起到了关键作用。同时，日本汽车企业还注重将先进技术与本国技术革新相结合，使日本汽车工业无论生产手段和汽车性能均得到迅速提高，增强了国际竞争力。日本非常重视科学研究，而且研究机构都设在厂里，及时地把引进技术、改造与发展有机结合起来，使其技术水平总是位于世界前列，也为日本汽车工业迅速崛起创造了条件。

进入20世纪90年代后，丰田公司完全从市场需求出发，提出开发世纪战略车 NBC（New Basic Car），至今已推出多种车型。所有车型投放市场后都引起轰动，不仅产量比预计大很多，而且 NBC 在欧洲和日本取得 1999 年度最佳小型车奖。世纪战略 NBC 动力总成结构先进、性能优良、轻量化设计，且 NBC 具有顶级安全性；车身设计技术领先；并配有紧缩式安全带、安全气囊、BS 及优良紧急避险功能。这一切都显示了日本汽车的高科技含量和市场竞争力。

进入 21 世纪后，日本汽车工程学会汽车技术发展战略小组组织日本汽车产业、学术方面专家，对日本汽车发展方向进行了规划，制定了各个阶段的不同目标，并提出了具体实施方案。

3. 日本汽车工业的模仿创新之路

回顾日本汽车工业的崛起历史，可以看出，日本汽车工业经历了一个完整的引进—模仿—创新过程。"第二次世界大战"后，日本政府提出了汽车工业复兴计划，由政府政策主导，为日本汽车工业的振兴提供政策引导与支持。战后，日本汽车工业在战时遭到了破坏，因此，虽然战后重建使日本国内对于乘用车的需求激增，但是其中大部分只能依靠进口。虽然日本本国的汽车企业也不懈努力地进行生产，但由于技术所限，生产的汽车无论性能、款式、价格都远远落后于从欧美等先进国家进口的产品。日本当时的产经界也普遍存在这样一种观点：日本的乘用车应该依赖进口。当时，认为日本的国产车无用的说法广为流传，而日本国产车的高价低质似乎也印证了这种舆论。因此，日本的汽车企业开始与国外企业进行合作（见表 6.1）。

表 6.1　　　　　　　日本与国外先进企业的合作情况

企业名称	合作的外国公司	合作期限
日产	英国奥斯汀	1952—1960 年
日野	法国雷诺	1953—1964 年
五十铃	英国鲁茨	1953—1965 年
三菱	美国威利斯	1953—1956 年

本田早期曾与美国福特进行技术合作，但是并未形成长期的合作关系。日本根据当时本国技术与国外差距较大的实际情况，所开发的新车型避开了与进口车的竞争，先进行进口散件的组装，然后逐步提高国产

化率。通过与国外公司的合作生产，日本的汽车生产量大幅增加，从1953年的1740辆增加到1956年的8380辆。同时，由于国内经济的发展，日本的市场需求出现由乘用车转向私人用车的趋势，各公司利用这一契机，于1957年利用所掌握的技术，独立开发了多种新车型，1959年日产运用奥斯汀的技术开发了Bluebird，并于1960年中止与奥斯汀的协作，自行推出了Cedric。日本各大汽车厂商纷纷推出自己的新车型，到1966年日本汽车总产量达220万辆，居世界第三，跃居世界汽车工业强国之林。

20世纪50年代日本从国外引进先进技术，60年代对引进的技术进行改良，70年代由改良向自主技术过渡，80年代确立自主技术。这四部重奏曲使日本成为世界汽车工业强国。进入20世纪90年代，日本经济进入低迷时期，日本汽车却凭借其模仿创新积聚的技术实力仍然保持活力，尤其是在开发新型节能环保车方面，通过技术创新达到了领先水平，为其汽车工业的持续发展奠定了坚实基础。日本汽车企业可以很好地将技术引进与技术改造相结合，通过模仿进行创新，提升自己的技术创新能力，使其技术水平和产品跻身世界前列。除了买入先进技术，日本也采取过与国外先进的汽车企业合作，通过技术合作使生产企业壮大实力，以此提高自己的技术能力，并逐步提高汽车的国产化率。日本汽车工业的合资与引进都是以提高本国技术实力和实现汽车的真正日本制造为宗旨的。

4. 日本汽车产业利用外资模式

日本汽车产业的发展主要得益于政府的保护和支持、自我发展的产业发展道路、企业的创新精神和正确把握历史机遇。可以说，日本汽车产业是"自主发展"起来的，外资的作用很有限。

（1）在本国汽车产业"自立"前对外资严格限制

1936年的《汽车制造事业法》禁止外国公司进入日本汽车产业，迫使福特和通用公司退出日本。此外，在日本汽车产业的高速增长阶段，由于政府的产业保护政策，外资不能进入日本汽车产业；而在实现汽车产业"自立"之后，才实现限制性的"资本开放"。从1971年4月开始，汽车产业资本自由化促进了日本国内汽车厂商与国外汽车厂商间的资本与业务合作，如三菱与克莱斯勒（1971年）、五十铃与通用（1971年）、东洋工业与福特（1971年）以及铃木与通用（1981年）的资本合作等。

(2) 以技术合作为核心是 FDI 的主要形式

虽然利用 FDI 对日本汽车产业发展的贡献有限，但也可以看到 FDI 在日本汽车产业发展过程中的痕迹和起到的作用。1952 年，通产省公布了《同国外企业在轿车方面合作和装配的方针》，允许轿车生产厂商同国外企业进行公平合作，可进口零部件在国内组装。具体做法是先组装 CKD 零部件 3—4 年，然后逐步国产化。随后，日产与英国奥斯汀（1952 年）、日野与雷诺（1953 年），五十铃与英国鲁茨（1953 年）等公司先后达成技术合作协议。到 1958 年，三家合作分公司主要的汽车厂商已经全部实现了轿车生产的国产化。

5. 日本汽车发展的经验

日本能在战后不长的时间里，一跃成为世界名列前茅的汽车生产国，主要原因有两点：一是政府政策的成功扶持和引导；二是日本汽车企业的自主创新精神即自主发展模式。

(1) 政府持久有力的保护和扶植

日本的贸易保护政策对日本汽车产业的发展起到了不可替代的重要作用。虽然日本的汽车产业在起步时期一度受到了美国汽车企业的打击，但日本政府通过颁布有关政策、法律等措施，成功地保护了本国汽车产业。即使在其成为世界先进汽车国家后，仍然维持了相当长时期的高关税。可见，在发展汽车产业过程中，日本采取内外有别的贸易政策，对内强调自由贸易；对外则强调贸易保护，目的是使本国利益最大化。

日本政府还通过金融、税收政策来扶植汽车产业，如丰田、日产公司从 1952 年到 1959 年的设备投资中有 60% 是政府提供的。1957 年日本制定了《租税特别措施法》，以减免法人税支持汽车产业企业进行资本积累；为了促进汽车的大规模消费，日本政府于 1961 年制定了《分期付款销售法》。1963 年日本制定了《私人汽车贷款》的消费金融制度，大大刺激了日本汽车的消费。在日本投资自由化即将实施前，为了使日本汽车产业的组织结构进一步合理化，政府对汽车企业合并、改组提供政策引导，公司合并后可以得到特殊的减税。丰田公司利用政府的政策实现了与日野、大发公司的合并。

(2) 凭借以自我发展为主形成的国际竞争力

在日本汽车产业的发展历程中，包括利用外资阶段，坚持自我发展为主并形成具有国际竞争力是一项长期坚持的发展战略。这是日本汽车产业形成具有以自主开发为基础的产业技术体系，成为具有国际竞争力的汽车强国的主要原因之一。同时，日本汽车产业积极推进以出口为导向的外向型发展战略，并获得巨大成功，产品大批量进入国际市场，除了为日本换取大量外汇以外，更重要的是使日本汽车产业直接参与国际竞争，有助于其产品国际竞争力的不断提升。

从总结经验的角度看，日本汽车产业的发展过程对于其他国家有以下一些启示。

（1）政府适度、合理的政策保护肯定对后起日本汽车工业的成长起到了积极的作用。特别是在国际竞争日趋激烈的条件下，来自政府的一定时期和一定程度的保护和扶持，对于任何弱小状态的汽车工业来说是不可缺少的。

（2）对汽车工业尚处于弱小状态的国家来说，尽管技术引进是其汽车产业成长的必由之路，但只要能够及时学习并运用世界汽车工业的最新技术成果，并长期坚持培育本国的研究与开发能力，那么，以抓住市场需求发生重大变化的机遇，实现汽车工业的跨越式发展也还是有可能的。

（3）即使从开始起整个汽车工业便处于政府干预较多并且寡头垄断竞争的格局之下，只要政府政策得当，并且始终以参与国际竞争为目标，那么这种格局也会有利于汽车产业技术进步与创新。

二 韩国

1. 韩国汽车产业发展概况

韩国的汽车产业最早始于 1955 年。当时韩国 Sibal 汽车株式会社，曾用美军二手军车改制为吉普车，这可以说是韩国生产乘用车的开端，但实质上只是修配车或再生车，并且 Sibal 不具备基本的生产和技术基础，甚至于没有固定的厂房。

韩国的汽车产业真正起始于 1962 年。朝鲜战争结束后，韩国经济主要依靠美国。为了振兴本国经济，摆脱对美国的依附状态。1962 年，韩国政府制订了经济发展五年计划，这一计划标志着韩国转入政府主导型经济政策。1962 年 5 月，韩国政府出台了为期 5 年的《自动车工业保护法》，该法规定商工部长官拥有有关装配、生产认可的审批权；保护和扶植国内的汽车工业，限制整车和零部件进口；允许进口汽车生产必须是国内无法生产的零部件。这也为韩国汽车工业的发展提供了契机。

1962年初成立的SAENARA是韩国成立最早的汽车装配厂，其后又成立了新进工业公司和起亚公司，1967年现代汽车公司成立。韩国汽车工业发展初期，其生产方式主要是进口散件组装，从20世纪60年代初期的进口半散件组装到60年代后期的进口散件组装。其间韩国政府限制整车进口和鼓励国内生产的优惠税率等政策促使各汽车公司与国外先进汽车企业技术合作（见表6.2）。

表6.2　　　　　　　　　　韩国汽车工业早期情况

韩国公司	成立时间	技术合作	企业技术合作方式
SAENARA	1962	日本NISSAN	CKD组装bluebird
新进汽车	1965	日本TOYOTA	技术合作
现代汽车	1967	美国FORD	技术引进
亚细亚汽车	1968	意大利FLAT	CKD组装轿车
起亚汽车	1970	美国GM	技术合作

1977—1982年，韩国的汽车工业大规模生产体制基本成形，各大生产厂家将自己的战略重点转移至国际市场。1982年至今，韩国的汽车工业完成了自主创新，实现了国际化，成为韩国主导产业。经过了40多年的发展，以现代起亚集团为代表的韩国汽车产业，以国外市场为主体，在西欧、北美、东欧、中亚和大洋洲纷纷建立生产基地，实现了海外生产体系与全球化的营销网络；汽车产量由1962年的1777辆增长到2007年的382.7万辆，韩国已经成为全球第五大汽车生产大国，占全球产量5.4%的份额。

2. 韩国汽车产业技术创新

经过半个世纪后，韩国出现了现代、大宇等拥有雄厚实力的跨国公司，汽车大量出口，拥有自主知名品牌，具备自主技术开发能力。韩国的汽车工业成功地走出了一条技术引进—消化吸收—自主创新的道路。

韩国汽车工业虽然走的也是技术引进和合作的道路，但是从一开始，韩国的汽车工业就基本是民族资本。这在很大程度上减轻了外国企业对于本国汽车工业的干预，增强了自主权。

20世纪70年代，韩国对引进的技术进行吸收改造。韩国政府进行战略规划，要求每个公司选定一个车型开始开发完全国产化的汽车。1976

年，韩国的汽车国产化率接近85%以上，同时促进了韩国汽车企业积极培育自主开发能力。以现代汽车为例，在20世纪60年代末70年代初与福特合作期间，现代学会了汽车装配小客车的简单制造技术，此后现代自主从各国引进汽车制造技术。于1975年自行设计推出PONY轿车，其国产化率达到90%，是第一款发展中国家独立设计的轿车。韩国凭借此款车也成为世界上第16个可以自主设计汽车的国家。

经过20世纪60年代的引进、70年代的吸收改造、80年代开始，韩国汽车进入了自主开发阶段。这时期，韩国各公司都将产品开发作为首要任务，大力开展与国外汽车工业的合作，投入大量资金，并着力培训开发技术人员，设立研发机构。1986年，现代、大宇的研发费用占销售额的4%，现代的研发人员达到2000余人。现代公司于1981年引入日本三菱公司的发动机、驱动桥、底盘和排放技术，引进意大利的车身设计，1983年推出了自行开发的Excel轿车，1992年推出了Accent轿车。建成包括美国现代技术研究所、蔚山技术中心在内的6个科研机构，每年用于研究开发的费用超过6亿美元，其研发费用占销售额的比例达到发达汽车企业3%—5%的投入强度。

20世纪90年代至今，韩国奠定了世界汽车工业强国的地位，产品大量出口，具备与欧美日等国汽车产品的竞争力。韩国在西欧、美洲、亚洲等地都建有生产基地，海外生产体系的建立和全球销售网络的拓展极大地推动了韩国汽车产量和出口量。以1996年为例，韩国汽车总产量为281万辆，售出量为162.5万辆，比1995年各增长了11%和20%。不难看出，韩国汽车工业由进口替代工业转变为出口导向工业。韩国通过自己不懈的努力建成了完整科学的民族汽车工业体系，形成了自主研发能力，汽车工业成为主导产业，走上了自主创新的道路。

韩国汽车工业起步时的技术能力更差，所有的韩国汽车企业都是从组装外国车型开始的，而且也采取向外国企业出让股份的办法来获得外国技术。韩国政府对于汽车工业的发展起到了非常重要的作用。1966年，政府颁布国产化计划，通过实施外汇优惠分配与国产化程度挂钩，促使国产化率从当年的21%上升到1981年的92%。1973年，韩国政府制定了《汽车工业长期发展计划》，要求现代、起亚和大宇三家韩国企业必须开发自主设计的"韩国汽车"。这个计划非常具有权威性，而且在执行过程中要不断向总统汇报。

尽管来自政府的推动力非常强大，但实现目标还要依靠企业的学习动力。以韩国现代集团为例，它从 1967 年开始组装福特汽车，经历了从组装半拆装车（SKD）到组装全拆装车（CKD）的过程，但在技术学习上始终保持高度努力。以 1973 年的政府要求为契机，现代集团把组装全拆装外国汽车转变为本国设计的汽车。为达到这个目标，尽管缺乏技术能力，现代集团却坚持不引进成套技术，而是从多种渠道获取非成套技术，并派出工程师到国外企业学习技术，终于在 1975 年开发出第一款车型。走上自主开发道路是现代集团乃至韩国汽车工业迅速成长的起点，也是从组装外国汽车到以出口为导向的战略转折点。

3. 韩国汽车产业利用外资模式

韩国汽车产业利用外资发展本国汽车产业是非常成功的典范。它不仅解决了汽车产业发展初期资金短缺等问题，而且在利用外资过程中十分注重对先进技术的吸收和利用，并通过引进技术的消化和吸收，完全形成了以自主开发为基础的汽车产业技术体系及技术进步机制，使韩国成为"第二次世界大战"后发展汽车产业最为成功的发展中国家。

韩国汽车产业利用外资的模式具体表现为：

（1）以间接利用外资形式为主

韩国汽车产业利用外资主要是在 1963—1973 年，以 KD 件组装形式的直接利用外资和通过国外援助、借款形式的间接利用外资形式来购买技术和进行技术合作的，而其中尤以借款和国外援助这种间接利用外资形式为主。由于使用借款的自主性，资金的投向和使用与韩国汽车产业各阶段的发展方向相一致，有利于韩国汽车产业的发展。虽然韩国汽车产业引进国外资金，但所占比重被限制在很低的水平，同时，不允许合资方参与企业的经营管理，使韩国汽车产业有较为完备的产业自主权，受外资控制的程度较小，对跨国公司的依赖性不强，有利于培育以自主开发为基础的韩国汽车产业。

（2）对外资限制程度高

韩国汽车企业与国外汽车公司合作时，主要采取技术引进方式，并通过外汇平衡和本地化要求等方式限制国外企业的直接投资和股权比例。由于对国外投资进行限制，所以国外汽车公司一直没有真正取得韩国汽车产业发展的主动权。这种政策对促进韩国形成独立完整的汽车产业体系发挥了重要作用。

（3）强势高效的政府主导型

韩国政府对汽车产业的发展采取了有效的扶植政策，并且对汽车产业起到了较好的规划和协调作用。在韩国汽车产业发展之初，为保护国内汽车市场，韩国政府实行了严格的抑制汽车进口的措施。1962年，韩国制定了《汽车产业保护法》，大幅度提高进口汽车关税，直到1985年韩国汽车产业基本成熟后，才在其他国家的要求和压力下，开始逐步降低。1987年，韩国进口关税降低到50%，1989年降到25%，到1995年降到8%左右就基本保持稳定。此外，韩国政府对汽车进口采用了各种非关税壁垒，如限制建立进口汽车销售网络和禁止在电视和报刊上做广告等。

为了达到规模经济和国际竞争力，推进大集团战略，根据不同的发展阶段，韩国政府适时推行了厂家的专业化、合并措施、促进竞争等政策，而且韩国政府通过行政手段来控制出口产品的成本价格，通过向出口企业提供紧缺原材料、提供低息贷款等措施降低成本。实际上，自1974年以来，现代和大宇等汽车制造公司在使用紧缺原材料和资金来源方面均受益于政府的优惠政策。国家还将长期贴息贷款分配给这些公司，来刺激出口。

（4）实施以出口为导向的外向型汽车产业发展战略

由于韩国自然资源严重不足，国内市场狭小，因此，经济发展必须高度依赖国外市场。韩国汽车产业在经历了短暂的进口替代发展阶段后，于1975年末就提出了以出口为导向的外向型汽车产业发展战略，努力促进汽车产品的出口，提高产品的创汇能力。实践表明，这种战略是非常成功的。首先，达到以汇养债、以债引进技术促进汽车产业结构升级的目的；其次，实施出口导向战略，不仅仅是扩大市场范围，增加生产量，更重要的是通过参与高水平的国际竞争，提升韩国汽车产业的国际竞争力。

三 日韩模式的共同特点

1. 政府合适产业政策的扶植

在近代日韩两国的汽车产业发展过程中，两国的产业政策在其中发挥着重要作用（见表6.3）。正是由于日韩两国政府制定了一系列相关的适合汽车产业发展的产业政策，使两国的汽车工业在30年的时间内取得显著的成绩。

表 6.3　　　　　　　　近代日韩两国汽车产业政策

国家	政策颁布时间	相关产业政策	对汽车工业的作用
日本	1950 年	《外国投资法》	鼓励外国投资，使本国企业大规模接受外国贷款
	1952 年	《企业合理化促进法》	规定汽车生产关键设备可加速折旧，增加企业自留利润，为企业扩大生产创造条件
	1956 年	《机械工业振兴临时法措施》	加大扶植汽车零部件产业的发展
	20 世纪 70 年代	《特定电子工业及特定机械工业振兴临时措施法》	使零部件企业再次得到政府规定的优惠贷款，使零部件企业迅速发展，适应了整车行业迅速发展的要求
韩国	1962 年	《汽车工业保护法》	严格限制汽车进口，大幅提高进口汽车关税
	1963 年	《汽车工业法》	加快本国汽车发展，进行进口替代
	20 世纪 60 年代	《汽车生产许可法》	扶植骨干企业，全面推行汽车产业"大集团战略"
	1980 年	"汽车工业大联合"决议	使现代、起亚等主要汽车公司生产规模迅速扩大，国际竞争力形成
	20 世纪 90 年代	"X5 计划"	制定韩国汽车工业 10 年后的发展规划

资料来源：根据白泽照雄《日本工业现代化概况》、金麟沫《从模仿到创新——韩国技术学习的动力》等相关文献整理。

2. 寡头垄断市场的积极作用

日本汽车产业在长期的发展过程中，形成了包括丰田、日产、三菱、马自达、本田在内的最大的 5 家企业的寡头垄断体制，其中，丰田和日产又居于绝对的领导地位。到 1985 年，日本汽车企业轿车的生产份额及产业集中度丰田为 33.6%、日产 24.4%、三菱 7.5%、马自达 10.7%、本田 12.0%。如果按生产集中度和市场占有率以及资金、技术等将汽车产业划分为不同层次的话，这 5 家企业都将位于金字塔的最高层，其他位于金字塔下层的企业至少在一段时期内是无法与之竞争的。

日本的寡头垄断市场在自然和非自然力量的作用下，被分割成不同的层次，这种层次内企业之间的竞争和层次之间的封闭，使任一层次的竞争优胜者几乎没有可能越过层次间的界线而进入更高一级的层次。这就是日本寡头垄断市场组织在具有激烈竞争性的同时，还能保持其稳定的特点。正是这种存在于同一层次内的竞争，推动日本汽车产业从幼稚迅速成长为支柱产业。

3. 自主发展

日韩基本上是依靠国内的资源，建立一个比较完整的汽车工业体系，包括自主开发能力、民族品牌、整车制造能力、国内的零部件供应体系。在产业升级和技术能力的提高过程中，虽然也通过技术引进等方式借助了外部的力量，但基本上是排斥 FDI 的。日韩的基本做法是：①对民族企业进行较高水平的阶段性保护，以挡住外国产品的竞争；②对国内市场的竞争也采取较强的限制，利用严格的市场准入、产品分工等方式，力图达到提高生产集中度和发挥规模经济的目标；③银行等金融机构同汽车企业紧密结合以提高民族企业的资本实力；④出口导向战略，建立了比国内市场容量大得多的生产能力，以实现出口的目标，政府通过出口补贴等方式，以提高其出口产品的竞争力。

4. 模仿创新

模仿创新是企业通过学习模仿率先创新者的创新思路和创新行为，吸取率先者的成功经验和失败教训，引进购买或破译技术领先者的核心技术和技术秘密，并在此基础上改进完善，进一步开发。模仿创新并不是一味地模仿、为模仿而模仿，模仿的目的是创新，是为了自主，是为了摆脱技术依附的地位。模仿创新对于技术后进国家是一条有效的发展道路，采用模仿创新可以使后进国家快速缩短与技术先进国家的差距，并利用自身优势通过模仿创新的后发效应，积极追赶先进国家，甚至超过先进国家。日本和韩国的汽车工业就是模仿创新取得成功的典型例证。

5. 引进外国技术和促进产品和技术国产化

韩国政府于 1962 年 5 月颁布的《汽车工业保护法》限制整车及零部件进口，只对汽车生产所需、国内尚不能生产的设备零件，允许限量进口。1964 年，为防止乱建汽车制造厂，实现汽车体制一体化和零部件国产化，公布了《汽车工业综合扶植计划》。1966 年，政府制订了国产化计划，通过实施外汇优惠分配与国产化程度挂钩，以新进汽车公司（大宇汽车公司的前身）为核心，统管综合组装厂。零部件工业以 75 家骨干企业为中心，实施国产化。1969 年出台了"零部件完全国产化计划"，旨在提高汽车国产化，并于 1970 年制订"汽车工业基本育成计划"，规定所有汽车有关部门务必于 1974 年末完成国产化目标。

第三节 巴西汽车产业发展模式

汽车产业是巴西的龙头工业。目前,世界汽车著名企业均在巴西投资设厂,本国企业主要是作为外资企业的配套企业,汽车工业主要掌握在跨国公司手中,形成对 FDI 的强烈依附。巴西汽车产业是"拉美化"的主要代表。

一 巴西汽车工业的发展历程

1919 年,福特公司在巴西建立第一家汽车厂,随后通用公司和万国收割机公司也到巴西设厂。1956 年,当时的政府制订了《汽车工业逐步实现民族化计划》,当年产量为 1473 辆;1978 年突破百万辆大关,但是以后多年都是在 100 万辆上下徘徊;进入 20 世纪 90 年代以后逐年增长,2003 年汽车产量为 182.7 万辆,而 2008 年汽车产量创历史新高,达到了 321 万辆。

1. 进口阶段(1950—1956 年)

20 世纪 50 年代,巴西对汽车的需求逐渐增加,1951 年进口达到 10 万辆。进口汽车花去大量宝贵的外汇,外汇储备不足导致巴西政府不得不限制汽车进口。1953 年以后,巴西禁止整车进口,只允许进口国内不能生产的零部件,但可以以 CKD 方式进口。以此,各大跨国公司纷纷到巴西设厂,如大众公司、奔驰公司等。

2. 进口替代阶段(1956 年至 20 世纪 70 年代初)

1956 年,奉行发展主义路线的巴西政府将在国内生产汽车作为努力目标,制订了汽车产业化生产计划,本国企业和外资均可以参与这些计划。专业化生产计划的主要内容是:①生产汽车的类型必须经政府批准;②根据车型的不同,起初国产化水平必须达到 35%—50%,3 年内必须达到 90%—95%;③发动机必须实现大批量生产;④尽量利用国内零部件生产能力,对汽车厂的垂直化加以限制;⑤根据投入的资本数量,为进口设备提供优惠汇率;⑥必须进口的辅助材料和设备可免缴关税和国内增值税;⑦政府银行只向参与工业化生产计划的企业提供贷款;⑧外资进口的设备可作为投资,免交外汇保证金;⑨汽车厂商如不能履行计划,将取消一切优惠,并予以法律制裁。工业化生产计划取得了较好的效果,促进了外资的进入，实现了国产化目标。

从计划的内容来看，政府鼓励汽车企业进口先进的设备和必需的材料，并且对于执行计划的企业给予汇率和税收上的优惠。同时，规定了国产化率，并对生产的类型加以控制，发展核心部件和零部件生产能力。可见，巴西汽车工业发展之初，政府立足于在引进国外先进技术和设备进口生产的同时发展本国的民族汽车产业，并逐步实现全面国产化。

3. 出口导向阶段（20世纪70年代初至80年代中期）

到1972年，经过多年的努力，巴西汽车工业已粗具规模，产量达到62万辆，并有少量出口。当时，巴西有13家较大的汽车生产厂家，其中，FDI企业9个，2000多个汽车零部件生产厂。规模比较大的汽车厂包括巴西大众、巴西通用、巴西菲亚特、巴西福特、巴西奔驰等。20世纪70年代初，石油危机导致巴西国内市场上原油价格上涨3倍，原油进口引起严重的贸易收支逆差，巴西政府不得不限制国内轿车销售数量，同时开始实施扩大出口政策，颁布了对出口的税收优惠制度，汽车企业必须达到规定的出口数量和创汇额，对内销汽车课以200%的重税，对外销汽车免税，同时政府补贴25%。到1985年，巴西出口汽车达到20万辆。但是并没有达到政府所期望的目标，主要原因是：①产品缺乏竞争力；②对进口的限制妨碍了出口；③对国产化率要求过高，无法形成进入全球生产体系的能力；④对国际市场需求变化反应速度过慢。

4. 自由竞争阶段（20世纪80年代中期至今）

从20世纪80年代开始，巴西政府允许FDI企业同国内企业自由竞争，实施扩大汽车零部件出口计划。由于巴西整车企业大多为FDI企业，为其配套的零部件厂也大多属于FDI企业，实力强，而且有母公司的各方面支持，占有市场优势。一方面由于自由竞争，民族企业失去特殊保护，巴西民族企业多为中小企业，被排挤到维修配件市场上；另一方面竞争也促使企业努力增强竞争力，一些本国企业公司逐渐发展成为巴西民族汽车产业中的优秀代表。1993年，巴西的汽车年销量达100万辆，随着汽车制造商争相建厂，1997年巴西汽车销量达157万辆，成为在世界上有影响的汽车市场之一。

然而，1997年亚洲金融危机爆发，美元大幅贬值，导致本国货币急剧贬值，巴西人均GDP锐减，汽车销量大幅下降，成千上万汽车产业工人被迫强制性休假，巴西汽车产业面临巨大困难。巴西已形成320万辆的生产能力，而 2002 年汽车产量仅为 150 万辆。

二　巴西汽车产业利用外资模式

由于巴西汽车产业发展基础较差，利用外资使巴西的汽车产业迅速崛起，成为巴西国民经济的主导产业。从巴西汽车产业的发展历程不难看出，巴西汽车产业的发展与利用外资密切相关，外资在巴西汽车产业中起到了非常重要的作用。

1. 对外资的限制程度较弱

20 世纪 50 年代中期，库比契克政府实行大量引进外资的政策，施行了较为宽松的外资政策，除放宽外资在汽车企业中的股权比例外，还通过免税等措施鼓励外资转入制造业，免除外资企业的进口税，免征外资在巴西新建企业第一年的销售税，并为外资企业提供优惠贷款政策等。在引进资金、设备和技术发展汽车产业的过程中，巴西政府鼓励外国汽车公司用进口设备作为投资，并在外汇方面予以优惠，对汽车零部件的进口给予优惠的兑换率，外国汽车公司可以享有 51% 的股权等。

2. 以 FDI 为主的大量利用外资形式

在优惠政策的刺激下，跨国汽车公司纷纷以直接投资的方式到巴西投资建厂。20 世纪 50 年代末，福特、通用、大众、奔驰等汽车公司在巴西设立子公司，奠定了巴西汽车产业发展的基础。20 世纪 90 年代，巴西继续奉行引进外资的政策，福特、通用和大众公司都加大了在巴西的投资力度，奔驰公司也将巴西作为货车和公共汽车的定点产地，本田、丰田、戴姆勒—克莱斯勒、雷诺、PSA 等汽车巨头都相继在巴西投资生产汽车。特别是 1995 年以来，投资于巴西汽车厂的资金超过 300 亿美元。

三　巴西汽车工业"完全开放模式"的特点

1. 巴西汽车工业完全丧失自主品牌

巴西汽车工业完全丧失自主品牌，主要是由进口替代和出口导向政策所致。20 世纪 40—50 年代，拉美国家兴起了发展民族工业的热潮，在这个热潮中，最响的号角是发展主义。巴西是从 20 世纪 50 年代开始采取进口替代策略的。

从 1956 年至 20 世纪 70 年代初，巴西汽车工业实行了十几年的进口替代政策，汽车产业基本粗具规模，但是由于长期处于政府的保护下，企业缺乏竞争力，无法满足国际市场的需求，导致后来实施的出口导向政策没有取得成功，实际汽车出口量没能达到政府计划的目标。

由于从进口替代战略转向出口导向战略没有获得成功，巴西政府从20世纪80年代初开始放开国内市场，让外国汽车企业与本国汽车企业进行自由竞争，实施扩大零部件出口计划，并将关注的重点放在了提高税收与增加就业的问题上。由于巴西整车企业大多为FDI企业，为其配套的零部件厂也大多属于FDI企业，实力强，而且有母国的各方面的支持，在市场上占绝对优势。而自由竞争使本国民族企业失去特殊保护，再加之本国企业多为中小企业，缺乏国际竞争力，不具备自主研发的能力，被排挤到维修配件市场上，相继退出了整车生产的舞台。从此巴西汽车工业真正沦为世界汽车巨头的加工厂。

2. 巴西汽车工业对FDI过度依附

从20世纪50年代末到60年代末，巴西几乎所有FDI投入制造业，结果到1972年巴西最大的制造业企业中有一半为外资所控制。巴西吸引国际汽车制造企业（整车、零部件）在本国投资，借助跨国公司的资金、技术、管理经验、国际营销渠道等资源发展本国的汽车产业，其目标是成为跨国公司地区性生产基地和跨国公司全球战略的重要组成部分。而外资为危机埋下了祸根，财务危机导致恢复了国外参与者，尤其是国际货币基金组织和世界银行的影响，但也提高了私人银行家和投资者的影响。巴西的情况更糟，新的文官政府无法保持稳定路线，工业品出口停滞，吸引外资的努力没能实现。

20世纪90年代，当巴西取消进口屏障时，几乎所有国际大型跨国公司公司开始大规模建厂，吸收FDI达300多亿美元，形成主导巴西汽车产业的局面。由于巴西汽车产业陷入危机，2003年下半年通用巴西子公司的开工率只有一半，其他公司如大众、雷诺、本田等纷纷进入低谷。

造成这种情的根本原因是经济疲软与汽车的产能过剩，汽车制造商是在亏损情况下经营，每辆汽车都是在亏损销售。为了摆脱困境，同时降低成本，巴西汽车制造商几乎都在大规模地解雇工人。福特和雷诺汽车公司也分别对近3000名工人采取了同样的措施。英国《金融时报》网站2003年8月26日刊载詹姆斯·麦金托什写的《巴西汽车工业的惨痛教训》，文章说，10年前全球汽车产业刚刚摆脱欧美痛苦的经济衰退，而巴西的汽车市场是当时全球汽车工业的希望所在。但是，几年之后，随着巴西经济的低迷，汽车需求大大降低，致使许多汽车制造厂家生产能力闲置。这使本来已经有所发展的本国汽车工业受到巨大打击，尤其是刚刚发展起来的本国企业，本来就是在众多跨国公司的夹缝中生存，更是受到致命的打击，纷纷倒闭。如今，巴西汽车工业已经被境外公司所垄断，成为没有自主产权的世界汽车加工业。

第四节 后发国家汽车产业典型发展模式的中国借鉴

一 韩国、日本、巴西汽车产业利用外资模式的比较分析

实践表明，外资对一个国家特别是发展中国家汽车产业的发展能够起到重要的作用，在很大程度上影响着一个国家汽车产业发展的方向、道路和模式。通过对韩国、日本、巴西进行对比，可以概括出汽车产业利用外资的模式（见表6.4）。

表6.4　韩国、日本、巴西汽车产业利用外资模式

利用 FDI 程度		韩国	日本	巴西
		产业自主型	产业自主型	产业依附型
政府对汽车产业干预与保护程度		强	强	强
政府对外资限制程度		强	很强	弱
外资利用程度		一般	弱	强
利用外资形式		间接为主	—	FDI 为主
发展战略	进口替代	短期	短期	长期
	出口替代	长期	长期	未完全成功

从表6.4中可以看出：

第一，无论汽车产业最终发展成为产业自主型发展模式还是产业依附型发展模式，政府对 FDI 企业给予干预和限制，保护本国汽车产业自主性是非常必要和重要的。

第二，属于产业主导型发展模式的国家（韩国和日本）与属于产业依附型发展模式的国家（巴西和印度）在利用外资模式上存在明显的差别。产业主导型发展模式的国家，在汽车产业发展过程中对外资限制程度

强,利用外资程度低,利用外资以间接形式为主;而产业依附型发展模式的国家,在汽车产业发展过程中对外资限制程度弱,利用外资程度高,利用外资以直接为主。伴随利用外资的汽车发展战略是长期的进口替代,以出口为导向的外向型汽车发展战略未能持续增长。

二 韩国汽车产业的发展对中国的借鉴意义

韩国汽车产业的发展和壮大,在当时的条件和国际大环境下,有其自身特殊的历史背景,就当今的国内外客观环境和条件而言,中国汽车工业已不可能完全沿着当年韩国的轨迹发展。在全球化的背景下,融入全球化潮流,参与国际分工将是必然选择。但是,韩国与中国地理位置接近,且基本上与中国同时起步发展汽车产业,韩国在发展汽车产业方面的一些思路和方法,对中国发展自主汽车产业,具有较强的借鉴和指导意义。

1. 政府的大力支持

韩国政府的汽车工业扶植政策是根据产业的发展阶段和市场情况而有效地推行的。政府明确提出要把汽车工业建成国民经济的战略产业,要求发展具有韩国特色的轿车,规定汽车厂和零部件厂的生产规模和发展方向,并为此制定了一系列的政策予以支持。其政策工具主要有:一是对民族企业进行较高水平的阶段性保护,以挡住外国产品的竞争;二是对国内市场的竞争也采取较强的限制,利用严格的市场准入、产品分工等方式,力图达到提高生产集中度和发挥规模经济的目标;三是银行等金融机构同汽车企业紧密结合以提高后者的资本实力;四是出口导向战略,拥有比国内市场容量大得多的生产能力,以实现出口的目标,政府通过出口补贴等方式,以提高其出口产品的竞争力。

2. 形成规模经济

韩国的汽车工业没有走分散化的发展道路,而是坚持向集团化的方向发展。在韩国政府强有力的干预和控制下,通过改组、联合形成了现代、大宇、起亚等三大汽车集团,其生产集中度已达到90%以上。1997年经济危机时,现代集团又兼并了起亚,成为韩国最大的汽车集团。由于财力、物力、人力相对集中,使各大集团能力迅速稳固并建立起较为完整的集团化生产能力和自主开发能力。

3. 发展独立完整的民族汽车工业体系

如果说保护措施在韩国乃至其他发展中国家的汽车工业发展中具有一

般意义,那么建立在自主开发能力基础上的韩国汽车工业发展则具有典型意义。大多数国家包括中国的汽车产业无论是资金还是技术,都是与世界著名汽车商合作起步的,但韩国之不同在于当自身条件成熟时,丢开拐杖自主发展。如大宇汽车公司随着其第一辆自主设计名为"王子"的国产车的成功推出,于1992年解除与美国通用汽车公司20年的技术合作关系,进入其全球扩张阶段。可以说,韩国汽车产业的崛起,在很大程度上应归功于从一开始就注重独立自主的产品开发能力,并敢于在国际强手之林中创造出自己的品牌。

4. 形成自主开发能力

通过结成技术联盟,韩国汽车产业逐步掌握了汽车设计和生产的核心技术。现代的制造设备和流水生产线则分别向法国、英国、日本等国厂商订购,通过技术引进和建立合作关系,现代汽车公司逐渐掌握了自主开发汽车的技术能力。现代汽车公司开发自主发动机之路可以概括为:通过积极的技术学习和自身技术能力的积累迅速完成技术替代。纵观韩国的汽车产业发展,它们所走的道路是:KD装配→零部件国产化为核心的汽车产业自主发展→自主开发的路径而成功实现跨越式发展。值得一提的是,韩国汽车发展初期都是以OEM(Original Design Manufactuce,原始设计制造商)的方式组装国外汽车,并加入汽车国际生产网络中。OEM成为韩国汽车企业获取国外技术的重要途径,为汽车产业技术的基础性学习奠定了基础。

5. 政府的政策指导和强烈的民族精神起到了决定性的作用

韩国汽车企业通过建立跨国技术联盟,快速高效地学习发达国家的汽车工业技术和管理经验,从而形成强烈的赶上汽车技术领先者的动机及明确的目标。在战略实施过程中,适时把握主动权,立足于发展民族汽车工业,投入足够的物质与人力资源,迅速对引进技术进行消化吸收,并迅速建立自主开发能力。在许可的条件下,韩国政府保护本国市场,全力开拓国际市场等战略举措使技术跨越目标最终得以实现。由国家直接干预产业发展的全过程,通过为产业发展创造内部动力来规范其发展,企业能充分利用现有的科学知识,吸收西方发达国家的先进技术,采取捷径,越过基础研究环节,从引进国外的先进技术入手,结合自主开发,完成产业自主创新的阶段性任务。

纵观韩国的汽车产业发展历史,不管是政府制定汽车产业发展政策,还是企业间的合资、重组、结盟等战略选择,其出发点都是通过与国外汽车企业组建合资公司,学习先进的开发和设计技术及管理经验,一旦自身条件成熟,就坚决甩掉外资方,走自主发展的道路。

三 日本汽车工业发展中可借鉴之处

日本汽车工业成立于"第二次世界大战"前。但是,当时产品质量低劣、生产技术落后、企业形象不佳、发展缓慢。"第二次世界大战"后,通过引进国外先进技术和管理经验,日本汽车工业才得到长足发展。现在,世界汽车市场日趋饱和。然而,日本汽车凭借优越性能、合理价格、可靠质量、高电子化、低排放、低油耗和多品种优势,不断扩展生存空间。在竞争最激烈的美国市场上,其占有率更是有增无减。日本汽车工业发展成为主导产业,然后又使日本成为汽车强国,日本汽车产业自主创新模式对中国汽车产业的借鉴意义是比较突出的。

1. 产业内主导企业的技术创新

战后日本汽车企业非常重视先进技术与本国技术革新相结合,使日本汽车工业无论在生产手段还是产品性能上均得到迅速提高,增强了国际竞争力。汽车企业及时把引进技术与改造相结合,提升自主创新能力,为企业培育和发展自主品牌创造了有利条件。日本产业内主导企业的技术创新为日本汽车产业自主创新打下了坚实的基础。

2. 政府的政策扶持

日本汽车工业的高速发展离不开国家采取的关税和非关税措施及国内税收政策。1958年,日本加入了关贸总协定。但是,直到1978年,它才彻底消除汽车进口上的关税壁垒。除了征收高关税以外,日本政府还设置了进口配额等非关税壁垒。这些措施对限制外国汽车进入日本市场和鼓励民众购买国产汽车发挥了很大作用。在技术引进方面,日本政府实施资金援助、财政补贴、减免税款等积极政策。日本对汽车产业的保护政策向市场表现好,出口规模大的企业倾斜,并在汽车产业逐步成熟后,逐步取消了一些优惠政策,以推动汽车产业向自由化方向发展。政府的政策扶持成为推动日本汽车产业发展的保障。

3. 汽车产业联盟

日本汽车产业的研发费用主要由企业承担,而企业对经济效益的追求决定了其市场敏感性和研发目标的明确性。汽车产业联盟不仅建立了产业内企业之间的长期、稳定、合作、协调关系，而且集成了有效的技术、信息和人力资源，从而实现优势互补，获取自主知识产权。汽车产业联盟是提高产业自主创新能力的有效组织方式。

4. 高效率的丰田管理方式

丰田生产方式是日本汽车工业竞争战略的重要组成部分，它在全面质量管理、精益生产、实时存货等方面极大地提高了汽车企业的竞争能力。除了生产技术以外，日本汽车产业还依靠以"改善""看板"和"企业集团"为核心思想的"精益生产方式"，以低成本大量生产高质量和高性能的汽车。日本汽车工业在高生产技术的基础上创造了"精益生产方式"。所谓"精益生产方式"，就是采取精益求精的态度和科学的方法来从购进原材料到售后服务全面管理价值链，从而以最小投入创造最大价值。为了把价值链管理好，日本汽车公司都精心设计每项活动，使各项活动协调起来。通过"精益生产方式"，日本汽车工业实现高效低成本生产和优质低价销售，迅速赢得消费者，在产品质量和价格上获得绝对优势，取得持续稳定发展。无论在国内还是在国外，日本汽车公司的生产效率比竞争对手都高，其生产成本自然就低，转为销售优势，这主要得益于高效率的丰田管理方式。

5. 积极拓展海外市场

自 1982 年起，为了避免日美、日欧之间发生贸易摩擦，日本汽车公司积极推行以"直接投资设厂、当地研究开发、当地生产销售、出口从旁辅助"为核心的跨国企业战略，和欧美汽车公司共同研制新型汽车。1982 年，本田科研工业公司在美国俄亥俄州首次生产"雅阁"，以此为开端，日本汽车工业积极从事国外生产。

四 巴西模式对中国汽车工业发展的借鉴

巴西发展模式是在高关税的保护下，鼓励跨国公司通过合资形式进入本国化生产，积极参与汽车工业的国际分工，形成多家跨国公司的洋品牌竞争模式。这种模式可以充分发挥本国优势，如在靠近美国的区位优势、在零部件生产方面积累的产业优势和廉价的劳动力成本优势，有利于迅速融入全球汽车产业体系，参与全球分工与协作体系，有利于做大国内汽车产业规模，解决汽车产业发展中的技术、资金、管理等问题。而其致命弱点是不利于本国的民族汽车企业的成长，缺乏自主创新的能力和民族品牌。汽车产业是巴西的龙头工业，但汽车工业主要掌握在跨国公司手中，本国企业主要是作为外资企业的配套企业。

"巴西模式"，从不同的角度对下一步中国汽车产业发展模式的借鉴意义要多一些。然而，在注意到这些以开放为特色的模式所带来好处的同时，也不能忽视其固有的局限性，以避免可能引起的不利因素。"巴西模式"是以其特殊的国际贸易、投资和地理环境为背景的。中国没有与发达国家市场"直接对接"的条件，难以期待出现类似巴西等国的产业配置；另外，中国的人口、地域，尤其是经济增长潜力，是巴西等国难以比拟的。中国完全可能在开放条件下发展出自己的独特优势，创造出新的更具竞争力的汽车产业发展模式。

"巴西模式"的基本产业特征是借助跨国公司的力量，按照产业价值链的国际分工，形成面向国际市场竞争的汽车产业，其竞争能力来自某些产品的高效率生产。而巴西的汽车产业仅能充当跨国公司当地制造商的角色，其产品基本满足本地市场的需要，难以实现出口。巴西汽车产业都有所增强和发展，并借此实现了经济增长，创造就业等目标。当然，采取该模式也存在一些问题，如基本不拥有独立的品牌、研发能力的提高完全服从于跨国公司的全球战略。这也正是中国许多人士极力批判该模式的立论依据。事实证明，外商不是救世主，发展要靠自己。"巴西模式"显然不是中国汽车产业发展的榜样。

五　中国汽车发展的关键因素

从汽车产业政策酝酿的那天起，自立模式和依附模式就成为各方关注和争论的重点。要不要发展有自主品牌汽车成为中国近年争论的焦点，其关键是自立还是依附跨国公司。

有一点是明确的，中国汽车工业正是在开放的环境下成长起来的，而中国普通民众对汽车产品的认识也是在这一时期积累起来的。基于这一点，所有关注自主品牌建设的有识之士绝对没有关起门来孤立发展中国汽车工业的想法，只是希望能多一些中国人自己的品牌。

自立模式与依附模式的分野在于自主知识产权。自立模式的核心是如何在开放条件下发展具有自主知识产权的产品，而依附模式是在开放环境中，汽车工业的发展作为国际巨头产业链条的一个重要环节，充当生产基地角色。其实作为中国这样一个发展中的大国，走第三条道路也是有现实可能的，那就是在开放环境中，通过比较优势的发挥，在世界汽车工业自主品牌中占有一席之地。也许有人以为中国卡车，尤其是中型卡车已经具备很强的国际竞争力，这个目标已经达到。其实，世界汽车工业的核心就是轿车工业，因为轿车工业所带来的不仅仅是产业带动，还有文化，这种文化的影响已经远远超出轿车工业本身。从这个意义上说，中国必须培育具有自主知识产权的轿车产品。同时，在开放环境下的自主品牌培育与发展之间会存在一定矛盾，这种矛盾集中体现在像中国这样一个大的后发工业国家，不采取一定的依附战略就会制约整体的发展。自主品牌比重是各种模式的根本分水岭。目前，中国汽车处在半自立有余的状态，轿车则由跨国公司主导。中国的汽车工业发展转向何方则取决于自主品牌和自主知识产权产品比例上升还是下降。在外国品牌和自主品牌对局博弈中，自主创新对中国汽车产业发展和未来具有决定性意义。

当然，就目前来看，中国国内汽车产业的规模还是太小、成本仍然居高不下、技术相对落后、开发能力低下、资金和人才都很匮乏，把振兴民族汽车产业的重任放在完全依靠自主开发上，在当前的国内外大环境下也不太现实。

第五节　中国汽车产业发展模式探索

一　中国汽车产业可走的模式

1929年，张学良在东北沈阳迫击炮厂筹办汽车工厂，由张学良投资80万大洋用来制造汽车。1931年5月，制成"民生牌"载重1.8吨货车样车，该车发动机、电气设备及后桥等外购，其余自制及装配，可以说是国内自制的第一辆汽车。

中国汽车工业真正起步于1953年，与日本基本同步，早于韩国。目前中国汽车发展模式既不是日韩模式，也不像"巴西模式"，但具有"巴西模式"的倾向，主要表现在以下三方面。

其一，发展中国家发展汽车工业有两条道路。一条是韩国道路，通过自主开发，发展民族汽车工业，成为跨国公司的竞争对手；另一条以拉美国家为代表，走合资道路，沦为跨国公司的附庸。中国汽车工业的主流走的是第二条道路（金履忠，2004）。

其二，走"自主开发型"的韩国模式，是中国汽车产业共同的愿望，"以市场换技术""以合资套技术"等一系列的构想足以体现中国汽车产业对自主品牌的追求。然而，中国汽车真能在追逐韩国模式的路上，不会陷入"外资主导型"的"巴西模式"吗？十几年来，中国汽车产业"以市场换技术"的构想基本落空。在全球经济一体化的招牌下，汽车合资公司50对50的股比只是一块"遮羞布"。中国汽车工业的主体迅速滑向"巴西模式"，成为外资品牌的加工厂（唐韵，2005）。

其三，发展中国家的后发优势在于可以从技术和制度等方面模仿发达国家，实现跳跃式发展。模仿的主要手段是利用外资。模仿的成本是开放市场。模仿是否成功，取决于模仿者与被模仿者的博弈。模仿若不成功，后发优势可能会变成后发劣势，形成"拉美化"现象。"拉美化"现象的实质在于外资的低成本控制。中国汽车产业1994年开始实施"市场换技术"战略，强调走合资道路，然而至今仍未掌握具有自主知识产权的核心能力，总体研发能力与世界汽车产业巨头之间的差距反而拉大，而且这种差距不会因为近几年销量剧增而缩短。中国汽车产业逐步呈现出"拉美化"现象（刘金山，2004）。

二　中国汽车产业不能模仿某一种模式

严格地说，中国已经在某种意义上实行过"韩国模式"。很长一段时期以来，中国汽车工业的发展目标就是建立"自主"的、完整的汽车工业体系，办法是实行高水平关税和非关税保护、严格限制行业准入、强制性产品分工、政府直接投资和国家银行大量贷款、高国产化率政策等。这些办法与韩国模式中政府使用的办法相似或相近。不同的是，中国的汽车工业远没有达到韩国汽车工业达到的成绩。原因首先在于，中国与韩国的企业基础完全不同。韩国政府所支持的大企业，大都是家族式的私人企业，而中国的汽车大企业都是国家直接投资、政企不分的典型的国有企业，企业的激励约束机制有着根本性区别。其次，韩国企业虽然在国内受到保护，但政府强制出口政策，使其不能不直接面对国际大跨国公司的竞争，而中国的国有汽车大企业基本得不到那样的竞争机会。从形式上看，中国和韩国的汽车工业在"政府主导"这一点上有相似和相近之处，但其微观基础、运行机制以及由此决定的经营业绩则相差甚远。

那么，新形势下中国汽车产业发展能否"彻底"仿效韩国模式？且不论韩国模式本身的弊端，最重要的是，当年韩国模式开始实施时的国际环境已有了较大的改变。如果说韩国汽车工业起步时，不论采取何种方式，在一国范围内尚可建立起有一定国际竞争力的汽车工业的话，现阶段这样的环境已经不存在了。这正是韩国乃至日本汽车工业不能不走上国际化道路的基本原因。或者说，韩国本身也已不可能继续坚持所谓"韩国模式"了。对中国而言，需要考虑两个几乎不可改变的前提条件：第一，作为中国汽车工业核心以及进一步发展重点的轿车工业已有相当高的国际化程度，已不可能像韩国模式那样排斥外资；第二，中国的对外开放度已经相当高，作为 WTO 成员，不可能实施对国内市场进行高度保护的政策。

在理论上，巴西的开放模式必然会出现产业链提升到一定阶段后难以继续提升。相反的推论是，要素更自由地流动，增强了本地制造基地在跨国公司全球战略的地位，当其重要性变得越来越大的时候，必然会出现一些产品的研发能力向某些国家的转移，例如跨国公司在巴西的研发基地。其实问题的核心不在于技术是否转移，而在于决定转移的内容、时机和未来走势的因素不是政府而是市场，政府对此不可控。事实上，所有采取开放模式的国家都经历了一段较痛苦的抉择过程，都是在试图发展"民族工业"的努力难以实现，并支付了一定甚至较大的成本后，才选择了这一道路。特别是对于民族情绪较强烈的亚洲国家，转变的过程格外复杂和漫长。20 世纪 90 年代，汽车产业的全球化和国际市场寡头垄断格局的初步形成，基本打破了许多亚洲国家的幻想，转而采取开放模式。

目前，一方面中国绝大多数汽车企业的设计、技术和部件都是从跨国公司那里"拿来"的，企业的综合能力和效率不高，产品缺少竞争力，在这种情况下，即使实现品牌自有，也没有多大意义；另一方面自主研发能力对像中国这样的后发展国家的汽车作用被过高估计。汽车工业总体上属于技术成熟的工业，对后起国家的汽车工业发展来说，技术往往不是首要瓶颈，跨国公司之所以表现出强劲的竞争力，不仅是技术领先的垄断优势，更重要的是内部化优势。在国际分工日益精细的情况下，对于某项技术，后起国家的汽车企业是直接购买使用、引进消化，或是自主开发，完全可以根据市场竞争的需要做出选择。不顾客观实际，要求所有技术都是自主研发，不可能，更不合理，只能专注几个核心环节。实际上，中国企业所缺的是采购体系、融资渠道、管理制度、营销和服务网络，以及良好的创业和竞争环境；过分重视品牌和技术，容易忽视内部化优势的培育。反之，如果企业能够在重视技术的同时，对其基础性的因素给予足够的关注，它的竞争力就会更快地提升，更加有利于品牌的形成和发展。

但是，从另一个角度来看，在开放的同时，中国汽车产业始终不能放弃自主发展的努力。鼓励合资，但绝不是依赖型的合资。虽然说时代和情况发生了变化，民族工业和自主品牌的定义也发生了改变，但这并意味着放弃自主发展原则和权利。要想进行可持续的合作，就是要不断地提高自己的研发能力，不断地增强实力，这样才称得上是真正意义上的合作，也符合"市场换技术"的初衷。如果自己没有核心技术，没有更多的独立性，没有自主生存和发展的空间，这样的合作不会长久，更不会实现所谓的互惠互利，形成命运共同体。

三 中国汽车产业发展的模式

中国邻近日本、韩国，在战后废墟之上建立汽车产业，发展时间还没有中国长，却取得了举世瞩目的成就。尤其是韩国，已经跻身世界汽车强国之列，为什么中国到现在，还停留在与外国企业合资，非但没有学习到国外的技术和管理经验，反而有沦为汽车强国的"世界装配厂"的泛拉美化倾向呢？答案就是中国汽车工业至今仍然没有更多属于自己的核心技术以及自主品牌。

现实的条件不支持中国实行韩国式的自主发展模式。一是政府不可能对国内市场和国内企业实施高度扶持政策；二是入世后，国门已经对外开放。韩国政府在发展汽车产业之初，就禁止外国汽车的直接投资，彻底解脱了外资对民族企业控制的问题。而中国大陆一开始也是走自力更生、独立自主的道路。直到改革开放后的 1984 年，中国第一家合资汽车企业北京吉普才正式成立，1985 年上海大众汽车有限公司才成立，分别成为中国第一家 SUV 合资企业和轿车合资企业。中国加入 WTO 后的 2002—2003 年，中外汽车企业合资达到高潮，来自德国、美国、法国、意大利、日本等国的世界著名大型汽车跨国公司都与中国大陆具有一定规模的汽车企业建立了合资企业，引进外国车型、关键零部件、技术、品牌，而那些原有的内资企业品牌已被淡出。这说明，这已不是韩国模式。

对于中国来讲，"巴西模式"更不适合中国汽车产业。除去民族自尊心等因素外，根本原因在于中国的人口和地域，决定了中国最终是商品消费国，社会总消耗力会远远超过美国，未来的中国是汽车的消费大国。随着中国经济的发展，中国政府在汽车工业上应该有长远的战略目光，通过符合国际规则的发展战略和制度安排，鼓励支持民族汽车工业加速发展，提高其竞争力。中国轿车工业同样存在受跨国公司控制而难以摆脱的问题。随着大众、通用、丰田等汽车产业的跨国巨头进入中国设立合资企业，它们的产量已经达到全国汽车产量的75%左右。在2004年汽车产业在自主品牌、自主创新政策的号召下，作为行业的后进入者，在技术、资金、经营经验上均处于弱势地位的奇瑞、吉利、中华、华晨等企业高举自主品牌、自主研发车身和关键零部件的大旗，降低成本、提高质量，不但在国内市场赢得一席之地，也开始在国外市场打开了局面，而国家大力扶持的第一汽车、第二汽车和上海汽车三大汽车公司却在国外市场无所作为。因此，中国汽车工业将会在自主研发方面有所突破，不会重蹈巴西的覆辙，中国人也并不希望中国汽车产业重走巴西的老路。

世界汽车发展史也表明，凡是汽车工业被国外公司控制的国家，都无法形成自主开发能力，汽车产业将始终受制于人。如拉美国家，虽然汽车生产量很高，但很难说汽车产业具有国际竞争力。新形势下中国汽车产业的发展模式，应当从现有的国际国内环境条件出发，立足现实和潜在的优势，科学借鉴汽车产业发展的国际经验，特别是韩国的经验，做出符合发展规律的选择。于是中国汽车产业应当有中国特色的第三条道路，即中国模式。从FDI参与度和控制力看，这是半自主半依附模式。

显然，半自主半依附模式是一种中间式的道路。其基本判别断来自两方面：一方面，中国汽车发展具有自主品牌，在国内市场占七层，而轿车只占三层，轿车以外国品牌为主导，这已不是日韩模式；另一方面，即使轿车以跨国公司为主导，但也有民族品牌，这一点又不是巴西模式。半自主半依附模式，核心是强调自主品牌和外国品牌共存，这是中国特色汽车工业发展模式的灵魂。

在汽车工业全球化的背景之下，汽车产业要素的优化配置是在全球范围内完成的。第一，中国的汽车工业只有实施开放型战略才能形成国际竞争力；第二，中国要利用比较优势在竞争中形成自己的优势，以取得比巴西更好的效果；第三条道路强调在对外开放与合作中提升产业竞争力、提升产业的增值链。中国只要充分利用我国的大国市场优势、劳动力成本优势及钢铁、机械等上游产业的整体优势，就会在开放中形成大国强大的竞争优势。

1. 走自主发展道路树立民族汽车品牌

从国外汽车品牌发展的普遍规律和成功经验来看，拥有民族品牌的国家，无论是美国、德国、法国、意大利等老牌汽车工业强国，还是日本、韩国等后起之秀，走的都是自主发展汽车品牌的道路。韩国政府早就领悟到 CKD 方式只是一座桥梁，而不是一条道路。它们将 CKD 方式作为生产的基础，通过引进各国先进技术来发展本国汽车产业，才有今日轿车的腾飞，才拥有现代、起亚等具有国际知名度的民族汽车品牌。日本汽车工业能与欧美竞争，就在于其引进欧美技术后能尽快消化吸收，及时改进并不断创新，然后以独具特色的产品打回欧美市场。日本与韩国的成功就在于模仿中有改进、模仿中有创新。它们创立的丰田、日产等汽车品牌以价廉质好在欧美市场上独树一帜。

20 年来，我国汽车工业坚持走"以市场换技术"的合资之路，其负作用也是十分深远的。透过繁华的外表，中国以 CKD 方式引进合资汽车企业大多没有自主开发的权利，只能引进跨国公司的整车技术及生产流水线设备引进重复仿造。合资没有使中国汽车产业真正实现技术的自主开发，大多数企业是在重复生产，更新换代缓慢，使中国汽车不是在技术层面上竞争，而是单纯在价格上互相比拼，自主开发能力低，因而也就不可能形成自己的品牌。根据横向和纵向国际比较，中国汽车品牌的建立应该走自主发展的道路，自主开发产品，使产品设计融入中华民族的精神和文化，更符合中国的国情。发展具有国际竞争力的品牌，应是民族汽车工业发展的根本目标。

2. 在自主发展的前提下主动融入全球化

20 世纪 70 年代，当现代公司尚处于引进技术阶段的时候，就研发、投产了自主车型"小马"，可见现代的自主发展意识非常强烈，自始至终没有对外合资。全球化的浪潮使现代也不得不改变自己的发展战略，即走自主发展之路的同时不排斥与国际大公司合作，在合作中实现双赢。2000年，现代允许戴姆勒—克莱斯勒参股 10%，与国际大公司结成了战略联盟。10%不能说明什么，不过是现代建立国际联盟的一项策略，是其引进资金和技术、加强联合开发的一个方式。现代也并没有因此"自觉"地把自己当作"6+3"格局中的一分子，而是提出要依靠自己的力量，挤进世界汽车前 5 强。因为现代形成了在国际上的知名品牌，拥有自主的研发主体及自主的核心技术，因此，能够以平等的身份与三菱、戴姆勒—克莱斯勒联合开发新产品。

中国在走自主发展之路的同时，也一定要融入全球化中。具体地说就是逐步融入国际分工体系，顺应、利用而不是拒绝汽车产业全球化的潮流。作为后起的发展中国家，中国当然不排除对产业的某些必要保护，但不依赖于保护，立足点置于广泛、深入地参与国际竞争和分工合作。同时，要在开放中充分培育自身的核心优势。关键是在开放条件下通过自身的体制、战略和政策调整使现实和潜在的比较优势转化为竞争优势。应培育充分竞争的国内市场环境，鼓励跨国公司进入，但要严格控制外资股权的比例，使中国在对外合资合作中处于主动的地位，改变其长期受制于人的局面。不应排斥合资品牌，而要鼓励其发展，一方面通过学习、模仿和创新，促进中国自主品牌的培育；另一方面利用知识产权保护等法律手段，努力将其转化为自己的品牌。最终，使中国的民族汽车品牌在与合资品牌、进口品牌共存的汽车市场中健康、良性发展。

因此，所谓"依附"一定应是"自主"下的"依附"，脱离自主谈依附，是毫无意义的。总之，自主开放是中国民族汽车品牌建立和发展的基本模式。

四 自主品牌——中国中间模式并轨因素

是否具有自主开发能力和足够自主品牌的中国汽车（轿车），不仅关系到中国汽车是否有一定的国际竞争力，而且关系到中国中间发展模式走向。足够的自主品牌成为中国汽车产业走向自主发展模式还是走向拉美化模式的关键标志。

品牌是一个系统性的综合体，是企业综合竞争力的体现。品牌是伴随着企业的成长过程而成长的。离开企业的成长过程，试图使品牌速成是不切实际的。从世界汽车工业发展史及中国汽车工业现状来看，中国汽车工业的发展壮大离不开自主品牌，努力培育自主品牌是中国汽车工业发展壮大的必由之路。

1. 建立自主品牌是提升中国汽车产品自主开发能力的必要条件

不可否认，中国汽车产业 20 年来的合资政策在增加劳动就业、培养技术工人、输送管理经验、传播营销理念、推动中国零部件企业成长、带动汽车产业上下游发展等方面都做出了极大贡献。然而，在大量的合资过程中，中国不仅没有掌握国外的先进技术，明显地提高中国汽车产业的自主开发能力，反而还丢失了原有的品牌和研发能力，更不用说打造出能与跨国巨头竞争的自主品牌。合资企业产品利润的绝大部分被外方拿走。无数事实说明，在没有自主品牌的合资企业中，由于中方没有进行自主开发的机会和舞台，要想提高中方的自主开发能力是非常困难的，中方仅仅是外方品牌的一个OEM厂。自主技术的载体，与其说是汽车产品，倒不如说是汽车的自主品牌，自主品牌解决的是自主技术的生存权问题，所以，建立自主品牌对提升自主开发能力来说是必不可少的前提，是提高中国汽车自主开发能力的必要条件。

2. 建设品牌是中国汽车工业发展的基础

据联合国工业计划署最新统计，世界名牌占全球品牌不到3%，其产品却占了全球市场的40%以上，销售额更占据了全球50%左右，个别行业（如计算机软件）则超过了90%。这说明现代经济的竞争已经从产品竞争的时代转入了品牌竞争的时代。在国际市场上，因为产品越来越同质化，产品之间的物理属性已经相差较小，产品之间的竞争优势已相当小，而品牌则不同，能给人以心理暗示、能满足消费者的情感和精神寄托。所以，品牌不仅带来产销量的不同，而且还能产生巨大的附加值。

显然，在汽车激烈的市场竞争中，品牌已是跨国公司抢占和控制市场的法宝。因此，中国汽车自主品牌的发展过程，就是其与国际汽车巨头品牌的博弈过程。未来10—20年，中国能否诞生世界级的跨国汽车工业集团；能否培育出自己的全球知名品牌，将是中国汽车工业成败的一个重要标志。

3. 自主品牌是汽车产业和技术基础

自主开发产品的汽车企业能够带动相关工业的研发活动，其中，首先是零部件企业的研发。因为零部件企业的发展和研发必须以终端产品（即汽车）为龙头，如果离开终端产品环节的需求，上游工业的研发就丧失了技术发展方向和经济意义。同时，自主开发产品的汽车企业，尤其是定位于经济型轿车的生产企业，有比合资企业使用更高比例的国产零部件、材料和设备的倾向。如吉利和奇瑞都已经与本土的零部件企业形成产品开发的战略联盟关系，成为扭转中国零部件企业只能依赖外国产品技术的被动局面。建立在过去20多年零部件国产化配套体系基础之上的以我为主的供应链体系是自主开发整车企业迅速起步和提升的重要条件，它有利于建立以我为主的供应链体系，取得终端市场的控制力，进而在价值链高端取得应有的核心能力。

日本、韩国自主品牌轿车的研发战略是弱者追赶强者的成功典范。现在整个中国的经济处于起飞的发展态势以及自主品牌落后于对手的状况，与日本、韩国在20世纪六七十年代经济起飞时的情况惊人地相似。在自主品牌的培育方面，奇瑞、吉利不仅在不利的情况下进行了有益的尝试，而且取得了较好效果。在自主品牌培育的道路上，奇瑞、吉利是成功的典范。

第六节 中国汽车产业自主创新的两个成功典范

中国现在的国有三大汽车集团对外方技术依赖程度太高，以至于至今都很难甩开外资这条"拐棍"而独自走路。反观国内民营汽车公司奇瑞和吉利，却能在强手如林的合资汽车企业重重包围之下，站稳脚跟，并实现快速、滚动式发展。最根本的原因，就在于这些民营汽车公司能够坚持自主发展的道路不动摇，时时处处均"以我为主"，在技术上能够实现自主开发和设计，从而生产具备自主知识产权和品牌的汽车产品。综观世界汽车工业发展模式，审视中国以"市场换技术"的合资历程，奇瑞和吉利汽车集团证明了中国民族汽车企业进行自主创新获得竞争优势的能力，给民族汽车制造业发展带来了信心和希望。

一 奇瑞汽车

1. 发展模式

奇瑞汽车有限公司成立于1997年，是由安徽省及芜湖市五个投资公司共同投资兴建的股份制企业，坐落在水陆空交通条件非常便利的国家级开发区——芜湖经济技术开发区。

奇瑞公司于1997年3月18日正式破土动工，至2003年3月，已全部完成一期至二期投资建设，占地面积130多万平方米，现已经形成年产40万台发动机和30万辆整车的生产能力。前两期工程都拥有各自的轿车生产的冲压、焊装、涂装、总装四大工艺，此外还包括两个发动机厂、一个变速箱厂。2003年4月1日，奇瑞公司三期工程也正式破土动工，四期、五期工程也随之跟进。

目前，奇瑞公司主要产品有风云、旗云、QQ、东方之子、瑞虎等多种车型。2001年3月，奇瑞（风云）轿车成功推向市场，短短两年时间，一款风云轿车使奇瑞迅速成长为国内主流轿车企业，跻身国内轿车行业"八强"之列。2003年6月推出的奇瑞QQ系列轿车和奇瑞"东方之子"系列轿车，再一次体现了奇瑞敏锐的市场把握能力。QQ以时尚的外形、宽大的空间、强劲的动力、精致的内饰引领中国微型轿车的新潮流。"东方之子"则成为进军公商务用车市场的利器，与当年风云轿车一样，它的上市成为2003年汽车界最引人注目的事件之一；同年8月，奇瑞又推出了奇瑞旗云系列轿车。也在当月，奇瑞月产销量突破1万辆，成功完成产品线布置，进入全面发展的新阶段。2004年4月15日奇瑞第20万辆轿车下线，预示着这个汽车企业成长为中国自主品牌的支柱企业，成为中国主流轿车企业之一。2005年3月22日，奇瑞第一辆SUV上市，瑞虎（TIGGO）的下线成功实现奇瑞轿车向奇瑞汽车的精彩转身。2005年3月28日，奇瑞发动机二厂启动及首台发动机点火仪式在奇瑞第二发动机厂举行，从而实现中国在主要零部件自主研发上"零"的突破。

汽车出口是检验一个国家汽车工业国际竞争力的指标，只有大量出口才能跻身于全球汽车工业高水平的竞争。奇瑞积极开拓海外市场，2001年10月，即实现第一批奇瑞轿车出口。2003年与伊朗CKD公司的合作正式进入实施阶段，截至2004年12月31日，奇瑞已与全球25个国家建立贸易联系，出口总量超过万台。奇瑞轿车已得到海外市场的一致认可，国际合作合资已成为奇瑞公司重要的部分。

从诞生之日起，奇瑞就展现出非凡的志气，其早在2001年2月就获得了中国汽车产品认证委员会质量体系认证中心颁发的ISO9001质量体系认证证书。2002年8月又通过了德国莱茵公司的现场审核，从而成为国内首家通过目前国际上最严格最先进的汽车生产质量控制体系——ISO/TS16949标准认证的整车制造企业。

2002年10月，由IBM公司参与实施的SAP/ERP项目正式上线运行，SCM的建成和投入使用、CRM一期项目的投入使用，使奇瑞公司企业管理与工作流程上实现了与国际同步。遵循"整体规划、分步实施、快速建设、滚动发展"的总体发展思路，倡导"建校园式工厂，创学习型组织"的现代公司氛围，始终坚持"实现一个理想、创立一种机制、制造一流产品、锻炼一支队伍"的远大追求，一个生机勃勃、发展后劲十足、迅速向世界一流汽车企业靠拢的现代化大型汽车企业正在形成。

从 2002 年起，奇瑞的出口量呈几何级数增长。2003 年出口 1200 台，占中国轿车出口的 85%。2004 年，奇瑞国际销售公司成立，奇瑞的出口战略日渐清晰。由于整车出口必须缴纳较高的关税，还需要承担较高的运输成本，因此，奇瑞更多地选择了 CKD 组装的方式出口。2004 年出口更是突破了 1 万辆。到 2006 年 9 月，该年度出口达到了 5 万辆。如今，奇瑞已经向世界近 30 多个国家和地区出口汽车。

2005 年奇瑞最为轰动的新闻莫过于向美国市场的"进军计划"。奇瑞将与美国梦幻公司合作，从 2007 年开始向美国市场批量出口轿车。这个消息令整个国际汽车产业界震惊。

2. 发展经验

"我国没有自主开发轿车的能力"，是多年来中国汽车界某些人编织的神话。理由之一是，开发一款轿车，需 10 亿—20 亿美元；其二是，要开发一款轿车，工厂必须有相当大的规模，有的说至少年产 30 万辆，有的说 50 万辆，有的甚至说要有 200 万辆的年产规模，才能承担如此巨额的开发费用。这就是说开发一款轿车需要 10 年甚至 20 年的时间，要经过几代人的努力。

而奇瑞生产轿车的历史只有 4 年多，与所谓条件相距甚远，但它们已开发出四款车型。2001 年最早开发的"风云"牌轿车，一亮相就反响强烈，快速打开了市场，而且销到国外。中国不能开发轿车的种种理论，被奇瑞的实践不攻自破。

意味深长的是，奇瑞开发轿车的人才，正好来自宣称中国不能开发轿车的某汽车集团，他们用两年就把奇瑞轿车开发出来了，该集团自己几年前也曾开发出小型轿车，但不生产，转给了一家小厂生产，现已年产几万辆。

从奇瑞轿车发展可以看出：

（1）开发轿车并不神秘。奇瑞生产的主要轿车车型，就是由某汽车集团出走的 20 来个技术人员开发出来的。由于该集团下决心走全面合资的道路，打算拆散技术中心，大部分人及骨干都转出去了，于是这 20 人酝酿出走。此事被奇瑞知道后，力邀他们加盟，双方一拍即合。这些人曾参与某种车的改型，多人到国外受过培训。他们憋了一口气，一定要把车型设计出来。除了睡觉吃饭，就是工作，连续艰苦奋斗 8 个多月，终于设计出"东方之子"和"QQ"两款轿车,又在"风云"的基础上改进为"旗云",均已投放市场。奇瑞已经开发储备了20多款各类轿车,以欧Ⅳ排放标准设计了18款发动机。一个庞大的"奇瑞车家族"正在浮现,其中部分已投放欧洲市场。

韩国现代集团比中国一汽晚建设14年,但不到8年就自主开发了"小马驹"轿车,当时年产量不过7100辆,并销到国外;一汽建厂不到7年,就开发了红旗轿车。奇瑞生产汽车也只有两年,年产量不过3万辆,就自主开发了轿车,不久也销到国外。自主开发,其实就是技术创新的系统工程。因为自主开发不仅仅是一个产品设计问题,而是从构思到新产品设计、制造工艺、生产管理、产品销售、占领市场直到维修服务的全过程,是这些生产要素的重新优化组合。这就是技术创新。不言而喻,技术创新不能光靠技术人员,必须靠企业家才能实现,因为只有企业家才能实现生产要素的重新组合;同时,也只有从事技术创新的企业领导人,才称得上企业家。

(2) 自主开发并不意味故步自封。为了学习世界先进技术,提高设计水平,奇瑞委托意、德、日的设计公司设计新车型,但一定要派人参与,通过联合开发,进行学习。进一步由自己设计产品,由较低端向高端产品攀升。用3—5年时间,完全掌握有国际竞争力的各档次车型的设计能力。对于自主开发基础较差的中国,这是一条现实之路。奇瑞还采取"引进来"的战略,积极吸纳"海归"人才,而且雇用了20多名外国技术、管理人员。但他们不是外国母公司派来的钦差,不享受特殊待遇,与奇瑞员工一样,都是公司的雇员。

(3) 不搞自主开发,难以消化吸收引进的技术。人们感叹:"只重视引进技术,不重视消化吸收","用于消化吸收的钱,不到引进技术的10%—20%",中国陷入了"引进—落后,再引进—再落后"的怪圈。根子就在于,引进技术的企业不搞自主开发。没有自主开发压力和动力,就会千方百计购买新的生产线。合资企业是不搞产品开发的,产品落后了,就由合资企业出钱,合资的外方从他的母公司拿来产品图纸,赚取技术转让费,于是就生产了"换代产品"。但是,企业家一搞自主开发,情况则大变:技术人员会如饥似渴地学习、消化引进的技术,并根据实践中发现的问题,加以改进,不如此,他们就不能开发新的车型。奇瑞就是这么做的。中国"重视引进不重视消化吸收"这个痼疾,不搞自主开发是难以根治的。

（4）只有自主开发才能取得国际竞争力。国际竞争力取决于产品的性能价格比。跨国公司与中国建设的合资厂，外方不同意出口轿车。不仅因为出口会与合资外方的母公司在国际市场上展开竞争，而且合资的外方收取了高额的技术转让费，以高价进口了大量设备和 CKD、SKD 散件，雇用了不少高工资的外国专家，这些都大大增加了成本。奇瑞的"风云"与桑塔纳、捷达和富康"老三样"属同一个档次，为什么"风云"的价格却低 1/3？一是自主开发成本低；二是企业的全部问题由自己决定。

（5）自主开发的企业会集聚人才。有人说，科技人才在自主开发的企业是掌上明珠，而在不搞自主开发的企业则可有可无。20 位请来技术人员，在奇瑞被待为上宾，这在中国落实人才强国战略的今天具有重要的启示意义。为什么中国许多企业的人才流失？一个重要的原因就在于不搞自主开发。技术人员固然关心自己的工资、待遇，但最关心的还是能否用其所长，能否事业有成。到奇瑞去的 20 来位科技人员，比外企和合资企业的待遇差远了，他们不但不想离开，而且干得很起劲，因为他们为企业、为国家做出了贡献，实现了人生的价值。

（6）不搞自主开发就不能掌握企业的决策权。在合资企业中，即便外方只掌握 30% 的股权，由于产品是他开发的，他就掌握了知识产权，实际上一切问题都由外方说了算。自主开发的核心是掌握知识产权，从而掌握企业的领导权，这才是企业一切问题的要害。自主开发是一把金钥匙，不仅可以取得国际竞争力，培养中国自己的专家，带动中国汽车工业的发展，而且能解开中国经济、科技工作中的许多难题。中国汽车工业是应当把自主开发作为重大战略问题认真抓的时候了。

3. 技术研发战略

奇瑞公司作为一个自主品牌的中小型企业，在中国汽车产业这个特定的背景和市场环境中实现了艰难的创业突破和爆发式的发展，其成功正是正确实施了相应的竞争战略的结果，具有一定的代表性。

奇瑞公司并不拒绝合资，奇瑞公司也有合资公司，但是这种合资是奇瑞公司做主导的，这可以确保奇瑞将自主品牌打向国外市场。比如，奇瑞同伊朗合资在伊朗建立一条奇瑞生产线，通过 CKD 的方式在伊朗组装奇瑞轿车。就如同在国际巨头同中国方面合资，并且在中国建立生产线一样，通过 CKD 方式在国外生产自主品牌的轿车。

奇瑞公司同外资合资不仅限于生产方面，为了打入北美市场，奇瑞公司同美国梦幻公司合资成立咨询公司，专为奇瑞轿车向美国出口提供技术咨询，用以改进出口美国的奇瑞轿车产品的质量。但是，不管产品研发的形式如何，为了不受制于人，掌握核心技术是非常必要的。为此，奇瑞汽车公司很早就成立了汽车工程研究院、规划设计院，经国家批准设立了博士后流动工作站，两院一站设立的目的是掌握汽车核心技术。

奇瑞公司在不同阶段采取不同的研发战略，是落后者赶超先进者的唯一正确的道路。这与日本和韩国汽车工业崛起时所采用的研发战略是相同的。日韩两国在发展民族汽车工业的过程中采取的研发战略是先从模仿欧美的产品开始，逐渐通过自主研发掌握核心开发技术，然后可以完全自行开发具有自主知识产权的自主品牌的轿车产品，达到增强核心能力的目的。这种灵活机动的战略是形势的要求，也符合发展规律。一切战略都应为了长远发展、为了培养和增强核心能力。

从表6.5中可以看出，奇瑞的研发战略与日韩有所不同。这是因为汽车产业现在的竞争状况比20世纪六七十年代要激烈得多，单靠个别企业的力量已经难以在市场上立足。因此，完全自行开发已经成为不现实之举。但是这并不意味着中国应该放弃汽车自主开发的能力。恰恰相反，中国更应该增强自行开发能力、增强研发核心能力，只有这样才有资格同别人合作、才能在合作中占据主导地位。金履忠（2004）认为：奇瑞的成就，意义重大，它戳穿了中国汽车工业的两个神话：一是中国汽车工业不能自主开发轿车的神话；二是中国汽车工业企业必须与外商合资的神话。

表6.5　　　　　奇瑞与日韩自主品牌轿车技术研发战略比较

	日本	韩国	奇瑞
起步时面状态	弱小	弱小	弱小
起步时的技术来源	引进技术	引进技术	委托开发
成长期技术战略	模仿	模仿	模仿
发展期技术战略	自行开发	自行开发	联合开发
成熟期技术战略	自行开发和委托开发	自行开发和委托开发	自行开发和委托开发
技术	核心技术	核心技术	核心技术
品牌	自主品牌	自主品牌	自主品牌

二 吉利汽车

在目前国内轿车"3+6"格局中，吉利是唯一的民营企业。这家企业的发展历程可以分为两个阶段。第一阶段是从1998年到2002年，吉利"揭竿而起"，成功进入中国汽车工业，第二阶段主要是从2002年至今，吉利开始从一个家族式企业向管理型企业转变，同时通过整合中国汽车工业的业内资源，大大加快了自身技术能力的发展。

1. 发展轨迹与成就

浙江吉利控股集团有限公司是一家以汽车及汽车零部件生产经营为主的大型民营企业集团。始建于1986年，经过18年的建设和发展，在汽车、汽车发动机、变速箱、汽车零部件、高等教育等方面都取得了辉煌业绩，资产总额已经超过50亿元。特别是1997年进入汽车制造领域以来，凭借灵活的经营机制和不断的观念创新，快速成长为中国经济型轿车的主力品牌。2003年企业经营规模列全国500强第331位，列"浙江省百强企业"第25位，被评为"中国汽车工业50年发展速度最快、成长最好"的企业之一。

吉利之所以成功，是因为吉利一直以发展民族自主品牌为己任，进行自主开发，一切工作都以"为中国老百姓造买得起的好车"为核心。

1998年8月8日，吉利自主研发的第一台轿车——吉利豪情二厢轿车在临海正式下线。经过5年的不懈努力，吉利以产销量年平均增长117%的速度进入中国国内汽车制造企业"3+6"主流格局。它推出的吉利豪情色彩系列轿车，受到了广大购车族的青睐，形成抢购热潮。而随后诞生的吉利公主、豪情王子情侣车又给汽车这个代步工具赋予了人性化的魅力。在短短的6年时间里，吉利把16万多辆经济实惠、性能稳定、驾乘安全的经济型轿车送给用户，并开始走出国门、走向世界。

2005年9月，在素有"汽车奥运会"之称的法兰克福车展上第一次出现了中国自主创新汽车——吉利，它的到来引起了各国的关注。它结束了这个"车坛奥运会"百年无中国企业参展的历史。吉利的自主创新业绩闪烁着中国自主创新的光芒。

一是拥有中国唯一自主知识产权的自动变速器（AT）。自动变速器是汽车的重要部件，它起到传递动力的作用。在吉利成功研发自动变速器之前，这一领域一直被国外占领着，国内的自动变速器只能依赖进口。一方面,为了降低成本,另一方面,为了不受制于人,2002年,吉利决定上马自动变速器项目。当年10月开始启动,次年基本完成图纸设计。2005年5月,吉利自主研发的自动变速器实现了产业化生产,这是国内目前唯一拥有自主知识产权的自动变速器,每一台价格仅为进口同类产品的二分之一。

二是"人人都是创新者"的企业文化。在吉利,这种创新的精神已经渗透每一个车间、每一条流水线、每一位员工心中。在勇于创新的氛围中,参与创新的就不仅仅是研发人员,每一个人都可能成为创新者。2005年1—10月,就有230人给公司提出了729项创新建议,涉及技术、管理、安全生产、环境等方面,正是这些大大小小的创新,让吉利加快了进展步伐。

三是"持续创新,走向世界"的观念。吉利的成功除了坚持走自主创新、自行开发和自己拥有核心知识产权的"三自"之路外,还有一个重要的因素,那就是"持续创新,走向世界"的观念。

为此,吉利每年把销售额的10%以上用于研发,并投资3.5亿元兴建吉利汽车研究院。正是伴随着这种永不停滞的自主创新,吉利汽车进军海外。2004年,出口埃及、叙利亚、苏丹、马来西亚等30多个国家和地区。2005年上半年还在马来西亚签署合作协议,开了收外国人技术转让费的先河。

2005年11月22日,一年一度的车坛"奥斯卡"揭晓,吉利自由舰荣获本次活动的"2005年度国民车"奖,这也是此款自主品牌中级车2005年上市以来的第六次夺冠,充分显示出吉利自主创新成果的辉煌。

历经8年的努力,吉利从一个没有设计图纸、没有先进设备与技术、完全没有造车经验、白手起家的小厂,快速成长为中国汽车自主创新品牌的领头企业,始终走在中国经济型轿车企业的前沿,创造了数个国内第一,为推动中国汽车自主品牌的发展做出了重要贡献。

目前,集团已经拥有整车、发动机、变速箱和模具的设计、制造能力,先后成立的吉利汽车研究院和吉利发动机研究所,每年可推出2—3款全新车型和机型,被喻为"中国第一跑"的都市休闲跑车"美人豹"获得了"中国工业设计创新特别奖",成为永久收藏在国家博物馆中的中国自主设计开发的第一辆跑车。华普系列轿车被评为"性价比出众产品"、吉利系列轿车被评为"消费者喜爱的自主汽车品牌"。自行研制的

MR479Q 系列发动机处于国内同类机型的先进水平；自主研发的自动变速箱成为国内第一款拥有自主产权的自动变速箱，吉利集团的自主研发能力和创新能力在中国轿车界处于领先地位。吉利生产的吉利、华普、美人豹等品牌的各系列轿车产品全部达到国家环保标准，顺利通过了 3C 认证。

2. 经验

浙江吉利控股集团有限公司在临海、宁波、台州、上海建有四个专门从事汽车整车和汽车零部件生产的制造基地，现已拥有年产 20 万辆整车、20 万台发动机和 15 万台变速箱的生产能力。随着宁波、台州、上海等新建项目陆续竣工投产，集团的整车生产能力将提升到年产 30 万辆以上，发动机生产能力将提升到年产 30 万台。

作为为数不多的立足于自主创新的民营企业之一，吉利很少得到来自政府的支持，更没有合资企业在金融和财税方面享受到的各种优惠政策。对于汽车产业而言，吉利完全是一个新进入者。它的前身是浙江一家民营摩托车制造企业，最初的工程师队伍中基本没有什么汽车产业的工程技术力量，物质条件也十分简陋。用一位曾经在"三大"工作多年的老专家的话来说，吉利以这样的条件来搞汽车的自主研发，是带有几分"悲壮"的（梅永红，2005）。

(1) 人才战略。一方面，高级管理人才和技术人才的加盟。吸收专业管理人才和技术人才的动力来自竞争压力，也正是这些专业管理人员和技术人员进入各个层次和各个领域改变着吉利的面貌。大量高级专业人才的运用，使吉利逐步完成企业改革，使产品开发程序化，从一个家族企业转变成管理型正规企业。另一方面，建立自由、开放的人才培养体系。吉利本来就是一个重视人才培养的企业，在大量引进高级人才的同时，加速培养中低人才。1997 年便在临海开设吉利学院（分大专和中专两部分）和技工学校，2000 年更是在北京开设了吉利大学。在吉利汽车研究院现有的 200 多人中，有 30%—40% 是吉利学院的大专毕业生，目前都已经成长为各领域专门人才。

(2) 企业转型。当吉利迅速做大做强的同时，企业也从家族企业迅速向管理型企业转型。企业要长足发展，必须用现代化的管理模式进行管理。更重要的是，吉利从紧要关头开始了从家族企业向管理型企业的转变。向管理型企业转变的标志是职业管理专家和专业技术人员开始逐步替代原有人员而进入公司的主要管理岗位。

（3）坚持自主开发。吉利并不反对合资，只是坚持自己的三"不"原则：不以自己的品牌合资，不整体合资，不放弃自主开发。

（4）通过国际合作进行产品开发。其一是，与韩国（韩国大宇国际CES公司）的合作项目。在项目实施中，韩国专家到吉利工作，吉利方面的主要目标是学习并掌握整车设计流程的规范化和更多的设计细节技巧。在开发模式中，吉利坚持一种1∶2模式，即一个韩国专家带两名中国技术人员进行工作。其二是，与德国企业的合作项目。其三是，与意大利汽车集团公司的合作项目。这是一个从造型到样车的全流程整车开发项目。吉利的目标是除了对整车开发进行全程学习之外，还希望通过学习能够熟悉汽车工业的欧洲体系，学习形式主要是外派技术人员参与开发，同时意大利方也派专家来吉利。

（5）拥有自己的零件配套供应商。实际上，吉利造汽车并非单枪匹马，而是得到一大批当初追随吉利的配套民营企业的支持。这些跟进企业不仅投入资本，同时以分工合作、分头攻关的形式为吉利汽车生产主要的零配件，不仅帮助吉利生产出汽车来，同时还成为吉利汽车低成本的重要源泉。在这个过程中，吉利集团逐渐通过与配套商建合资企业的方式来掌握零部件的供应。事实上，台州近年已经发展出一个具有相当规模的汽车零部件工业，而台州产零部件的价格只有进口产品价格的1/3—1/2。

三　吉利与奇瑞自主创新比较

吉利与奇瑞是在中国本土成长起来的坚持自主研发、走自主创新之路的成功典范。它们在国内的汽车市场上成绩令人称赞，它们通过艰苦的努力和锲而不舍的精神消除了长久以来人们对自主创新是否可行的疑虑。当然，吉利与奇瑞自主创新也有差异。

1. 吉利与奇瑞的起点比较

吉利是从一家摩托车生产厂发展起来的，因为没有汽车生产的许可证，吉利通过收购四川德阳一个濒临破产的国有汽车工厂开始了造车之路。在吉利起步初期，人、财、物都相当缺乏。吉利第一款投入批量生产的车型是豪情，据说是以夏利为模仿对象，包括车身和底盘都有夏利的影子，发动机干脆采用天津丰田发动机公司为夏利配套的四缸发动机。

1996年，"915工程"以2500万美元的价格购买了英国福特公司的发动机产品技术和一条生产线。英国人提前回国，同时以他们并未按协议完成那个任务为由扣下 400 万美元的贷款。赶走了英国人就自己干。当生产线全部安装完毕后，扣下的 400 万美元还没有花完。最初的汽车团队只有八个人，汽车设计是靠着几台借来的电脑完成的。奇瑞最早的车型"风云"，就是靠这 2500 万美元购买的福特发动机产品技术和生产线，再加上模仿捷达的底盘做出来的。奇瑞和吉利一样，奇瑞的自主研发也是从模仿开始的，但奇瑞的创新起点明显高于吉利。

2. 吉利与奇瑞的研发成果比较

吉利与奇瑞都是凭借着一贯的自主创新精神进行自主研发，在中国国内市场上占据了一席之地。它们的成功向世人证明了中国民族汽车企业的自主研发能力，也向人们展示了靠自主创新的中国企业的强大市场竞争力。

吉利通过多年的努力，掌握了相当的自主研发能力。现在吉利已经掌握了汽车核心零部件的研发技术。吉利累计获得各种专利 100 多项，自主开发的 4G18 发动机，功率达到 572kW，处于国际先进水平；自主研发的自动变速器，填补了国内汽车领域的空白；自主研发的 EPS，开创了国产品牌的汽车电子助力转向系统先河；自主研发的自动变速箱是当时国内唯一拥有自主知识产权的自动变速箱。吉利在开发新车时，十分注重自己的设计能力和产品的知识产权，一方面吉利的合作以不损害吉利的自主品牌为基础；另一方面吉利对新产品的开发以保留充分的知识产权空间为前提。

2002 年以来，奇瑞公司与世界著名的奥地利 AVL 发动机合作，联合研发了从 0.8 升到 4.2 升的 18 款发动机，全部达到欧 IV 排放标准。在这 18 个型号的产品中，有 4 款为奇瑞与 AVL 联合开发，其余 14 款均为奇瑞自己开发。2005 年底，奇瑞的新发动机 ACCO 正式上市，这是中国轿车第一个"中国芯"。作为民族工业的一面旗帜，奇瑞汽车公司全力推进自主创新创名牌工作，取得突破性进展，先后研发推出了东方之子、旗云、QQ、瑞虎等系列整车产品，建立了欧 III 标准以上的汽车发动机生产体系，实现了汽车核心技术的自主国产化。"十五"期间，奇瑞公司共申请专利 364 件，已获授权专利 221 件，其中，发明专利 43 件，成为中国汽车产业拥有自主知识产权最多的企业。

3. 吉利与奇瑞的市场定位比较

"造老百姓买得起的好车"是吉利的企业理念，因此，吉利主打 5 万元以下的经济型小排量汽车市场。2005年开始吉利推出自由舰、金刚系列，吉利用户的结构由低端向上发展。

奇瑞的目标市场定位首选百姓适用的家用车。奇瑞旗下的QQ定位于5万元以下的汽车市场，销量占奇瑞汽车总销量的61.62%。除此之外，奇瑞还生产回报率较高的出租车以及实惠大方的公务车，品牌定位在10万元以上。

4. 吉利与奇瑞的合资合作比较

为了学习当代汽车开发技术的精髓，吉利先后与多家国际汽车设计公司开展联合开发设计。它们与意大利汽车项目集团合作开发一款新车，走完了从图纸设计到造型、到样车的全过程。虽然这款车没有产业化，但吉利人通过这次合作熟悉了现代轿车开发的流程，掌握了更多的设计细节和技巧，学会了汽车的造型设计技术。它们通过与韩国大宇国际的合作学会了如何实施"同步工程"，即结构设计与工艺设计同步进行。

奇瑞在追求世界一流技术的过程中，建立了与国际著名的研发机构联合研发的模式。在合作过程中坚持以我为主，共同确定技术路线、快速嫁接先进技术、参与研发培养人才、完整获得自主知识产权。奇瑞借助世界资源打造民族品牌，面向全球招揽人才，与奥地利AVL合作开发发动机，选择国外高档配件总成，通过合资办企提升汽车配件水平，并通过引进国外先进技术，在芜湖建汽车配件产业园。

5. 吉利与奇瑞的人才战略比较

吉利公司采用招贤纳士和自己培育两种方式以丰富吉利的人才储备。吉利吸收的人才主要来自国内大型汽车制造国有企业，民营企业的机制吸引着他们来到吉利为造中国人自己的汽车而共同奋斗。吉利人才战略的一大亮点即吉利自建大学培养汽车专业人才。吉利投资数亿元建立的北京吉利大学、海南大学三亚学院、临海浙江吉利汽车技师学院等高等院校，在校学生已达3万人，培养出的近万名毕业生就业率达到95%以上，为中国汽车工业人才战略做出了重大贡献。

与吉利不同的是，奇瑞招贤纳士的对象主要着眼于对国际人才的吸收。奇瑞公司采用跨国人才引进机制，高薪聘请有技术专长的国内外人才，特别是实力强大的跨国汽车公司的独资和合资企业培养的大批人才。奇瑞汽车公司许多中高层管理人员都有在外资企业工作的经历。奇瑞的人才引进机制不仅为奇瑞吸引来一大批国内外的优秀人才，更为奇瑞带来了国内和国外最先进的技术和管理理念。

四 吉利和奇瑞对自主创新的验证

吉利和奇瑞存在各种差别，其共同点是以自主创新思想为先导。吉利和奇瑞都是从低处起步，之后一步一步走向成功的。可以看出，中国企业缺乏自主创新的行为关键在于自主创新思想的落后。思想是行为的先导，提高自主创新能力的关键是必须摒弃那些束缚自主创新能力发展的思想观念。

第一，要转变只重视资金引进，忽视核心技术掌握的思想。在引进FDI的同时，要注重在合作过程中培育自己的创新能力，否则到头来要受制于人。

第二，要转变只注重眼前利益而忽视长远利益的思想。自主创新虽然在初期投入成本较高，却避免了引进技术时要支付的高昂代价，也避免了投产后需将绝大部分利润让给外方的局面。从长远来看，企业只有通过自主创新，才能真正掌握自主发展的命运。

第三，要转变只注重跟踪仿制，而不愿自主创新的思想。跟踪仿制国外技术，虽然对于技术发展自身而言风险较低，在技术发展的道路上却始终落在别人后面，没有在根本上掌握技术发展的主动权。所以，只有进行自主开发，才能真正掌握技术发展的主导权，获得更大的经济效益和持续发展的后劲。

超越自我、自立自强、走向世界，这就是"奇吉现象"。"奇瑞，是自主创新的一面旗帜。"这是科技部徐冠华部长讲的一句话。吉利和奇瑞的成功究竟给中国汽车产业带来了哪些启示呢？

1. 自主创新要有自强不息的勇气和毅力

20年前，"白手起家"的奇瑞和吉利处在跨国公司的"夹缝"中，经过艰难的探索，终于看到只有造出自主品牌、拥有自主创新知识产权的精品，才能在世界汽车产业中获得一席之地。竖起"自主创新"的大旗，由此而逐渐形成特有的"自主创新、自强不息"的文化，一是不被强大的竞争对手所吓倒，二是具有持之以恒、锲而不舍的精神。

2. 自主创新要善于不断自主创新

轿车是高科技、新材料、新工艺的集大成产品。"自主"不可能一蹴而就，更不是"闭门造车"。可贵的是，奇瑞和吉利摸索出了"以我为主营造平台，面向世界整合资源"的自主开发模式。国家"十一五"规划指出："要深入实施科教兴国战略和人才强国战略，把增强自主创新能力作为科学技术开发的战略基点和调整产业结构、转变增长方式的中心环节，大力提高原始创新能力、集成创新能力和引进消化吸收再创新能力。""规划"实际上指出了三种创新方式。奇瑞和吉利的自主创新应该主要是通过第三种方式实现的。事实上，不管通过哪种方式和手段，是否通过创新拥有核心技术、关键技术，具有自主知识产权，让市场认可，这就是衡量标准。奇瑞和吉利正是根据自己的企业特点，善于消化、引进、吸收国外先进技术，为我所用，不断创新，形成自主知识产权，从而掌握汽车核心技术，不断提升参与国际市场竞争的能力。

3. 自主创新要有良好的企业文化氛围

的确，创新靠人才，那么人才如何得来？奇瑞和吉利的人才靠创新事业来集聚。正是以创新为灵魂的企业文化吸引了一批批专业技术人才投身参与。激励是创新文化的内核，是影响自主创新必不可少的催化剂。只要解决了这个问题，也就调动了一切积极因素。从奇瑞和吉利自主创新的经验中得到启示，只有做到待遇留人、事业留人、感情留人、机制留人，造就高素质人才队伍，通过自主创新，才能使我国汽车产业的自主创新跃上一个新台阶。

通过对吉利和奇瑞的比较可以看出，在技术引进的同时，一定要有意识地培养自己的研发队伍，提高自身的研发能力，只有这样，才能摆脱对外资力量的依赖。发展中国自主的汽车产业，才能从根本上推动中国民族汽车工业向前发展，使中国国产汽车在与外商进行竞争的时候具有自主性和主动力性。

合资企业中，中方谋求的是与跨国公司的平等地位，但跨国公司谋求的却是在中国的垄断地位。从2004年开始的通用与大众之间的价格战，就说明跨国汽车集团已经意识到了其在中国的市场地位受到了威胁。抛开与其有直接利益关系的三大集团不谈，像奇瑞、吉利这样的企业恐怕已经干扰到了它们的扩张之路（唐韵，2005）。

目前，中国有奇瑞和吉利两个自主品牌，而今也有自己的机构，具备了开发某些产品的经验，这些都是在合资的过程中学到的管理和技术，并且逐步培养了自主开发的人才和队伍。客观地审视中国汽车工业，无论是悲观的想法还是过度乐观的论调，都是不利于中国汽车工业发展的。与世界汽车的百年历史相比，中国汽车工业的成长时间比较短。因此，只要中国汽车工业像奇瑞和吉利那样在自主研发方面不断突破，就必定会走出一条具有中国特色的发展之路，成为汽车强国。

第七章 结论及政策含义

FDI 给中国汽车产业带来的影响，既有有利的一面，又有不利的一面，但有利的一面还是大于不利的一面。FDI 对中国汽车产业国际竞争力的提升具有明显的作用，这是一个基本的事实，但在 FDI 的参与及局部控制下，中国自主品牌发展面临更严峻的考验，必须采取强有力的措施，在未来中国才能走具有中国特色的汽车发展之路。

第一节 结论

一 在 FDI 影响下中国汽车工业在未来难以获取规模经济

跨国汽车公司对中国汽车产业投资的动机主要是占领中国巨大而有潜力的市场。中国市场将成为跨国汽车公司全球竞争的主战场，并且随着中国逐步放开汽车市场，跨国汽车公司必将纷纷扩大对中国汽车产业的投资以力争在中国市场占有一席之地。因此，FDI 在总量上和结构上对中国汽车产业产生了相当大的影响。从总体上，一方面跨国公司进入使中国汽车市场集中度有所上升，轿车市场集中度却有大幅下降，跨国汽车企业之间、跨国汽车企业与民营企业之间的竞争加剧。另一方面 FDI 汽车企业在空间的分散分布，使中国汽车产业的空间集中度下降，加剧了地区之间的竞争。显然，跨国汽车公司在华的大力投资极大地提高了中国汽车产业的产出规模，却不利于解决长期困扰中国汽车产业的规模不经济问题，同时，分散规模汽车产业难以集聚巨资进行自主品牌研发、提升创新能力，也难以有效利用 FDI 的技术溢出。据权威研究机构调查，在世界汽车工业中，能够生产出 400 万辆汽车的汽车企业集团，即"400 万辆俱乐部"，才能在 21 世纪安然地生存下去。以此来看，跨国公司采取分割包围的办法使中国难以产生 400 万辆汽车的汽车企业，这给未来中国汽车产业的发展带来极不利的影响。

二 在 FDI 参与下中国汽车工业国际竞争力在逐步提升

FDI 带来了先进的商业模式与管理经验，对国内企业形成良好的示范效应。FDI 汽车企业带来了先进的营销理念、营销组织和营销技术，有助于提高企业的市场拓展能力；另外，FDI 企业作为一个生产体系，增加汽车产业的生产能力，增加生产规模，使汽车产业在国民经济中的地位日益提高，主导和支柱作用也日益凸显，表现出比其他产业更强的竞争力。通过人员流动，FDI 企业对中国汽车产业产生了技术溢出，使中国自主开发企业从中受益。随着奇瑞和吉利的出口日益增大，中国已由净进口国转变为净出口国，国际竞争力也在日益提高。实证表明，FDI 有力地提升着中国汽车产业的国内和国际竞争力。

三 在 FDI 参与下中国汽车产业可能直接影响国家国际竞争力安全

中国汽车工业的发展是中国经济发展中非常重要的一环。中国的经济通过改革开放的发展，正处于由人均 GDP 超过 3000 美元的黄金发展期。中央已经决定把住房、汽车、旅游和信息服务等方面作为使整个经济结构升级的重要战略领域或者重要发展的消费领域。

汽车产业是国民经济中产业关联度高、规模效益明显、资金和技术密集的重要产业，在经济发展中具有十分重要的战略地位。世界各国经济发展史也证明了，凡是经济上取得成功的国家，其汽车产业均取得了成功。尽管当今世界已开始步入主要依靠智力资源的后工业化阶段，汽车产业在物质财富的创造上已不复昔日的风光，但在世界许多国家经济中汽车产业仍然具有重要的地位，没有一个强国扬言要放弃汽车产业，反而在进一步谋求在未来世界经济中的更强竞争力。

随着跨国汽车公司对中国汽车产业控制力的加强，这个战略产业有变成跨国汽车公司附庸的危险。这对中国国民经济的发展和国家的经济安全是非常不利的。汽车工业是带动中国国民经济持续、健康、快速发展的主导产业。到 2020 年，中国要实现国民经济翻两番和全面建设小康社会的奋斗目标，离开汽车产业的快速发展是难以实现的。因此，从这个意义上说，汽车产业是一个关系到整个社会经济发展目标能否实现的关键性的战略产业。

跨国汽车公司的资本和技术是全球流动的，如果中国的市场环境发生变化，跨国汽车公司就会减少甚至撤出在中国的资本和技术投入，到时不仅汽车产业的发展会受到严重影响，而且国民经济的稳定增长也会受到严重干扰。当然，也正是由于跨国汽车公司占领市场的投资动机，跨国汽车公司不断加强对中国汽车产业的控制，保持对技术的高度垄断，削弱中国汽车产业的自主开发能力，对汽车产业竞争力提升的核心因素作用甚微，甚至给中国汽车产业的发展带来了很多负面影响，对中国民族汽车的发展产生强烈冲击，造成支柱产业附庸化的危险和核心能力边缘化的风险。因此，从长远看，中国发展汽车产业需要的不仅是产量、税收和就业的增长，而且更需要产业资本实力的增强、生产技术水平和创新能力的提高。这就是说，中国汽车产业和国民经济健康发展，核心竞争能力的提高是根本保证。

四 "以市场换技术"战略并未完全失败

政府当初定"以市场换技术"这一政策的初衷是：引进技术—消化吸收—形成自主研究与开发能力，促进中国汽车产业技术的全面形成并参与国际竞争。然而30多年的实践证明当初"以市场换技术"的想法多少有些"一厢情愿"。在合资企业中，产品技术、产品规划等一切技术大权均为外方所控制，中方没有发言权，根本就谈不上消化技术与模仿创造；另外，大多数合资企业的中方没有自主的品牌，当初上汽与德国大合资后不久就消灭了"上海"牌轿车。在无品牌的情形下，在合资企业建立自主研发能力无异于空想。跨国公司建立合资企业均是以瓜分中国庞大的汽车市场为目的的，他们不会容忍投巨资在自己身边培植出潜在的竞争对手。中国汽车合资企业已经变成了国外汽车公司的大装配车间。

客观地说，合资对于满足国内汽车需求、迅速提高产能、提升工艺技术水平功不可没。实证研究表明，FDI对中国汽车产业技术溢出是负效应的，但总体上，FDI促进了中国汽车产业技术进步，其中，大部分可能来自FDI企业自身的技术进步。值得一提的是，奇瑞和吉利的发展也离不开跨国公司的作用，合资企业更是为其提供零部件，再说没有FDI企业竞争、示范、人员和技术的溢出，奇瑞和吉利的成功也是难想象的。基于这几个理由，"以市场换技术"虽然付出了沉痛的市场代价，但全面看"以市场换技术"没有完全失败（赵果庆，2010）。

科技部研究室主任梅永红说，合资不应当是中国轿车工业发展的唯一路径，更不应当成为中国自主发展轿车工业的障碍。如果只是把合资当成终极目的，为了合资而合资，那么合资就不可能成为提升中国轿车工业技术能力和国际竞争力的机会，反而成为中国轿车工业的"宿命"，成为中国企业不进行学习和自主开发、不着力培育自主品牌的最好借口。同时，"以市场换技术"其实有着许多限定条件，如果没有完善的制度和政策设计，这一策略的结果就很可能事与愿违。中国国有轿车工业在技术创新能力上长达20多年进展缓慢，原因就在于此。

以追求国产化率为主要目标也是"以市场换技术"带来的一个误区。即使中国企业必须将所有的资金和人力资源都投入国产化过程中，但是，国产化率指的是引进产品的零部件国产化率，而进行国产化的努力与产品开发层次上的技术学习在内容和性质上根本不同，所以国产化的任何进展都不代表产品开发技术能力的增长。于是，由引进外国产品技术所产生的零部件国产化压力反而使中国企业对外国产品技术的依赖越来越深，不但不再对产品开发投入资金，而且把技术开发机构也合并到为国产化服务的机构中，其结果是使中国企业原有的自主开发能力退化。

中国汽车产业合资历史表明，不但市场不能换技术，而且股权也未必能换技术，竞争换技术也不容乐观。跨国公司之所以是跨国公司，是因为其具有技术品牌垄断优势和内部化优势。真正的核心技术是换不来的，也是买不来的。跨国公司正是凭借垄断优势获取垄断利润的最大化。因此，无论是市场换技术，还是股权换技术，都违背了跨国公司的属性。因此，"以市场换技术"具有先天的缺陷，其失败也包含我方自己的失误。

当然，尽管得不到跨国公司的核心技术，但通过购买或让出市场得到跨国公司的外围技术比如设备和生产线是可行的。另外，通过跨国公司示范、培训和竞争途径溢出一些关键技术甚至是次核心技术仍是可能的。这完全取决于本土企业的吸收能力和创新能力。奇瑞生产出具有国际先进水平的发动机，这一事实也证明，市场换技术的失败程度取决于自主研发能力。

目前，中国对发展自主品牌重要性的认识已经趋于一致。合资企业也出现了自主研发自主品牌的趋势。一汽借助合资多年消化吸收的技术重振"红旗"品牌，现在红旗轿车的技术含量已经大幅度提升。东风也正在武汉研发自主品牌的轿车。上汽则是大张旗鼓地成立了规模庞大的自主品牌项目部，准备开发具有自主知识产权的轿车以及卡车。只有在自主研发的基础上，"以市场换技术"的战略才能奏效。技术人员在开发的过程中学习、消化引进的技术，并根据实践中发现的问题，加以创新，从而形成自己的核心技术。或者通过与高水平设计公司联合开发，进行学习以获得核心技术。当前中国整车研发能力同国外还有不小的差距，在这种情况下，中国可以先开发较低端的产品，然后向高端产品攀升。这是一个必由之路，也是最现实有效的战略。

五 FDI参与度严重影响中国汽车产业发展道路

目前，中国整车生产领域的民族资本主要有三部分，一是合资企业中的中资；二是汽车集团中非合资部分的中资；三是独立的民族汽车资本。这些民族资本都受到跨国汽车公司在华战略的强烈冲击，发展空间受到极大的影响。主要表现在以下几个方面。一是合资企业中的中资由于跨国汽车公司控制的加强，有逐步变成金融资本的危险。由于跨国汽车公司在产品开发、零部件配套、品牌推广、营销服务网络等方面不断加强控制，中国汽车产业资本的"发言权"越来越少，"有股权，没有决策权"的现象越来越普遍。其结果是，中国汽车产业资本将有可能逐步变成金融资本，利用外资变成了被外资所利用。除了"按股分红"之外，享受不到中国汽车市场高速成长的任何好处。这对培育、壮大中国汽车产业中民族资本的力量，提高其国际竞争力非常不利。二是非合资部分的中资，在跨国汽车公司强大的竞争压力下，发展艰难。三是独立发展的民族汽车资本受到跨国汽车公司的打压，经营受到较大干扰。如丰田公司对吉利汽车公司的商标诉讼，日产公司对长城汽车股份有限公司的侵权指控，通用公司对奇瑞汽车公司的产品侵权调查等。这些事件单个看有其偶然性，但联系起来则反映出一种必然性。那就是跨国汽车公司利用知识产权等手段，对具备一定规模和竞争力的独立发展的民族汽车实行打压政策。由此可见，这些独立的民族汽车今后的发展道路将是非常艰难的。总之，在跨国汽车公司"控制、竞争、打压、替代"等多种手段下，中国的民族汽车资本存在被边缘化的风险。

合资模式给中国汽车工业带来的积极影响也是有目共睹的。除了可见的产业规模、就业、区域经济等成果之外，关键的还有两点：一是为中国汽车工业培养了一大批技术和管理人才，今天吉利、奇瑞等企业之所以能够走上自主创新道路，能够有底气开发自主品牌，一个重要原因就在于充分吸收了来自合资企业的各类人才；二是初步建立起了开放的轿车零部件配套体系，使中国企业能够在较高的起点上进行产品层次上的集成创新。很难设想，如果没有合资，吉利、奇瑞等企业是否能够在如此短的时间里取得如此巨大的进步。但是，合资不应当是中国轿车工业发展的唯一路径，更不应当成为中国自主发展轿车工业的障碍。

中国作为一个发展中国家，与发达国家的差距是全方位的，在汽车工业这样一个资本技术密集型的行业中处于弱势并不足为奇。事实上，即使是汽车工业发展比较好的韩国、巴西、墨西哥等国家，它们与欧、美、日之间的差距也仍然是十分巨大的。汽车产业的发展不可能脱离一个国家的总体发展水平。但是，必须承认的是，在排除了客观因素的前提下，中国汽车工业的发展仍然不尽如人意，这其中最根本的原因则在于汽车工业的发展模式制定的失误和不当。这一点可以从与国内其他产业的发展比较中看得更为清楚。

调查表明，目前中国市场是所有跨国汽车公司最大的海外市场，中国汽车市场上70%的利润被跨国公司攫取，是跨国汽车公司最大的利润来源。跨国汽车公司在中国投入的都是成熟车型，跨国公司的市场遍布全球，实现了规模经济，相应的单量成本也低于内资企业，并且跨国公司不仅掌握着核心技术，一般技术也远比内资企业先进。然而，中国内资企业起步晚、产品低端、企业盈利能力差、造血能力比较弱、可持续发展能力不强，面对跨国公司的竞争，中国汽车产业面临着产业安全问题。如果进一步的放任鼓励跨国汽车公司的发展，最终的结果可能会出现类似巴西汽车市场被跨国公司垄断等残酷的局面。

中国汽车产量（包括FDI企业）已超过美国，成为世界最大的汽车制造国，但中国还不是汽车强国。中国汽车工业要想扛起振兴民族工业的大旗，必须走自主创新之路。只有这样，中国汽车产业才不至于"拉美化"，走出一条自主发展与巴西模式的中间型发展模式，具有鲜明的中国特色。

第二节 政策含义

一 提高产业集中度和企业规模经济水平

多年来,中国政府对汽车工业给予大力支持,因此,中国汽车工业已经形成较大规模。但是条块分割严重,企业产权受到行政管理硬约束,使中国汽车工业分散使用有限资源,不能实现市场结构的升级和竞争优势的确立,导致企业规模小,生产集中度低。在1998年,中国三大汽车制造企业生产的汽车总量占全国汽车产量(CR_3)的41.7%,而同期美国为98.9%、日本为63.1%、韩国为97.1%。近年来,国内各地区纷纷建设新的汽车工业项目,汽车产业进一步分散化,空间集中度下降,使中国汽车产业竞争力处于明显的劣势。汽车产业集中度低说明,产业内任何一个企业都不具有很强的市场竞争能力。在竞争日益国际化的今天,这种格局不适合一个国民经济主导产业的长期发展。

汽车工业是典型的规模经济产业。自1998年起,新一轮汽车工业购并浪潮遍及全球,汽车工业全球化明显加快步伐,跨国汽车公司经过大规模联合兼并与重组,形成年产400万辆以上的六大企业集团。1999年,六大汽车企业集团产量占全球产量的84.6%。因此,中国要努力要实现中国汽车工业的产业集中度和企业规模经济水平,增强国际市场竞争力,实现中国汽车工业的持续发展,必须加速汽车企业重组,促进汽车骨干企业的强强联合和兼并重组是优化产业结构,特别是优化产业组织结构,提高国际竞争力。为此要求:①我国汽车企业与国际汽车集团结成长期战略伙伴,积极参与国际分工,纳入全球化发展战略;②充分利用电子商务和互联网,降低采购成本,加速信息互动,并对中国汽车企业管理机制进行改革,借鉴国际汽车集团的优秀车型和现代营销理念,完善自己;③加速合资合作和重组步伐,除了与国外大公司合作生产整车外,还积极参与全球化的零部件生产;④充分利用国际汽车产品和汽车技术的快速发展,实现汽车生产方式向平台化和模块化方向转变,同时实现零部件工业的大规模的产业重组,积极参与全球化进程,真正建成国际重要的汽车零部件生产基地,为自主品牌汽车的发展提供强有力的支持。

二 加大汽车工业科技开发投资力度

中国汽车工业要努力提高自主开发能力，需要大力加强研发力度，尤其要大幅度提高研发费用的投入比重。这需要政府从政策上给予有力的支持、给企业进行研发活动优惠的政策。由于政府对汽车工业研发经费投入的支持受到国家财力的限制，可以对具有技术开发成果和能力的企业实行适度倾斜的政策，更多地运用税收优惠的政策；同时，也要通过相应的政策性诱导和强制，全面促使汽车企业较大幅度提高研发费用投入的比重或增长速度，并在这方面形成某种竞争氛围。

汽车工业在加大研发力度的过程中，要加强国际性合作，要注重人才的培养、更要重视推进研发体制的改革，以促进研发资源的有效配置和研发模式的优化。要尽快提高中国汽车产品的质量和技术水平，除了要多角度提高自主开发能力，还要有效利用合资企业中跨国公司的技术优势，推动外方加快技术转让的速度，扩大技术转让的范围。通过引进外国企业集团的先进技术和好车型，做到为我所用，最后实现自身的发展和壮大，不断提高中国的自主研发能力，提高国际竞争力。在对外合作中，应以引进适宜性技术为主。引进先进的、动态的技术，不仅不利于国内汽车技术的稳定发展，使技术依赖程度加深，自主开发能力萎缩，而且由于先进技术对中国国内市场的适应性差，产品难以形成规模效益。北京吉普的例子是较具典型性的，说明坚持国内市场的评价标准，引进适宜性技术，而不盲目追求先进性，对于形成独立自主的开发能力、进入良性循环的发展状态是必要的。

目前，国内汽车产业的发明专利绝大部分来自跨国公司，国内的创新仅集中于外围实用专利。核心技术都掌握在跨国公司手里。而由于缺乏核心技术，缺少自主知识产权，内资企业在汽车产业的国际分工中仍处于低端位置，两端的研发和品牌极不具优势。自主创新并不是全盘否认以市场换技术的技术引进方式，而是强调不能单纯依赖技术引进来发展汽车，必须培养中国自己的研发队伍，形成一定的研发能力，当今的中国汽车产业应该告别以合资技术引进为主的技术发展阶段。

三 发展关键的核心技术

中国轿车产业并未完全形成整车开发能力。原本通过合资企业引进技术来提高中国轿车生产企业的自主开发能力，从而带动整个中国轿车产业的发展的初衷并没有实现。跨国公司的技术转移并没有给中国轿车产业带来实质性的提高，反而通过对核心技术的掌握牵制合资公司的产品开发，从而导致了中国轿车产业越来越依赖跨国公司的技术转移。另外，即使有些生产企业进行了技术引进，但没有进行消化吸收和创新，从而陷入了"引进—国产化—再引进"的怪圈。这就是中国轿车产业经过多年的发展仍然没有整车开发的核心技术的原因所在。

技术创新能力是汽车工业发展的核心，同时也构成汽车工业持续稳定发展的基础。但是，中国汽车规模小，不足以支撑产品开发成本，导致中国汽车工业产品开发体系难以达到国际水平。按照目前的情况，中国汽车工业仅靠自身利润积累，无法加速技术和质量的进步。中国政府必须支持和引导汽车技术创新，国家要制定新能源汽车如电动汽车等具体的产品规划，支持自主创新。打破汽车工业产品开发体系的落后局面，提高国产汽车的国际竞争力。中国应该使用经济杠杆，促进技术和质量的进步、促使汽车工业形成自主开发能力，同时也应该制定技术法规，要求汽车企业实现技术进步，在技术进步上对汽车企业施加压力。

目前，民营企业正在充分利用自身灵活的机制和自己特有的优势来克服本身发展轿车业的劣势，将自己不断激活来立足轿车业，提高产品的市场占有率。企业之间的竞争实质上是要靠产品之争、质量之争、品牌之争、价格之争和服务之争。因此，民营企业还要大力提高自身的管理水平和技术水平，实施品牌战略。以品牌为突破口，加快新产品的研制开发步伐，全面提高产品质量、更新管理知识、加快制度创新、培养企业的核心技术、大力开发人力资源、培养和引进高素质的复合人才、形成自己特有的企业文化，以此来提高自身的核心竞争力，这样才能做大做强。

根据国内一些民营汽车企业的发展经验，还可以提出一些可操作性的方法，使民营资本能迅速进入汽车产业，提升企业竞争力，快速发展。在增强中国产业国际竞争力的过程中，技术创新政策应当受到高度重视。国际经验表明：增强汽车产业技术创新能力对一个国家和地区的经济繁荣和安全都起着关键性的作用。从中国看，当前技术创新政策的重点是加大技术创新的投入力度，建立培养、使用和吸引人才的机制，完善汽车产业技术创新体系建设。

在当前形势下，发展新能源汽车既代表了世界汽车产业的发展方向，又符合我国国情,它不仅是解决能源环境问题、保持经济平稳较快发展的重要结合点,也是催生新技术革命、带动汽车产业升级,也是建立新型战略性产业的重要突破口。掌握核心技术、关键技术,在新能源汽车领域与跨国汽车公司并驾齐驱,以至于走向前列、引领发展,才可能摆脱跨国汽车公司的技术约束,走出新的发展道路,实现汽车大国向汽车强国的转变。

四 培育持续扩大的汽车市场

汽车市场的培育是一个巨大的系统工程,需动员全社会的力量,特别是需政府制定相应的政策加以引导和调控,使汽车市场和汽车消费朝着有利于繁荣经济、促进汽车技术进步的方向发展。在汽车销售融资方面,还要进一步放宽政策,使用户可以通过分期付款的方式,方便地从银行贷款购车,汽车厂家也可以在售车时收回全部贷款,从而保证资金的正常周转。在汽车税费政策方面,调整税费结构,降低购买过程中的税费,转为使用过程税费,同时减轻税费负担,规范汽车税费,建立以燃油税为主体的汽车消费税费体系,先宽后严,逐步调整税费政策,实行差别税率,鼓励经济型轿车发展。简化购车手续,完善和建立以私人用车为主的汽车销售服务保障体系。

中国汽车工业要想持续发展,就要从产业组织方面通过兼并重组实现规模经营,提高产业集中度,并加强零部件工业的专业化分工,培育汽车零部件生产的小巨人,加入世界零部件销售体系。从技术方面与国外汽车集团建立战略联盟,不断引进新车型和新技术,加大科研经费投入,努力提高自主研发能力,争取在绿色汽车的关键技术上培育国际竞争力。从国家政策方面要求国家在不断提高道路建设和停车场建设的同时实施宽松的汽车消费融资政策,不断培育中国的汽车市场。同时以绿色理念为先导,在保持持续发展所需的资源与环境基础上,不断研究与开发节能、低消耗、低污染的绿色汽车,为中国的汽车工业提供新的支撑点,实现中国汽车工业的可持续发展。

对于扩大汽车市场,发展机动车辆保险行业已经成为中国汽车产业链中很重要的一环。一方面,可以改善中国汽车消费环境,同时,机动车辆保险行业积极参与汽车金融,可以直接刺激汽车消费的需求,促进购车需求的释放;另一方面,可以促进发展中国汽车业后服务市场。汽车产业孕育了车辆保险，车辆保险也影响着汽车产业。因此，中国应当面向未来，在产业层面建立宽广的战略视野，推动产业协调发展，谋求更加广泛的汽车金融市场发展空间。一是不断改善汽车消费的环境质量。二是推进汽车产业振兴规划实施，培育农村的汽车市场。更主要的是共同构建汽车产业与金融业共同合作机制，在汽车厂家、经销商、保险公司、维修商共同树立产业链思想的基础上，深入开展合作，推进产业链的融合。建立车险行业和汽车产业合作的组织和平台，制定定期的沟通机制，畅通关联产业之间的沟通以及合作渠道。

五　中国汽车工业的产业政策要以自主开发为基本出发点

中外的历史已经表明：汽车产业离开了自主开发就不可能有持续发展的基础，没有自主开发能力的汽车产业是无竞争力的产业。汽车的生产和消费涉及众多的产业和部门，要使汽车工业能够成长壮大，除企业自身的努力外，许多问题和矛盾需要政府统筹解决。因此，要发展具有自主知识产权的中国汽车工业，政府的政策支持不仅是必不可少的，而且是非常重要的。在新的汽车产业政策中，虽然体现了对自主开发的关注，汽车产业政策致力于扶持和壮大中国的汽车产业，但由于没有把培育自主产品开发能力作为重点，而是始终把主要的政策目标放在"产业集中度"和个别项目的规模上，使中国汽车工业内部忽视自主开发能力，对中国汽车产业的良性发展没有发挥应有的作用。转向以自主开发为主是使中国汽车工业走上健康发展之路的唯一路径。

汽车产业政策在政策功能和类型的选择上，既要有以加快战略性主导产业培育，力争迅速缩短同发达国家差距为重点的"倾斜型产业政策"，也要有以面向世界、在全球范围内寻求资源合理配置的"开放型产业政策"。这在2004年6月出台的《汽车产业发展政策》中得到了较好的体现，明确提出支持自主开发和自主品牌。然而，2004年版《汽车产业发展政策》仍有轿车产业的进入壁垒，主要有：规模经济性壁垒、巨额资金壁垒、沉没费用壁垒、技术壁垒和行政性壁垒等。2004年版政策仍然规定："新建汽车生产企业的投资项目，项目投资总额不得低于20亿元人民币，其中自有资金不得低于8亿元人民币，同时要建立产品研究开发机构，且投资不得低于5亿元人民币。"该政策条款的一个大原则，是仍然延续了1994年版《汽车工业产业政策》"建立2至3家有真正实力的大型汽车企业集团"的产业目标和思路。酝酿中的新汽车产业政策仍然在保护三大集团,即使是第一次强调自主产品开发,政策制定人也显然是把希望寄托在三大集团身上。但是在自主开发方面,长期受保护的三大集团已经不能够完成这一寄托。显然,新版《汽车产业政策》对自主开发的积极方面,但也有所不足。

国际金融危机给汽车产业带来巨大影响。全球的汽车产业发展中心将向以中国为代表的新兴经济体逐渐转移,汽车产品将向安全、节能、环保方向迈进。汽车产业将从汽车制造业逐步转移到汽车金融与汽车服务业上,而汽车产业利润也将向产业链的下游扩展,抬升自主研发和培育民族名牌两极,走出低层次合资对核心技术依赖的低谷。抓住全球汽车动力技术革命的历史机遇,制定新能源汽车发展路线图,并采取切实措施加紧技术研发和产业化,借助电动车对传统技术和产业格局的革命性冲击,实现自主创新、自主品牌的实质性突破。

为此,中国要认真落实《汽车产业振兴规划》,政府还必须出台提高自主开发能力的汽车产业政策。①建立健全的新型自主开发投入的长效机制。长期以来,中国的科技投入有很大部分是依靠政府推动的,而汽车企业研究与开发投入比例很低、科技创新能力薄弱,尤其在合资企业,普遍存在着引进力度大、开发费用低的现象。为改变这种状况,国家应采取有效的政策措施鼓励企业加强自主开发,提高汽车技术开发投入占销售收入的比重;同时,借鉴工业发达国家的成功经验,结合中国国情,建立、健全新型的汽车技术开发投入体制,形成产品开发以企业为投入主体,由政府、企业、科研院所联合投入的新型科技经费投入机制,从而促进中国汽车产品自主开发能力的不断提高。②鼓励和保护好自主品牌。世界汽车发展的历史证明,著名品牌无一例外都重视品牌的维护和创新,以确保自身的主导地位和消费者对品牌的忠诚度。自主品牌与自主知识产权直接挂钩。品牌蕴涵着企业所有的用户观点、文化、内涵等。品牌的认知度是十分重要的,一旦被认知,其市场效应是很强的。政府应该采取切实可行的措施,提倡企业自主品牌的建立,并给予自主品牌汽车更大的政策倾斜和税收优惠。

六 实施民营化战略

中国目前尚未形成像通用、福特、大众、丰田、日产等这样的超大规模的汽车企业，国有资本主导的汽车产业与国外相比有很大差距。中国汽车产业前14户企业产品的集中度达90%以上，在这14户企业中，大部分是合资的国有控股企业。① 从发达国家发展汽车产业的经验来看，尽管这些国家都曾经把汽车产业作为支柱产业来发展，但是汽车产品作为一种私人消费品，都由厂商来生产，国有企业主要从事公共产品生产。中国与国外的国情不同，引入民营资本，不但有利于提高市场效率，增强汽车产业的整体竞争力，而且很自然，建设汽车产业强国的目标不能依靠跨国公司，必须以内资企业为主，更不可或缺的是民营汽车企业。

可以预见，未来民营资本、国有资本和FDI将会是共同左右中国汽车工业的三大支柱力量。异军突起的民营企业将有可能扛起民族轿车产业的大旗。由于民营资本目前还受到诸多因素的制约，很难在汽车产业有很大的投资和发展。从目前的形势来看，引导民营企业进入汽车产业还是很有必要的。首先，民营资本投资的增加，与近年来中国投资增长的新动向以及投资结构的改善是密切相关的。中国投资需求的变动，主要受政策和非政策推动型向政策和市场共同推动型转变。汽车产业属于大投入、大产出的工业，所需要的大量资金不可能完全从国家财政性资金来，那么广泛吸纳民营资本和社会资本进入，鼓励更多的民营资本进入汽车产业，将会使汽车产业运营资金更加充裕。其次，民营资本的进入也是市场机制起作用的表现，它给汽车产业带来了机遇。目前，民营资本进入汽车产业，还不是全方位的，主要选择了微车行业，其原因是看中了微车行业的发展。总的来说，投入不大、技术含量不高，而且没有出现可以垄断市场的真正强者。大的合资企业或者国有企业由于技术转让费和劳动成本偏高，考虑生产微车成本因素，较少涉足微车行业。而这个细分市场又有着巨大的需求市场。民营资本进入这个市场不仅填补了市场空白，也促使汽车全行业降低成本，给汽车产业带来重大的机遇。

民营资本进入轿车行业首推浙江吉利集团，它以生产美日和豪情经济型轿车，在中国汽车产业里赢得一席之地，也给传统的轿车市场带来了巨大的冲击。奇瑞集团地处经济欠发达的安徽省，能自主开发并建设、生产、营销，以全中资轿车品牌占领市场，挤占了三大国企盘踞多年的市场

---

① 14家重点企业（集团）包括：北汽、上汽、一汽、东风、南汽、重汽、哈飞、江淮、东南、昌河、庆铃、长安、金杯、广州。

份额。奇瑞的创业者们认准了自己脚下只是一条自主发展的路。奇瑞的设计者的思想丝毫不受束缚,开发什么样的汽车、如何组织生产、建什么样的生产线和购买谁的设备都由自己决策。哈飞集团早年开发的思想在其模具自制中萌芽,选择意大利平利法瑞是因为自己可以拥有品牌。通过参与联合开发,该公司对外方相信而不迷信、依靠但不依赖,在联合开发中掌握了主动权。在联合开发的同时,该公司坚持引进开发,并尝试自主开发。另外,哈飞出资外方开发,获得自主决策权。

奇瑞和吉利是近几年在国内迅速发展起来的民族汽车企业。这两家企业从模仿开始,开发出了更适合中国国情的多款车型,走出了一条自主发展的新路子。奇瑞在2003年一年之中便推出了三款自主品牌的新车型,令业界刮目相看。吉利以"造中国百姓买得起的好车"为造车理念,更贴近国内市场,也取得了不俗的业绩。价位低不等于技术低。奇瑞、吉利和中华等轿车的出现已经给国人带来了不少希望。中国的汽车生产企业在技术、人才、资金上大都十分缺乏。奇瑞、吉利和中华等生存在跨国公司的夹缝之中,随时都会受到跨国公司的围剿。以模仿的方式造车可节省大量开发成本,并且是跨越技术壁垒的捷径。从一定意义上说,模仿也即实践了车型完整开发的全过程,至少这种形式为自主研发打下了坚实的基础。

汽车产业是一个高投入,高产出的行业。民营资本投资汽车产业的投资能力不应当仅局限于其自身资本的自然积累,要拓宽民营经济主体的市场化融资渠道,增强民营资本的投资能力,这对促进民营轿车生产企业的健康发展是十分必要的。未来无论是以银行中介的信用融资还是在资本市场上的直接融资,都应该破除所有制的歧视,执行统一的融资标准和上市标准,为民营资本开辟多种融资渠道,使民营企业能充分选择适当市场融资方式,促进民营汽车企业的长远发展。FDI及民营资本的进入意味着竞争对手的增加,对市场给予活力,有助于提高产业竞争力。因此,中国汽车市场应该对所有投资者开放。中国政府必须改革汽车工业投融资体制,降低行政性审批等市场进入壁垒,鼓励各类企业公平参与市场竞争。

七 促进空间集聚

汽车产业是一个综合性产业,且产量巨大,与其他产业相比,具有明显的产业相关度高、波及范围广、带动作用强的特点。有关研究表明:汽车所带来的波及效果十分显著，而且随着汽车产量和保有的增多而提高。1990年中国汽车工业对制造业的波及系数为2.0，即汽车生产创造一个单位的增加值，给制造业带来2.0倍的增加值，而对GDP的波及系数4.58，即汽车生产每创造一个单位的增加值，可为GDP带来4.58倍的增加值。这使各地区把汽车产业作为支柱产业建设，竞相进入FDI，使汽车产业空间集聚度下降。

中国汽车产业空间集聚现象主要发生在汽车产业发展根基牢、资源汇集、技术管理较先进、投资环境较好、经济发展较快的地区。但总体集聚水平不高，没有形成有较强竞争实力占绝对优势的地区，空间集聚水平低。中国形成汽车产业集群的区域中，泛长江流域汽车产业集群的竞争力最强。这个区域所包含的省市几乎全部在汽车制造业综合竞争力和企业集群竞争力的优势和强势省市之列。在该区域内，以上海为龙头的长三角地区的汽车产业综合实力最强。泛珠江三角洲汽车产业集群、东北地区汽车产业集群，从汽车产业竞争力以及集群竞争力来说位于泛长江三角洲之后，高于京津地区的汽车产业集群的竞争力，也拥有发展汽车产业集群的良好条件。从现在来看，京津冀地区实力虽然偏弱，但是由于其具有较好的区位优势，发展潜力很大。总体来看，中国汽车产业集群总体分布分散，大部分地区集群竞争力不是很强。在10—20年之后很难预料谁先成为具有世界影响力的汽车产业集聚地。

当然，以职工人数分布看，中国汽车产业已形成了明显的空间集聚现象，但同发达国家相比集聚水平差距较大。从集中度指标的分析中得出，中国整个汽车产业以及按主导产品分类的各产业中，前几位的集聚区域没有占据了全国绝大多数产量份额。因此，中国整个汽车产业以及按主导产品分类的各产业都已经出现了明显的空间集聚现象。上海、湖北、吉林、北京，一直稳定地保持在汽车产业空间集聚区域的前四位，代表着中国汽车产业的较高集聚水平，集中度平均值低于30%。显然，同国外先进汽车生产国的集聚水平（CR_3基本在75%以上）相比，仍有较大差距。空间集聚水平较低，是中国汽车产业同发达汽车生产国实力差距较大的原因之一。

中国汽车产业的空间集聚水平总体上呈下降趋势，这与中国汽车产业FDI企业集聚程度较低，对整个汽车产业空间集聚水平有负面影响有直接关系。因此，若要促进中国整个汽车产业的集聚水平进一步提高，推进

FDI 企业的集聚是关键。对于汽车制造业在 FDI 企业参与下变得空间不集聚，地区之间对汽车制造处在竞争状态。

总之，FDI 有效推进了汽车产业所有权改革和所有制结构多元化进程，所有制结构的变迁又促进了汽车产业空间结构的变化。汽车产业所有制结构多元化和空间结构的变化带来了更多的企业和地区参与汽车竞争，进一步使市场的资源配置作用得到发挥，提高了经济效益，增进了汽车产业发展。FDI 企业存在和参与，把汽车产业空间由少数地区垄断汽车集聚向地区竞争型转变。当然，FDI 对汽车产业空间集聚也产生了负面影响，但这是一个历史过程，当 FDI 超过一定规模后，通过竞争、重组和兼并，中国汽车产业的空间集中度会扭转下降为上升。从目前空间集聚六板块构造看，这将是一个漫长的过程。因此，对 FDI 进行空间管制，有效促进中国汽车产业空间集聚提升，对中国汽车产业发展是必要的。

参 考 文 献

外文部分：

Amy Jocelyn Glass and Kamal Saggi, "International technology transfer and the technology gap", *Journal of Development Economics*, 1998, 55.

Andrew Levin, Lakshmi K.Raut, "Complementarities between Exports and Human capital in Economic Growth: Evidence from the Semi-Industrialized Countries", *Economic Development and Cultural Change*, 1997, 46.

Anselin, L.*Spatial Econometrics: Methods and Models*, London: Kluwer, 1988.

Arrow, K., 1971, Essays in the Theory of Risk-Bearing. Amsterdam: North-Holland.

Arrow, K. J., "The Economic Implications of Learning by Doing", *Review of Economic Studies*, 1962, 29.

Bain, J. S., "Barriers to New Competition", Harvard University Press, 1956.

Behrman, J.N., "The Role of International Companies in Latin.America: Autos and Petro-Chemicals", Lexington.MA: Lexington Books, 1972.

Bellak, C., "How performance Gaps between Domestic and Foreign Firms Matter for Economic Policy", *Transnational Corporation*, 2004, 13.

Blomstrom, M.and E.Wolff, *Multinational Corporations and Productivity Convergence in Mexico*, Oxford University Press, 1994.

Blomstrom, M.and Persson, "Foreign Investment and Spillover Efficiency in underdeveloped Economy: Evidence from the Mexican Manufacturing Industries", *Word Development*, 1983, 11.

Blomstrom, M., Wolff, E. N., " Multinational Cor-porstions and

Productivity Convergence in Mexico", *NBER Working Paper*, 1994, 3141.

Borenztein, E., Gregorio J.and Lee J-w, "How Does Direct Foreign Investment Affect Economic Growth?", *Journal of International Economics*, 1998, 45.

Case Analysis of U.S., "High Technology Firms in Asia", *Journal of High Technology Management Research*, 2003 (14).

Caves, R. E., "Multinational Firms, Competition, and Productivity in Host-Country Markets", *Economica*, 1974.

Caves, R.E., "Industrial Organization.in J.H.Dunning, ed., Economic Analysis and the Multinational Enterprise", New York, Praeger, 1974.

Christian Bellak, "How Domestic and Foreign Firms Differ and Why Does It Matter?", *Department of Economics Working Papers*, 2004, 87.

Cohen, W.and D.Levinthal, "Innovation and Learning: The two faces of R&D", *Journal of Economics*, 1989, 99.

Coughlin, C., Segev E., "Foreign direct investment in China: a spatial econometric study", *The World Economy*, 2000 (1).

Damijan, J.P., B.Majcen, M.Knell, and M.Rojec, "The Role of FDI, Absorptive Capacity and Trade in Transferring Technology to Transition Countries: Evidence from Firm Panel Data for Eight Transition Countries", *Mimeo, UN Economic Commission for Europe*, Geneva, 2001.

Demsets, H., "Barriers to Entry.American", *Economic Review*, 1982.

Dimelis, S.& Louri H., "Foreign Ownership and Production Efficiency: A Quantile Regression Approach", *Oxford Economic Papers*, 2002, 54.

Dimellis, S.P., "Spillovers from Foreign Direct Investment and Firm Growth: Technological, Financial and Market Structure Effects", *International of Business*, 2005, 12.

Dunning, John, H.,*International Production and the Multinational Enterprise*, George Allen & Unwin, London, 1981.

Dunning, John, H., "Explaining Changing Pattern of International Production: In Defense of Eclectic Theory", *Oxford Bulletin of Economics and Statistics*, 1979, 161 (41).

Dunning, John H., "Towards an Electic Theory of International Production: Some Empirical Test", *Journal of International Business Studies*, 1980 (2).

Dunning, John H.and A.Rugman, "The Influence of Hymer's Dissertation on Theories of FDI", *American Economic Review*, 1985.

Ellison, G., Glaeser, E., "Geographic concentration in U.S.manufacturing industries: a dartboard approach", *Journal of Political Economy*, 1997.

Findlay, R., Some Aspects of Technology Transfer and Direct Foreign Investment, *American Economic Review*, 1978, 68 (2).

Findlay, R., "Relative Backwardness, Direct Foreign Investment and the Transfer of Technology: A Simple Dynamic Model", *Quarterly Journal of Economics*, 1978 (2).

George, J.Stigler, "Price and Non-Price Competition", *Journal of Political Economy*, University of Chicago Press, 1968.

Girma, S., "Absorptive Capacity and Productivity Spillovers from FDI: A Threshold Regression Analysis", *Oxford Bulletin of Economics and Statistics Analysis*, 2005, 67.

Haddad, M., A.Harrison, "Are there Positive Spillovers from Direct Foreign Investment?: Evidence from Panel Data for Morocco", *Journal of Development Economics*, 1993 (42).

Hymer, S.H., *International Operations of National Firms: A Study of Direct Foreign Investment*.M.I.T.Press, 1976.

Imbriani, C.and Reganati, F., "International Efficiency Spillovers into the Italian Manufacturing Sector", *Economia Internazionale*, 1997 (50).

Jean Tirole.*The Theory of Industrial Organization*.The MIT Press, Cambridge, MA, 1988.

Joe, Bain S., *Barriers to New Competition*, Harvard University Press, Cambridge, 1956.

Kaplinsky, R.,"Globalization and Unequalisation: What Can be Learned from Value Chain Analysis?", *Journal of Development Studies*, 2000, 37.

Kaves, K., "Direct Foreign Investment: A Japanese Model of Multinational Business Operation", *London Croon Helm*, 1989.

Koen De Backer, Leo Sleuwaegen, "Does Foreign Direct Investment

Crowd Out Domestic Entrepreneurship", *Review of Industrial Organization*, 2003, 22.

Kokko, A., Tansini and M.Zejan, "Productivity Spillovers from FDI in the Uruguayan Manufacturing Sector", *Journal of Development Studies*, 1996, 32.

Kokko, A., "Technology, Market Characteristic, and Spillovers", *Journal of Development Economics*, 1994, 43.

Lall, S., "Multinationals and Structure in on Open Developing Economy: The Case of Malaysia", *Weltwirt Schaftliches Archir*, 1979.

Lapan, H.and Bardhan P., "Localized Technical Progress and Transfer of Technology and Economic Development", *Journal of Economic Theory*, 1973 (6).

Li, X., X. Liu, and D. Parker, "Foreign direct investment and productivity spillovers in the Chinese manufacturing sector", *Economic Systems*, 2001 (25).

Lihui Tian, "Does government intervention help the Chinese automobile industry? A comparison with the Chinese computer industry", *Economic Systems*, 2007 (31).

Lucas, Robert, Jr.,"On the mechanics of economic development", *Journal of Monetary Economics*, Elsevier, 1988, 22.

Mac Dougall, G.D.A.,"The Benefits and Costs of Private Investment from Abroad: A Theoretical Approach", *Economic Record*, 1960 (36).

Mansfield, E., and A.Romero, "Technology Transfer to Overseas Subsidiaries by U.S.-based Firms", *Quarterly Journal of Economics*, 1980, 95, (4).

Multinationals' Strategies, Unpublished Ph. D. Thesis, University of Reading, UK, 2001.

Ng, L.F.Y.and Tuan, C., Location decisions of manufacturing FDI in China: implications of China's WTO accession, *Journal of Asian Economics*, 2003 (14).

Krugman, P., *Geography and Trade*, MIT Press, 1991.

Paphael Kaplinsky and Mike Morris, "A Handbook for Value Chain Research", IDRC, 2002.

Schmalensee, R. L., "Brand Loyalty and Barriers to Entry", *Southern Economic Journal*, 1974, 40.

Romer, Paul, M., "Endogenous Technological Change", *Journal of Political Economy*, University of Chicago Press, 1990, 98.

Sanjaya Lall, "Multinationals and Market Structure in An Open Developing Economy: The Case of Malaysia", *Review of World Economics*, 1979, 115.

Schmalensee, R., "Brand loyalty and barriers to entry", *Southern Economic Journal*, 1974, 40.

Sit, F. S. and Weidong Liu, Restructuring and Spatial Change of China's Auto Industry under Institutional Reform and Globalization, *Annals of the Association of American Geographers*, Vol. 90, No. 4, 2000.

Sjoholm Fredrik, "Technology Gap, Competition and Spillovers from Direct Foreign Investment: Evidence from Establishment Data", *Journal of Development Studies*, 1999, 36.

Stigler, G. J., *The Organization of Industry*, Homewood; Ⅲ: Richard D. Irwin, 1968.

Tavares, A. T., "Systems, Evolution and Integration: Modeling the Impact of Economic Integration on".

Thompson, E., 2002, Clustering of Foreign Direct Investment and Enhanced Technology Transfer: Evidence from Hong Kong Garment Firms in China, World Development, 5.

Tirole, J., *Theory of Industry Organization*, Cambridge, Mass: MIT Press, 1988.

Tuan, C. and Ng, L. F. Y., FDI facilitated by agglomeration economies: evidence from manufacturing and services joint ventures in China, *Journal of Asian Economics*, 2003, 13.

Vernon, R., *Storm over the Multinationals: The Real Issues*, Harvard University Press, 1977.

Vernon, R., "International Investment and International Trade in the Product Cycle", *Quarterly Journal of Economic*, 1966, 80.

Wilbur Chung, W. Mitchell, and B. Yeung, "Foreign direct investment and host country productivity: the American automotive component industry in the 1980s", *Journal of International Business Studies*, 2003, 34.

Wolfgang Keller, "International Technology Diffusion", *Journal of Economic Literature*, 2004, 42.

Xiaoying Li, Xiaming Liu, and David Parker, "Foreign Direct Investment and Productivity Spillovers in the Chinese Manufacturing Sector", *Economic System*, 2001, 25.

Yumiko Okamoto, "Multinationals, Production Efficiency, and Spillover Effects: The Case of the U.S. Auto Parts Industry", *Weltwirt Schaftliches Archiv*, 1999, 135.

中文部分：

论文：

曹建海：《经济全球化与中国汽车产业发展》，《管理世界》2003年第4期。

陈涛涛：《影响中国外商直接投资溢出效应的行业特征》，《中国社会科学》2003年第4期。

邓宁：《外国直接投资将提高中国的竞争力》，《国际经济评论》2002年第10期。

郭克莎：《中国汽车产业发展的市场与技术条件分析》，《管理世界》2001年第2期。

何林：《我国汽车产业国际竞争力浅析》，《预测》2005年第2期。

何婷婷：《我国汽车产业空间集聚的实证分析》，《汽车工业研究》2008年第3期。

何婷婷：《我国汽车产业空间集聚状况评述》，《汽车工业研究》2008年第6期。

何兴强、王利霞：《中国FDI区位分布的空间效应研究》，《经济研究》2008年第11期。

胡珑瑛、蒋樟生：《产业集聚的分形研究》，《管理世界》2007年第3期。

黄静波、付建：《FDI与广东技术进步关系的实证分析》，《管理世界》2004年第9期。

黄亚生：《"以市场换技术"违背了市场经济原则》，《改革内参（决策版）》2007年第3期。

姜德波、王家新：《国际直接投资与市场结构相互影响：理论和证据》，《江苏社会科学》2002年第6期。

金履忠：《"奇瑞"揭穿了我国汽车工业的两个神话》，《中国工程科学》2004年第9期。

柯广林、华阳：《FDI技术溢出效应实证分析——以我国的汽车工业为例》，《科技情报开发与经济》2006年第16卷第3期。

雷银生：《我国汽车产业国际竞争力的提升路径》，《商业时代》2006年第26期。

李晓钟、张小蒂：《江浙基于FDI提高区域技术创新能力的比较》，《中国工业经济》2007年第12期。

刘金山：《中国汽车产业"拉美化"现象的反思》，《探索与争鸣》2004年第4期。

刘世锦：《加入WTO后中国汽车产业发展模式选择》，《管理世界》2002年第8期。

罗雨泽、朱善利、陈玉宇、罗来军：《外商直接投资的空间外溢效应：对中国区域企业生产率影响的经验检验》，《经济学（季刊）》2008年第2期。

梅永红：《吉利造车现象——关于吉利自主创新的调研报告》，《中国软科学》2005年第11期。

平新乔：《市场换来技术了吗?》，《国际经济评论》2007年第5期。

乔彬、李国平、杨妮妮：《产业聚集测度方法的演变和新发展》，《数量经济技术经济》2007年第4期。

邱国栋、李作奎：《中国汽车产业的国际竞争分析与策略》，《东北财经大学学报》2004年第1期。

沈坤荣：《外国直接投资与中国经济增长》，《管理世界》1999年第3期。

宋泓、柴瑜：《市场开放、企业学习及适应能力和产业成长模式转型——中国汽车产业案例研究》，《管理世界》2004年第8期。

唐韵：《中国汽车产业会重蹈"巴西模式"吗》，《中国经济周刊》2005年第40期。

王剑：《外国直接投资区域分布的决定因素：基于空间计量学的实证研究》，《经济科学》2004 年第 5 期。

王志鹏、李子奈：《外资对中国工业企业生产效率的影响研究》，《管理世界》2003 年第 4 期。

魏澄荣：《跨国资本进入对福建产业集中度影响的实证分析》，《国际贸易问题》2005 年第 4 期。

吴定玉、张治觉：《外商直接投资与中国汽车产业市场集中度：实证研究》，《世界经济研究》2004 年第 4 期。

谢建国：《外商直接投资对中国的技术溢出——基于中国省区面板数据的研究》，《经济学（季刊）》2006 年第 4 期。

谢晓霞：《我国电子工业外商直接投资效果分析》，《管理世界》2000 年第 3 期。

许辉：《我国汽车工业进入壁垒与进入壁垒失效研究》，《管理世界》1999 年第 5 期。

许罗丹、谭卫红、刘民权：《四组外商投资企业技术溢出效应的比较研究》，《管理世界》2003 年第 4 期。

颜炳祥、任荣明：《中国汽车产业积聚程度及变动趋势的实证分析》，《工业工程与管理》2007 年第 6 期。

杨丹辉：《跨国公司进入对中国市场结构变动的影响》，《经济理论与管理》2004 年第 3 期。

杨先明、袁帆：《为什么 FDI 没有西进——从产业层面分析》，《经济学家》2009 年第 3 期。

杨怡爽、赵果庆：《空间集聚、FDI 溢出与中国汽车制造业发展》，《经济与管理研究》2014 年第 4 期。

元朋、许和连、艾洪山：《外商直接投资企业对内资企业的溢出效应：对中国制造业企业的实证研究》，《管理世界》2008 年第 4 期。

张超：《提升产业竞争力的理论与对策探微》，《宏观经济研究》2002 年第 5 期。

张纪康：《跨国公司进入及其市场效应——以中国汽车产业为例》，《中国工业经济》1999 年第 4 期。

张纪康：《论直接投资在发展中东道国的产业市场集中效应》，《世界经济》1999 年第 8 期。

张建华、欧阳轶霏：《外国直接投资，技术外溢与内生经济增长——对广东数据的实证分析》，《经济学（季刊）》2003年第4期。

张平：《技术优势与跨国公司的产业控制——北京吉普案例的分析》，《经济研究》1995年第11期。

张亚斌：《中国汽车工业的竞争力及其国际比较——一个基于标准离差的分析方法》，《财经理论与实践》2004年第6期。

赵果庆：《FDI溢出效应、技术缺口与工业发展——基于我国汽车业的实证分析》，《中国软科学》2010年第3期。

赵果庆、罗宏翔：《中国制造业集聚：度量与显著性检验——基于集聚测量新方法》，《统计研究》2009年第3期。

赵树宽：《从世界汽车发展趋势看中国汽车产业发展》，《中国软科学》2003年第8期。

赵增耀、王喜：《产业竞争力、企业技术能力与外资的溢出效应——基于我国汽车产业吸收能力的实证分析》，《管理世界》2007年第12期。

中国人民大学课题组：《中国30省市汽车制造产业竞争力评价分析报告》，《管理世界》2004年第10期。

周勤、陈柳：《技术差距和跨国公司技术转移战略》，《中国工业经济》2004年第4期。

周星、付英：《产业国际竞争力评价指标体系探究》，《科研管理》2000年第3期。

著作：

包群、赖明勇：《外商直接投资、吸收能力与经济增长》，上海三联书店2006年版。

陈飞翔：《利用外资与技术转移》，经济科学出版社2006年版。

陈勇：《FDI路径下的国际产业转移与中国的产业承接》，东北财经大学出版社2007年版。

杜蕾：《中国轿车产业发展研究》，西南财经大学出版社2006年版。

贾可：《中国汽车调查》，上海交通大学出版社2005年版。

蒋殿春：《跨国公司与市场结构》，商务印书馆1999年版。

金碚：《竞争力经济学》，广东经济出版社2003年版。

刘洪德：《中国汽车产业组织系统研究》，经济科学出版社2007年版。

路风：《发展我国自主知识产权汽车工业的政策选择》，北京大学出版社 2005 年版。

吕政：《国际产业转移与中国制造业发展》，经济管理出版社 2006 年版。

[美] 罗斯托：《经济增长阶段》，中国社会科学出版社 2001 年版。

罗元青：《产业组织结构与产业竞争力研究——基于汽车产业的实证研究》，中国经济出版社 2007 年版。

[美] 迈克尔·波特等：《国家竞争优势》，李明轩等译，华夏出版社 2002 年版。

孟嗣宗：《创新——中国汽车工业之魂》，北京理工大学出版社 2007 年版。

裴长洪：《利用外资与产业竞争力》，社会科学文献出版社 1998 年版。

钱世超：《中国轿车市场结构与企业行为》，华东理工大学出版社 2006 年版。

盛世豪：《产业竞争论》，杭州大学出版社 1999 年版。

史忠良编：《产业经济学》，经济管理出版社 1998 年版。

Stigler，G.J.：《产业组织和政府管制》，上海三联书店 1989 年版。

王立平、万伦来：《计量经济学理论与应用》，合肥工业大学出版社 2009 年版。

吴定玉：《外商直接投资对中国市场结构的影响》，经济科学出版社 2006 年版。

夏大慰：《汽车工业：技术进步与产业组织》，上海财经大学出版社 2002 年版。

徐康宁：《产业集聚形成的源泉》，人民出版社 2006 年版。

杨丹辉：《全球竞争：FDI 与中国产业国际竞争力》，中国社会科学出版社 2004 年版。

杨沐：《产业政策研究》，上海三联书店 1989 年版。

张宏：《跨国公司与东道国市场结构》，经济科学出版社 2006 年版。

张纪康：《国际直接投资：壁垒·进入·效应》，山西经济出版社 1998 年版。

张晓峒主编：《计量经济学基础》，南开大学出版社 2001 年版。

赵果庆：《基于 FDI 集聚的中国产业竞争力研究》，中国经济出版社 2009 年版。

中国产业地图编委会：《中国汽车产业地图 2006—2007》，社会科学文献出版社 2006 年版。

中国汽车工程学会等：《中国汽车产业发展报告（2010）》，社会科学文献出版社 2010 年版。

周建：《宏观经济统计数据诊断理论方法及其应用》，清华大学出版社 2005 年版。

祝波：《外商直接投资的溢出机制》，经济管理出版社 2007 年版。

论文：

初叶萍：《跨国公司直接投资对我国汽车工业的影响研究》，博士学位论文，华中科技大学，2005 年。

樊珊荣：《中国汽车产业竞争力研究》，博士学位论文，武汉大学，2005 年。

肖鹏：《外商直接投资对中国汽车产业的影响研究》，博士学位论文，武汉理工大学，2007 年。

后　　记

　　中国汽车产业是 FDI 影响较大的产业，被视为"市场换技术"战略失败的典型案例；中国汽车产业也成为最有争议的产业。究竟中国汽车产业"以市场换技术"真的失败了？中国汽车产业走的是什么道路？未来中国汽车产业如何发展？这是一些比较重要且比较敏感的问题。本书对此进行了实证研究，得到的只是一些初步的结论，离这些问题的最终答案也相差甚远，也已超出了本人的能力。再说，中国汽车产业发展尚未明朗，还需要观察，最终的答案还得由关心和支持中国汽车产业发展的同仁进一步思考与探索。

　　汽车产业是全球化特征最显著的产业之一，目前已经形成了由跨国公司主导的全球性生产、销售、采购和研发体系。全球化背景下，开放合作是无论先发还是后发国家发展汽车产业的必然选择。作为后发国家，合资合作在中国汽车产业发展中发挥了重要作用。改革开放以来，合资合作的全面深入发展推动了中国汽车产业的发展壮大。1978—2012 年，中国轿车年产量增长了 4100 多倍。2009 年以来中国汽车产量高速增长，已成为全球第一汽车大国。

　　事实上，合资合作是一种对外开放。中国汽车产业发展更好地通过合资合作引入了竞争，而竞争通常能够有效改善消费者福利。自中国汽车产业开展合资合作以来，汽车产品选择越来越丰富；产品质量越来越可靠；产品价格越来越贴近日常生活；售后服务体系也越来越完善，这些都极大地改善了消费者福利。

　　汽车先发国家从兼并重组转向跨国战略联盟，合资合作呈现"在竞争中合作，在合作中竞争"的趋势。汽车后起国家在经历了一系列自主发展的努力后，在经济全球化的冲击下已经全面转向开放式发展模式。在全球化新形势下，中国汽车产业合资合作面临国内外环境变化的新挑战和新机遇。从国际环境看，新兴国家的崛起、模块化生产方式和新能源汽车产业化，改变了合资合作的发展方向；从国内环境看，市场增速趋缓、自主品牌遇到困难和新能源汽车产业化发展，对合资合作态势产生了新的影响。由大变强的发展战略，对中国汽车产业合资合作提出了转型升级的新要求。

对中国来说，合资合作的初衷在于利用自身的大国市场优势，加快跨国公司向中国的技术转移、改进管理、降低成本和创新产品，从中低级别家用车起步，分阶段向产业价值链高端过渡。但目前来看，通过合资合作方式利用合资企业技术溢出效应获取技术，仅是一种被动的技术引进方式，不能满足中国汽车产业发展和"走出去"参与全球竞争的需要。中国汽车产业正处于合资合作的深度阶段，中国应当推动合资合作的转型，发展合资合作的新形态。为了应对新的挑战，中国需要针对汽车产业合资合作制定新的激励性政策。

在稳居第一汽车大国的宝座上，中国汽车产业需要进一步重新审视自身发展的历程与思考未来迈向第一汽车强国方战略。FDI对中国汽车产业发展的效应是一个硬币的"两面"，评价其利弊实属不易，也没有先例可参考。本书无意评价FDI的功过，其效应的存在是合理的，也可能是最优的。因此，希望本书尽一点微薄之力，不成熟的看法仅供参考。

本书初稿完成于2008年，后来由于工作变动，书稿经过两次修改。在本书出版之际本应当对数据进行全面的更新和对书中一些部分做修改，但由于原来数据来源的中宏数据库已关闭，未能实现数据全面更新，深感遗憾！本书在研究过程中还参考了大量的文献，在此一并对文献作者表示感谢！

赵果庆
2017 年 3 月 20 日